Die Übertragung der elterlichen Sorge gemäß § 1671 BGB

Europäische Hochschulschriften
Publications Universitaires Européennes
European University Studies

Reihe II
Rechtswissenschaft

Série II Series II
Droit
Law

Bd./Vol. 3547

PETER LANG
Frankfurt am Main · Berlin · Bern · Bruxelles · New York · Oxford · Wien

Anke Bloch

Die Übertragung der elterlichen Sorge gemäß § 1671 BGB

PETER LANG
Europäischer Verlag der Wissenschaften

Bibliografische Information Der Deutschen Bibliothek
Die Deutsche Bibliothek verzeichnet diese Publikation in der Deutschen Nationalbibliografie; detaillierte bibliografische Daten sind im Internet über <http://dnb.ddb.de> abrufbar.

D 294
ISSN 0531-7312
ISBN 3-631-50302-4

www.peterlang.de

Meinem hochverehrten Lehrer

Prof. Dr. Karlheinz Muscheler

VORWORT

Diese Arbeit lag der Juristischen Fakultät der Ruhr-Universität Bochum als Dissertation vor. Rechtsprechung und Literatur sind bis Dezember 2001 berücksichtigt.

Mein herzlichster Dank gilt Herrn Prof. Dr. Karlheinz Muscheler für die engagierte Betreuung der Arbeit. Während meiner vierjährigen Mitarbeit an seinem Lehrstuhl war er mir als Wissenschaftler und Vorgesetzter sowie in menschlicher Hinsicht stets ein Vorbild. Herrn Prof. Dr. Christoph Krampe danke ich für die zügige Erstellung des Zweitgutachtens und seine wertvollen Anregungen. Darüber hinaus danke ich allen, die mir bei der Anfertigung des Manuskripts geholfen haben, insbesondere meinem Freund, Herrn Rechtsreferendar Markus Schewe, meinen weiteren Lehrstuhlkollegen und Herrn Staatsanwalt Uwe Mühlhoff aus Duisburg.

Witten, im August 2002

Anke Bloch

Inhaltsverzeichnis

A. EINLEITUNG

Wie alle familienrechtlichen Institute hat auch das Recht der elterlichen Sorge eine lange Tradition, ist aber wie kaum ein anderes Rechtsgebiet dem gesellschaftlichen Wandel unterworfen. Trotz zahlreicher unbestimmter Rechtsbegriffe und offener Tatbestände, auf Grund derer sich das Familienrecht bereits dem Vorwurf ausgesetzt sieht, ein „unterentwickeltes Gebiet" der Rechtsordnung[1] zu sein, musste das Recht der elterlichen Sorge seit Inkrafttreten des BGB am 1. Januar 1900 bereits mehrfach reformiert werden. Die letzten grundlegenden Änderungen gehen zurück auf das Gesetz zur Reform des Kindschaftsrechts (KindRG[2]), das am 1. Juli 1998 in Kraft getreten ist. Durch dieses Gesetz ist u.a. die Regelung der elterlichen Sorge bei Trennung und Scheidung der Eltern völlig neu konzipiert und § 1671 BGB zu einer zentralen Sorgerechtsnorm geworden, denn nur diese Vorschrift weist Eltern, denen die elterliche Sorge gemeinsam zusteht, die aber die Sorgerechtsverhältnisse auf Grund einer Trennung neu ordnen möchten, den Weg zur Alleinsorge eines Elternteils.

Hauptgegenstand dieser Arbeit sind die materiell-rechtlichen Voraussetzungen des § 1671 BGB und seine möglichen Rechtsfolgen. Sie zeigt die besondere Bedeutung des § 1671 BGB im Gesamtsystem des Rechts der elterlichen Sorge auf und befasst sich zu diesem Zweck nicht nur mit dem Inhalt und der Entwicklung des Rechts der elterlichen Sorge, sondern auch mit zahlreichen Grundsatzfragen, deren Beantwortung für eine klare Vorstellung von dem, was bei einer „Übertragung" der elterlichen Sorge rechtlich geschieht, unerlässlich ist. Dies gilt umso mehr, als sich viele Grundaussagen im Recht der elterlichen Sorge verselbstständigt haben, indem sie – auf der Grundlage früherer Rechtszustände entwickelt – von Juristengeneration zu Juristengeneration „vererbt" worden sind und heute kaum noch hinterfragt werden, obgleich das geltende Recht hierzu allen Anlass geben würde.

---

1 *Bosch*, FamRZ 1966, 57 (62).

2 Gesetz zur Reform des Kindschaftsrechts vom 16.12.1997, BGBl. I 1997, S. 2942 ff.

B. DIE GESCHICHTLICHE ENTWICKLUNG DES RECHTS DER ELTERLICHEN SORGE IN DEUTSCHLAND BIS ZUR REFORM DES KINDSCHAFTSRECHTS IM JAHRE 1998

Das geltende Familienrecht regelt das facettenreiche Eltern-Kind-Verhältnis – neben den separaten Bestimmungen über die Unterhaltspflichten als Ausfluss des Verwandtschaftsverhältnisses (§§ 1601 ff. BGB) und den Vorschriften über das Rechtsverhältnis zwischen den Eltern und dem Kinde im Allgemeinen (§§ 1616 ff. BGB) – vor allem durch das Recht der elterlichen Sorge (§§ 1626 ff. BGB). Da die Struktur der Regelungen im Recht der elterlichen Sorge in ihren Grundzügen auf eine lange Tradition zurückgeht, ist die Kenntnis der geschichtlichen Entwicklung dieses Rechtsgebietes Grundvoraussetzung dafür, dass Inhalt, Bedeutung, Reichweite und Rechtfertigung der geltenden Regelungen richtig erfasst werden.

I. Entwicklungsgeschichtlicher Abriss (Zeitraum: Von der Frühzeit bis zum Gemeinen Recht)

In unserem Rechtskreis lassen sich die Anfänge des heutigen Familienrechtsinstituts der elterlichen Sorge nicht an einer bestimmten Jahreszahl festmachen. Für die Frühzeit des germanischen Rechts (bis etwa 500 n.Chr.) können angesichts der spärlichen und wenig zuverlässigen Quellenlage[3] keine gesicherten Aussagen über das Verhältnis von Eltern und Kindern gemacht werden. Gleichwohl dürfte die Wurzel der elterlichen Sorge in unserem Rechtskreis schon im frühen deutschen Recht liegen, denn für die fränkische Zeit (bis 888 n.Chr.) ist erwiesen, dass ein Kind – wie alle Angehörigen einer Hausgemeinschaft – der Hausgewalt des Vaters, der *Munt*[4], unterworfen war. Die Munt des Hausvaters hatte viele Erscheinungsformen[5], von denen diejenige über die hausangehörigen Kinder die am deutlichsten ausgeprägte ist[6]. In personenrechtlicher Hinsicht war die väterliche Munt ursprünglich ein umfassendes Herrschaftsrecht, kraft dessen der Hausvater die unbedingte Straf- und Zuchtgewalt

---

3 Die einzige Quelle von Bedeutung ist die berühmte „Germania" von Tacitus.

4 Zur streitigen Etymologie des Begriffs s. *Erler/Kaufmann*, HRG III, Sp. 750 ff. m.N.

5 Umfassend hierzu *Zoepfl*, § 83, S. 29 ff.; § 84, S. 33 ff.; § 85, S. 39 ff.; *Bluntschli*, § 153, S. 199 ff.; § 175, S. 317 ff.

6 *Erler/Kaufmann*, HRG III, Sp. 755.

ausübte. Insoweit ist die väterliche Munt vergleichbar mit der römischrechtlichen patria potestas, die dem pater familias zukam[7]. Von dieser unterscheidet sie sich jedoch vor allem in vermögensrechtlicher Hinsicht. Anders als im römischen Recht war ein Kind nach germanischem Recht nämlich grundsätzlich vermögensfähig[8]. Das Kind konnte daher – überwiegend wohl im Erbgang[9] – eigenes Vermögen erwerben, das der Vater kraft der Gewere[10] zu rechter Vormundschaft erlangte und getreu dem Grundsatz „Kindesgut soll weder wachsen noch schwinden" zu verwalten hatte[11]. Der Vater durfte das Kindesvermögen in seiner Substanz also grundsätzlich nicht angreifen, konnte aber über dessen Nutzungen frei verfügen[12].

Unter dem wachsenden Einfluss des Christentums setzte eine neue Entwicklung ein, die im Laufe des Mittelalters zu einer stetigen Schmälerung der personenrechtlichen Herrschaftsbefugnisse führte. Schließlich wurde die väterliche Munt in erster Linie als Schutz- und Fürsorgeverhältnis angesehen, gegenüber dem das Gewaltmoment in den Hintergrund trat[13]. Die einst unbedingte Strafgewalt beschränkte sich noch auf ein Züchtigungsrecht, gegen dessen missbräuchliche Ausübung einem Kind zur damaligen Zeit jedoch keine eige-

---

7 Das altrömische Recht beruhte auf der Idealvorstellung, dass sich das innere Leben der Familie aus sich heraus und frei von staatlichen Vorgaben entwickelt. Das Haus wurde als Schöpfung des Hausvaters angesehen, der an der Spitze der römischen Kleinfamilie stand. Seine Autorität schien stärker als jegliche gesetzliche Regelung, sodass ihm jedenfalls über seine hausangehörigen Kinder eine nahezu unumschränkte Vollgewalt zukam, die sogar das *ius vitae necisque* beinhaltete. Eingehend zur römisch-rechtlichen Auffassung *Jhering*, S. 195 ff.
Zwischen patria potestas und Munt sind freilich gewichtige Unterschiede zu verzeichnen, von denen im Wesentlichen anzuführen ist, dass ein Kind nach römischem Recht grundsätzlich solange der patria potestas unterworfen war, wie der pater familias – der auch der Großvater sein konnte – lebte (eingehend zur patria potestas *Kaser*, §§ 82 f., S. 341 ff.). Die väterliche Munt war dagegen zeitlich beschränkt. Bei Söhnen endete sie mit der Erlangung der wirtschaftlichen Selbstständigkeit durch Gründung eines eigenen Hausstandes, wohingegen Töchter bei einer Heirat in die Muntgewalt ihres Ehemannes wechselten. Eingehend hierzu *Bluntschli*, § 176, S. 323 ff.

8 *Bluntschli*, § 175, S. 317.

9 Kinder konnten durch Beerbung der Mutter oder ihrer Verwandtschaft Vermögen erwerben; vgl. *Erler/Kaufmann*, HRG II, Sp. 731.

10 Der Ausdruck „Gewere" bezeichnet die Herrschaftsmacht über Sachen. Zur Etymologie und Bedeutung des Begriffs s. *Erler/Kaufmann*, HRG I, Sp. 1658 ff.

11 *Erler/Kaufmann*, HRG III, Sp. 756.

12 *Conrad*, S. 158.

13 Im Einzelnen streitig; vgl. *Schumacher*, S. 58 m.N.

nen subjektiven Rechte gewährt wurden[14]. In vermögensrechtlicher Hinsicht blieben dem Vater die Rechte am Kindesvermögen erhalten, doch wurden diese durch zunehmend erstarkende Rechte der Ehefrau modifiziert, die von ihrem Ursprung im Bereich des Güterrechts in das Kindesvermögensrecht Einzug hielten. Die Erstarkung der Rechte im Bereich des Güterrechts lässt sich darauf zurückführen, dass sich unter kirchlichem Einfluss das genossenschaftliche Verhältnis[15] zwischen den Ehegatten herausgebildet hatte[16]. Erstmals stand nach vielen Partikularrechten damit nicht nur dem Vater, sondern auch der Mutter ein Nießbrauchsrecht am Kindesvermögen zu[17]. Zwangsläufig konnte ihre Position nicht auf dieses Teilhaberecht beschränkt bleiben, sondern musste sich auf alle Ausübungsakte der väterlichen Munt erstrecken, die auf das Vermögen des Kindes Einfluss hatten[18]. Von da aus war es nur noch ein kleiner Schritt, der Mutter (zunächst bei Vorversterben ihres Ehemannes) auch in Ansehung der Person des Kindes die väterlichen Rechte zur Erziehung und Vertretung zur Ausübung zuzugestehen. Ein solches Recht kam ihr schließlich auch zu Lebzeiten des Kindesvaters zu, doch ist streitig, ob sie dies nur faktisch oder auch de jure ausübte[19].

In Folge der Rezeption des römischen Rechts wurden die Ansätze zur Entwicklung einer mütterlichen Gewalt wieder zurückgedrängt. Die Stellung des Vaters trat erneut in den Vordergrund, dessen Rechtsposition von nun an mit dem römisch-rechtlichen Begriff der patria potestas gekennzeichnet wurde[20]. Ganz im Sinne deutschrechtlicher Tradition blieb jedoch der vormundschaftliche Charakter der väterlichen Gewalt erhalten, da sich die römischrechtlichen Auffassungen auf dem Gebiet des Familienrechts nicht durchzuset-

---

14 *Schumacher*, S. 59 m.N.

15 „(...) unde se is sin genotinne, unde tritt in sin recht“, Ssp. I 45 § 1.

16 Eine der wichtigsten Ursachen hierfür war der Umstand, dass nach kanonischem Recht ausschließlich der übereinstimmende Wille der Ehegatten für das Zustandekommen einer Eheschließung genügte. Die Konsensehe wurde seitens der Kirche spätestens mit dem Dekret Gratians von 1140 verbindlich; vgl. *Planitz/Eckhardt*, S. 200. Zur Bedeutung des Konsensprinzips für das Güterrecht s. *Fossier* in: Burguière u.a., S. 138.

17 Umfassend hierzu: *Schumacher*, S. 62 ff.

18 Dies zeigt *Bartsch* am Beispiel des Ausscheidens des Kindes aus der Familie unter gleichzeitiger Gewährung einer Aussteuer deutlich auf; vgl. *Bartsch*, S. 99.

19 Für nur faktische Ausübung *Kraut*, Vormundschaft, § 105, S. 603; a.A. *Stobbe*, § 252 III, S. 321.

20 *Gehring*, S. 5.

zen vermochten. Die Mutter eines Kindes konnte nach dem Tode ihres Ehemannes zur Vormünderin des Kindes berufen werden, solange sie keine zweite Ehe einging. Unabdingbare Voraussetzung hierfür war jedoch, dass der Vater nicht in beachtenswerter Weise über die Erziehung anderweitig verfügt hatte[21]. Solange der Vater lebte, konnte die Rechtsstellung der Mutter allenfalls durch eine Ehescheidung[22] gestärkt werden, bei der ihr – unter der Voraussetzung, dass der Ehemann für schuldig erklärt war – das Erziehungsrecht übertragen werden konnte[23]. Das Vertretungs- und Vermögensverwaltungsrecht verblieben jedoch unabhängig von einer etwaigen Scheidungsschuld des Vaters bei diesem.

Das Naturrecht der Aufklärungszeit, in dem der Gedanke von Freiheit und Gleichheit aller Menschen aufkam, wirkte sich auch auf die Betrachtung des Eltern-Kind-Verhältnisses aus[24]. Man erkannte die Individualität des Kindes und gestand ihm erstmals eigene Rechte zu. Der legitime Zweck der väterlichen Gewalt wurde nun ausschließlich in der Versorgung und Erziehung des Kindes gesehen[25]. Das Züchtigungsrecht ließ sich nur noch zur Erfüllung dieses Zweckes rechtfertigen, sodass der Zweck dem Züchtigungsrecht hierdurch auch die Schranken setzte[26]. Als Rechtfertigung für das Nutznießungsrecht am Kindesvermögen wurden die den Eltern entstehenden Erziehungs- und Ausbildungskosten angeführt[27].

Besondere Erwähnung verdient – als typisches Produkt seiner Zeit und die ihm zukommende Bedeutung als eine der vier großen Naturrechtskodifikationen – das Allgemeine Landrecht für die Preußischen Staaten von 1794. In seinen familienrechtlichen Regelungen kommt die naturrechtliche Auffassung von der Rechtssubjektivität des Kindes bereits zum Ausdruck. Anzu-

---

21 *Windscheid/Kipp*, § 514, 3, S. 64, insbes. Fn. 7 m.N.

22 Erst mit der Reformation setzten Bestrebungen ein, die Ehescheidung, die im 9. Jahrhundert unter kanonischem Einfluss ausgeschlossen worden war, erneut in Deutschland einzuführen. In den protestantischen Staaten wurde sie – wenn auch meist unter strengen Voraussetzungen – seit dem 16. Jahrhundert durch die Kirchen- und Ehegerichtsordnungen wieder zugelassen. Erst das Reichsgesetz vom 6. Februar 1875 brachte für ganz Deutschland ein echtes Scheidungsrecht. Vgl. *Erler/Kaufmann*, HRG I, Sp. 826 ff.

23 *Windscheid/Kipp*, § 514, 3, S. 65.

24 *Klippel*, S. 379 ff. m.N.

25 *Locke*, § 58, S. 234 f.; *Schumacher*, S. 463 f.

26 *Locke*, § 64, S. 239 f.; § 74, S. 249.

27 *Schumacher*, S. 463 f.

führen ist hier zum Beispiel ALR II Tit. 2 § 91, der schon die Möglichkeit eines Sorgeentzuges durch das Vormundschaftsgericht vorsah. Das Gericht entschied auch über Meinungsverschiedenheiten bei der Berufswahlbestimmung, wenn das Kind das 14. Lebensjahr bereits vollendet hatte (vgl. ALR II Tit. 2 §§ 109 ff.) und gewährte „Beystand", wenn sich die Eltern ihrer Verpflichtung zur Ausstattung zu entziehen gedachten (ALR II Tit. 2 § 238).

II. Inhalt und Bedeutung der elterlichen Gewalt nach der Ursprungsfassung des BGB

Mit Inkrafttreten des Bürgerlichen Gesetzbuches am 1. Januar 1900 existierte für ganz Deutschland erstmals ein einheitliches Familien- und Kindschaftsrecht. Schon allein aus diesem Grund ist den sorgerechtlichen Regelungen der Ursprungsfassung des BGB besondere Aufmerksamkeit zu widmen. Hinzu kommt noch, dass das BGB zur Kennzeichnung des Eltern-Kind-Verhältnisses einen neuen Begriff einführte: den Begriff der *„elterlichen* Gewalt*"*.

Der Gewaltbegriff wurde – ganz im Sinne deutschrechtlicher Tradition – als ein im Interesse des Kindes bestehendes pflichtgebundenes Schutzinstitut aufgefasst[28] und brachte insofern keine geänderte Auffassung zum Ausdruck. Gegenüber den früheren Rechten, die stets patriarchalisch geprägt gewesen waren und allenfalls für den Fall des Todes des Kindesvaters eine „Art von mütterlicher Gewalt"[29] gekannt hatten, war die Anerkennung einer *elterlichen* Gewalt ein Fortschritt[30]. Freilich wurde sie noch nicht im Sinne einer gemeinschaftlichen und gleichberechtigten Verantwortung der Eltern gegenüber dem minderjährigen ehelichen Kind verstanden, denn man sah die stärkere Position kraft Natur der Dinge[31] beim Vater. Der Begriff der elterlichen Gewalt erschöpfte sich in seiner Verwendung als Oberbegriff für eine väterliche Gewalt einerseits (§§ 1627 – 1683 BGB u.F.) und einer – demgegenüber untergeordneten – mütterlichen Gewalt andererseits (§§ 1684 – 1698 BGB u.F.). Gemeinsamer Inhalt dieser Gewalten war lediglich die Sorge für die Person des Kindes in tatsächlicher Hinsicht. Diese stand bei bestehender Ehe zwar beiden

---

28 Mot., Bd. IV, S. 724.
29 *Staudinger/Engelmann*, 9. Aufl., Vorbem. 2 zu § 1684.
30 *Gehring*, S. 17.
31 Mot., Bd. IV, S. 736; vgl. auch S. 754.

Elternteilen zu, jedoch hatte die Entscheidung des Vaters bei Meinungsverschiedenheiten stets Vorrang (sog. Stichentscheid, § 1634 Satz 2 BGB u.F.). Von vornherein dem Vater vorbehalten waren dagegen die gesetzliche Vertretung des Kindes (§ 1630 BGB u.F.) sowie die Vermögenssorge einschließlich der Nutznießung am Kindesvermögen (§§ 1627, 1649 BGB u.F.).

Während einer bestehenden Ehe konnte die Mutter eines Kindes niemals eine der Position des Vaters gleichwertige Stellung in Bezug auf das Kind erlangen. Begriffsjuristisch formal unterschied das BGB insoweit zwischen der inhaltlich umfassenden Rechtsinhaberschaft des Vaters und der Befugnis der Mutter, die elterliche Gewalt des Vaters ausnahmsweise auszuüben. Diese Ausübung war ihr – mit Ausnahme des Nutznießungsrechts am Kindesvermögen – nur möglich, wenn der Vater an der Ausübung der elterlichen Gewalt tatsächlich verhindert war oder diese ruhte (§§ 1685 Abs. 1, 1676, 1677 BGB u.F.). Inhaberin der elterlichen Gewalt wurde die Mutter nur nach Beendigung der elterlichen Gewalt des Vaters. War dieser gestorben oder für tot erklärt, stand die elterliche Gewalt gemäß § 1684 Abs. 1 Nr. 1 BGB u.F. automatisch der Mutter zu. Nach anderweitiger Auflösung der Ehe trat dieselbe Rechtsfolge nur dann ein, wenn der Vater die elterliche Gewalt verwirkt[32] hatte (§ 1684 Abs. 1 BGB u.F.). Sofern die Voraussetzungen der Verwirkung nicht vorlagen, verblieben dem Vater gemäß § 1635 BGB u.F. im Fall der Scheidung der Elternehe unter allen Umständen die Sorge für das Vermögen des Kindes (§§ 1638 ff. BGB u.F.) einschließlich des Nutznießungsrechts und das Recht, das Kind in sämtlichen Angelegenheiten der Personen- sowie der Vermögenssorge zu vertreten[33]. Von der Scheidung berührt wurde lediglich das Recht der tatsächlichen Sorge für die Person des Kindes. Insoweit sah § 1635 BGB u.F. in Anknüpfung an die Scheidungsschuld, das Alter und das Geschlecht des Kindes den automatischen

---

[32] Gemäß § 1680 Abs. 1 Satz 1 BGB u.F. verwirkte der Vater die elterliche Gewalt, wenn er wegen eines an dem Kinde verübten Verbrechens oder vorsätzlich verübten Vergehens zu einer Zuchthaus- oder Gefängnisstrafe von mindestens sechs Monaten verurteilt wurde.

[33] Der Mutter konnte die elterliche Gewalt durch Beschluss des Vormundschaftsgerichts lediglich zur Ausübung übertragen werden, wenn die elterliche Gewalt des Vaters ruhte und keine Aussicht bestand, dass der Grund des Ruhens wegfallen werde (§ 1685 Abs. 2 BGB u.F).

Übergang der Personensorge vor[34], wobei im Einzelfall eine richterliche Korrektur erfolgen konnte, wenn eine solche aus besonderen Gründen im Interesse des Kindes geboten war[35]. Erlangte die Mutter die Vollgewalt, entsprach ihre Rechtsposition grundsätzlich derjenigen des Vaters (§ 1686 BGB u.F.). In bestimmten Fällen aber (u.a. dann, wenn der Vater dies angeordnet hatte) war ihr ein Beistand[36] zu bestellen (§ 1687 BGB u.F), welcher der Obrigkeit ein etwaiges Versagen der Mutter anzeigen sollte. Zudem büßte die Mutter bei Wiederverheiratung die Vollgewalt bis auf die Personensorge wieder ein (§ 1697 BGB u.F.) um auszuschließen, dass der neue Ehemann – durch Einwirkung auf die Kindesmutter – maßgeblichen Einfluss auf das für ihn fremde Kind nehmen konnte[37].

Besonders hervorzuheben ist, dass sich die elterliche Gewalt seit Inkrafttreten des BGB – in Abweichung vom gemeinen Recht[38] – ausschließlich auf minderjährige Kinder[39] erstreckt und der Begriff der elterlichen Gewalt in seiner Ursprungsfassung – im Gegensatz zum geltenden Recht der elterlichen Sorge – lediglich das Rechtsverhältnis zwischen Eltern und ehelichen Kindern beschrieb. Das außerhalb einer Ehe geborene Kind, das im sechsten Titel des vierten Buches als unehelich bezeichnet wurde, unterlag nicht der elterlichen

---

34 Traf nur einen Ehegatten die Scheidungsschuld, stand die tatsächliche Sorge für die Person des Kindes ohne Rücksicht auf dessen Geschlecht und Alter dem unschuldig geschiedenen Elternteil zu. Waren beide Ehegatten für schuldig erklärt, stand die tatsächliche Personensorge bis zum vollendeten 6. Lebensjahr eines Kindes stets der Mutter zu. Über diesen Zeitpunkt hinaus verblieb ihr die tatsächliche Personensorge nur für Töchter, für Söhne wurde sie von da an dem Vater zugewiesen; vgl. § 1635 BGB u.F.

35 S. hierzu *Staudinger/Engelmann*, 9. Aufl., § 1635 Anm. 1 c.

36 Nach *Wartenberg* hat der Beistand „kraft eines ihm vom Vormundschaftsgericht im Auftrage der Obrigkeit verliehenen Amtes das Recht und die Pflicht, der Mutter als ein Vertrauensmann, in der Ausübung der elterlichen Gewalt durch Unterstützung durch Rat und Tat, aber auch durch Ueberwachung ihrer Tätigkeit, gegebenenfalls sogar durch Uebernahme der Verwaltung des Kindesvermögens so beizustehen, daß innerhalb seines Wirkungskreises die Interessen des Kindes am Besten gewahrt bleiben", *Wartenberg*, S. 17 f.

37 *Gehring*, S. 16.

38 *Windscheid/Kipp*, § 513 I, S. 62.

39 Die Volljährigkeit trat gemäß § 2 BGB u.F. mit der Vollendung des einundzwanzigsten Lebensjahres ein. Erst durch Volljährigkeitsgesetz vom 31.7.1974 wurde die Altersgrenze auf achtzehn Jahre herabgesetzt.

Gewalt[40], sondern erhielt von Amts wegen einen Vormund (§§ 1773 Abs. 1, 1774 BGB u.F.)[41]. Der Mutter kam lediglich das Recht und die Pflicht zu, für die Person des Kindes zu sorgen (§ 1707 BGB u.F.). Vertreten wurde es in allen Beziehungen durch den Vormund, denn der damalige Gesetzgeber traute der Mutter eines unehelichen Kindes nicht den guten Willen und den genügenden Ernst zu, sich im erforderlichen Maße um ihr Kind zu kümmern[42]. Der Vater eines unehelichen Kindes galt als nicht mit diesem verwandt, war ihm allerdings gleichwohl zum Unterhalt verpflichtet (§§ 1589 Abs. 2, 1708 Abs. 1 BGB u.F.)[43].

Ein uneheliches Kind konnte allerdings die Stellung eines ehelichen Kindes erhalten und stand dann ebenfalls unter elterlicher Gewalt. Dieser Vorgang wurde als Legitimation bezeichnet, für die zwei Möglichkeiten vorgesehen waren: Der Vater konnte entweder mit der Kindesmutter nachträglich die Ehe schließen (§§ 1719 – 1722 BGB) oder das Kind für ehelich erklären (§§ 1723 – 1740 BGB). Im zuerst genannten Fall erfolgte die Legitimation kraft Gesetzes, im zweiten Fall durch (gerichtlichen) Hoheitsakt, der jedoch selbst bei Vorliegen aller gesetzlichen Voraussetzungen[44] – da nach § 1734 BGB als Gnadensache angesehen – verweigert werden konnte[45]. Im Unterschied zur Legitimation durch nachfolgende Ehe hatte die Legitimation durch die sog. Ehelichkeitserklärung jedoch eine nur eingeschränkte Wirkung, da sie lediglich ein Verwandtschaftsverhältnis zwischen Vater und Kind (einschließlich etwaig vorhandener

---

40 Grundsätzlich standen nichteheliche Kinder in ältester Zeit außerhalb des Familienrechts. Eine Ausnahme galt lediglich für die mit einer unfreien Konkubine erzeugten Kinder (liberi naturales) im lombardischen Recht (vgl. *Zoepfl*, § 87, S. 56 ff. m.N.). Auch unter dem Einfluss der Kirche im Mittelalter galt die uneheliche Geburt als Makel, auf Grund dessen nichteheliche Kinder als rechtlos angesehen wurden (vgl. *Zoepfl*, § 89 e, S. 78 ff.). Dies lässt sich darauf zurückführen, dass dem Ehebund, dem nach kanonischem Recht noch heute Sakramentalität zukommt, eine besondere Wichtigkeit beigemessen wurde (zum heutigen Verständnis der Ehe als Sakrament s. *Zapp*, S. 28 ff.; pathetische Ausführungen zur Bedeutung des Ehebandes bei *Portmann*, S. 58 f.).

41 So schon im ALR II Tit. 2 § 614.

42 Mot., Bd. IV, S. 861.

43 Zur Kritik an § 1589 Abs. 2 BGB u.F. s. statt vieler *Bernhardt*, S. 46 f. m.N.

44 Zu diesen zählten die ausdrückliche Anerkennung der Vaterschaft durch den Vater, die Einwilligung des Kindes und (bis zum 21. Lebensjahr des Kindes) der Kindesmutter sowie die Einwilligung der Ehefrau des Vaters.

45 *Staudinger/Engelmann*, 9. Aufl., Vorbem. 1 zu §§ 1719 ff.

Abkömmlinge des Kindes), nicht aber auch zu den Verwandten des Vaters begründete.

III. Überblick über die Entwicklung des Rechts der elterlichen Gewalt bis 1949

1. Die Neuerungen in der Weimarer Republik

Obgleich bereits die Verfassung des Deutschen Reichs vom 11. August 1919[46] die Gleichberechtigung der Geschlechter[47] und die Gleichstellung der unehelichen Kinder mit den ehelichen[48] postulierte, unterblieb die Anpassung der insoweit differenzierenden Bestimmungen des BGB. Mitursächlich hierfür dürfte der Umstand gewesen sein, dass den Verfassungsvorschriften der damaligen Zeit – anders als den heutigen Grundrechten – der Charakter bloßer Staatszielbestimmungen zukam.

Die in Bezug auf das Eltern-Kind-Verhältnis einzig erwähnenswerte Errungenschaft der Weimarer Zeit ist in dem noch heute geltenden Gesetz über die religiöse Kindererziehung vom 15. Juli 1921[49] zu sehen. Das Gesetz trägt dem Gedanken Rechnung, dass sich die Entwicklung des Kindes zu einer selbstständigen Persönlichkeit in Phasen vollzieht, denn gemäß § 5 RelKEG kann nach Vollendung des zwölften Lebensjahres ein Wechsel in dem Bekenntnis schon nicht mehr gegen den Willen des Kindes erfolgen und bereits nach Vollendung des vierzehnten Lebensjahres entscheidet das Kind über seine Religionszugehörigkeit allein. Für jüngere Kinder haben dagegen die personensorgeberechtigten Eltern die Entscheidung zu treffen, und zwar – und das war das Neue am RelKEG – gemeinsam (§ 1 Satz 1 RelKEG). Ganz konsequent war die Regelung freilich nicht, denn wenn sich die Eltern nicht einigen konnten, galten die Vorschriften des BGB und damit grundsätzlich der Entscheidungsvorrang des Vaters. Gemäß § 2 Abs. 2 RelKEG konnte allerdings auch der Vater während einer

---

46 RGBl. 1919, 1383 ff.

47 Art. 119 Abs. 1 WRV: „Die Ehe steht als Grundlage des Familienlebens und der Erhaltung und Vermehrung der Nation unter dem besonderen Schutz der Verfassung. Sie beruht auf der Gleichberechtigung der Geschlechter."

48 Art. 121 WRV: „Den unehelichen Kindern sind durch die Gesetzgebung die gleichen Bedingungen für ihre leibliche, seelische und gesellschaftliche Entwicklung zu schaffen wie den ehelichen Kindern."

49 RGBl. I 1921, S. 939 ff.

bestehenden Ehe nicht ohne Zustimmung seiner Ehefrau bestimmen, dass das Kind in einem anderen als dem zur Zeit der Eheschließung gemeinsamen Bekenntnis oder in einem anderen als dem bisher ausgeübten Bekenntnis erzogen werden soll, oder das Kind vom Religionsunterricht abmelden.

2. Die Entwicklung des Sorgerechts im „Dritten Reich"

Im „Dritten Reich" waren vor allem das Abstammungsrecht und das Eherecht Änderungen unterworfen. Mit Inkrafttreten des Ehegesetzes vom 6. Juli 1938 (EheG[50]) wurde die Regelung der elterlichen Sorge für den Scheidungsfall aus dem BGB verlagert. Inhaltlich kam es zu einer Abkehr von der schematisierten Regelung des § 1635 BGB u.F. Dem Vormundschaftsgericht wurde im Rahmen einer Scheidung die Aufgabe zugewiesen, nach Maßgabe des Kindeswohls von Amts wegen zu bestimmen, welchem Elternteil die Personensorge (einschließlich des Vertretungsrechts in diesem Bereich) zustehen sollte. Obgleich die gerichtliche Entscheidung nach Maßgabe des Kindeswohls zu treffen war, behielt die Scheidungsschuld für die Sorgerechtszuteilung weiterhin ihre Bedeutung. Dem allein oder überwiegend für schuldig erklärten Ehegatten sollte die Personensorge einschließlich des Vertretungsrechts in diesen Angelegenheiten gemäß § 81 Abs. 3 EheG (1938) nur aus besonderen, dem Kindeswohl *dienlichen* Gründen übertragen werden. Eine spätere Abänderung der Übertragungsentscheidung konnte nur unter der Voraussetzung erfolgen, dass das Kindeswohl die Änderung erforderte (§ 81 Abs. 6 EheG (1938)).

3. Die Entwicklung des Sorgerechts von 1945 bis 1949

Nach dem Zusammenbruch des „Dritten Reiches" und dem Ende des zweiten Weltkrieges galt auch in der sowjetischen Besatzungszone Deutschlands das Familienrecht des Bürgerlichen Gesetzbuchs unverändert weiter. Das EheG (1938) wurde nach vorangegangener Bereinigung vom nationalsozialistischem Gedankengut neu verkündet[51], wodurch bis zur Gründung der beiden deutschen

---

[50] RGBl. I 1938, S. 807 ff.

[51] Kontrollratsgesetz Nr. 16 vom 20.2.1946 – KRABl. 1946, S. 77 ff. Dieses Gesetz lässt sich als eine „Art bereinigte Fassung" des EheG (1938) bezeichnen (*Zieger*, Das Familienrecht in beiden deutschen Staaten, S. 42). Die Beibehaltung vieler Regelungen des EheG (1938) rechtfertigte sich daraus, dass sie schon vor 1933 angestrebte Reformen verwirklichten und damit nicht typisch nationalsozialistisch waren; vgl. *Thielmann*, Das Familienrecht in beiden deutschen Staaten, S. 13.

Staaten für diese dieselbe Ausgangslage geschaffen wurde. Die durch § 81 EheG (1938) eingeführte Regelung der Sorgerechtszuteilung im Scheidungsfall fand ihre Entsprechung in § 74 EheG (1946). Wie sein Vorgänger sah er nur die Übertragung der Personensorge auf einen Elternteil vor, gestand aber den Eltern erstmals das Recht zu, auf die gerichtliche Sorgerechtsregelung Einfluss zu nehmen. Waren sich die Eltern darin einig, wem von ihnen nach der Scheidung die Personensorge zustehen sollte, hatten sie ihren Vorschlag innerhalb einer Zweiwochenfrist nach Rechtskraft des Scheidungsurteils dem Vormundschaftsgericht zur Genehmigung vorzulegen (§ 74 Abs. 2 EheG (1946)). Regelmäßig war die Genehmigung zu erteilen (§ 74 Abs. 1 EheG (1946)). Nur wenn die geforderte Zweiwochenfrist[52] versäumt war oder der gemeinsame Elternvorschlag nicht die Billigung des Gerichts fand, hatte es gemäß § 74 Abs. 2 EheG (1946) diejenige Regelung zu treffen, „die dem wohlverstandenen Interesse (...) der Kinder (...) am besten entsprach". Die Änderung einer einmal erfolgten Zuweisung konnte das Gericht nunmehr allerdings schon unter der – gegenüber § 81 Abs. 6 EheG (1938) erleichterten – Voraussetzung vornehmen, dass es eine solche im Kindeswohlinteresse für angezeigt hielt (§ 74 Abs. 6 EheG (1946)).

IV. Überblick über die Rechtsentwicklung in beiden deutschen Staaten bis zur Wiedervereinigung

Nachdem mit der offiziellen Gründung der Bundesrepublik Deutschland durch Verkündung des Grundgesetzes am 23. Mai 1949 und der Konstituierung der Deutschen Demokratischen Republik am 7. Oktober 1949 die Teilung Deutschlands besiegelt war, wurden die jeweiligen Verfassungen in beiden deutschen Staaten zum Ausgangspunkt der weiteren Entwicklung des elterlichen Sorgerechts. Durch sie wurden sowohl in der Bundesrepublik Deutschland als auch in der Deutschen Demokratischen Republik Ehe und Familie[53] bzw. Mutterschaft[54] dem Schutz des Staates unterstellt und die Erziehung der Kinder zum Recht und zur Pflicht der Eltern erklärt[55]. Im Unterschied zur Verfassung der Deutschen

52 Hierbei handelte es sich um eine Ausschlussfrist; vgl. u. S. 186 Fn. 744.
53 Art. 6 Abs. 1 GG.
54 Art. 38 Abs. 1 DDR-V (1949).
55 Vgl. Art. 6 Abs. 2 Satz 1 GG und Art. 38 Abs. 4 Satz 1 DDR-V (1949).

Demokratischen Republik[56] war (und wird) vom Grundgesetz der Bundesrepublik Deutschland jedoch kein Erziehungsziel[57] vorgegeben[58]. Beide Verfassungen postulierten jedoch auch das allgemeine Prinzip der Gleichberechtigung von Mann und Frau[59]. Art. 30 Abs. 2 DDR-V (1949) erklärte insoweit noch einmal ausdrücklich die Gesetze und Bestimmungen für aufgehoben, die der Gleichberechtigung von Mann und Frau in der Familie entgegenstanden. Dagegen sollten nach dem Willen des Verfassungsgebers der Bundesrepublik Deutschland die mit dem Grundrecht des Art. 3 Abs. 2 GG nicht vereinbaren Vorschriften des einfachen Rechts gemäß Art. 117 Abs. 1 GG[60] zunächst – längstens jedoch bis zum 31. März 1953 – weitergelten, um dem Gesetzgeber Gelegenheit zu einer umfassenden Neuregelung zu geben. Ähnlich verhielt es sich mit der von beiden deutschen Staaten beabsichtigten Gleichstellung der nichtehelichen mit den ehelichen Kindern. Während Art. 33 DDR-V (1949) als unmittelbar geltendes Recht[61] anordnete, dass die außereheliche Geburt weder dem Kind noch seinen Eltern zum Nachteil gereichen durfte, erteilte Art. 6 Abs. 5 GG – als Ausnahme von der unmittelbaren Geltung der Grundrechte gemäß Art. 1 Abs. 3 GG[62] – dem einfachen Gesetzgeber den Auftrag, den unehelichen Kindern die gleichen Bedingungen für ihre leibliche und seelische Entwicklung und ihre Stellung in der Gesellschaft zu schaffen wie den ehelichen Kindern.

---

56 Nach Art 38 Abs. 4 Satz 1 DDR-V (1949) lag das Ziel der Erziehung in der Herausbildung geistig und körperlich tüchtiger Menschen im Geiste der Demokratie.

57 Eingehend zum Begriff des Erziehungsrechts in der Deutschen Demokratischen Republik und dem von der Verfassung vorgegebenen Erziehungsziel s. *Arnold*, S. 22 ff. m.N.

58 Jedenfalls für den Bereich der häuslichen Erziehung wäre die staatliche Vorgabe von Erziehungszielen mit Art. 6 Abs. 2 Satz 1 GG unvereinbar; vgl. *Ossenbühl*, S. 58 f. m.N. Nach allgemeiner Ansicht werden die gelegentlich in Landesverfassungen vorzufindenden Erziehungszielbestimmungen durch die von Pflichtbindungen freigestellte Garantie des Art. 6 Abs. 2 GG wegen seines Geltungsvorrangs aufgehoben; vgl. *Schmitt-Kammler*, S. 21 f. m.N.

59 Vgl. Art. 3 Abs. 2 Satz 1 GG und Art. 7 Verfassung DDR (1949).

60 Zur verfassungsrechtlichen Bedeutung des Art. 117 GG s. *Krüger*, NJW 1953, 964 ff.

61 Vgl. Art. 144 Abs. 1 Satz 1 Verfassung DDR (1949). Dieser Schlussbestimmung soll jedoch ein vorwiegend theoretischer Charakter zugekommen sein; vgl. *Zieger*, Das Familienrecht in beiden deutschen Staaten, S. 44.

62 Vgl. BVerfG v. 29.1.1969 – 1 BvR 26/66, BVerfGE 25, 167 (179).

1. Die Entwicklung in der Bundesrepublik Deutschland

In der Bundesrepublik Deutschland waren mit Ablauf des 31. März 1953 plötzlich einige familienrechtliche Fragestellungen ungeregelt[63], da der Gesetzgeber die familienrechtlichen Regelungen nicht rechtzeitig den grundrechtlichen Bestimmungen angepasst hatte. Die Rechtsprechung begegnete dieser Schwierigkeit damit, dass sie die Lücken des Gesetzes grundgesetzkonform auszufüllen versuchte[64]. Ein besonderes Problem bestand darin, dass Art. 1 Abs. 1 Satz 3 des Vertrages zur Regelung aus Krieg und Besatzung entstandener Fragen[65] vorsah, dass die vom Kontrollrat erlassenen Vorschriften, also auch das EheG (1946), weder aufgehoben noch geändert werden durften. Deshalb war fraglich, ob Art. 3 Abs. 2 GG auf das EheG (1946) überhaupt anzuwenden[66] und einem Elternteil bei Scheidung der Elternehe gemäß § 74 EheG (1946) wie bisher nur die Personensorge[67] oder aber die ganze elterliche Gewalt zuzusprechen war[68]. Für eine Übergangszeit war die Rechtslage daher mit erheblichen Unsicherheiten behaftet; von einem etwa vermuteten Rechtschaos blieb die Zeit jedoch verschont[69].

a) Das Gleichberechtigungsgesetz vom 18.6.1957

Durch das Gesetz über die Gleichberechtigung von Mann und Frau vom 18. Juni 1957 (GleichberG[70]), das am 1. Juli 1958 in Kraft trat, wurden weite Teile des BGB mit familienrechtlichem Bezug neu geregelt. Der u.a. verfolgte Zweck, die Rechtsstellung der Mutter in Bezug auf das eheliche Kind derjenigen des Vaters

---

63 Betroffen waren hiervon insbesondere die Bestimmungen, die einen Kindesvater gegenüber der Mutter privilegierten, indem sie diese auf die Nebensorge verwiesen und sie vollständig von der Vermögenssorge einschließlich des Nutznießungsrechts ausschlossen.

64 BVerfG v. 18.12.1953 – 1 BvL 106/53, BVerfGE 3, 225 (242 ff.); BGH v. 2.5.1956 – IV ZB 40/56, BGHZ 20, 313 (320); BGH v. 13.7.1959 – IV ZB 23/59, BGHZ 30, 306 (311).

65 BGBl. II 1954, 157 ff.

66 Dafür: OLG Frankfurt a.M. v. 2.4.1955 – 6 W 214/55, FamRZ 1955, 175 (176) mit zust. Anm. Bosch; *Gross*, FamRZ 1955, 226; dagegen: OLG Braunschweig v. 15.9.1955 – 2 W 146/55, FamRZ 1955, 361; BayObLG v. 29.11.1955 – BReg. 1 Z 48/55, FamRZ 1956, 111.

67 So wohl OLG Hamm v. 27.7.1953 – 15 W 244/53, NJW 1953, 1354; OLG Hamm v. 4.8.1953 – 15 W 175/53, NJW 1953, 1354.

68 OLG Hamburg v. 23.2.1956 – 2 W 45/56, FamRZ 1956, 241 m. Anm. Schwoerer und Anm. Bosch; LG Bonn v. 3.9.1957 – 4 T 313/57, FamRZ 1957, 421.

69 *Staudinger/Donau*, 10./11. Aufl., Vorbem. zu §§ 1626 ff., Rz. 24.

70 BGBl. I 1957, S. 609 ff.

anzugleichen, wurde allerdings nicht in vollem Umfang erreicht. Zwar unterstellte § 1626 Abs. 1 BGB (1958) das minderjährige Kind nunmehr ausdrücklich der elterlichen Gewalt des Vaters und der Mutter, doch war diese Gleichstellung nur formaler Natur. Weiterhin war das Vertretungsrecht grundsätzlich allein dem Vater vorbehalten (§ 1629 Abs. 1, 1. Halbs. BGB (1958)) und dieser behielt auch seine Vormachtstellung bei Meinungsverschiedenheiten in Ausübung der tatsächlichen elterlichen Gewalt, denn durch den neu gefassten § 1628 Abs. 1 BGB (1958) wurde der in § 1634 Satz 2 BGB u.F. geregelte Stichentscheid des Vaters nicht vollständig aufgehoben, sondern nur abgemildert. Nach dieser Vorschrift war der Ehemann nämlich lediglich dazu aufgerufen, bei seiner Entscheidung auf die Auffassung der Frau Rücksicht zu nehmen, doch waren an die Nichtbeachtung dieses Appells keine unmittelbaren Rechtsfolgen geknüpft. Sowohl § 1629 Abs. 1 BGB (1958) als auch § 1628 BGB (1958) wurden im Jahre 1959 vom Bundesverfassungsgericht für nichtig erklärt[71].

Durch das GleichberG wurde die Regelung der elterlichen Sorge im Scheidungsfalle wieder zurück ins BGB transferiert. Das Vormundschaftsgericht hatte gemäß § 1671 Abs. 1 BGB (1958) anlässlich der Scheidung der Elternehe erstmals nicht nur über die Personensorge, sondern über die elterliche Gewalt insgesamt zu entscheiden[72]. Für die Entscheidung war grundsätzlich ein gemeinsamer Elternvorschlag maßgeblich (§ 1671 Abs. 2 BGB (1958)). Nur wenn ein solcher nicht innerhalb einer verlängerten Frist von zwei Monaten[73] nach Rechtskraft des Scheidungsurteils zustande gekommen war oder der Vorschlag nicht die Billigung des Vormundschaftsgerichts fand, traf es die Regelung, die unter Berücksichtigung der gesamten Verhältnisse dem Wohle des Kindes am besten entsprach (§ 1671 Abs. 3 Satz 1 BGB (1958)). Sofern ein Elternteil allein für schuldig erklärt war und keine schwerwiegenden Gründe dafür sprachen, ihm die elterliche Gewalt zu übertragen, sollte das Vormundschaftsgericht sie dem schuldlosen Teil zusprechen. Im Gegensatz zu § 74 EheG (1946) kam es auf ein überwiegendes Mitverschulden an der Scheidung jedoch

---

71 BVerfG v. 29.7.1959 – 1 BvR 205, 332, 333, 367/58; 1 BvL 27/58, 100/58, BVerfGE 10, 59 ff.

72 Vgl. BGH v. 28.5.1957 – IV ZB 56/75, BGHZ 66, 334 (337).

73 Diese Frist wurde – anders als die frühere – nicht als Ausschlussfrist angesehen; s. S. 186 Fn. 744.

nicht mehr an, sodass durch § 1671 BGB (1958) die Bedeutung der Scheidungsschuld für die Sorgerechtsregelung weiter reduziert wurde.

Die Kompetenzausdehnung des Vormundschaftsgerichts zur Übertragung der elterlichen Gewalt insgesamt sollte die Möglichkeit eröffnen, beide Gewaltbereiche, mithin die Personen- und die Vermögenssorge, in der Person nur eines Elternteils zu vereinigen. Dies war von Rechtsprechung und Lehre bereits eine geraume Zeit zuvor für erstrebenswert angesehen worden[74]. Dementsprechend ordnete § 1671 Abs. 4 Satz 1 BGB (1958) die *regelmäßige* Übertragung der elterlichen Gewalt auf einen Elternteil allein an. Eine Aufteilung der Gewaltbereiche sollte nur unter der Voraussetzung möglich sein, dass das Kindeswohl sie erforderte (§ 1671 Abs. 4 Satz 2 BGB (1958))[75]. Die Beibehaltung der gemeinsamen elterlichen Gewalt nach der Scheidung wurde von der h.M.[76] dagegen selbst bei einem dahingehenden gemeinsamen Elternvorschlag für unzulässig gehalten, da die Regelanordnung des § 1671 Abs. 4 Satz 1 BGB (1958) lediglich im Verhältnis zu der von Satz 2 der Vorschrift als Ausnahme gedachten Aufteilungsmöglichkeit der Gewaltbereiche angesehen wurde[77]. In der Literatur wuchs die Kritik an dieser Auffassung[78]. Vereinzelt wurde auch der gesetzliche Zwang zur Alleinsorge für verfassungswidrig gehalten[79], sodass einzelne Gerichte entgegen der h.M. dazu übergingen, die Beibehaltung der gemeinsamen elterlichen Gewalt nach der Scheidung zuzulassen[80].

Eine bedeutsame Neuerung des GleichberG lag in der Schaffung einer Sorgerechtsregelung bei nicht nur vorübergehendem Getrenntleben der Eltern, die es bis dahin noch nicht gegeben hatte. Auf Antrag eines Elternteils hatte das

---

74 *Bosch*, SJZ 1950, 629 (643 f.) m.N.

75 Vgl. OLG Neustadt v. 24.4.1963 – 3 W 2/63, FamRZ 1964, 91 (92).

76 OLG Celle v. 24.9.1959 – 5 WX 74/59, NJW 1960, 151 f.; OLG Stuttgart v. 27.4.1960 – 8 W 84/60, FamRZ 1960, 365; OLG Bremen v. 21.8.1961 – 3 W 73/61, FamRZ 1961, 534; BayOblG v. 17.7.1964 – BReg. 1 Z 45/64, FamRZ 1964, 523; LG Tübingen v. 15.1.1960 – 3 Gr 16/59, FamRZ 1960, 121 m. abl. Anm. Schwoerer; *Soergel/Lange* (10. Aufl.), § 1671 Rz. 21, *Dölle* § 97 III 5, S. 289.

77 *Knöpfel*, NJW 1983, 905 (906).

78 *Schwoerer*, FamRZ 1960, 122 f.; *Staudinger/Schwoerer*, 10./11. Aufl. § 1671 Rz. 79 m.N.

79 LG Bremen v. 16.12.1976 – 3 T 292/76, FamRZ 1977, 402 (405) (Vorlegungsbeschluss).

80 LG Mannheim v. 11.12.1970 – 4 b T 15/70, FamRZ 1971, 185 f. m. Anm. Bosch; LG Wiesbaden v. 8.9.1976 – 4 T 173/76, FamRZ 1977, 60 (61). Der Rechtsprechung zustimmend *Lüderitz/Lenzen*, FamRZ 1971, 625 ff.

Gericht nach denselben Grundsätzen wie bei Scheidung der Elternehe über die Gewaltzuweisung zu entscheiden (§ 1672 BGB (1958)).

b) Das Gesetz zur Vereinheitlichung und Änderung familienrechtlicher Vorschriften vom 11.8.1961

Durch das Gesetz zur Vereinheitlichung und Änderung familienrechtlicher Vorschriften (FamRÄndG[81]), dessen Normen überwiegend am 1. Januar 1962 in Kraft traten, wurden u.a. das Recht der Legitimation sowie das Nichtehelichenrecht in einzelnen Teilbereichen neu geregelt. Die unverheiratete Mutter eines – damals noch als unehelich bezeichneten – Kindes erhielt durch die Schaffung des § 1707 Abs. 2 BGB (1962) erstmals die Möglichkeit, durch das Vormundschaftsgericht auf ihren Antrag hin die elterliche Gewalt über ihr Kind übertragen zu bekommen[82], sofern sie selbst volljährig und – was in der Praxis zusätzlich verlangt wurde – erziehungsfähig war. Das Gericht war jedoch befugt, einzelne Angelegenheiten oder einen bestimmten Kreis von Angelegenheiten von der Übertragung auszunehmen.

c) Das Gesetz über die rechtliche Stellung nichtehelicher Kinder vom 19.8.1969

In Erfüllung des Verfassungsauftrags von Art. 6 Abs. 5 GG wurde die Stellung der außerhalb einer Ehe geborenen Kinder durch das Gesetz über die rechtliche Stellung nichtehelicher Kinder vom 19. August 1969 (NEhelG[83]) endlich grundlegend neu geregelt, nachdem das Bundesverfassungsgericht in seinem Beschluss vom 29. Januar 1969 bereits interveniert hatte[84].

Der zur Bezeichnung eines außerhalb einer Ehe geborenen Kindes bislang verwendete Begriff der Unehelichkeit wurde durch den als weniger stigmatisierend empfunden Begriff der Nichtehelichkeit ausgetauscht. Nach dem neu gefassten § 1705 Satz 1 BGB (1970) stand das minderjährige Kind nunmehr – anders als bisher – *automatisch* unter der elterlichen Gewalt der Mutter[85],

---

[81] BGBl. I 1969, S. 1221 ff.

[82] Zur früheren Rechtslage s. bereits o. S. 10.

[83] BGBl. I 1969, S. 1243 ff., in Kraft getreten am 1.7.1970.

[84] BVerfG v. 29.1.1969 – 1 BvR 26/66, BVerfGE 25, 167 (184 ff.).

[85] Hintergrund für die *ausschließliche* Zuordnung zur Mutter war die Ansicht, es entspreche dem Wohl eines nichtehelichen Kindes, dessen Eltern in den meisten Fällen nicht oder nur vorübergehend zusammenlebten, am besten, wenn eine eindeutige, feste und

(Fortsetzung s. nächste Seite)

doch erhielt es für bestimmte Angelegenheiten gemäß § 1706 BGB (1970) grundsätzlich von Amts wegen einen Pfleger[86]. Ausnahmsweise hatte das Vormundschaftsgericht auf Antrag der Mutter anderes anzuordnen, wenn die beantragte Anordnung dem Kindeswohl nicht widersprach (§ 1707 Satz 2 BGB (1970)).

Dem Vater eines nichtehelichen Kindes wurde, wenn seine Vaterschaft durch Anerkennung[87] oder gerichtliche Entscheidung mit Wirkung für und gegen alle festgestellt war[88] (§ 1600 a BGB (1970)), auf Grund der durch das NEhelG vorgenommenen Streichung des § 1589 Abs. 2 BGB u.F. erstmals eine Verwandtschaftsbeziehung im Rechtssinne mit dem außerhalb der Ehe geborenen Kinde zugestanden[89]. Die Gewalt über das Kind konnte er gleichwohl nur durch Legitimation erlangen, wenn er also entweder mit der Kindesmutter nachträglich die Ehe einging oder das Kind mit Zustimmung der Mutter und des Kindes für ehelich erklärte. Wenn Letzteres erfolgte, verlor jedoch die Mutter nach dem neu gefassten § 1738 Abs. 1 BGB (1970) in vollem Umfang das Recht und die Pflicht, die elterliche Gewalt auszuüben. Dies war nach dem damaligen Willen des Gesetzgebers durchaus konsequent, da das nichteheliche Kind nur einem Elternteil zugeordnet werden sollte und es durch die Ehelicherklärung im Verhältnis zum Vater eine neue, fest umrissene und gesicherte Rechtsstellung erhielt. Nur wenn die elterliche Sorge des Vaters endigte, ruhte

---

dauernde Zuordnung nur zu einem Elternteil erfolge. Der Mutter müsse hierbei gegenüber dem Vater der Vorrang zukommen, da zwischen ihr und einem betreuungsbedürftigen Kind kraft Natur der Sache besondere Bande bestünden, die auch später nicht durch einen Wechsel in der Person des Sorgeberechtigten zerrissen werden sollten. Vgl. BT-Drucks. 5/2370, S. 63.

86 Soweit vor der Geburt des Kindes noch kein Pfleger bestellt war, wurde mit der Geburt das Jugendamt Pfleger des Kindes (§ 1709 BGB (1970)). – Zu den Aufgaben des Pflegers zählten Angelegenheiten, die die Feststellung der Vaterschaft, das Eltern-Kind-Verhältnis oder den Familiennamen, die Geltendmachung von Unterhaltsansprüchen sowie die Regelung von Erb- und Pflichtteilsrechten im Falle des Todes des Vaters und seiner Verwandten betrafen.

87 Diese bedurfte der Zustimmung des Kindes (§ 1600 c BGB (1970)).

88 Die Feststellung der Vaterschaft erfolgte auf Klage des Kindes oder des Erzeugers (§ 1600 n BGB (1970)).

89 Die sich aus der Verwandtschaft zwischen Vater und einem nichtehelichen Kind ergebenden Rechtsfolgen waren zum Teil besonders geregelt. So bestanden Sonderregelungen für den Unterhalt (§§ 1615 b ff. BGB (1970)) sowie für das Erbrecht (§§ 1934 a bis 1934 e BGB (1970)).

oder sie ihm entzogen wurde, konnte der Mutter die Ausübung der elterlichen Sorge zurückübertragen werden (§ 1738 Abs. 2 BGB (1970)).

Gegen den Willen der – nach dem neu eingeführten § 1711 BGB (1970) – nunmehr sorgeberechtigten Kindesmutter hatte der Vater grundsätzlich auch kein Recht auf persönlichen Umgang mit dem Kind[90]. Ursächlich hierfür war im Wesentlichen das Bestreben, die Teilfamilie Mutter und Kind vor Spannungen durch einen von der Mutter missbilligten Kontakt zwischen Vater und Kind zu schützen und dem Kind die Eingliederung in eine etwa neu gegründete Familie zu erleichtern[91]. Das Vormundschaftsgericht war jedoch ausnahmsweise befugt, dem Vater eines nichtehelichen Kindes die Umgangsbefugnis einzuräumen, wenn ein persönlicher Umgang mit dem Vater dem Wohle des Kindes diente (§ 1711 Abs. 1 Satz 2 BGB (1970)).

d) Das Erste Gesetz zur Reform des Ehe- und Familienrechts vom 14.6.1976 (1. EheRG)

Das Erste Gesetz zur Reform des Ehe- und Familienrechts vom 14. Juni 1976 (1. EheRG[92]) reformierte das Scheidungsrecht durch Einführung des Zerrüttungsprinzips und völliger Abkehr von der Verschuldensscheidung. Hiermit war zwangsläufig auch eine Änderung der Regelung über die elterliche Gewalt nach der Scheidung erforderlich. Bislang hatte die auf dem GleichberG beruhende Gesetzesfassung des § 1671 Abs. 3 Satz 2 BGB den unschuldig geschiedenen Elternteil bei der Entscheidung über die Zuteilung der elterlichen Gewalt privilegiert. Abgesehen davon, dass die Gleichsetzung von Scheidungsschuld und mangelnder Eignung zur Wahrnehmung elterlicher Rechte und Pflichten zunehmend als nicht sachgerecht kritisiert worden war, ließ sich die alte Regelung des § 1671 BGB mit dem Zerrüttungsprinzip ohnehin nicht vereinbaren. Daher wurde sie durch eine ausschließliche Anknüpfung an den elterlichen Vorschlag und das Kindeswohl angepasst. Außerdem wurde die Entscheidungszuständigkeit vom Vormundschaftsgericht auf das neu geschaffene Familiengericht ver-

---

90 Die Rechtsstellung des Vaters eines ehelichen Kindes, dem nach Scheidung der Elternehe die Personensorge nicht zustand, war dagegen besser, da er nach dem auf das GleichberG zurückgehenden § 1634 Abs. 1 BGB (1958) die Befugnis behielt, mit dem Kind persönlich zu verkehren.

91 Vgl. die zusammenfassende Darstellung von *Grasnick*, NJW 1966, 1298 ff.

92 BGBl. I 1976, S. 1221 ff. Die im Text angesprochenen Regelungen traten am 1.7.1977 in Kraft.

lagert und das Verfahren grundlegend neu geregelt. Bei Scheidung der Elternehe hatte das Familiengericht von nun an gleichzeitig und zusammen mit der Scheidungssache über die Regelung der elterlichen Gewalt als Folgesache zu verhandeln und, sofern dem Scheidungsantrag stattgegeben wurde, ohne Antrag einheitlich durch Urteil im sog. Entscheidungsverbund zu entscheiden (§§ 623 Abs. 1 Satz 1, Abs. 3 Satz 1 i.V.m. §§ 621 Abs. 1 Nr. 1, 629 Abs. 1 ZPO (1976)).

e) Das Gesetz zur Neuregelung der elterlichen Sorge vom 18.7.1979 (SorgeRG)

aa) Reformbestrebungen und Gesetzesinhalt

Genau 80 Jahre nach Inkrafttreten des BGB am 1. Januar 1900 ist durch das Gesetz zur Neuregelung der elterlichen Sorge vom 18. Juli 1979 (SorgeRG[93]) der Begriff der elterlichen Gewalt durch den neu eingeführten Begriff der elterlichen Sorge[94] abgelöst worden. Der Gewaltbegriff, der selbst den Heranwachsenden als Objekt elterlicher Fremdbestimmung erscheinen ließ, war angesichts des mit zunehmender Reife zu berücksichtigenden Selbstbestimmungsrechts als nicht mehr zeitgemäß betrachtet worden[95]. Zudem sollten der Inhalt der Elternverantwortung und der Pflichtcharakter der elterlichen Rechtsstellung gegenüber dem Kind durch den Begriff der elterlichen Sorge stärker als bisher betont werden[96].

Mit der Begriffsänderung wurde die Vorschrift des § 1626 BGB in der auf das GleichberG zurückgehenden Fassung neu formuliert; sie enthält in ihrem Absatz 1 seither eine Legaldefinition der elterlichen Sorge. Darüber hinaus ist in Absatz 2 das Verhältnis zwischen Eltern und Kindern näher umschrieben worden, der den Eltern im Interesse bestmöglicher Förderung eigenverantwort-

---

93 BGBl. I 1979, S. 1061 ff., in Kraft getreten am 1.1.1980.

94 Dieser zur Charakterisierung des Eltern-Kind-Verhältnisses heute in ganz Deutschland geltende Begriff war erstmals in den neuen Bundesländern gesetzlich eingeführt worden, und zwar durch das Gesetz über den Mutter- und Kinderschutz und die Rechte der Frau vom 27.9.1950 (MKSchG). In der Deutschen Demokratischen Republik wurde der Begriff jedoch 15 Jahre später durch das am 20.12.1965 beschlossene Familiengesetzbuch wieder ausgetauscht, das fortan vom „Erziehungsrecht“ sprach.

95 BT-Drucks. 7/2060, S. 13, 16.

96 BT-Drucks. 8/2788, S. 36, 43.

lichen Handelns[97] aufgibt, den Kindeswillen in Angelegenheiten der Pflege und Erziehung zu berücksichtigen und – je nach dem Entwicklungsstand des Kindes – Fragen der elterlichen Sorge mit dem Kind zu besprechen. Bemerkenswert ist die sprachliche Formulierung des § 1626 Abs. 2 BGB, in der die Verhaltensanforderung offenbar ganz bewusst nicht als Verpflichtung konstituiert worden ist, deren Nichtbeachtung unmittelbare Rechtsfolgen nach sich ziehen würde[98]. Ebenso ist der Gesetzgeber im Hinblick auf das verfassungsrechtlich garantierte Elternrecht aus Angst vor zu starken Eingriffen in die Familienautonomie davor zurückgeschreckt, dem Kind ein eigenes Recht einzuräumen, kraft dessen es Maßnahmen der Eltern aus eigenem Antrieb gerichtlich überprüfen lassen könnte[99]. Da der Gesetzgeber auf der anderen Seite auch das Kind als Grundrechtsträger anerkannte, hat er in der Amtlichen Begründung ausdrücklich darauf hingewiesen, dass es sich bei der Verhaltensanforderung an die Eltern keineswegs um einen bloßen Programmsatz, sondern vielmehr um ein gesetzliches Leitbild handele, das sich auf die Anwendung aller Vorschriften des Kindschaftsrechts auswirke[100].

---

97 BT-Drucks. 7/2060, S. 16 f.

98 Aus dem im Text genannten Grund wird § 1626 Abs. 2 GG auch nicht für geeignet erachtet, den verfassungsrechtlichen Anforderungen hinsichtlich einer Konkretisierung des Verhältnisses von Eltern- und Kindesrechten gerecht zu werden; vgl. *Richter* in: AK-GG, Art. 6 Rz. 35.

99 Interessanterweise lässt sich die diesbezügliche Grundhaltung des Gesetzgebers noch in der Gegenwart feststellen. Obgleich dem Kind durch das Gesetz zur Ächtung der Gewalt in der Erziehung vom 2.11.2000 (BGBl I, S. 1479) ein „Recht" auf gewaltfreie Erziehung eingeräumt worden ist (§ 1631 Abs. 2 Satz 1 BGB), kommt dem Kind insoweit kein unmittelbares einklagbares Recht zu (zur Auslegung des § 1631 Abs. 2 BGB n.F. und seinen Rechtsfolgen *Huber/Scherer*, FamRZ 2001, 797 ff.; *Heger/Schomburg*, KindPrax 2000, 171 ff., jew. m.N.). Das Umgangsrecht des Kindes (§ 1684 Abs. 1, 1. Halbs. BGB) soll demgegenüber erzwingbar sein; vgl. hierzu OLG Köln v. 15.1.2001 – 27 WF 1/01, FamRZ 2001, 1023 m.N. Der Hintergrund der gesetzgeberischen Zurückhaltung dürfte darin liegen, dass die Rechtsstellung des Kindes im Grundgesetz keine besondere Regelung erfahren hat. Zwar ist auch ein Kind insbesondere Träger des Grundrechts auf die freie Entfaltung der Persönlichkeit nach Art. 2 Abs. 1 GG, doch soll das Kind – obgleich das Verhältnis seiner Rechte gegenüber denjenigen der Eltern weitgehend ungeklärt ist – seine Grundrechte mangels unmittelbarer Drittwirkung jedenfalls nicht gegenüber seinen Eltern geltend machen können; vgl. *Richter* in: AK-GG, Art. 6 Rz. 9 und 34 m.N. Zum Kompetenzkonflikt zwischen Eltern und Kindern aus verfassungsrechtlicher Sicht s. *Reuter*, AcP 192 (1992), 108 (117 ff.).

100 BT-Drucks. 8/2788, S. 33 f.; s. auch BT-Drucks. 7/2060, S. 16.

Besonders hervorzuheben sind die vom SorgeRG bei nicht nur vorübergehenden Getrenntleben der Ehegatten und Scheidung der Elternehe getroffenen Regelungen zur gerichtlichen Sorgerechtsentscheidung. Im Hinblick auf das erklärte Ziel des SorgeRG, § 1671 BGB so umzugestalten, dass das Kindeswohl am besten zur Geltung kommt, wurden zunächst die früheren Absätze 2 und 3 umgestellt, wodurch das Kindeswohl äußerlich an die Spitze der materiell-rechtlichen Vorschriften über die Sorgerechtsentscheidung im Scheidungsfalle gerückt ist[101]. Die auf das GleichberG zurückgehende Sollbestimmung, die elterliche Sorge im Scheidungsfall *in der Regel* einem Elternteil allein zu übertragen und nur ausnahmsweise eine Teilung der Sorgerechtsbereiche zuzulassen, wurde in dem neu gefassten Absatz 4 verschärft, der nunmehr in Satz 1 die Alleinzuständigkeit eines Elternteils als Grundsatz zwingend anordnete. Nur wenn die Vermögensinteressen des Kindes es erforderten, sollte nach § 1671 Abs. 4 Satz 2 BGB eine Teilung der Sorgerechtsbereiche möglich sein. Der Gesetzgeber beabsichtigte hierdurch, für den Fall künftiger Konflikte und zunehmender Entfremdung zwischen den Elternteilen in Bezug auf das Kind präventiv „klare Verhältnisse" zu schaffen, weil er dies im Interesse des Kindeswohls für notwendig erachtete[102]. Zu betonen ist weiterhin, dass der von einem elterlichen Vorschlag abweichende Wille eines mindestens 14-jährigen Kindes erstmals einen positiv-rechtlich ausgestalteten Stellenwert erhielt (§ 1671 Abs. 3 Satz 2 BGB (1980)). Während das Gericht von einem übereinstimmenden Vorschlag der Eltern nur abweichenden sollte, wenn dies zum Wohl des Kindes erforderlich war (§ 1671 Abs. 3 Satz 1 BGB (1980)), hatte das Gericht bei Vorliegen eines abweichenden Kindesvorschlags unter besonderer Berücksichtigung der Bindungen des Kindes diejenige Regelung zu treffen, die dem Wohl des Kindes am besten entsprach (1671 Abs. 3 Satz 2, Abs. 2 BGB (1980)).

Für den Fall des nicht nur vorübergehenden Getrenntlebens hielt § 1672 Satz 2, 1. Halbs. BGB (1980) an dem durch das GleichberG eingeführten Antragserfordernis für die Regelung der elterlichen Sorge grundsätzlich fest und erklärte § 1671 weiterhin für entsprechend anwendbar (§ 1672 Satz 1 BGB (1980)). Ausnahmsweise sollte das Gericht gemäß Halbs. 2 der Vorschrift jedoch von Amts wegen entscheiden, „wenn andernfalls das Wohl des Kindes ge-

---

[101] *MünchKomm/Hinz*, § 1671 Rz. 3.

[102] BT-Drucks. 8/2788, S. 63.

fährdet wäre und die Eltern nicht gewillt oder nicht in der Lage sind, die Gefahr abzuwenden".

bb) Die Entscheidung des Bundesverfassungsgerichts vom 3.11.1982

Knapp zwei Jahre nach Inkrafttreten des SorgeRG ist § 1671 Abs. 4 Satz 1 BGB, der für den Scheidungsfall die zwingende Zuteilung der elterlichen Sorge auf einen Elternteil vorsah und selbst in Ausnahmefällen kein gemeinsames Sorgerecht nach der Scheidung zuließ, vom Bundesverfassungsgericht in seinem Beschluss vom 3. November 1982[103] wegen Verstoßes gegen das Elternrecht des Art. 6 Abs. 2 Satz 1 GG für nichtig erklärt worden[104]. Anders als bei Uneinigkeit der Eltern, bei der schon zur Wahrung der Rechtsordnung und des Rechtsfriedens ein Ausgleich zwischen den widerstreitenden Interessen zu erfolgen habe, bestehe in den Fällen, in denen beide Eltern gewillt und in der Lage seien, die elterliche Sorge für ihr Kind nach der Ehescheidung weiter zu tragen und keine Gründe vorlägen, die die Übertragung des Sorgerechts auf einen Elternteil im Kindeswohlinteresse angezeigt erscheinen ließen, keine Rechtfertigung für den Ausschluss eines Elternteils von der Erziehung und Pflege seines Kindes[105].

Auch für nichteheliche Lebensgemeinschaften war die Entscheidung des Bundesverfassungsgerichts von Bedeutung. In Anknüpfung an eine nur ein Jahr zuvor ergangene Entscheidung[106] bekräftigte das Bundesverfassungsgericht – wenn auch nur in einem obiter dictum – seine Auffassung, dass der Gesetzgeber von Verfassungs wegen nicht gehalten sei, dem Vater eines nichtehelichen Kindes neben der Mutter das elterliche Sorgerecht zuzuweisen, wenn sich die Eltern bewusst gegen eine Eheschließung entschieden hätten, die ihnen die gemeinsame Sorge ermögliche[107].

---

103 BVerfG v. 3.11.1982 – 1 BvL 28/80, 1 BvL 38/80, 1 BvL 40/80, 1 BvL 12/81, BVerfGE 61, 358 ff.

104 Zu den Reaktionen auf das Urteil in Literatur und Rechtsprechung s. *Limbach*, S. 17 ff.

105 BVerfG v. 3.11.1982 – 1 BvL 28/80, 1 BvL 38/80, 1 BvL 40/80, 1 BvL 12/81, BVerfGE 61, 358 (375).

106 BVerfG v. 24.3.1981 – 1 BvR 1516/78, 1 BvR 964/80, 1 BvR 1337/80, BVerfGE 56, 363 ff.

107 BVerfG v. 3.11.1982 – 1 BvL 28/80, 1 BvL 38/80, 1 BvL 40/80, 1 BvL 12/81, BVerfGE 61, 358 (375).

2. Die Entwicklung in der Deutschen Demokratischen Republik

Wie bereits erwähnt, war in Art. 144 Abs. 1 Satz 1 der Verfassung der Deutschen Demokratischen Republik ausgesprochen, dass die Bestimmungen der Verfassung unmittelbar geltendes Recht sein sollten[108]. Da entgegenstehende Bestimmungen aufgehoben waren (Art. 144 Abs. 1 Satz 2 DDR-V (1949)), sollten die an ihre Stelle tretenden, zur Durchführung der Verfassung erforderlichen Bestimmungen gleichzeitig mit der Verfassung in Kraft gesetzt werden (Art. 144 Abs. 1 Satz 3 DDR-V (1949)). Zu solchen Durchführungsbestimmungen kam es jedoch zu keinem Zeitpunkt, vielmehr wurde es größtenteils der Rechtsprechung überlassen, die erforderlichen Anpassungen an die Grundsätze der Verfassung zu vollziehen[109]. Allerdings ergingen auch einige gesetzliche Änderungen im Recht der elterlichen Sorge.

a) Das Gesetz über den Mutter- und Kinderschutz und die Rechte der Frau

Den Auftakt der Entwicklung des Rechts der elterlichen Sorge in der Deutschen Demokratischen Republik bildete das von Art. 32 Abs. 2 Satz 1 der Verfassung vom 7. Oktober 1949[110] vorgesehene Mutterschutzgesetz, das bereits ein Jahr nach Inkrafttreten der Verfassung unter Berücksichtigung der neuen Grundsätze verwirklicht wurde[111]. Durch dieses Gesetz wurden nicht nur einer verheirateten Frau in Bezug auf ihr Kind dieselben Rechte wie ihrem Ehemann zugestanden (§ 16 Abs. 1 MKSchG), sondern vor allem auch die Rechte der Mutter eines nichtehelichen Kindes gestärkt, indem ihr – unter Abschaffung der Amtsvormundschaft des Jugendamtes – die vollen elterlichen Rechte zuerkannt wurden (§ 17 Abs. 1 Satz 2 MKSchG[112]).

---

108 Nach *Zieger*, Das Familienrecht in beiden deutschen Staaten, S. 44, kam dieser Bestimmung jedoch vorwiegend ein theoretischer Charakter zu.

109 *Zieger*, Das Familienrecht in beiden deutschen Staaten, S. 46.

110 GBl. DDR 1949, S. 5 ff.

111 Gesetz über den Mutter- und Kinderschutz und die Rechte der Frau vom 27.9.1950, GBl. DDR 1950, S. 1037 ff.

112 Einzelheiten zum Hintergrund der Vorschrift des § 17 Abs. 1 Satz 2 MKSchG bei *Bernhardt*, S. 59 f. m.N.

b) Das Familiengesetzbuch vom 20.12.1965

Mit § 18 MKSchG hatte der Justizminister den Auftrag erhalten, der Regierung bis Ende 1950 den Entwurf eines Familienrechtsgesetzes vorzulegen. Darin war die Absicht zum Ausdruck gekommen, das Familienrecht außerhalb des Zivilrechts in einem eigenen Gesetzbuch zu regeln[113]. Obgleich der Entwurf im Jahre 1954 fertiggestellt war[114], trat er niemals als Ganzes in Kraft, vielmehr wurde in den Jahren 1955 und 1956 lediglich ein Teil seiner Bestimmungen in drei Rechtsverordnungen umgesetzt[115], von denen für das Recht der elterlichen Sorge allein die Eheverfahrensordnung von 1956 von Bedeutung war, da sie für die auf Ehescheidung oder Nichtigkeitsfeststellung gerichteten Verfahren die Konzentrationsmaxime einführte.

Nachdem man auf dem VI. Parteitag der SED im Januar 1963 beschlossen hatte, u.a. für das Familienrecht ein neues Gesetzbuch zu erarbeiten, wurde im Jahre 1964 eine Gesetzgebungskommission gebildet, die einen eigenständigen Entwurf zu einem Familiengesetzbuch ausarbeiten sollte[116]. Nach seiner Fertigstellung und anschließender Erörterung in der Öffentlichkeit, auf Grund derer 230 Änderungswünsche Berücksichtigung gefunden hatten[117], wurde am 20. Dezember 1965 das Familiengesetzbuch[118] erlassen, das am 1. April 1966 in Kraft trat.

Gemäß § 45 Abs. 1 Satz 1 FGB hatten miteinander verheiratete und zusammenlebende Eltern das Erziehungsrecht über ihr gemeinsames minderjähriges Kind grundsätzlich gemeinsam auszuüben und alle Entscheidungen gemeinsam zu treffen. Für den Fall der Uneinigkeit in einer gemeinsam zu entschei-

---

113 Das Ansinnen zielte auf die Übernahme eines sowjetischen Konzepts und wird ideologisch damit begründet, dass dem Familienrecht keine Ware-Geld-Beziehungen zugrundeliegen; vgl. *Zieger*, Das Familienrecht in beiden deutschen Staaten, S. 48 m.N.

114 Entwurf eines Familiengesetzbuches der Deutschen Demokratischen Republik, in: Neue Justiz 1954, S. 377 ff.

115 Bei den Rechtsverordnungen handelt es sich im Einzelnen um die Verordnung über Eheschließung und Eheauflösung vom 24.11.1955 (GBl. DDR 1955 I, S. 849 ff.), die Anordnung zur Anpassung der Vorschriften über das Verfahren in Ehesachen an die Verordnung über Eheschließung und Eheauflösung vom 7.2.1956 (GBl. DDR 1956 I, S. 145 ff.) sowie die Verordnung über die Annahme an Kindes Statt vom 29.11.1956 (GBl. DDR 1956 I, S. 1326 ff.).

116 Vgl. *Zieger*, Das Familienrecht in beiden deutschen Staaten, S. 61 f. m.N.

117 *Zieger*, Das Familienrecht in beiden deutschen Staaten, S. 62 f. m.N.

118 GBl. DDR 1966, S. 1 ff.

denden Frage war eine Entscheidung des Meinungsstreites durch staatliche Organe nicht vorgesehen. Nur wenn eine im Kindesinteresse notwendige Entscheidung nicht getroffen werden konnte und dadurch eine Gefährdung von Erziehung und Entwicklung oder der Gesundheit des Kindes eintrat, konnte das Organ der Jugendhilfe gemäß § 50 FGB nach besonderen gesetzlichen Bestimmungen[119] die erforderlichen Maßnahmen treffen. War ein Elternteil an der Ausübung des Erziehungsrechts verhindert, so hingen die Befugnisse des anderen Elternteils von der Dauer der Verhinderung ab. Bei längerer Verhinderung eines Elternteils war der andere uneingeschränkt zur alleinigen Wahrnehmung des Erziehungsrechts berechtigt. Bei einer Verhinderung für voraussichtlich nur kurze Zeit war die alleinige Erziehungsberechtigung nur auf nicht aufschiebbare Angelegenheiten beschränkt. Bei Getrenntleben sollten sich die Eltern über die Ausübung des Erziehungsrechts einigen. Gelang dies nicht, entschied das Gericht auf Klage eines Elternteils, welcher Elternteil während der Trennung das Erziehungsrecht ausüben sollte (§ 45 Abs. 4 FGB).

Ebenso wenig wie in der Bundesrepublik Deutschland war im FGB der Deutschen Demokratischen Republik ein gemeinsames Erziehungsrecht nach der Ehescheidung vorgesehen. Ein solches hielt man für unvereinbar mit dem Wesen der Familienerziehung sowie den Interessen der Kinder oder der Eltern[120]. Im Scheidungsfall hatte das Gericht im Scheidungsurteil darüber zu befinden, welchem Ehegatten das elterliche Erziehungsrecht für minderjährige Kinder zu übertragen war (§ 25 Abs. 1 Satz 1 FGB). Maßgebendes Entscheidungskriterium war allein die Sicherung der weiteren Erziehung und Entwicklung der Kinder (§ 25 Abs. 1 Satz 2 FGB). Vor diesem Hintergrund hatte das Gericht den Sachverhalt zu erforschen, wofür in § 25 Abs. 2 Satz 1 FGB einige, nicht abschließend geregelte[121] Gesichtspunkte genannt waren[122]. Die Eltern konnten dem Gericht für die Entscheidung über das Erziehungsrecht auch Vor-

---

119 Verordnung über die Aufgaben und die Arbeitsweise der Organe der Jugendhilfe (JHVO).

120 Das Familienrecht der DDR, § 25 Anm. 3.

121 Das Familienrecht der DDR, § 25 Anm. 2.2.

122 Notwendig waren Feststellungen über den erzieherischen Einfluss der Eltern, das Verhältnis der Kinder zu ihnen, die Umstände der Ehescheidung sowie die Lebensverhältnisse der Eltern.

schläge[123] unterbreiten (§ 25 Abs. 2 Satz 1 FGB), die eine wesentliche Grundlage für die Entscheidung bildeten[124]. Nach der Ansicht des Obersten Gerichts[125] sollte das erkennende Gericht einem übereinstimmenden Vorschlag grundsätzlich folgen, wenn diesem erkennbar eine gewissenhafte Prüfung zugrunde lag und keine Bedenken gegen ihn sprachen. Der Nichterziehungsberechtigte behielt die Befugnis zum persönlichen Umgang mit dem Kind (§ 27 Abs. 1 Satz 1 FGB).

Waren die Eltern des Kindes bei seiner Geburt nicht miteinander verheiratet, stand das Erziehungsrecht – wie bereits nach dem MKSchG – ausschließlich der Kindesmutter zu (§ 46 Abs. 1 Satz 1 FGB). Der Vater konnte unter keinen Umständen das Recht zum persönlichen Umgang erhalten, da das FGB eine dem § 1711 Abs. 1 Satz 2 BGB i.d.F. des GleichberG entsprechende Regelung nicht vorsah. Der Vater eines nichtehelichen Kindes hatte lediglich eine Anwartschaft auf das Erziehungsrecht für den Fall des Todes oder anderweitigen Erziehungsrechtsverlustes seitens der Kindesmutter (§§ 46 Abs. 2, 45 Abs. 3 Satz 2 FGB). Eine solche Erziehungsrechtsanwartschaft wurde auch einem geschiedenen nichterziehungsberechtigten Elternteil zuerkannt (§ 45 Abs. 3 FGB). Sie bestand darüber hinaus sogar – allerdings beschränkt durch etwaige Rechte des nichterziehungsberechtigten Elternteils – für einen etwaigen neuen Ehegatten des Erziehungsberechtigten (vgl. § 47 Abs. 3 FGB)[126]. Für den Fall, dass beide Eltern verstorben oder das Erziehungsrecht verloren hatten, sah § 45 Abs. 2 Satz 2 FGB auch eine Erziehungsrechtsanwartschaft der Großeltern des Kindes vor.

c) Das Erste Familienrechtsänderungsgesetz vom 20.7.1990

Am 1. Oktober 1990 trat das Gesetz zur Änderung des Familiengesetzbuches der DDR vom 20. Juli 1990[127] in Kraft, das Änderungen in den Bereichen des Nichtehelichenrechts, des Umgangsrechts sowie des Erziehungsrechts nach der Scheidung mit sich brachte. Das Gesetz galt allerdings lediglich für zwei Tage,

---

[123] Zur Bedeutung des Elternvorschlags in der Deutschen Demokratischen Republik s. *Arnold*, S. 56 ff. m.N.

[124] Das Familienrecht der DDR, § 25 Anm. 2.2.1.

[125] OGNJ 1968, S. 538, zit. nach: Das Familienrecht der DDR, § 25 Anm. 2.2.1.

[126] Die Erziehungsrechtsanwartschaft resultierte hier allein aus der sozialen Bindung.

[127] GBl. DDR 1990, S. 1038 ff.

nämlich bis zum Wirksamwerden des Beitritts der Deutschen Demokratischen Republik zur Bundesrepublik Deutschland am 3. Oktober 1990, sodass ihm keine praktische Bedeutung zukam.

Erstmals war in einem Teil Deutschlands für nicht miteinander verheiratete Eltern die Möglichkeit vorgesehen, ein gemeinsames Erziehungsrecht herbeizuführen, und zwar durch gerichtliche Entscheidung auf Grund übereinstimmenden Elternantrags (§ 46 Abs. 4 Satz 1 FamRÄndG)[128]. Auch die Übertragung des alleinigen Erziehungsrechts auf den Vater eines nichtehelichen Kindes wurde bei einem diesbezüglichen Antrag beider Elternteile gestattet (§ 46 Abs. 4 Satz 3 FamRÄndG)[129].

In Ansehung ehelicher Kinder wurde für den Scheidungsfall die zwingende Zuteilung des elterlichen Erziehungsrechts auf einen Elternteil allein aufgehoben und die Möglichkeit der gemeinsamen Ausübung des Erziehungsrechts nach der Scheidung erstmals gesetzlich normiert (§ 25 Abs. 1 und 2 FamRÄndG). Dem nichterziehungsberechtigten Elternteil wurde ebenso wie dem betroffenen Kind das Recht eingeräumt, einen Antrag auf Änderung der Erziehungsentscheidung zu stellen, während eine solche Möglichkeit zuvor allein für die Mitarbeiter der Jugendhilfe vorgesehen war. Ebenfalls neu war die Ausgestaltung des Umgangsrechts als Recht des Kindes gegenüber beiden Elternteilen. Das Recht auf persönlichen Umgang war einklagbar und durchsetzbar. Seine Verletzung konnte mit Zwangsgeld belegt werden.

3. Vergleichende Schlussbetrachtung

Ausgehend von den jeweiligen Verfassungsbestimmungen bildete das Recht der elterlichen Sorge in den Rechtsordnungen beider deutscher Staaten übereinstimmend einen Kernpunkt des Kindschaftsrechts[130]. Wenngleich die Verfassung der Deutschen Demokratischen Republik – anders als das Bonner Grundgesetz – von einer ideologischen Vorstellung bestimmt war und auf Grund der Verschmelzung individueller und gesellschaftlicher Interessen die Gefahr mit sich brachte, die Freiheit von staatlichen Maßnahmen nicht in dem Maße zu

---

128 Nach geltendem Recht bedarf es hierzu keiner gerichtlichen Entscheidung, sondern lediglich der Abgabe von Sorgeerklärungen (§ 1626 a Abs. 1 Nr. 1 BGB).

129 Die Regelung ist vergleichbar mit dem geltenden § 1672 Abs. 1 Satz 1 BGB.

130 *Kringe*, Das Familienrecht in beiden deutschen Staaten, S. 129.

gewährleisten wie das Grundgesetz der Bundesrepublik Deutschland[131], weisen die einfachgesetzlichen Grundaussagen zum Eltern-Kind-Verhältnis eine erstaunliche Ähnlichkeit auf[132]. Abgesehen von den durch das Erste Familienrechtsänderungsgesetz der Deutschen Demokratischen Republik vorgesehenen Änderungen lassen sich wesentliche Unterschiede lediglich im Nichtehelichenrecht feststellen. In der Deutschen Demokratischen Republik war die Stellung der Mutter eines nichtehelichen Kindes erheblich stärker ausgestaltet als in der Bundesrepublik Deutschland[133]. Dem Vater eines nichtehelichen Kindes wurde in der Deutschen Demokratischen Republik dagegen – anders als in der Bundesrepublik Deutschland[134] – unter keinen Umständen ein Umgangsrecht zugestanden, da ihm das Bedürfnis abgesprochen wurde, an der Entwicklung des Kindes teilzunehmen[135].

V. Das Recht der elterlichen Sorge in der Zeit nach der Wiedervereinigung

1. Die Gesetzeslage im wiedervereinigten Deutschland

Mit Wirksamwerden des Beitritts der Deutschen Demokratischen Republik zur Bundesrepublik Deutschland am 3. Oktober 1990 galt für alle familienrechtlichen Verhältnisse im wiedervereinigten Deutschland grundsätzlich das Vierte Buch des Bürgerlichen Gesetzbuches, in Ansehung des Rechts der elterlichen Sorge mithin die Regelungen in der auf das SorgeRG von 1979 zurückgehenden Fassung. Die Stellung des nichtehelichen Kindes war jedoch nicht einheitlich geregelt, weil die auf das NEhelG zurückgehenden Vorschriften über die gesetzliche Amtspflegschaft (§§ 1706 bis 1710 BGB) sowie die erbrechtlichen Sondervorschriften für nichteheliche Kinder (§§ 1934 a bis 1934 e, 2338 a BGB) nach dem Einigungsvertrag nicht auf das Beitrittsgebiet übergeleitet

---

[131] *Kringe*, Das Familienrecht in beiden deutschen Staaten, S. 146.

[132] Zur umfangreicheren kasuistischen Regelung des BGB im Vergleich zum FGB s. *Kringe*, Das Familienrecht in beiden deutschen Staaten, S. 134 ff.

[133] Vgl. § 1706 BGB (1970) einerseits und § 17 Abs. 1 Satz 2 MKSchG andererseits.

[134] Ein Recht auf persönlichem Umgang mit dem Kind war nur in der Bundesrepublik Deutschland vorgesehen; vgl. § 1711 Abs. 1 Satz 2 BGB (1958).

[135] *Kringe*, Das Familienrecht in beiden deutschen Staaten, S. 131 f. m.N.

wurden[136]. Schon vor der Wiedervereinigung waren die genannten Sonderregelungen in der Bundesrepublik Deutschland als unzeitgemäß kritisiert worden[137]. Dies wurde in den Verhandlungen über den Einigungsvertrag aufgegriffen; man entschied einvernehmlich, dass die Bundesregierung dem künftigen Gesetzgeber eine Novellierung des Nichtehelichenrechts vorschlagen werde[138].

2. Bundesverfassungsgerichtliche Entscheidungen

In der Folgezeit ergingen zwei Entscheidungen des Bundesverfassungsgerichts, in denen sich die Richtung der angestrebten Novellierung des Nichtehelichenrechts abzeichnete. Das Bundesverfassungsgericht stellte die Unvereinbarkeit von zwei Vorschriften des einfachen Rechts mit dem Grundgesetz fest[139] und rief den Gesetzgeber – unter Anerkennung des ihm zustehenden Gestaltungsspielraumes bei der Beseitigung der festgestellten Verstöße gegen das Grundgesetz – dazu auf, unverzüglich eine mit den verfassungsrechtlichen Vorgaben in Einklang zu bringende Rechtslage zu schaffen.

Die erste Entscheidung des Bundesverfassungsgerichts stammt aus dem Jahre 1991[140]. Das Gericht hatte im Rahmen einer konkreten Normenkontrolle nach Art. 100 Abs. 1 Satz 1 GG über die Verfassungsmäßigkeit des § 1738 Abs. 1 BGB i.d.F. des NEhelG zu befinden. Nach dieser Vorschrift verlor die Mutter eines nichtehelichen Kindes das Recht und die Pflicht, die elterliche Sorge für ihr Kind auszuüben, wenn das Kind von seinem Vater für ehelich erklärt wurde. Das Bundesverfassungsgericht erkannte in der genannten Bestimmung einen Verstoß gegen Art. 6 Abs. 2 und 5 GG, soweit sie auch die Fälle betraf, in denen die Eltern mit dem Kind zusammenlebten, beide Elternteile zur gemeinsamen Übernahme der Elternverantwortung bereit und in der Lage waren

136 Für Kinder, die im Beitrittsgebiet außerhalb einer Ehe geboren wurden, galt damit das Erbrecht ehelicher Kinder.

137 *Kropholler*, AcP 185 (1985), S. 268 f.; *Schwenzer*, S. 263 – 273.

138 BT-Drucks. 11/7817, S. 36.

139 Stellt das Bundesverfassungsgericht die Unvereinbarkeit einer Norm mit dem Grundgesetz fest, wird die Norm gemäß § 82 Abs. 1 i.V.m. § 78 S. 1 BVerfGG grundsätzlich für nichtig erklärt. Ausnahmsweise hat die Nichtigerklärung jedoch zu unterbleiben, wenn dem Gesetzgeber mehrere Möglichkeiten zur Beseitigung des Verfassungsverstoßes zustehen, da anderenfalls in die Gestaltungsfreiheit des Gesetzgebers eingegriffen würde. Vgl. BVerfG v. 26.4.1994 – 1 BvR 1299/89, 1 BvL 6/90, BVerfGE 90, 263 (276).

140 BVerfG v. 7.5.1991 – 1 BvL 32/88, BVerfGE 84, 168 ff.

und dies dem Kindeswohl entsprach[141]. Die beanstandete Regelung führe dazu, dass der Vater eines nichtehelichen Kindes die elterliche Verantwortung allenfalls zu Lasten der Mutter oder aber überhaupt nicht erlangen könne, weil der zwingend vorgeschriebene Verlust des mütterlichen Sorgerechts nicht dem Kindeswohl entspreche. Hierdurch werde ein nichteheliches Kind, dessen Eltern sich zwar gegen eine Eheschließung entschieden hätten, ihm aber gleichwohl die Stellung eines ehelichen Kindes, insbesondere die volle erbrechtliche Gleichstellung mit ehelichen Kindern und gemeinsamer Elternsorge verschaffen wollten, gegenüber einem ehelichen Kind ohne rechtfertigenden Grund benachteiligt[142]. Wie dieser Verfassungsverstoß zu beseitigen sei, sei dem Gestaltungsspielraum des Gesetzgebers vorbehalten. Er könne z.B. die Möglichkeit gemeinsame Elternsorge für nicht miteinander verheiratete Eltern unter den oben genannten Voraussetzungen entweder im Rahmen des Instituts der Ehelicherklärung vorsehen oder außerhalb dieses Institutes Regelungen schaffen, durch welche die Rechtsstellung nichtehelicher Kinder derjenigen ehelicher Kinder noch weiter angeglichen werde[143].

Noch bedeutsamer war eine weitere Entscheidung aus dem Jahre 1995[144], deren Gegenstand drei Verfassungsbeschwerden von Vätern nichtehelicher Kinder waren. Mittelbar richteten sich deren Verfassungsbeschwerden gegen § 1747 Abs. 2 BGB i.d. durch das Gesetz über die Annahme als Kind und zur Änderung anderer Vorschriften (Adoptionsgesetz) vom 2. Juli 1976[145] neu geregelten Fassung, der für die Adoption eines nichtehelichen Kindes weder die Zustimmung des Vaters noch eine Abwägung mit seinen Belangen voraussetzte.

Um die Reichweite der angegriffenen Regelung verstehen zu können, muss man sich zunächst vor Augen führen, dass mit einer Annahme als Kind (anders bei der Volljährigenadoption, § 1770 Abs. 1, Abs. 2 BGB) grundsätzlich die völlige Trennung des adoptierten Kindes von seiner leiblichen Familie und das Erlöschen des Verwandtschaftsverhältnisses des Kindes und seiner Abkömmlinge zu den bisherigen Verwandten verbunden ist (§ 1755 Abs. 1 Satz 1

---

141 BVerfG v. 7.5.1991 – 1 BvL 32/88, BVerfGE 84, 168 (179).
142 BVerfG v. 7.5.1991 – 1 BvL 32/88, BVerfGE 84, 168 (186).
143 BVerfG v. 7.5.1991 – 1 BvL 32/88, BVerfGE 84, 168 (187).
144 BVerfG v. 7.3.1995 – 1 BvR 790/91 und 540, 1 BvR 866/92, BVerfGE 92, 158 ff.
145 BGBl. I 1976, S. 1749 ff.

BGB)[146]. Nach § 1741 Abs. 3 Satz 2 BGB i.d.F. des AdoptG konnte ein nichteheliches Kind auch durch seinen Vater oder seine Mutter angenommen werden, was das vollständige Erlöschen des Verwandtschaftsverhältnisses zum anderen Elternteil zur Folge hatte. Die Annahme eines nichtehelichen Kindes bedurfte nach § 1747 Abs. 2 Satz 1 BGB i.d.F. des AdoptG nur der Einwilligung der Mutter, nicht aber derjenigen des leiblichen Vaters. Dieser konnte allenfalls die Annahme des Kindes durch einen Dritten verhindern, indem er selbst erfolgreich die Ehelicherklärung oder die Adoption des Kindes beantragte. Gegenüber der Kindesmutter stand ihm ein derartiges Recht indes nicht zu (§ 1747 Abs. 2 Satz 2 BGB i.d.F. des AdoptG). Sofern er an einem von der Kindesmutter betriebenen Adoptionsverfahren überhaupt zu beteiligen war[147], konnte er die Unzulässigkeit der Annahme des Kindes durch die Mutter allenfalls dann geltend machen, wenn sie nicht dem Kindeswohl diente.

Im Gegensatz zu vorangegangenen Entscheidungen, in denen das Bundesverfassungsgericht lediglich ausgeführt hatte, dass dem Vater eines nichtehelichen Kindes die Elternstellung i.S. des Art. 6 Abs. 2 Satz 1 GG jedenfalls dann nicht abgesprochen werden könne, wenn er mit der Kindesmutter zusammenlebe und die Eltern zur Wahrnehmung der gemeinsamen Elternverantwortung bereit und in der Lage seien[148], sprach sich das Bundesverfassungsgericht in seiner nunmehrigen Entscheidung erstmals für die generelle Einbeziehung des leiblichen Vaters eines nichtehelichen Kindes in den Schutzbereich des Art. 6 Abs. 2 Satz 1 GG aus[149]. Freilich schließe dies nicht aus, dass der Gesetzgeber

146 Eine Ausnahme gilt für die Stiefkindadoption (§§ 1755 Abs. 2, 1756 Abs. 2 BGB). Instruktiv hierzu *Frank*, FamRZ 1998, 393 (398).

147 Dem Vater eines nichtehelichen Kindes waren im Rahmen des Adoptionsverfahren keine materiellen Rechte eingeräumt. Ob er in einem solchen Verfahren angehört wurde, hing daher davon ab, ob das Vormundschaftsgericht die Anhörung des Vaters im Interesse des Kindes für erforderlich hielt. Vgl. BVerfG v. 7.3.1995 – 1 BvR 790/91 und 540, 1 BvR 866/92, BVerfGE 92, 158 (176).

148 BVerfG v. 24.3.1981 – 1 BvR 1516/78, 1 BvR 964/80, 1 BvR 1337/80, BVerfGE 56, 363 (384); BVerfG v. 7.5.1991 – 1 BvL 32/88, BVerfGE 84, 168 (179).

149 Da sich die Verfassungsbeschwerden nur auf Fälle bezogen, die die Stellung des leiblichen Vaters in von der Kindesmutter oder deren Ehemann betriebenen Adoptionsverfahren betrafen, hat das Bundesverfassungsgericht die Prüfung der Verfassungsmäßigkeit des § 1747 Abs. 2 Satz 1 und 2 BGB auf solche Fälle beschränkt und davon abgesehen, die Rechtsstellung des Vaters eines nichtehelichen Kindes insgesamt zu berücksichtigen. Vgl. BVerfG v. 7.3.1995 – 1 BvR 790/91 und 540, 1 BvR 866/92, BVerfGE 92, 158 (180).

differenzierende Regelungen in Ansehung der tatsächlichen Verhältnisse treffe und die Rechtsstellung der Elternteile unterschiedlich ausgestalte. Die Regelung des § 1747 Abs. 2 Satz 1 und 2 BGB i.d.F. des AdoptG gehe aber über eine bloße Ausgestaltung der elterlichen Befugnisse hinaus und stelle gegenüber dem Elternrecht des leiblichen Vaters einen unverhältnismäßigen Eingriff dar, soweit er der Adoption seines Kindes durch die Kindesmutter oder deren Ehemann weder zustimmen müsse noch eine Abwägung mit seinen Belangen zu erfolgen habe. Zweifelhaft sei bereits, ob ein Eingriff in das Elternrecht des Vaters zu rechtfertigen sei, wenn die Kindesmutter ihr nichteheliches Kind annehmen wolle. Grundsätzlich diene eine solche Adoption allein dem Ziel, die rechtlichen Beziehungen des Kindes zu seinem leiblichen Vater zu lösen. Die Rechtsstellung des Kindes würde hierdurch regelmäßig nicht verbessert, da die Adoption den Wegfall seiner Unterhalts- und Erbansprüche bewirke und darüber hinaus den vollständigen Verlust der Umgangsbefugnis des leiblichen Vaters zur Folge habe. Verfassungsrechtlich nicht zu rechtfertigen sei jedenfalls der Umstand, dass dem Vater eines nichtehelichen Kindes generell keine Möglichkeit eingeräumt werde, sein Elternrecht gegenüber der Kindesmutter geltend zu machen. Dass das Gesetz nicht einmal eine Abwägung mit seinen Interessen vorsehe, bevor der endgültige Verlust aller sich aus dem Verwandtschaftsverhältnis ergebenden Rechte eintrete, sei absolut unverhältnismäßig. Ebenso wenig sei es zu rechtfertigen, wenn dem leiblichen Vater eines nichtehelichen Kindes praktisch keinerlei Rechte eingeräumt würden, mit denen er die Annahme seines Kindes durch den Ehemann der Kindesmutter verhindern oder auch nur eine Abwägung mit seinen Belangen erreichen könne[150].

3. Reformbestrebungen

Wie bereits gezeigt wurde, kam das Rechtsgebiet der elterlichen Sorge trotz seiner grundlegenden Änderung durch das SorgeRG nicht zur Ruhe. Anlässlich der Wiedervereinigung und der nachfolgenden Entscheidungen des Bundesverfassungsgerichts war vor allem die Dringlichkeit einer Novellierung des Nicht-

---

[150] Das dem leiblichen Vater gemäß § 1747 Abs. 2 Satz 1, 1. Halbs. BGB eingeräumte Recht, der Adoption durch einen Dritten einen Antrag auf Ehelicherklärung oder eigener Annahme seines nichtehelichen Kindes entgegenzusetzen, war in der Praxis regelmäßig nicht erfolgreich. Vgl. BVerfG v. 7.3.1995 – 1 BvR 790/91 und 540, 1 BvR 866/92, BVerfGE 92, 158 (180).

ehelichenrechts deutlich geworden[151]. Doch u.a. [152] auf Grund der Tatsache, dass das Bundesverfassungsgericht das Alleinsorgemodell bei Trennung und Scheidung der Elternehe beanstandet und § 1671 Abs. 4 BGB i.d.F. des SorgeRG für nichtig erklärt hatte[153], die Kriterien für die Beibehaltung der gemeinsamen Sorge aber nicht gesetzlich geregelt waren, bestand ein Bedürfnis[154] nach einer umfassenderen, über das Nichtehelichenrecht hinausgehenden Reform des Kindschaftsrechts[155]. Zudem mangelte es im System des exklusiv auf die Alleinsorge ausgerichteten Rechts der elterlichen Sorge an Orientierungshilfen für Eltern, die nach einer Scheidung ihrer Ehe für ihr Kind gleichermaßen verantwortlich bleiben wollten. Da sich darüber hinaus auch aus dem internationalen Bereich Anstöße für eine umfassende Reform ergaben[156], wurden zu deren Vorbereitung diverse Gutachten und Forschungsaufträge in Auftrag gegeben[157].

4. Das Kindschaftsrechtsreformgesetz

Im Jahre 1998 erfuhr das Kindschaftsrecht seine dritte grundlegende Reform seit Geltung des BGB. In diesem Jahr traten insgesamt vier Änderungsgesetze in Kraft[158]. Der Grund für der Aufspaltung in mehrere Einzelvorhaben lag zum

---

151 Im Oktober 1991 berief das Bundesministerium der Justiz daher eine interdisziplinäre Arbeitsgruppe „Nichtehelichenrecht" ein; vgl. BT-Drucks. 13/4899, S. 49.

152 Zu den von Seiten des Gesetzgebers als reformbedürftig angesehenen Bereichen, die über das Recht der elterlichen Sorge hinausgehen vgl. im Einzelnen BT-Drucks. 13/4899, S. 45 ff. m.N. zur Reformdiskussion.

153 BVerfG v. 3.11.1982 – 1 BvL 28/80, 1 BvL 38/80, 1 BvL 40/80, 1 BvL 12/81, BVerfGE 61, 358 ff.; vgl. bereits o. S. 24 f.

154 Hintergrund dieses Bedürfnisses war der Umstand, dass bei der Ehescheidung in unterschiedlichem Umfang auf die Beibehaltung der gemeinsamen Sorge erkannt wurde. Der Gesetzgeber sah diese uneinheitliche Rechtsprechung als geeignet an, eine erhebliche Rechtsunsicherheit herbeizuführen, BT-Drucks. 13/4899, S. 46.

155 Eingehend zur Reformbedürftigkeit *Bugla*, S. 102 ff.

156 Einzelheiten bei *Greßmann*, Rz. 7 ff. m.N.

157 BT-Drucks. 13/4899, S. 50 f.; vgl. auch *Greßmann*, Rz. 25 ff. m.N.; *Knittel* in: Mühlens/Kirchmeier, S. 36 f. m.N.

158 Bei diesen handelt es sich um Folgende: Gesetz zur Reform des Kindschaftsrechts vom 16.12.1997, BGBl. I 1997, S. 2942 ff., in Kraft getreten am 1.7.1998; Gesetz zur Abschaffung der Amtspflegschaft und zur Neuordnung des Rechts der Beistandschaft vom 4.12.1997 (BeistandschaftsG), BGBl. I, S. 2846 ff., in Kraft getreten am 1.7.1998; Gesetz zur Vereinheitlichung des Unterhaltsrechts minderjähriger Kinder vom 6.4.1998 (KindUG), BGBl. I, S. 666 ff., in Kraft getreten am 1.7.1998; Gesetz zur erbrechtlichen Gleichstellung nichtehelicher Kinder vom 16.12.1997 (ErbGleichG), BGBl. I, S. 2968 ff., in Kraft getreten am 1.4.1998.

einen darin, dass sich die bereits für die 12. Legislaturperiode geplanten Entwürfe eines Beistandschafts– sowie eines Erbrechtsgleichstellungsgesetzes nicht realisieren ließen, zum anderen darin, dass eine Zusammenfassung sämtlicher Einzelregelungen der Überschaubarkeit nicht dienlich gewesen wäre und die Gefahr des Scheiterns wegen einzelner Streitpunkte mit sich gebracht hätte[159]. Als eines der vier Änderungsgesetze hat das Kindschaftsrechtsreformgesetz (KindRG)[160] im Wesentlichen im Abstammungs-[161], Umgangs-[162] und Namensrecht umfangreiche Neuregelungen eingeführt und vor allem den Bereich des elterlichen Sorgerechts, der in der Reformdiskussion ein Schwerpunktthema gewesen war[163], erheblich umgestaltet. Das Gesamtziel des Gesetzgebers war darauf gerichtet, die statusrechtlichen Unterschiede zwischen ehelichen und nichtehelichen Kindern endgültig abzuschaffen, die Rechte der Kinder zu verbessern und das Kindeswohl auf bestmögliche Art und Weise zu fördern, die Rechtspositionen der Eltern – soweit mit dem Kindeswohl vereinbar – zu stärken und vor unnötigen staatlichen Eingriffen zu schützen und das geltende Recht einfacher und überschaubarer zu gestalten[164].

In Verfolgung der vorgenannten Reformziele hat der Gesetzgeber im Recht der elterlichen Sorge ein völlig neues Regelungskonzept[165] geschaffen. Nicht miteinander verheirateten Eltern wird erstmals in ganz Deutschland die Möglichkeit zugestanden, die gemeinsame elterliche Sorge für ihr Kind zu begründen (§§ 1626 a Abs. 1 Nr. 1, 1626 b ff. BGB). Für miteinander Verheiratete entfällt erstmals in der Geschichte des Bürgerlichen Gesetzbuchs die Notwendigkeit einer gerichtlichen Überprüfung der Sorgerechtsverhältnisse aus Anlass einer Ehescheidung[166]. Die Ehescheidung als solche stellt nicht einmal mehr ein

---

159 *Greßmann*, Rz. 37.

160 Gesetz zur Reform des Kindschaftsrechts vom 16.12.1997, BGBl. I 1997, S. 2942 ff., in Kraft getreten am 1.7.1998.

161 Instruktiv zu den Neuerungen im Abstammungsrecht *Gaul*, FamRZ 2000, 1461 ff.

162 Eingehend zum Umgangsrecht *Rauscher*, FamRZ 1998, 329 ff.

163 *Knittel* in: Mühlens/Kirchmeier, S. 39; ausführlich zum Für und Wider der gemeinsamen elterlichen Sorge nach der Scheidung auch *Luthin*, 49 ff. m.N.

164 BT-Drucks. 13/4899, S. 29.

165 *Schwab*, FamRZ 1998, 457 spricht in der Sprache des Theaters bildhaft von einem abrupten Szenenwechsel.

166 Wenngleich unter der Geltung des Bürgerlichen Gesetzbuchs in seiner Ursprungsfassung der Zwangsverbund noch nicht existierte und § 1635 Abs. 1 Satz 1 BGB u.F. den automatischen Übergang der Personensorge vorsah, hatte das Vormundschaftsgericht

(Fortsetzung s. nächste Seite)

materiell-rechtliches Tatbestandsmerkmal für eine Sorgerechtsregelung dar. Anknüpfungspunkt für eine mögliche Sorgerechtsregelung ist nach dem neu gefassten § 1671 Abs. 1 BGB vielmehr ausschließlich die faktische Trennung gemeinsam sorgeberechtigter Eltern, ganz gleich, ob sie miteinander verheiratet sind oder nicht. Zwar war das Getrenntleben schon vormals für eine gerichtliche Sorgerechtsregelung von Bedeutung, jedoch nur für miteinander verheiratete Eltern (§ 1672 BGB a.F.). Anders als nach dem bisherigen § 1672 BGB a.F. ist in § 1671 BGB auch keine gerichtliche Entscheidung von Amts wegen mehr vorgesehen. Die Einleitung eines Sorgerechtsverfahrens aus Anlass der Trennung bedarf vielmehr stets des Antrags (zumindest) eines Elternteils, und zwar unabhängig davon, ob der Regelungsbedarf die Zeit des Getrenntlebens von noch miteinander verheirateten Eltern, die Zeit ab der Scheidung oder einen der Scheidung nachfolgenden Zeitraum betrifft. Dementsprechend ist auch der Zwangsverbund zwischen Ehescheidung und Sorgerechtsentscheidung als Folgesache abgeschafft worden, sodass die elterliche Sorge auch in den Fällen, in denen gemeinsame minderjährige Kinder vorhanden sind, nach geltendem Recht kein obligatorisches Thema des Scheidungsprozesses mehr ist[167].

---

nach Rechtskraft eines Scheidungsurteils von Amts wegen zu ermitteln, ob die Personensorge nicht gemäß § 1635 Abs. 1 Satz 2 BGB a.F. abweichend zu regeln war; vgl. *von Blume* in: Opet/von Blume, S. 524.

[167] Krit. *Rehberg*, FuR 1998, 65 (67).

C. DIE GEMEINSAME ELTERLICHE SORGE IM GELTENDEN RECHT

In der Bundesrepublik Deutschland steht das Bonner Grundgesetz an der Spitze[168] der Normenpyramide. Das einfachgesetzliche Recht der elterlichen Sorge ist daher zwingend an den verfassungsrechtlichen Vorgaben zu messen. Diese entscheiden nicht nur über die Grundfrage der generellen Wirksamkeit einzelner Regelungen, sondern sind auch in Einzelfragen relevant, etwa bei der Auslegung einzelner Merkmale des einfachen Gesetzesrechts.

I. Verfassungsrechtliche Vorgaben

Der Ausgangspunkt für das Familienverfassungsrecht[169] findet sich in Art. 6 Abs. 1 GG. Die systematisch an der Spitze der Einzelregelungen stehende Verfassungsvorschrift, die ein umfassendes, an die Adresse des Staates gerichtetes Schutzgebot statuiert, das weder durch einen Gesetzesvorbehalt noch auf andere Weise beschränkt ist[170], zeigt den generellen Garantiegehalt sämtlicher Regelungen des Art. 6 GG auf[171]. Nach der Rechtsprechung des Bundesverfassungsgerichts kommt Art. 6 Abs. 1 GG in dreifacher Weise[172] eine verfassungsrechtliche Bedeutung zu: Er gewährleistet als Institutsgarantie den Kernbestand[173] der privatrechtlichen Rechtseinrichtungen Ehe und Familie[174], verpflichtet als klassisches Abwehrrecht den Staat, verfassungsrechtlich nicht gerechtfertigte Eingriffe in den Schutzbereich des Art. 6 Abs. 1 GG zu unterlassen[175] und stellt darüber hinaus eine wertentscheidende Grundsatznorm für das gesamte Ehe und Familie betreffende Recht dar[176]. Diese drei grundrechtlichen Gewährleistungen

---

168 Das Gemeinschaftsrecht bleibt im Folgenden unberücksichtigt.

169 Zum verfassungsrechtlichen Familienbegriff s. *Lecheler*, FamRZ 1979, 1 ff.

170 BVerfG v. 29.7.1968 – 1 BvL 20/63, 1 BvL 31/66, 1 BvL 5/67, BVerfGE 24, 119 (135).

171 *Gröschner* in: H. Dreier, Art. 6 Rz. 18.

172 BVerfG v. 18.4.1989 – 2 BvR 1169/84, BVerfGE 80, 81 (92 f.); BVerfG v. 12.5.1987 – 2 BvR 1226/83, 101, 313/84, BVerfGE 76, 1 (41).

173 Zum Problem der Ermittlung des Umfangs s. *Gröschner* in: H. Dreier, Art. 6 Rz. 23 m.N.

174 BVerfG v. 17.1.1957 – 1 BvL 4/54, BVerfGE 6, 55 (72); *Schmitt-Kammler* in: Sachs, Art. 6 Rz. 27 ff. m.N. Zum verfassungsrechtlichen Familienbegriff s. *Lecheler*, FamRZ 1979, 1 (2 ff.).

175 Näheres zu Art. 6 Abs. 1 GG als Abwehrrecht bei *Schmidt-Bleibtreu/Klein*, Art. 6 Rz. 4 m.N.

176 BVerfG v. 17.1.1957 – 1 BvL 4/54, BVerfGE 6, 55 (71 f.).

betreffen auch das elterliche Erziehungsrecht des Art. 6 Abs. 2 Satz 1 GG[177], nach dem Pflege und Erziehung der Kinder das natürliche Recht der Eltern und die zuvörderst ihnen obliegende Pflicht ist.

Verfassungsrechtliche Elternschaft ist nicht gleichzusetzen mit genetischer Elternschaft, sondern abhängig von der Inhaberschaft einer verwandtschaftlichen Elternstellung i.S. des Abstammungsrechts. Dies bedeutet jedoch nicht, dass der verfassungsrechtliche Elternbegriff zur freien Disposition des einfachen Gesetzgebers steht[178]. Die privatrechtlichen Normen haben darauf abzuzielen, den genetischen Eltern den Elternstatus zuzuweisen[179]. Die Rechtfertigung hierfür liegt in der Vermutung des Verfassungsgebers, dass die natürlichen Eltern, mithin diejenigen, die einem Kind das Leben geben, von Natur aus bereit und berufen sind, die Verantwortung für seine Erziehung zu übernehmen[180]. Biologische Elternschaft ist aber nur Anknüpfungspunkt für die Elternrechtsregelung. Dies zeigt sich zum einen in der tief im Rechtsdenken anerkannten Möglichkeit künstlicher Elternschaft, bei der es im Hinblick auf die Funktion eines Grundrechts als Abwehrrecht gegen den Staat geboten ist, auch Adoptiveltern[181] in den Schutzbereich des Art. 6 Abs. 2 Satz 1 GG einzubeziehen, zum anderen aber auch in der Position des leiblichen Vaters eines nichtehelichen Kindes. Im Einklang mit den das Recht beherrschenden Prinzipien von Statuswahrheit und Statusklarheit[182] sind Träger des Grundrechts aus Art. 6 Abs. 2 Satz 1 GG Mutter und Vater im Rechtssinn[183], also zunächst die Frau, die das Kind geboren hat (vgl. § 1591 BGB), und der Mann, dessen Vaterschaft feststeht, der also entweder zum Zeitpunkt der Geburt mit der Mutter des Kin-

177 *Ossenbühl*, S. 43 ff. m.N. Zu den normativen Grundlagen des Elternrechts s. *Böckenförde*, S. 55 ff.

178 Die Bestimmung des Schutzbereichs eines Grundrechts gestaltet sich bei allen Grundrechten mit Institutsgewährleistung als ausfüllungsbedürftig. Eingehend zu diesem Problem *Häberle*, S. 96 ff.

179 Zum Verhältnis zwischen dem verfassungsrechtlichen Elternbegriff und den Statusnormen des einfachen Rechts s. *Holzhauer*, FamRZ 1982, 109 (111 f.).

180 BVerfG v. 29.7.1968 – 1 BvL 20/63, 31/66, 1 BvL 5/67, BVerfGE 24, 119 (150).

181 BVerfG v. 29.7.1968 – 1 BvL 20/63, 1 BvL 31/66, 1 BvL 5/67, BVerfGE 24, 119 (150). Zur Position der Pflegeeltern BVerfG v. 17.10.1984 – 1 BvR 284/84, BVerfGE 68, 176 (187 f.); BVerfG v. 12.10.1988 – 1 BvR 818/88, BVerfGE 79, 51 (60).

182 *Coester-Waltjen* in: von Münch/Kunig, Art. 6 Rz. 70.

183 Instruktiv zum Abstammungsrecht *Muscheler/Beisenherz*, JR 1999, 356 ff., 407 ff.

des verheiratet ist oder die Vaterschaft anerkannt hat[184] oder dessen Vaterschaft nach § 1600 d BGB gerichtlich festgestellt ist[185] (vgl. § 1592 BGB). Der wahre Erzeuger hat demnach nicht in jedem Fall die Möglichkeit, seine Vaterschaft im Rechtssinn herbeizuführen[186]. Solange ein anderer Mann als Vater des Kindes gilt, ist dies ausgeschlossen[187]. Der Hintergrund hierfür liegt in Art. 6 Abs. 1 GG[188], der nicht nur die Ehe, sondern auch die Familie unter den „besonderen“ Schutz der staatlichen Ordnung stellt[189]. Hierdurch wird der automatische Eintritt einer gemeinsamen Elternschaft verhindert, wodurch den mannigfachen Erscheinungsformen nichtehelicher Elternschaft Rechnung getragen werden soll. Die Rechtswirkungen der Vaterschaft für ein Kind, dessen Eltern nicht miteinander verheiratet sind, können demnach erst (und nur) vom Wirksamwerden der Anerkennung bzw. der Rechtskraft des Statusurteils an geltend gemacht werden.

Gegenstand des Elternrechts ist die Pflege und Erziehung der Kinder. Unter „Pflege“ wird gemeinhin die Sorge um die physische Existenz, also das körperliche Wohl des Kindes verstanden, unter „Erziehung“ dagegen die Sorge um die psychisch-seelische Existenz[190]. In einem Wertesystem, in dem die Würde eines Menschen im Mittelpunkt steht (Art. 1 Abs. 1 Satz 1 GG), bedürfen jedoch jegliche Rechte, die Personen an anderen Personen zugestanden werden, einer Rechtfertigung. Diese liegt im Eltern-Kind-Verhältnis in der Schutz- und Hilfsbedürftigkeit des Kindes, das sich zu einer eigenverantwortlichen Person innerhalb der sozialen Gemeinschaft entwickeln soll[191]. Zur Erreichung dieses

---

184 Zu beachten ist, dass die Anerkennung der Zustimmung der Mutter und ggf. zusätzlich der des Kindes bedarf (§ 1595 Abs. 1 und 2 BGB).

185 Instruktiv zur Klage auf Feststellung der nichtehelichen Vaterschaft *Wieser*, NJW 1998, 2023 ff.

186 Krit. *Coester-Waltjen* in: von Münch/Kunig, Art. 6 Rz. 75 m.N.

187 BGH v. 20.1.1999 – XII ZR 117/97, BGH NJW 1999, 1632 f.

188 *Holzhauer*, FamRZ 1982, 109 (112).

189 Dem Argument *Peters*, der noch lediglich (allenfalls) die natürlichen Eltern eines Kindes als Eltern i.S. des Art. 6 Abs. 2 Satz 1 GG ansah, dem natürlichen Vater eines nichtehelichen Kindes das Elternrecht aber absprach, weil er „tatsächlich und rechtlich“ außerhalb der Familie stehe (vgl. *Peters* in: Bettermann/Nipperdey/Scheuner, S. 369 (375)), ist heute der Boden entzogen.

190 *Robbers* in: von Mangoldt/Klein/Stark, Art. 6 Abs. 2 Rz. 143 m.N.

191 BVerfG v. 29.7.1968 – 1BvL 20/63, 31/66 und 5/67, BVerfG 24, 119 (144); *Herdegen*, FamRZ 1993, 374 (376). Aus diesem Grund bevorzugt das Bundesverfassungsgericht den Ausdruck elterliche Verantwortung (BVerfG v. 18.6.1986 – 1 BvR 857/85, BVerfGE 72,

(Fortsetzung s. nächste Seite)

Zwecks gibt das Grundgesetz keine Erziehungsziele vor, sondern überlässt es der Freiheit der Eltern, eigene Ziele zu bestimmen[192]. Hierin kommt der Grundgedanke zum Ausdruck, dass den Eltern das Wohl ihrer Kinder mehr am Herzen liegt als irgend einer anderen Person oder Institution[193]. Angedeutet ist dies auch in den Worten „natürliches Recht“[194], die eine eindeutige Abkehr an die in der Nazizeit immer stärker gewordene Praxis darstellen, die Kinder dem erzieherischen Einfluss der Eltern zu entziehen und die staatliche Erziehung an deren Stelle treten zu lassen[195].

Das Elternrecht aus Art. 6 Abs. 2 Satz 1 GG steht als Individualgrundrecht jedem Elternteil einzeln zu[196]. Die institutionelle Bindung aus Art. 6 Abs. 2 GG ist jedoch eine gemeinsame[197]. Auf Grund der Verknüpfung von Recht und Pflicht wird Art. 6 Abs. 2 Satz 1 GG als ein Grundrecht mit besonderer[198] Struktur angesehen[199]. Elternrecht und Elternpflicht sind von vornherein dergestalt unlösbar miteinander verbunden, dass die Pflicht „wesensbestimmen-

---

122 (137)) und spricht gelegentlich vom Elternrecht als treuhänderischem Recht (BVerfG v. 2.9.1982 – 1 BvR 845/79, BVerfGE 59, 360 (377); BVerfG v. 31.5.1983 – 1 BvL 11/80, BVerfGE 64, 180 (189)).

192 *Robbers* in: von Mangoldt/Klein/Starck, Art. 6 Rz. 152. Zur Begrenzung dieser Freiheit durch Art. 2 Abs. 1 GG s. *Coester-Waltjen* in: von Münch/Kunig, Art. 6 Rz. 64.

193 BVerfG v. 3.11.1982 – 1 BvL 28/80, 1 BvL 38/80, 1 BvL 40/80, 1 BvL 12/81, BVerfGE 61, 358 (371).

194 Die Worte „natürliches Recht“ knüpfen an die Formulierung des Art. 120 WRV an, der bereits als Absage sozialistischer und kirchlicher Erziehungsansprüche interpretiert worden war; vgl. *Schmitt-Kammler* in: Sachs, Art. 6 Rz. 46 m.N. – Teilweise ist aus der adjektivischen Formulierung auf ein dem geltenden Verfassungsrecht vorausliegendes Naturrecht geschlossen worden, doch eine naturrechtliche Interpretation widerspricht nicht nur dem Gehalt des Art. 4 GG (*Gröschner* in: H. Dreier, Art. 6 Rz. 66 m.N.), sondern verbietet sich auch auf Grund der Vielfalt der Naturrechtslehren und der streitigen Grundfragen betreffend das Verhältnis von Naturrecht und positivem Recht (BVerfG v. 29.7.1959 – 1 BvR 205, 332, 333, 367/58, 1 BvL 27, 100/58, BVerfGE 10, 59 (81)).

195 *von Mangoldt*, AöR 75 (1949), 273 (284).

196 BVerfG v. 21.12.1977 – 1 BvL 1/75, 1 BvR 147/75, BVerfGE 47, 46 (76).

197 BVerfG v. 15.6.1971 – 1 BvR 192/70, BVerfGE 31, 194 (205).

198 Zweifelnd *Erichsen*, S. 33 f.

199 BVerfG v. 24.3.1981 – 1 BvR 1516/78; 1 BvR 964/80, 1 BvR 1337/80, BVerfGE 56, 363 (381 f.); BVerfG v. 2.9.1982 – 1 BvR 845/79, BVerfGE 59, 360 (376); BVerfG v. 13.5.1986 – 1 BvR 1542/84, BVerfGE 72, 155 (172); vgl. auch *Böckenförde*, S. 60 f., 67 f.

der Bestandteil des Elternrechts“[200] und nicht erst eine das Recht begrenzende Schranke darstellt[201]. Dies ist Ausdruck davon, dass das Wohl des Kindes die zentrale Leitidee des Art. 6 Abs. 2 GG[202] ausmacht, weshalb dem Elternrecht ein Treuhandcharakter[203] zugeschrieben und es überwiegend als zumindest wesentlich[204], gelegentlich sogar als ausschließlich[205] im Interesse des Kindes bestehend beurteilt wird. Letzteres ist jedoch illusorisch, weil Kindesinteressen nicht schlechthin objektivierbar sind, die Tätigkeit der Eltern vielmehr ureigensten Vorstellungen folgt[206]. Eine „genuin-elterliche“ Komponente des Erziehungsrechts zeigt sich daher jedenfalls im Interpretationsprimat der Eltern[207], der sich auch mit dem Begriff der Entscheidungsprärogative kennzeichnen lässt[208].

Schon aus der Pflichtbindung folgt aber, dass die Wahrnehmung von Elternverantwortung (gewissermaßen als negative Freiheit) nicht gänzlich unterbleiben kann[209]. Konsequenterweise wacht die staatliche Gemeinschaft[210] daher über ihre „Betätigung“ (Art. 6 Abs. 2 Satz 2 GG). Die insoweit bestehende Verpflichtung des Staates[211] beruht darauf, dass das Kind als Wesen mit eigener Menschenwürde und einem eigenen Recht auf Entfaltung der Persönlichkeit

---

200 BVerfG v. 29.7.1968 – 1 BvL 20/63, 31/66, 5/67, BVerfGE 24, 119 (143); BVerfG v. 13.5.1986 – 1 BvR 1542/84, BVerfGE 72, 155 (172).

201 BVerfG v. 29.7.1968 – 1 BvL 20/63, 31/66, 5/67, BVerfGE 24, 119 (143).

202 *Robbers* in: von Mangoldt/Klein/Starck, Art. 6 Rz. 145 m.N.

203 BVerfG v. 2.9.1982 – 1 BvR 845/79, BVerfGE 59, 360 (376 f.); BVerfG v. 31.5.1983 – 1 BvL 11/80, BVerfGE 64, 180 (189); *Böckenförde*, S. 64; *Gröschner* in: H. Dreier, Art. 6 Rz. 69; *Kingreen*, Jura 1997, 401.

204 *Kingreen*, Jura 1997, 401; *Ossenbühl*, S. 68.

205 So wohl BVerfG v. 8.10.1984 – II ZR 223/83, BVerfGE 72, 155 (173); *Lüderitz*, AcP 178 (1978), 263 (266).

206 *Schmitt-Kammler*, S. 28 f., *ders.* in: Sachs, Art. 6 Rz. 64.

207 *Ossenbühl*, S. 53, 64 ff.; vgl. auch *Coester-Waltjen* in: von Münch/Kunig, Art. 6 Rz. 77 m.N.

208 Teilweise wird selbst die mit dem Recht der Eltern zur Erziehung und Pflege der Kinder verbundene Lebenserfüllung als integraler und wesentlicher Teil der Persönlichkeitsentfaltung und eigenständiges Schutzgut angesehen; vgl. *Robbers* in: von Mangoldt/Klein/Starck, Art. 6 Rz. 188 f. Für den Schutz von materiellen Interessen der Eltern *Dieckmann*, AcP 178 (1978), 298 (301 ff.).

209 Das Recht der Eltern gewährleistet keineswegs ein Recht zur unbeschränkten Selbstbestimmung; vgl. BVerfG v. 2.9.1982 – 1 BvR 845/79, BVerfGE 59, 360 (376).

210 Unter dem Begriff der staatlichen Gemeinschaft wird der Gesamtzusammenhang der staatlich verfassten Gemeinschaft verstanden; vgl. *Robbers* in: von Mangoldt/Klein/Starck, Art. 6 Rz. 240.

211 *Böckenförde*, S. 73.

(Art. 1 Abs. 1, 2 Abs. 1 GG), mithin als Grundrechtsträger, einen Anspruch auf den Schutz des Staates hat[212]. Die Schutzpflicht kann sich nicht nur in einer reinen Kontroll- und Überwachungstätigkeit erschöpfen. Die staatliche Gemeinschaft tritt kraft ihres Wächteramtes vielmehr auch subsidiär in die Elternverantwortung ein[213]. Ist das Kindeswohl gefährdet, sei es, weil die Eltern ihr Erziehungsrecht gar nicht, missbräuchlich oder auf sonstige, das Wohl des Kindes gefährdende Weise wahrnehmen, ist der Staat zum Eingreifen nicht nur berechtigt, sondern sogar verpflichtet[214]. Auf ein Verschulden der Eltern kommt es nicht an[215]. Ein Eingriff in das Elternrecht allein mit dem Ziel einer „besseren" Erziehungsmöglichkeit ließe sich jedoch verfassungsrechtlich nicht rechtfertigen. Ein Kindesgrundrecht auf bestmögliche Erziehung wäre mit der Notwendigkeit verbunden, die bestmögliche Erziehung festzulegen, was der von Art. 6 Abs. 2 Satz 1 GG gewährleisteten individuellen Erziehungsfreiheit und damit letztlich der Familienerziehung überhaupt widerspräche[216]. Von Art. 6 Abs. 2 GG soll nur „pessimale" Erziehung verhindert werden[217]. Bei Eingriffen in das Elternrecht ist der grundsätzliche Vorrang der Eltern zu beachten. Im Übrigen finden Maßnahmen in Ausübung des staatlichen Wächteramtes ihre Grenze im Verhältnismäßigkeitsprinzip[218].

Aus dem staatlichen Wächteramt erwächst dem Staat auch die Aufgabe, bei unüberbrückbaren Elternkonflikten eine Schlichterrolle – und danach erfor-

---

212 BVerfG v. 29.7.1968 – 1BvL 20/63, 31/66 und 5/67, BVerfG 24, 119 (144).

213 BVerfG v. 24.3.1981 – 1 BvR 1516/78, 1 BvR 964/80, 1 BvR 1337/80, BVerfGE 56, 363 (385).

214 BVerfG v. 29.7.1968 – 1 BvL 20/63, 1 BvL 31/66, 1 BvL 5/67, BVerfGE 24, 119 (144); BVerfG v. 17.2.1982 – 1 BvR 188/80, BVerfGE 60, 79 (88).

215 BVerfG v. 17.2.1982 – 1 BvR 188/80, BVerfGE 60, 79 (88).

216 Vgl. *Ossenbühl*, S. 68, Fn. 3.

217 *Schmitt-Kammler* in: Sachs, Art. 6 Rz. 61 m.N.; vgl. auch Bay ObLG v. 17.12.1984 – BReg. 1 Z 81/84, FamRZ 1985, 522; BayObLG v.27.5.1988 – BReg. 1a Z 12/88, DAVorm 1989, 627.

218 BVerfG v. 29.7.1968 – 1 BvL 20/63, 1 BvL 31/66, 1 BvL 5/67, BVerfGE 24, 119 (144); BVerfG v. 17.2.1982 – 1 BvR 188/80, BVerfGE 60, 79 (89); BVerfG v. 12.10.1988 – 1 BvR 818/88, BVerfGE 79, 51 (60). – Das Übermaßverbot ist eine übergreifende Leitregel allen staatlichen Handelns, die sich zwingend aus dem Rechtsstaatsprinzip (Art. 20 Abs. 3 GG) ergibt (vgl. BVerfG v. 5.3.1968 – 1 BvR 579/67, BVerfGE 23, 127 (133)). Ein staatlicher Eingriff in eine Rechtsposition ist nur verhältnismäßig, wenn der Eingriff (1.) zur Erreichung eines legitimen Zwecks geeignet, (2.) erforderlich (d.h. das zur Zweckerreichung mildeste Mittel) und (3.) angemessen ist.

derlichenfalls auch eine Entscheidungsfunktion[219] – zu übernehmen[220]. Da es hierbei um die Ausgestaltung des Verhältnisses der Elternteile zum Kind geht, der Staat aber nicht den Vorrang der Eltern als Erziehungsträger antastet, ist er hier nicht an die strengen Voraussetzungen gebunden, die nach Art. 6 Abs. 2 S. 2 GG für einen Eingriff in das elterliche Erziehungsrecht vorliegen müssen[221]; er muss jedoch auf einen Ausgleich zwischen den Elternpositionen bedacht sein[222]. Gegenüber den Elterninteressen ist letztlich das vorrangige Kindeswohl bestimmend[223].

II. Grundlagen der einfachgesetzlichen Ausgestaltung

Das Recht der Eltern aus Art. 6 Abs. 2 Satz 1 GG regelt Pflege und Erziehung der Kinder zwar umfassend, aber auf einer hohen Abstraktionsebene. Diese Ebene bedarf der Konkretisierung durch einfaches Gesetz[224]. Das Recht der elterlichen Sorge zählt zu den einfachgesetzlichen Ausführungen der Verfassungsnorm[225].

1. Begriff der elterlichen Sorge

Der Begriff der elterlichen Sorge lässt trotz der Verwendung des Gemeinsamkeit andeutenden Merkmals „elterlich" keinen Schluss auf eine etwaige Sorgegemeinsamkeit der Eltern zu. Auch die Alleinsorge eines Elternteils bezeichnet das BGB ausdrücklich als „elterliche" Sorge (vgl. § 1626 a Abs. 2 BGB). Die §§ 1626 ff. BGB verwenden den Begriff der elterlichen Sorge damit als Oberbegriff, der sowohl die elterliche Alleinsorge als auch die gemeinsame elterliche Sorge[226] kennzeichnet.

---

219 Vgl. BVerfG v. 31.5.1983 – 1 BvL 11/80, BVerfGE 64, 180 (188).
220 BVerfG v. 15.6.1971 – 1 BvR 192/70, BVerfGE 31, 194 (205).
221 BVerfG v. 24.3.1981 – 1 BvR 1516/78, 1 BvR 964/80, 1 BvR 1337/80, BVerfGE 56, 363 (382).
222 *Robbers* in: von Mangoldt/Klein/Starck, Art. 6 Rz. 19 m.N.
223 BVerfG v. 30.11.1988 – 1 BvR 37/85, BVerfGE 79, 203 (210 f.); BVerfG v. 17.10.1984 – 1 BvR 284/84, BVerfGE 68, 176 (188); BVerfG v. 24.3.1981 – 1 BvR 1516/78, 1 BvR 964/80, 1 BvR 1337/80, BVerfGE 56, 363 (383).
224 Vgl. *Windel*, FamRZ 1997, 713 (714) m.N.
225 Vgl. *Holzhauer*, FamRZ 1982, 109 (113).
226 Den Begriff der gemeinsamen Sorge verwendet das Gesetz zusammenhängend lediglich viermal, davon allein dreimal in § 1617 b BGB, einer Vorschrift, die für ein Kind die Möglichkeit einer Namensänderung eröffnet, wenn die gemeinsame Sorge erst zu einem

(Fortsetzung s. nächste Seite)

a) Der Pflichtcharakter der elterlichen Sorge

Anknüpfungspunkt für die Bestimmung von Inhalt und Rechtscharakter der elterlichen Sorge ist die Legaldefinition des Begriffs in § 1626 Abs. 1 Satz 1 BGB, nach der die Eltern die Pflicht und das Recht haben, für das minderjährige Kind zu sorgen. Seit der Neufassung des § 1626 Abs. 1 Satz 1 BGB durch das KindRG nennt das Gesetz zuerst die Pflicht der Eltern, für das minderjährige Kind zu sorgen, und erwähnt erst an zweiter Stelle ihr Recht hierzu. Die Änderung der Reihenfolge hielt der Gesetzgeber deshalb für angebracht, weil sie der Lebenswirklichkeit, dass die Sorge wesentlich mehr Pflichten als Rechte mit sich bringe, eher entspreche. Darüber hinaus beabsichtigte er, der Tendenz entgegenzuwirken, den Begriff der elterlichen Sorge auf ein Sorge*recht* zu verkürzen[227]. Die Generalklausel hat damit nicht nur der äußeren Form nach eine realitätsnahe Gestalt erhalten[228], sondern spiegelt im Wortlaut ganz und gar das moderne Rechtsverständnis wider, dass das Sorgerecht nicht auf einem Machtanspruch der Eltern gegründet[229], sondern vielmehr im Kindesinteresse gerechtfertigt ist[230]. Die jetzige Fassung des § 1626 Abs. 1 Satz 1 BGB erleichtert die Begründung der schon zuvor absolut herrschenden Meinung, die den Begriff der elterlichen Sorge – über seine Verwendung zur Kennzeichnung des individuellen Eltern-Kind-Verhältnisses hinaus – als Inbegriff sämtlicher – nicht zur Verfolgung eigennütziger, sondern im Kindesinteresse[231] bestehender – elterlicher Befugnisse verstand[232]. Für das Begriffsverständnis ist – da bloß theoretischer Natur – die Frage von untergeordneter Bedeutung, ob der Zusammenfas-

---

Zeitpunkt begründet wird, in dem das Kind bereits einen Namen führt, und ein weiteres Mal in § 1671 II Nr. 2 BGB, der den Antrag auf Zuweisung der Alleinsorge betrifft. Die Gemeinsamkeit der elterlichen Sorge wird in sechs Vorschriften besonders betont (§§ 1617, 1626 a, 1629, 1671, 1680 und 1687 BGB. Im Übrigen spricht das Gesetz stets von der elterlichen Sorge, der Vermögens- oder Personensorge oder schlicht von der Sorge.

227 BT-Drucks. 13/4899, S. 93.

228 Krit. *Lüderitz*, Familienrecht, Rz. 801.

229 BVerfG-Ka v. 19.7.1993 – 1 BvR 398/91, NJW 1994, 1945 (1646).

230 Zum Ausdruck kommt dieses Verständnis auch in § 1626 Abs. 2 BGB, der den Eltern aufgibt, das eigenverantwortliche Handeln des Kindes mit dessen wachsender Einsichtsfähigkeit und Reife zu berücksichtigen, Fragen der elterlichen Sorge mit dem Kind zu besprechen und Einvernehmen anzustreben.

231 So bereits BGH v. 28.5.1976 – IV ZB 56/75, BGHZ 66, 334 (337) für den Begriff der elterlichen Gewalt.

232 *Gernhuber/Coeser-Waltjen*, § 57 I 1, S. 856.

sung der elterlichen Befugnisse in einem Begriff lediglich die Funktion eines Sammelausdrucks[233] zukommt, ob der Begriff die gesamte Rechtsstellung bzw. Rechtsposition der Eltern kennzeichnen will oder ob er selbst ein einheitliches Recht bezeichnet[234]. Entscheidend ist, dass die den Eltern eingeräumte Rechtsmacht ein Pflichtrecht[235] darstellt, das auch als pflichtabhängige Befugnis[236], pflichtgebundenes Recht[237] oder familienrechtliches Schutzverhältnis[238] bezeichnet wird, kraft dessen die Eltern ein absolutes subjektives[239] Recht und dem Kind gegenüber Pflichten haben.

b) Inhaltliche Ausfüllung

Die Pflicht und das Recht der elterlichen Sorge für das minderjährige Kind ist umfassend, lässt sich aber in einzelne Bestandteile zerlegen. Praktisch bedeutsam ist dies nicht nur für die Beurteilung der Verhältnismäßigkeit von Eingriffen des Staates in das Elternrecht, die in Wahrnehmung des ihm gemäß Art. 6 Abs. 2 Satz 2 GG obliegenden Wächteramtes angezeigt sind, sondern auch in Fällen, in denen einem Antrag auf Zuweisung der Alleinsorge gemäß §§ 1671, 1672 BGB nur in Teilbereichen stattzugeben ist.

Die inhaltliche Gliederung der elterlichen Sorge gibt das Gesetz selbst grob vor. So umfasst die elterliche Sorge gemäß § 1626 Abs. 1 Satz 2 BGB die Sorge für die Person des Kindes (Personensorge) sowie diejenige für das Vermögen des Kindes (Vermögenssorge). Beide Teilbereiche elterlicher Sorge umschließen sowohl elterliche Befugnisse in tatsächlicher Hinsicht (sog. tatsächliche Sorge) als auch die gesetzliche Vertretung des Kindes (§ 1629 Abs. 1 Satz 1 BGB)[240].

---

233 *Wolf*, FamRZ 1968, 493 (497).

234 *Gernhuber/Coester-Waltjen*, § 57 I 1, S. 856.

235 BGH v. 2.7.1974 – VI ZR 121/73, NJW 1974, 1947 (1949) im Anschluss an *Gernhuber*, FamRZ 1962, 89 (90); ablehnend: *Wolf*, FamRZ 1968, 493 (497).

236 *Dölle* II § 91 I, S. 137.

237 *Staudinger/Donau*, 10./11. Aufl., § 1626 Rz. 2; *Erman/Michalski*, § 1626 Rz 3.

238 *Erman/Michalski*, § 1626 Rz. 1.

239 RG v. 13.7.1933 – IV 138/33, RGZ 141, 319 (320) für die elterliche Gewalt; BGH v. 24.4.1990 – VI ZR 110/89, BGHZ 111, 168 (172); einschränkend nur *Dölle* II, § 91 I, S. 137.

240 *Schwab*, FS Gaul, 717 (719): „faktisches Tun“ und „rechtliches Handeln“.

Die Personensorge[241] beinhaltet nach § 1631 Abs. 1 BGB insbesondere die Pflicht und das Recht, das Kind zu pflegen, zu erziehen, zu beaufsichtigen und seinen Aufenthalt zu bestimmen, sowie gemäß § 1632 BGB das Recht, den Umgang des Kindes zu bestimmen und die Herausgabe des widerrechtlich vorenthaltenen Kindes zu verlangen. Das wichtigste Element der tatsächlichen Personensorge ist die Erziehung[242]. Ihr Ziel liegt darin, das Kind zu einer eigenverantwortlichen und gemeinschaftsfähigen Persönlichkeit heranzubilden[243]. Vor diesem Hintergrund ist nachvollziehbar, dass die gesetzliche Aufzählung des Personensorgeinhalts nicht abschließend sein kann[244], die Personensorgeberechtigten vielmehr „unmittelbar für die Person des Kindes jede denkbare und erforderliche tatsächliche und rechtliche Fürsorge zu entfalten“[245] haben. So wird insbesondere – obgleich nicht ausdrücklich geregelt – der Personensorge auch die Geltendmachung von Unterhaltsansprüchen zugeordnet[246], die in der Praxis den wichtigsten Fall gesetzlicher Vertretung in Personensorgeangelegenheiten darstellt[247]. Alle rechtlichen und tatsächlichen Maßnahmen, die zum Zweck der Erhaltung, Verwertung und Vermehrung des Kindesvermögens notwendig sind[248], zählen zur Vermögenssorge[249]. Hierzu gehört auch die Inbesitznahme der zum Vermögen des Kindes gehörenden Sachen (arg. e § 1698 Abs. 1 BGB). Als unmittelbare Besitzer vermitteln die Eltern dem Kind auf Grund des Sorgerechtsverhältnisses („ähnliches Verhältnis“ i.S. von § 868 BGB) mittelbaren Besitz[250].

c) Abgrenzung zum Elternrecht

Die Interpretation der elterlichen Sorge als Pflichtrecht entspricht dem Verständnis des Elternrechts als Pflichtrecht. Trotz der insoweit bestehenden

---

241 Eingehend zur Personensorge *Oelkers*, § 1 Rz. 54 ff.

242 *Gehring*, S. 27; *Dölle* II, § 92 I 2 a, S. 150.

243 Vgl. auch § 1 Abs. 1 SGB VIII, nach dem jeder junge Mensch ein Recht auf Förderung seiner Entwicklung und auf Erziehung zu einer eigenverantwortlichen und gemeinschaftsfähigen Persönlichkeit hat.

244 H.M.; vgl. nur *MünchKomm/Hinz*, § 1626 Rz. 33 m.N.

245 *Dölle* II, § 92 I 1, S. 148.

246 BGH v. 3.6.1953 – IV ZB 39/53, NJW 1953, 1546 f.

247 *Giesen*, Rz. 651.

248 *Giesen*, Rz. 639.

249 Ausführlich zur Vermögenssorge *Gernhuber/Coester-Waltjen*, § 63, S. 1012 ff.

250 BGH v. 8.6.1989 – IX ZR 234/87, FamRZ 1989, 945 (947).

strukturellen Vergleichbarkeit von elterlicher Sorge und Elternrecht ist umstritten, ob die „Pflichtrechte" inhaltlich gleichzusetzen sind. Während eine etwaige Deckungsgleichheit teilweise ausdrücklich verneint wird[251], deuten einige Aussagen eher auf das Gegenteil hin[252]. Gesicherte Erkenntnisse zum Verhältnis zwischen Elternrecht und elterlicher Sorge gibt es – soweit ersichtlich – bis heute nicht.

In quantitativer Hinsicht ist fraglich, ob das Elternrecht gegenüber der elterlichen Sorge ein Weniger darstellt. Da die Worte „Pflege und Erziehung" in Art. 6 Abs. 2 Satz 1 GG einen unmittelbar personenrechtlichen Bezug aufweisen, ist streitig, ob die Verfassungsnorm auch den gemäß § 1626 Abs. 1 Satz 2 BGB zur elterlichen Sorge gehörenden Bestandteil der Vermögenssorge einschließt[253]. Zu bedenken ist insoweit, dass nicht jede einzelne Ausprägung des bürgerlich-rechtlichen Rechtsinstituts Verfassungsrang haben kann[254], da anderenfalls die elterliche Sorge in der vom Verfassungsgeber vorgefundenen Gestalt „versteinert"[255] wäre. Dies ließe sich weder mit dem Sinn des Grundrechts[256] noch der Realität vereinbaren. Die Funktion des Elternrechts liegt vielmehr darin, den verfassungsrechtlich zu ermittelnden Kernbereich des Elternvorrangs bei Pflege und Erziehung der Kinder im Wandel der (einfachgesetzlichen) bürgerlich-rechtlichen Vorschriften zu gewährleisten[257]. Erfasst ist nur der Kernbereich der 1949[258] bestehenden gesetzlichen Regelung[259], und die Frage, ob die Vermögenssorge zu diesem Kernbereich gehört, mag hier letztlich auf sich be-

---

251 *Schwoerer*, FamRZ 1958, 41; *Böckenförde*, S. 55; *Fehnemann*, DÖV 1978, 489 (491); *dies.*, DÖV 1982, 353 (355); *Holzhauer*, FamRZ 1982, 109 (112); *Zacher* in: Isensee/Kirchhof, § 134 Rz. 68; *Gernhuber/Coester-Waltjen*, § 5 IV 3, S. 44 f.; *Coester-Waltjen* in: von Münch/Kunig, Art. 6 Rz. 76; *Staudinger/Donau*, 10./11. Aufl., § 1626 Rz. 8; *MünchKomm/Hinz*, § 1626 Rz. 11; *RGRK/Wenz*, Vor 1626 Rz. 46.

252 Näheres hierzu sogleich; vgl. auch OLG Bamberg v. 7.5.1997 – 7 UF 223/96, FuR 1997, 276 f.

253 Verneinend: *Holzhauer*, FamRZ 1982, 109 (113); *MünchKomm/Hinz*, § 1626 Rz. 11; bejahend: *RGRK/Wenz*, Vor § 1626 Rz. 46; *Windel*, FamRZ 1997, 713 (714).

254 So auch *Rauscher*, § 33 I Rz. 953; für vollständigen Verfassungsrang des Rechtsinstituts der elterlichen Sorge aber wohl *RGRK/Wenz*, Vor § 1626 Rz. 46.

255 *MünchKomm/Hinz*, § 1626 Rz. 11.

256 *Gernhuber/Coester-Waltjen*, § 5 IV 3, S. 45.

257 *MünchKomm/Hinz*, § 1626 Rz. 11.

258 *Soergel/Strätz*, § 1626 Rz. 2.

259 BVerfG v. 7.5.1991 – 1 BvL 32/88, BVerfGE 84, 168 (180).

ruhen, da einer Aussage zum quantitativen Verhältnis von Elternrecht und elterlicher Sorge keine praktische Bedeutung zukommen dürfte.

Wichtiger als die Frage nach einem quantitativen Unterschied zwischen Elternrecht und elterlicher Sorge ist die Frage nach einem qualitativen Unterschied. Bedeutsam ist dies im Hinblick auf § 1671 Abs. 2 Nr. 2 BGB, der die Übertragung der elterlichen Sorge (selbst gegen den Willen) eines (von einem etwaigen Verlust betroffenen) Elternteils auf den anderen Elternteil allein erlaubt. Die Kongruenz von elterlicher Sorge und Elternrecht unterstellt, wäre eine vollständige Übertragung der elterlichen Sorge mit dem Verlust des Elternrechts identisch und damit in jedem Fall der „Wesensgehalt" dieses Grundrechts i.S. des Art. 19 Abs. 2 GG[260] angetastet. Vor diesem Hintergrund ist eine nähere Befassung mit dem qualitativen Verhältnis der beiden Rechte unerlässlich.

Die formale Unterscheidung zwischen dem Elternrecht als Verfassungsnorm und der elterlichen Sorge als bloßem Institut des einfachen Rechts ist für sich allein betrachtet wenig aussagekräftig. Zur Abgrenzung ist bislang gefragt worden, ob sich das Elternrecht des Art. 6 Abs. 2 Satz 1 GG darauf beschränkt, den Träger der elterlichen Sorge vor staatlichen Maßnahmen zu schützen[261]. Bei genauer Betrachtung mutet diese Frage seltsam an. Setzt man einen qualitativen Unterschied zwischen dem verfassungsrechtlichen Elternrecht einerseits und der elterlichen Sorge andererseits voraus, dient die Frage lediglich der Feststellung, dass es sich mit der Funktion des Art. 6 Abs. 2 Satz 1 GG nicht vereinbaren ließe, wenn man den Grundrechtsschutz vom Gutdünken des einfachen Gesetzgebers abhängig machen wollte. Bei angenommener Deckungsgleichheit von Elternrecht und elterlicher Sorge wäre die Frage im Hinblick auf eine mögliche Beschränkung des Elternrechts irreführend. Anlass für die Frage dürfte in Wahrheit die (damalige) Rechtsstellung des Vaters eines nichtehelichen Kindes gewesen sein, für die nach einer Rechtfertigung gesucht wurde[262]. Ein solcher Ansatz ist jedoch zu eng.

---

[260] Zur problematischen Bestimmung des Wesensgehalts s. statt vieler *Krüger* in: H. Dreier, Art. 19 Rz. 27 ff. m.N.

[261] Vgl. *Holzhauer*, FamRZ 1982, 109 (113).

[262] Dieser Zweck war es auch, der fragen ließ, ob sich jeder Elternteil allein oder nur die (einigen) Eltern *(Scheffler* in: Bettermann/Nipperdey/Scheuner, 245 (280)) auf Art. 6 Abs. 2 Satz 1 GG berufen können; vgl. hierzu *Holzhauer*, FamRZ 1982, 109 (113 f.) m.N.

aa) Die Substanztheorie

Eine strukturelle Gleichsetzung[263] zwischen Elternrecht und elterlicher Sorge erfolgt durch die Vertreter[264] der sog. Substanztheorie. Aus der Formulierung in Art. 6 Abs. 2 Satz 1 GG – nach der die Pflege und Erziehung der Kinder das „natürliche Recht“ der Eltern sind – und weiterer Verfassungsvorschriften leitet diese Ansicht den Grundsatz ab, dass die elterliche Sorge ihrer Substanz nach unentziehbar sei und nur der Ausübung nach übertragen werden könne. Konsequenz dieser Auffassung ist die Forderung korrigierender Auslegung solcher Vorschriften des Bürgerlichen Gesetzbuchs, die eine Entziehung oder Übertragung elterlicher Sorge[265] zulassen[266], und dies, obwohl das einfache Gesetzesrecht seinerseits zwischen der Rechtszuständigkeit und der Ausübung der elterlichen Sorge differenziert[267]. Sowohl die Entziehung als auch die Übertragung der elterlichen Sorge führen nach der Substanztheorie – abgesehen von dem erst seit 1979 gesetzlich nicht mehr geregelten Fall der Verwirkung der elterlichen Gewalt wegen eines an dem Kind verübten Verbrechens oder Vergehens[268] – stets nur zu einem zeitweiligen Ausübungs-, dagegen nie zu einem Substanzverlust.

---

263 *Staudinger/Donau*, 10./11. Aufl., § 1626 Rz. 8; *MünchKomm/Hinz*, § 1626 Rz. 11 f.

264 *Beitzke*, FamRZ 1958, 7 (9); *Bosch*, FamRZ 1959, 379; *Dölle* II, § 97 II 3 b, S. 285; *Erman/Michalski*, Vor § 1626 Rz. 14 ff.; *RGRK/Wenz*, Vor § 1626 Rz. 46; *Soergel/Strätz*, § 1626 Rz. 5; ablehnend: *Gernhuber/Coester-Waltjen*, § 5 IV 4, S. 45 f.; *MünchKomm/Hinz*, § 1626 Rz. 12 ff.; widersprüchlich *Rauscher*, der zwar für die Substanztheorie eintritt (*Rauscher*, § 33 I Rz. 954, § 33 II Rz. 973), auf der anderen Seite aber zum einen zwischen den Fällen des „Ruhens“ der elterlichen Sorge und ihrem „Entfallen“ differenziert (*Rauscher*, § 33 III Rz. 980) und zum anderen das Verhältnis zwischen § 1671 BGB und § 1628 BGB bei Abgrenzungsproblemen zu Gunsten der zuletzt genannten Vorschrift auflösen will, da sie nur die Ausübungsebene einschränke und damit der mildere Eingriff sei (*Rauscher*, § 33 IV Rz. 998).

265 Z.B. §§ 1666, 1680, 1696, 1671, 1672 BGB.

266 *Beitzke*, FamRZ 1958, 7 (10).

267 Auf die Ausübung wird – sofern sie nicht nur allgemein umschrieben ist – stets ausdrücklich hingewiesen (z.B. in §§ 1627 Satz 1, 1664 Abs. 1, 1666 Abs.1, 1674 Abs. 1, 1675, 1678 Abs. 1, 1693 BGB), wohingegen der Bestand der Rechtszuständigkeit mit diversen Begriffen belegt ist (z.B. „Inhaber“: §§ 1666 Abs. 2 und 3, 1687 a, 1688 Abs. 3 BGB; „zustehen“: §§ 1617 Abs. 1, 1617 a Abs. 1 und 2 Satz 1, 1626 a Abs. 1, 1671 Abs. 1, 1672 Abs. 1 und 2, 1673 Abs. 2, 1680 Abs. 1 bis 3, 1683 Abs. 1, 1687 Abs. 1 BGB; „haben“: § 1626 a Abs. 2 BGB).

268 *Göppinger*, FamRZ 1962, 449 (450), erkennt nicht einmal diesen Fall an.

Die Substanztheorie bleibt eine Erklärung für die von ihr vorgenommene strukturelle Gleichsetzung von Elternrecht und elterlicher Sorge schuldig. Ohne Nachweis der Deckungsgleichheit ist die von der Substanztheorie angenommene Notwendigkeit der korrigierenden (d.h. verfassungskonformen) Auslegung der auf den Verlust der Rechtszuständigkeit hinweisenden Normen fraglich. Darüber hinaus sei erwähnt, dass die Substanztheorie selbst nicht unumstritten ist. So ist es nicht zwingend, aus der Formulierung vom „natürlichen" Recht der Eltern in Art. 6 Abs. 2 Satz 1 GG einen Grundsatz der Unentziehbarkeit elterlicher Sorge herzuleiten[269]. Selbst wenn man den Grundrechtstext dahin interpretiert, dass es sich bei dem Elternrecht um ein aus dem Naturrecht hervorgehendes vorstaatliches Recht handelt[270], ist doch gerade dieses Recht vom Grundgesetz positivrechtlich ausgestaltet worden. Es ist daher schon zweifelhaft, ob das Elternrecht „in seiner Totalität"[271] unter der Geltung des Grundgesetzes überhaupt als Naturrecht qualifiziert werden kann[272]. Bejahendenfalls müsste zumindest das zugrunde gelegte Naturrechtsverständnis offengelegt werden, wenn aus dem angeblichen Naturrechtscharakter allgemeine sorgerechtsrelevante Grundaussagen abgeleitet werden sollen[273]. Weitere Voraussetzung hierfür wäre die Feststellung, dass die zu entscheidende Frage von fundamentaler Bedeutung ist, da das Naturrecht lediglich für fähig erachtet wird, Fundamentalaussagen zu treffen[274].

Selbst wenn eine solche Feststellung getroffen werden könnte, würde das der Sache nach jedoch nicht weiterhelfen. Dies ergibt sich aus der Überlegung, dass sich der Verlust der elterlichen Sorge der Substanz nach für einen betroffenen Elternteil in seiner Rechtswirkung genauso darstellen kann wie ein bloßer Ausübungsverlust. Soweit ein Inhaber elterlicher Sorge diese nämlich nicht mehr ausüben darf, macht es für ihn keinen Unterschied, ob ihm insoweit die

---

269 *Göppinger*, FamRZ 1960, 344 (346).

270 BVerfG v. 29.7.1968 – 1 BvL 20/63, 1 BvL 31/66, 1 BvL 5/67, BVerfGE 24, 119 (144); BVerfG v. 17.2.1982 – 1 BvR 188/80, BVerfGE 60, 79 (88); *Maunz* in: Maunz/Dürig, Art. 6 Rz. 22.

271 *Gernhuber/Coester-Waltjen*, § 5 IV 2, S. 44.

272 Verneinend: *MünchKomm/Hinz*, § 1626 Rz. 13; einschränkend: *Gernhuber/Coester-Waltjen*, § 5 IV 2, S. 44.

273 *MünchKomm/Hinz*, § 1626 Rz. 13.

274 *Gernhuber/Coester-Waltjen*, § 5 IV 2, S. 44.

elterliche Sorge auch der Substanz nach entzogen ist[275]. Wird einem Elternteil – im Hinblick auf eine etwaige Fundamentalforderung des Naturrechts – nichts weiter belassen als eine leere (Substanz-) Hülle, gerät die vorgebliche Naturrechtsforderung zur Farce, denn die bloße Substanz eines Rechts ist für den betroffenen Elternteil ohne Bedeutung, wenn nichts weiter damit verbunden ist. Eine etwaige Forderung des Naturrechts müsste dann bereits auf der Ausübungsebene ansetzen und darauf gerichtet sein, den Befugnisverlust schon auf dieser Ebene zu verhindern. Diese Konsequenz wird aber von niemandem gezogen, denn angesichts der Verpflichtung des Staates, die kindliche Pflege und Erziehung sicherzustellen, wird sowohl die Entziehung der gesamten elterlichen Sorge als auch die Übertragung der elterlichen Sorge auf einen Elternteil allein für verfassungskonform gehalten und als mit der Europäischen Menschenrechtskonvention und der UN-Konvention über die Rechte des Kindes vereinbar angesehen[276].

Soweit man die Substanztheorie darauf stützt, dass Art. 6 Abs. 2 Satz 2 GG nur die „Betätigung" elterlicher Sorge dem staatlichen Wächteramt unterstellt, und daraus folgert, dass lediglich die Ausübungsebene von familiengerichtlichen Entscheidungen betroffen sein könne[277], spricht gegen diese Argumentation, dass sie aus einer Norm, die lediglich den Überwachungsgegenstand der staatlichen Gemeinschaft näher qualifiziert, auf zur Aufgabenerfüllung verbotene Mittel schließen will. Darüber hinaus knüpft sie am abänderbaren Wortlaut des Grundgesetzes an[278], obgleich die Grundlage der Substanztheorie ihren Ursprung doch im Naturrecht haben soll.

Zur Begründung der Substanztheorie lässt sich auch das Verhältnismäßigkeitsprinzip nicht heranziehen. Es ist zwar richtig, dass ein Eingriff, der die Substanz eines Rechts entzieht, nicht erforderlich und damit unverhältnismäßig ist, wenn eine Entziehung der Ausübung (als weniger intensiv wirkende Maßnahme) zur Zweckerreichung ebenso gut geeignet wäre[279], doch beruht diese Aussage auf der Prämisse, dass die bloße Entziehung des Rechts, die elterliche

---

275 *Schwoerer*, FamRZ 1958, 41, bezeichnet die vollständige Entziehung der Bestandteile elterlicher Sorge ausdrücklich als Substanzverlust.
276 Instruktiv hierzu *Braun*, S. 92 ff. m.N.
277 OLG Stuttgart v. 8.11.1963 – 8 W 160/63, FamRZ 1964, 51 (53).
278 *Gernhuber/Coester-Waltjen*, § 5 IV 4, S. 46.
279 *Rauscher*, § 33 I Rz. 954.

Sorge auszuüben, zur Erreichung des Ziels ebenso gut geeignet ist wie der Entzug des Rechts der elterlichen Sorge der Substanz nach. Dass diese Annahme unzutreffend ist, lässt sich zwar weder aus den Begrifflichkeiten noch den primär eintretenden Verlustwirkungen schließen, zeigt sich aber in dem inneren System des BGB, nach dem die Wiedererlangung einer (entfallenen) Ausübungsbefugnis von einer gerichtlichen Kindeswohlprüfung regelmäßig nicht abhängt[280]. Der unter den Voraussetzungen des § 1666 Abs. 1 BGB zulässige Entzug der elterlichen Sorge bzw. ihrer Bestandteile[281] erfolgt aber zur Abwendung einer konkreten, nicht anders abwendbaren Gefahr für das Wohl des Kindes[282], sodass zum Schutz des Kindes sichergestellt sein muss, dass eine konkrete Gefahr für das Wohl des Kindes nicht mehr besteht, bevor der Entzug rückgängig gemacht wird. Vor diesem Hintergrund vermag es letztlich nicht zu überzeugen, die Substanztheorie mit dem Verhältnismäßigkeitsprinzip zu begründen.

---

280 Im Ergebnis ebenso OLG Hamm v. 13.2.1996 – 15 W 434/95, FamRZ 1996, 1029 (1030); ausführlich hierzu s. u. S. 91 ff.

281 Streitig ist, ob die jetzige Fassung des § 1666 Abs. 1 BGB – wie § 1666 ff. BGB a.F. – nur den Entzug einzelner Sorgerechtsbestandteile erlaubt oder auch den Entzug der elterlichen Sorge in ihrer Gesamtheit (vgl. BayObLG v. 6.10.1998 – 1 Z BR 52/98, FamRZ 1999, 316 (317) m.N.). Für das Ergebnis kommt der Streitfrage jedoch keine Bedeutung zu, da der Entzug aller Einzelelemente dem Gesamtentzug faktisch gleichkommt; vgl. *Rauscher*, § 33 VI Rz. 1077 m.N.

282 Vgl. BVerfG v. 11.11.1988 – 1 BvR 585/88, FamRZ 1989, 145 (146); OLG Karlsruhe v. 2.6.1989 – 5 WX 1/89, FamRZ 1989, 1322; OLG Celle v. 21.2.1994 – 17 W 8/94, NJW 1995, 792 (793) – Zum Sorgeentzug in der Person der Kindesmutter zum Zweck der Ersetzung der für die Vaterschaftsanerkennung erforderlichen Zustimmung AG Biberach v. 19.4.2001 – 2 F 144/01 (SO), JAmt 2001, 303. Die Entscheidung ist abzulehnen, da eine Ersetzung der höchstpersönlichen Zustimmung – im Hinblick auf ein mögliches Vaterschaftsfeststellungsverfahren – weder vorgesehen noch notwendig ist. Im Ergebnis ebenso *DIJuF*, JAmt 2001, 477 (478); vgl. auch BT-Drucks. 13/4899, S. 54. – Zur Entziehung des Vertretungsrechts der Mutter bei Absehen von einer Vaterschaftsanfechtung namens des Kindes s. BayObLG v. 22.10.1993 – 1Z BR 75/93, FamRZ 1994, 1196 f.; BayObLG v. 22.10.1993 – 1Z BR 75/93, FamRZ 1994, 1196 f.; BayObLG v. 16.12.1998 – 1 Z BR 135/98, FamRZ 1999, 737 ff. – Zur Frage des Sorgerechtsentzugs für das Vaterschaftsfeststellungsverfahren vgl. auch AG Fürth v. 4.1.2001 – 205 F 1185/00, FamRZ 2001, 1089 f. – Zur Ehelicherklärung gegen den Willen der Mutter gemäß § 1727 Abs. 1 BGB a.F. LG Hamburg v. 2.1.1984 – 1 T 301/81 im Anschluss an AG Hamburg v. 4.11.1983 – 1114 VII E 4088, ZfJ 1984, 370 ff.

bb) Bedeutung aus einfachgesetzlicher Sicht

Nimmt man die einfachgesetzliche Unterscheidung zwischen der Inhaberschaft der elterlichen Sorge einerseits und der Ausübung der elterlichen Sorge andererseits ernst, kann sehr wohl ein qualitativer Unterschied zwischen Elternrecht und elterlicher Sorge ausgemacht werden. Zur Verdeutlichung sind drei Ebenen auseinander zuhalten: das verfassungsrechtliche Elternrecht, die einfachgesetzlich geregelte Inhaberschaft der elterlichen Sorge sowie ihre Ausübung.

Die elterliche Sorge wird allein – aber nicht zwingend – dem Träger des Elternrechts zugewiesen. Ohne Elternrecht kann eine Person die elterliche Sorge nur ausüben, sie kann aber niemals rechtszuständig sein. Der Inhaber des Elternrechts ist zwar regelmäßig, aber nicht zwangsläufig Inhaber der elterlichen Sorge[283]. Der Nichteintritt elterlicher Sorgegemeinsamkeit[284] ist im Hinblick auf den weiten Gestaltungsspielraum des Gesetzgebers bei der Ausgestaltung der Rechtsbeziehungen[285] nicht nur für verfassungsrechtlich unbedenklich[286], sondern im Hinblick auf Art. 6 Abs. 1 GG sogar für geboten erachtet worden[287], weil Art. 6 Abs. 1 GG nicht nur die Ehe, sondern auch die Familie – also auch die Teilfamilie[288] – unter den „besonderen" Schutz der staatlichen Ordnung stellt[289].

---

283 Deutlich wird dies in § 1626 a Abs. 2 BGB, nach dem die elterliche Sorge für ein (außerhalb einer Ehe geborenes) Kind allein der unverheirateten Kindesmutter zusteht, solange sie und der Kindesvater weder erklären, dass sie die elterliche Sorge gemeinsam übernehmen wollen, noch einander heiraten. Die Zuweisung alleiniger Rechtsinhaberschaft an die Kindesmutter erfolgt selbst dann, wenn die verwandtschaftliche Elternstellung des Vaters feststeht und ihm somit das verfassungsrechtliche Elternrecht zukommt.

284 Vor der Kindschaftsrechtsreform konnte der Ausschluss von der gemeinsamen elterliche Sorge nur durch Eheschießung, nicht aber – wie nach geltendem Recht – aufgrund wirksamer Sorgeerklärungen entfallen.

285 Vgl. hierzu auch BVerfG v. 7.3.1995 – 1 BvR 790/91, 1 BvR 540/92, 1 BvR 866/92, BVerfGE 92, 158 (180).

286 BVerfG v. 24.3.1981 – 1 BvR 1516/78, 1 BvR 964/80, 1 BvR 1337/80, BVerfGE 56, 363 (384); FamRZ 1981, 429 ff.

287 Vgl. *Holzhauer*, FamRZ 1982, 109 (114).

288 Für Mutter und Kind BVerfG v. 30.6.1964 – 1 BvL 16, 17, 18, 19, 20, 21, 22, 23, 24, 25/62, BVerfGE 18, 97 (105 f.).

289 Dem Argument *Peters*, der noch lediglich (allenfalls) die natürlichen Eltern eines Kindes als Eltern i.S. des Art. 6 Abs. 2 Satz 1 GG ansah, dem natürlichen Vater eines nichtehelichen Kindes das Elternrecht aber absprach, weil er „tatsächlich und rechtlich"

(Fortsetzung s. nächste Seite)

Jedenfalls für den (festgestellten) Vater eines Kindes, dem die elterliche Sorge nicht einmal gemäß § 1626 Abs. 1 BGB gemeinsam mit der Kindesmutter zusteht, ist zu fragen, was – wenn nicht das Recht auf elterliche Sorge – mit dem verfassungsrechtlichen Elternrecht verbunden und als Kernbereich gewährleistet ist. Da diese Stellung an das Vorhandensein einer verwandtschaftlichen Elternstellung i.S. des Abstammungsrechts geknüpft ist, eröffnet sie zunächst die Möglichkeit gegenseitiger Unterhaltsberechtigungen sowie Erb- und Pflichtteilsrechte. Einmal entstanden bleiben diese Rechte und Pflichten bestehen, solange das Verwandtschaftsverhältnis besteht, und dieses erlischt nur durch Adoption (vgl. § 1755 BGB)[290] und Vaterschaftsanfechtung[291]. Ein Eingriff in die elterliche Sorge (z.B. nach § 1666 Abs. 1 BGB) kann auf die vorgenannten, mit der Elternstellung verbundenen Rechte und Pflichten demnach ebenso wenig Einfluss haben[292] wie eine „Übertragung" der elterlichen Sorge (etwa nach § 1671 Abs. 2 BGB)[293].

Zweifelhaft ist, ob unmittelbar mit der verfassungsrechtlichen Elternstellung ein Recht des Kindes auf Umgang verbunden ist und auch der Kindesvater, der niemals Inhaber der elterlichen Sorge war, zum Umgang mit dem Kind verpflichtet und berechtigt ist (§ 1684 Abs. 1 BGB). Vor der Kindschaftsrechtsreform ist erwogen worden, ob das Umgangsrecht als „Minimum" des Elternrechts bezeichnet werden kann[294], und dies, obwohl dem Vater eines nichtehelichen Kindes gemäß § 1711 Abs. 1 BGB a.F. nicht automatisch ein Umgangsrecht zugestanden wurde[295], sondern ihm eine derartige Befugnis allenfalls durch vormundschaftsgerichtliche Entscheidung eingeräumt werden konnte, wenn dem Kind ein persönlicher Umgang mit seinem Vater diente (§ 1711 Abs. 2 Satz 1 BGB a.F.). Im geltenden Recht ist die Ausgangslage umgekehrt: Heute ist auch der Vater eines nichtehelichen Kindes generell als Träger des

---

außerhalb der Familie stehe (vgl. *Peters* in: Bettermann/Nipperdey/Scheuner, S. 369 (375)), ist heute der Boden entzogen.

290 Bei der Adoption geht mit der verwandtschaftlichen Elternstellung auch das Elternrecht der leiblichen Eltern auf die Adoptiveltern über; vgl. *Richter* in: AK-GG, Art. 6 Rz. 27.

291 Vgl. *Coester-Waltjen* in: von Münch/Kunig, Art. 6 Rz. 76.

292 So ausdrücklich auch *Zacher* in: Isensee/Kirchhof, § 134 Rz. 68.

293 Ebenso *Coester-Waltjen* in: von Münch/Kunig, Art. 6 Rz. 76; für das Umgangsrecht OLG Zweibrücken v. 2.3.2000 – 5 UF 134/99, KindPrax2000, 94 (95).

294 Vgl. *Holzhauer*, FamRZ 1982, 109 (117).

295 Vgl. *MünchKomm/Hinz*, § 1711 Rz. 1 ff. m.N.

Elternrechts anerkannt[296] und die Neufassung des § 1684 Abs. 1 BGB, nach dem es für das Umgangsrecht nur noch auf die Eigenschaft als „Elternteil“ ankommt, nicht dagegen auf Ehelichkeit oder Inhaberschaft der elterlichen Sorge, verdeutlicht, dass der Gesetzgeber jedem Träger des Elternrechts ein Umgangsrecht einräumen wollte[297]. Der unter damaligem Recht angenommene enge Bezug des Umgangsrechts zur Personensorge[298] ist damit fraglicher geworden als noch unter der Geltung des § 1711 Abs. 2 Satz 1 BGB a.F., sodass das Umgangsrecht eines Elternteils nach geltendem Recht noch mehr als früher als Ausfluss des Elternrechts angesehen werden kann[299]. Vom Umgang als „Minimum“ des Elternrechts kann jedoch auch nach geltendem Recht keine Rede sein, da zur Wahrung des Kindeswohls nicht nur die Möglichkeit vorübergehender, sondern sogar dauerhafter Einschränkungen des Umgangsrechts bis hin zu einem vollständigen Ausschluss vorgesehen ist (§ 1684 Abs. 4 Satz 1 und 2 BGB). Im Hinblick auf die bundesverfassungsgerichtliche Rechtsprechung zu § 1711 BGB a.F. dürfte dies angesichts der gestärkten Ausgangsposition eines nichtsorgeberechtigten Elternteils verfassungsrechtlich unbedenklich sein, sodass das Umgangsrecht auch nach geltendem Recht jedenfalls nicht zum Kernbereich des Elternrechts gehört[300].

Nach dem bisher Gesagten erhält das Elternrecht gerade durch die einfachgesetzliche Zuweisung der elterlichen Sorge seinen besonderen Wert. Aber auch ohne diese hat das Elternrecht eine eigenständige Bedeutung für das einfache Recht[301], denn dieses knüpft nicht nur Rechtsfolgen an die verwandtschaftlichen Beziehungen, sondern verleiht auch ein Recht auf Übertragung der elter-

---

296 BVerfG v. 7.3.1995 – 1 BvR 790/91 und 540, 1 BvR 866/92, BVerfGE 92, 158 (180).

297 Vgl. BT-Drucks. 13/4899, S. 105.

298 Vgl. *Holzhauer*, FamRZ 1982, 109 (117); vgl. auch BVerfG v. 15.6.1971 – 1 BvR 192/70, BVerfGE 31, 194 (212).

299 Im Ergebnis ebenso *Rauscher*, § 33 I Rz. 954, als Vertreter der Substanztheorie.

300 Zur Verfassungsmäßigkeit des § 1711 Abs. 1 Satz 1 BGB a.F. schon BVerfG v. 24.3.1981 – 1 BvR 1516/78, 1 BvR 964/80, 1 BvR 1337/80, BVerfGE 56, 363 ff.

301 Dies verkennt *Rauscher*, § 33 I Rz. 954, der den weniger strengen Kindeswohlmaßstab bei einer Wiedererlangung der elterlichen Sorge zu Unrecht als „gebundene“ Übertragung bezeichnet und hieraus auf eine fortbestehende „sorgerechtliche Basis“ (= Substanz der elterlichen Sorge?) schließt. Im Übrigen spricht Letzteres nicht zwingend für die von ihm vertretene Substanztheorie. Die Inhaberschaft der elterlichen Sorge setzt die Inhaberschaft des Elternrechts voraus, das insoweit in jedem Fall als sorgerechtliche Basis bezeichnet werden kann.

lichen Sorge, wenn der Inhaber der elterlichen Sorge ausfällt. Dieses Recht ist unterschiedlich ausgestaltet, je nachdem, ob der Träger des Elternrechts schon einmal Inhaber der elterlichen Sorge war oder nicht. Im zuletzt genannten Fall erlangt er die elterliche Sorge nur, wenn dies dem Wohl des Kindes dient, anderenfalls schon dann, wenn es dem Kindeswohl nicht widerspricht[302].

d) Reichweite der elterlichen Sorge

Die elterliche Sorge erstreckt sich gleichermaßen auf eheliche und nichteheliche Kinder sowie auf Kinder aus nichtigen (§ 37 EheG a.F.), aufgehobenen und geschiedenen Ehen. Die elterliche Sorge beginnt mit der Geburt des Kindes[303] und endet mit seiner Volljährigkeit[304], also mit Vollendung des 18. Lebensjahres. Ein weiterer Beendigungsgrund der elterlichen Sorge ist der Tod des Kindes (vgl. § 1698 b BGB). Für einen Elternteil endet die elterliche Sorge durch seinen eigenen Tod[305] oder durch staatliche Maßnahme. Bei einer solchen Maßnahme kann es sich um eine Schutzmaßnahme nach § 1666 Abs. 1 BGB – einer Ausprägung des staatlichen Wächteramtes gemäß Art. 6 Abs. 2 Satz 2 GG – handeln, bei der unter der Voraussetzung, dass eine Gefahr für das Wohl des Kindes nicht auf andere Weise, insbesondere durch milderen Eingriff abgewendet werden kann[306], sogar die Entziehung der gesamten elterlichen Sorge – sei es durch Gesamtentzug oder Entzug aller Einzelelemente[307] – möglich ist[308]. Eine weitere zur Beendigung der elterlichen Sorge in der Person eines Elternteils führende Maßnahme ist die Übertragung der elterlichen Sorge (allein) auf den anderen Elternteil gemäß § 1671 Abs. 2 oder § 1672 Abs. 1 BGB.

---

302 Nähers hierzu S. 103 ff.

303 § 1912 Abs. 2 BGB, der den Eltern die Fürsorge für eine Leibesfrucht insoweit zuweist, als ihnen die elterliche Sorge zustünde, wenn das Kind bereits geboren wäre, macht aber deutlich, dass die elterliche Sorge vorauswirkt.

304 Vgl. § 1626 Abs. 1 Satz 1 BGB, nach dem sich die elterliche Sorge nur auf minderjährige Kinder erstreckt.

305 Ebenso bei Für-Tot-Erklärung bzw. Feststellung der Todeszeit nach den Vorschriften Verschollenheitsgesetzes (§ 1677 BGB).

306 BVerfG v. 11.11.1988 – 1 BvR 585/88, FamRZ 1989, 145 (146); OLG Karlsruhe v. 2.6.1989 – 5 WX 1/89, FamRZ 1989, 1322; OLG Celle v. 21.2.1994 – 17 W 8/94, NJW 1995, 792 (793).

307 Vgl. S. 54 Fn. 281.

308 *Oelkers*, § 1 Rz. 143 m.N.

2. Die gemeinsame Pflichtrechtsinhaberschaft der Eltern

Die Pflicht und das Recht, für das minderjährige Kind zu sorgen, haben – so heißt es in § 1626 Abs. 1 Satz 1 BGB – die Eltern. Obgleich hierdurch die Gemeinsamkeit der elterlichen Sorge besonders betont wird, weil von den Eltern und nicht von Einzelpersonen in ihrer Funktion als Vater und Mutter die Rede ist, handelt es sich bei dieser Vorschrift lediglich um eine Definitions-, nicht dagegen um eine „Zuweisungs"-Norm. Ob eine Sorgegemeinsamkeit besteht, richtet sich bei nicht miteinander verheirateten Eltern – soweit keine gerichtlichen Änderungen erfolgt sind – allein nach § 1626 a Abs. 1 BGB[309]. § 1626 Abs. 1 Satz 1 BGB setzt daher eine bestehende Sorgegemeinsamkeit voraus. Da es eine gemeinsame elterliche Sorge ist, die bei § 1671 BGB in eine (partielle oder vollständige) Alleinsorge umgewandelt werden soll, indem die elterliche Sorge oder ein Teil der elterlichen Sorge auf einen Elternteil „übertragen" wird, soll im Folgenden der Frage nachgegangen werden, was unter „gemeinsamer Sorge" und „Übertragung" der elterlichen Sorge zu verstehen ist.

a) Einheitliches Recht der elterlichen Sorge oder selbstständige Rechte

Ausgangspunkt der Untersuchung ist die Frage, wie die Inhaberschaft[310] des Rechts der elterlichen Sorge aufzufassen ist. Da den Eltern sämtliche elterlichen Befugnisse in einem subjektiven Recht der elterlichen Sorge zugewiesen werden, kann die Zuweisung sowohl als eine beiden Elternteilen gemeinschaftlich zukommende einheitliche Berechtigung verstanden werden als auch i.S. eines jedem Elternteil zukommenden selbstständigen Rechts. Eine Entscheidung in der einen oder anderen Richtung könnte nicht nur auf die Wirksamkeit bzw. Rechtmäßigkeit von nur durch einen Elternteil allein gegenüber dem Kind getroffener Anordnungen oder ausgeführter Maßnahmen Einfluss haben, sondern vor allem auch Aufschluss darüber geben, was beim Entzug der elterlichen Sorge und vor allem bei ihrer Übertragung auf einen Elternteil allein rechtlich geschieht.

---

309 Zur Begründung der gemeinsamen elterlichen Sorge s. S. 108 ff.

310 Da das Gesetz davon spricht, dass den Eltern die elterliche Sorge gemeinsam „zusteht", wird diese Rechtszuständigkeit als Inhaberschaft der elterlichen Sorge bezeichnet. Zur Differenzierung zwischen Inhaberschaft und Ausübung vgl. bereits o. S. 51 Fn. 267 und zu ihrer eigenständigen Bedeutung ausführlich u. S. 91 ff.

Die Frage nach der Qualität der Rechtszuständigkeit für die elterliche Sorge ist nicht neu. Sie wurde bereits unter Geltung der Ursprungsfassung des BGB kontrovers diskutiert, als die Mutter eines ehelichen Kindes gegenüber dem Vater noch auf die Nebengewalt beschränkt und es streitig war, ob sie bei Lebzeiten ihres Ehemannes neben diesem – zumindest in Ansehung der Personensorge – überhaupt Gewaltinhaberin sein konnte[311].

aa) Entwicklung und Begründung der traditionellen Auffassung

Entgegen vielfach vorzufindender Formulierungen in den offiziellen Begründungen des Bürgerlichen Gesetzbuchs, in denen die elterliche Gewalt der Sache nach als gemeinschaftliches Recht beider Eltern bezeichnet wird[312], wurde eine etwaige Gemeinschaftlichkeit von der Literatur überwiegend in Frage gestellt und angesichts der zu Lebzeiten ihres Ehemannes bestehenden Beschränkung der Mutter auf die Nebensorge als inhaltslos bezeichnet[313]. *Von Blume*[314] verstand die Gemeinsamkeit dagegen als Mitinhaberschaft und verglich sie mit dem Eigentum als vermögensrechtlichem Gegenstück. Beide Gewaltinhaber stünden bei der Ausübung ihrer Rechte wie Miteigentümer in Konkurrenz, sodass das Recht und die Pflicht eines jeden durch das Recht und die Pflicht des anderen beschränkt würden. Zeitweise könne die Beschränkung Recht und Pflicht für einen Elternteil vollständig aufheben. In einem solchen Fall „ruhe" die elterliche Gewalt, doch da das Rechtsverhältnis fortbestehe, erzeuge es nur noch Rechte und Pflichten für den anderen Elternteil, und zwar – auf Grund des Wegfalls des anderen – in nunmehr unbeschränkter Weise.

Vor dem Hintergrund der damaligen Gesetzeslage ließ sich die These *von Blumes* in dieser Allgemeinheit nicht halten. Zwar hatte das BGB die Stellung der Mutter stärken wollen und ihr in Ansehung der Person des Kindes nicht nur vom Vater abgeleitete, sondern ausdrücklich auch eigene Rechte zugestanden[315], jedoch mussten diese nach dem damaligen Verständnis des Gesetzgebers

---

311 *Gehring*, S. 16 ff. m.N.

312 Vgl. z.B. Mot., Bd. IV, S. 754: „ ... Sorge nicht nur dem Vater, sondern dem Vater und der Mutter gemeinsam ... zuweist"; *Planck*, S. 1425: „ ... den Eltern gemeinsam zustehenden Sorge für die Person ...".

313 *von Tuhr*, § 3 I, S. 78, Fn. 1; *Gehring*, S. 22.

314 *von Blume* in: Opet/von Blume, S. 500 f.

315 Mot., Bd. IV, S. 755.

von der Stellung des Vaters als Familienoberhaupt untergeordnet bleiben[316]. *Gehring* verstand die Ausführungen *v. Blumes* vor dem Hintergrund der damals geltenden Regelungen dahin, dass das Recht des Vaters eine Beschränkung des mütterlichen Rechts begründen und sein Wegfall einen Wegfall der Hemmung des mütterlichen Rechts bedeuten solle. Dieser Auffassung entgegentretend wies er zu Recht darauf hin, dass das Recht der Mutter bei konsequenter Anwendung einer solchen These in jede auf der Vaterseite entstehende Lücke von selbst eintreten müsse, eine derartige Folge aber nicht nur nach den Motiven[317], sondern auch durch zahlreiche Vorschriften ausgeschlossen sei[318]. Des Weiteren könne die Gemeinsamkeit der Ausübung nicht ähnlich dem Miteigentum gedacht werden. Bei diesem dürfe die gemeinschaftliche Sache nämlich von jedem insoweit gebraucht werden, als der Mitgebrauch des anderen nicht beeinträchtigt werde, wohingegen § 1634 Satz 2 BGB (u.F.) dem Vater den Ausschluss jedes mütterlichen Einzelaktes ermögliche[319]. Eine etwaige Gemeinschaftlichkeit sei auch nicht in Ansehung der Ausübung der elterlichen Gewalt erkennbar. Das BGB habe den Gemeinschaftsgedanken – anders als das schweizerische ZGB, nach dessen Art. 274 Eltern zur Beratung angehalten wurden – nicht zum Rechtsgebot erhoben[320]. Soweit der Mutter zu Lebzeiten ihres Ehemannes also neben diesem Rechte zugestanden würden, könnten allenfalls zwei selbstständige und unterschiedlich ausgestaltete „Elternrechte" gedacht werden[321].

Obgleich die Stellung der Mutter im Verlauf der Rechtsentwicklung in Bezug auf das eheliche Kind derjenigen des Vaters angeglichen und auch der Stichentscheid des Vaters zu Gunsten einer Ausübung im gegenseitigen Einvernehmen aufgegeben wurde, ist die Idee vom Nebeneinander der elterlichen

---

316 Vgl. Mot., Bd. IV, S. 736: „Solange beide Eltern leben, tritt das elterliche Recht der Mutter zurück"; S. 754: „ ... Vater und Mutter gemeinsam, jedoch unter Berücksichtigung des natürlichen Uebergewichtes des Vaters als des Hauptes der Familie ...".

317 Vgl. Mot., Bd. IV, S. 739: „Die elterliche Gewalt ist, solange beide Eltern am Leben sind, nicht als dergestalt beiden Eltern gemeinsam zustehend gedacht, daß die Mutter in eine jede entstehende Lücke eintritt".

318 *Gehring*, S. 21.

319 *Gehring*, S. 21.

320 *Gehring*, S. 109 Fn. 62. Beachte aber die aktuelle Fassung des § 1627 BGB.

321 *Gehring*, S. 22.

Rechte bis heute nicht aufgegeben. Nach nahezu einhelliger Meinung[322] ist jeder Elternteil Inhaber der elterlichen Sorge und damit Träger eines selbstständigen subjektiven Rechts. Das Recht auf jeweils uneingeschränkte Ausübung sei damit jedoch nicht verbunden, denn § 1627 Satz 1 BGB, nach dem Eltern die elterliche Sorge sowohl in eigener Verantwortung als auch in gegenseitigem Einvernehmen auszuüben haben, wird dahin interpretiert, dass das Recht eines jeden Elternteils in seiner Ausübung an das jeweils andere gebunden sei. Dies gewährleiste eine gewisse Balance der selbstständigen Rechte, die für eine gradlinige Betreuung des Kindes gerade erforderlich sei[323].

Gegen die Idee von einem ungeteilten gemeinsamen Sorgerecht der Eltern wird angeführt, dass sich die Vorstellung von einem ganzheitlichen Recht der Eltern nicht in die uns geläufigen Formen der Beteiligung mehrerer an einem subjektiven Recht (Gesamthandsgemeinschaft, Bruchteilsgemeinschaft) einordnen lasse[324], zumal eine solche Einordnung leicht i.S. vermögensrechtlicher Gesamtberechtigung missverstanden werden könne[325]. Weiterhin wird darauf verwiesen, das traditionelle Verständnis vom Nebeneinander zweier selbstständiger Sorgen erkläre besser als andere Interpretationsversuche die Alleinzuständigkeit eines Elternteils dann, wenn der andere an der Ausübung seiner elterlichen Sorge verhindert sei, diese ruhe oder sie ihm entzogen sei[326].

bb) Diskussion

Zu Recht ist die traditionelle Auffassung darum bemüht, die gemeinsame Elternstellung in Ansehung ihres Kindes in gewissem Sinne als Rechtsverhältnis sui generis[327] zu betrachten. Die im BGB geregelten Formen von Rechtsgemeinschaften sind objektbezogen und eignen sich nicht so recht zur Analyse personenrechtlicher Zuordnung. Keinesfalls darf ein Kind beim Versuch, die Stellung der Eltern untereinander zu charakterisieren, zum Objekt herabgewürdigt werden. Gleichwohl lässt sich die Anschauung der h.M. – vorsichtig ausgedrückt –

---

322 Abweichend nur OLG Schleswig v. 31.7.1964 – 5 U 65/64, FamRZ 1965, 224 mit abl. Anm. Gernhuber.

323 *Gernhuber*, FamRZ 1962, 89 (96).

324 *Gernhuber*, FamRZ 1962, 89 (95).

325 *MünchKomm/Hinz*, § 1626 Rz. 17.

326 *MünchKomm/Hinz*, § 1626 Rz. 17.

327 *Gernhuber/Coester-Waltjen* weisen zu Recht darauf hin, dass das geltende Recht keine vergleichbaren Situationen kennt, § 57 I 2, S. 857.

im Ansatz auf eine Vorstellung zurückführen, die den Regelungen der Gemeinschaft nach Bruchteilen (§ 741 BGB) zugrunde liegt[328].

Nicht überzeugend ist es, das traditionelle Verständnis vom Nebeneinander zweier selbstständiger Sorgen mit dem Argument zu begründen, es erkläre die Alleinzuständigkeit eines Elternteils besser als die Idee von einem ungeteilten Sorgerecht, wenn der andere an der Ausübung seiner elterlichen Sorge verhindert sei, diese ruhe oder sie ihm entzogen sei[329]. Die Folge tatsächlicher Verhinderung an der Ausübung elterlicher Sorge bzw. ihrem Ruhen ist nämlich, dass der andere Elternteil die elterliche Sorge allein ausübt (§ 1678 Abs. 1, 1. Halbs. BGB). Sie „erstarkt“ bei ihm zur vollen Sorge mit Alleinvertretungsrecht[330] (vgl. § 1629 Abs. 1 Satz 3, 1. Alt. BGB), sodass sich seine Rechtsmacht – solange der andere Elternteil gehindert ist – qualitativ nicht von einer Alleinsorgeberechtigung unterscheidet. Das Gesetz selbst ordnet diese Rechtsfolge an und erklärt damit auch die (trotz weiterhin bestehender Sorgegemeinsamkeit) eingetretene Allein-Ausübungsbefugnis. Die gesetzliche Anordnung ist es auch, die die Alleinzuständigkeit eines Elternteils begründet, wenn einem Elternteil die elterliche Sorge entzogen wird, weil in dieser Konstellation § 1680 Abs. 1 BGB entsprechend anzuwenden ist (§ 1680 Abs. 3 BGB).

Tatsächlich gibt es nur eine Vorschrift, deren Wortlaut ein Indiz für die Selbstständigkeit zweier elterlicher Sorgen ist. Ein solches Indiz findet sich

---

328 Eine Bruchteilsgemeinschaft zeichnet sich dadurch aus, dass die Rechte der Teilhaber weitgehend verselbstständigt sind. Zwischen den Teilhabern besteht keine andere Beziehung als diejenige, dass jeder von ihnen in Bezug auf denselben Gegenstand bzw. dasselbe Recht berechtigt ist. Die Berechtigungen der einzelnen Teilhaber sind inhaltlich gleich und weisen keine rangmäßigen Unterschiede auf. Da jeder von ihnen gleichermaßen und selbstständig über seinen Anteil verfügen kann (§ 747 BGB), werden in den Einzelberechtigungen eigenständige Rechte gesehen. Die von § 741 BGB als Gemeinschaftlichkeit bezeichnete Berechtigung der Teilhaber kennzeichnet lediglich den gesamten Herrschaftskreis aller Teilhaber, der im Normalfall, in dem ein Recht nur einem Subjekt zugeordnet wird, dem Recht des Einzelsubjekts unterliegt (vgl. *von Tuhr*, § 3 IV, S. 82 und § 3 I, S. 78). Im Eltern-Kind-Verhältnis schreibt die traditionelle Auffassung beiden Elternteilen ein selbstständiges Recht zur elterlichen Sorge sowie die damit verbundenen Einzelrechte zu. Die Gesamtheit der elterlichen Befugnisse bestimmt den gemeinsamen „Herrschaftskreis“ der Sorgerechtsinhaber, in dem das Recht eines jeden Elternteils in seiner Ausübung – vor dem Hintergrund der Regelung des § 1627 BGB – seine Schranke in demjenigen des anderen Elternteils finden soll.

329 A.A. z.B. *MünchKomm/Hinz*, § 1626 Rz. 17 m.N.

330 *Soergel/Strätz*, § 1678 Rz. 4.

nicht in § 1627 BGB[331], der nur die Ausübungsebene betrifft, sondern in § 1678 Abs. 1, 1. Halbs. BGB. Regelungsgehalt dieser Vorschrift ist zwar ebenfalls lediglich die Ausübung der elterlichen Sorge, zu der ein Elternteil allein berechtigt ist, wenn der andere an der Ausübung verhindert ist oder „seine" elterliche Sorge ruht, doch deutet hier die Verwendung des Possessivpronomens auf eine Selbstständigkeit der Sorge hin. Zwingend ist dies jedoch nicht. Es gibt keinen Anhaltspunkt für das Vorhandensein je einer mütterlichen und einer väterlichen Sorge. Das Gesetz spricht allgemein – und das selbst im Fall der Alleinsorge der Mutter eines außerhalb der Ehe geborenen Kindes (§ 1626 a Abs. 2 BGB) – von „elterlicher" Sorge und betont in der Grundnorm des § 1626 Abs. 1 Satz 1 BGB die Sorgegemeinsamkeit[332].

---

331 So aber *MünchKomm/Hinz*, § 1627 Rz. 2.

332 Im Übrigen gibt es auch Indizien, die für das Vorhandensein eines einheitlichen, ungeteilten Pflichtrechts sprechen, die im Ergebnis jedoch ebenso wenig zwingend sind wie das Possessivpronomen in § 1678 Abs. 1, 1. Halbs. BGB. Anführen lässt sich hier zunächst der Wortlaut des § 1630 Abs. 3 Satz 2 BGB, nach dem für die Übertragung der elterlichen Sorge auf eine Pflegeperson „die Zustimmung" der Eltern erforderlich ist, wohingegen das Gesetz im Rahmen der Begründung gemeinsamer Sorge von nicht miteinander verheirateten Eltern durch Abgabe von Sorgeerklärungen den Plural „Zustimmungen" verwendet (vgl. § 1626 d Abs. 1 BGB). Diese Differenzierung deutet darauf hin, dass das Gesetz dem Willen eines jeden Elternteils in Bezug auf die elterliche Sorge nur im Vorfeld einer gemeinsamen Sorgezuständigkeit eine eigenständige Bedeutung beimisst, d.h. nur bei ihrer Begründung. Sobald die Eltern gemeinsam sorgeberechtigt sind und die Übertragung der elterlichen Sorge auf eine Pflegeperson wünschen, müssen sie ihren Übertragungswillen durch eine einheitliche Zustimmung zum Ausdruck bringen. Für die Einheitlichkeit spricht weiterhin die Ausnahmevorschrift des § 1638 Abs. 3 BGB, die einem Dritten, der dem Kind Vermögen zugewendet hat, *ausnahmsweise* die Entscheidungsmacht darüber gibt, ob nur ein Elternteil allein von der Verwaltung des zugewendeten Vermögens ausgeschlossen sein soll, obwohl gemeinsame Sorge besteht. Schließlich macht § 1303 Abs. 3 BGB deutlich, dass eine Statusänderung nur auf Grund eines gemeinsamen Einverständnisses eintreten kann. (§ 1303 Abs. 3 BGB behandelt die Widerspruchsbefugnis des gesetzlichen Vertreters oder eines sonstigen Inhabers des Personensorgerechts gegen einen Antrag auf Erteilung der Befreiung von dem Erfordernis der Volljährigkeit. Obgleich von einer Widerspruchsbefugnis die Rede ist, handelt es sich der Sache nach um ein Einwilligungserfordernis des gesetzlichen Vertreters, mithin der Eltern (§§ 1626 Abs. 1, 1629 Abs. 1 BGB); vgl. *Erman/Roth*, § 1303 Rz. 9 m.N. Deutlicher noch war die durch Gesetz vom 31.7.1974 abgeschaffte Regelung des § 4 Abs. 2 BGB, nach der zur Volljährigkeitserklärung eines Minderjährigen die Einwilligung des Gewalthabers erforderlich war. In der Praxis wurde die Einwilligung selbst eines sich missbräuchlich weigernden Elternteils nicht ersetzt, sodass die Volljährigkeitserklärung unterblieb, wenn die Eltern nicht einvernehmlich Einwilligung erteilten; vgl. LG Fulda v. 5.4.1957 – 2 T 128/56, FamRZ 1960, 281.) –

(Fortsetzung s. nächste Seite)

Entgegen der Auffassung von *Gernhuber/Coester-Waltjen* bestehen auch zumindest keine Bedenken, in Ansehung der Elternpflichten die Grundsätze der §§ 420 ff. BGB anzuwenden. Diese stellen im Eltern-Kind-Verhältnis durchaus keine „wesensfremden Elemente"[333] dar, zeigt sich doch in der Anordnung gesamtschuldnerischer Haftung durch § 1664 Abs. 2 BGB, dass der gemeinsamen elterlichen Sorge Züge eines Gesamtschuldverhältnisses nicht abgesprochen werden können[334]. Unabhängig vom Bestehen einer Gesamtverpflichtung, bleibt doch bei einer solchen die Verpflichtung eines jeden Einzelnen – wie bei einer Einzelverpflichtung – bestehen[335]. Bei Begründung gemeinsamer Sorge bleiben dem zuvor ausschließlich alleinverpflichteten Alleinsorgeberechtigten die Verpflichtungen in vollem Umfang erhalten. Seine Pflichten gegenüber dem Kind bestehen weiterhin in vollem Umfang und nicht bloß hälftig.

Merkwürdigerweise geht das Oberlandesgericht Nürnberg in einer jüngeren Entscheidung[336] unausgesprochen offenbar von einem einheitlichen Recht der elterlichen Sorge aus. In seinem Beschluss führt das Gericht aus, der Vater eines Kindes könne bei nachträglicher Eheschließung mit der Kindesmutter (bei Nichtabgabe von Sorgeerklärungen) die elterliche Sorge gemäß § 1626 a Abs. 1 Nr. 2 BGB nur in dem der Mutter zustehenden Umfang erwerben[337]. Hierin kommt die Grundauffassung zum Ausdruck, dass es – selbst bei Begründung

---

Dass ein Elternteil allein nicht die Macht hat, gegen den Willen des anderen den Aufenthalt des Kindes zu bestimmen, zeigt sich auch in § 1632 BGB. (Nach Absatz 1 umfasst die Personensorge das Recht, die Herausgabe des Kindes von jedem zu verlangen, der es den Eltern oder (auch nur) einem Elternteil widerrechtlich vorenthält sowie nach Absatz 2 ferner das Recht, den Umgang des Kindes auch mit Wirkung für und gegen Dritte zu bestimmen. Bereits auf Antrag (nur) eines Elternteils entscheidet das Familiengericht über Streitigkeiten, die Angelegenheiten nach Absatz 2 und 3 betreffen (§ 1632 Abs. 3 BGB).

333 So aber *Gernhuber/Coester-Waltjen*, § 57 I 2, S. 857.

334 *Erman/Michalski*, § 1626 Rz. 11. *Waskowiak*, S. 14, weist zu Recht darauf hin, dass die Grundsätze des Gesamtschuldverhältnisses jedoch nur in Ansehung der Pflichten anzuwenden sind.

335 *von Tuhr*, § 4 VIII, S. 121.

336 OLG Nürnberg v. 29.2.2000 – 11 UF 244/00, FamRZ 2000, 1035 f.

337 In dem der Entscheidung zugrunde liegenden Sachverhalt waren der Mutter nach § 1666 BGB Bestandteile der elterlichen Sorge entzogen worden. Nach Auffassung des OLG Nürnberg kann dem Vater die elterliche Sorge insoweit nur durch Gerichtsentscheidung gemäß § 1680 Abs. 2 Satz 2 BGB übertragen werden; vgl. OLG Nürnberg v. 29.2.2000 – 11 UF 244/00, FamRZ 2000, 1035. S. zu diesem Problemkreis auch die zustimmende Anmerkung des *DIJuF*, JAmt 2001, 233.

der gemeinsamen elterlichen Sorge durch Eheschließung – irgendetwas geben muss, was der Vater derivativ von der Mutter erwirbt. Nach Auffassung des Oberlandesgerichts leitet der Kindesvater bei Eheschließung seine Berechtigung somit von der zuvor allein berechtigten Kindesmutter ab (und kann sie kraft Gesetzes daher nur in dem ihr zustehenden Umfang erlangen). Diese Einschätzung lässt einen – der h.M. vom Nebeneinander zweier selbstständiger Sorgen widersprechenden – Ansatz von der Teilhabe an einem ungeteilten, einheitlichen Pflichtrecht der elterlichen Sorge „durchschimmern", der die (vom Oberlandesgericht Nürnberg angenomme) Rechtsfolge der Eheschließung zwanglos erklärt[338]. Ob die Entscheidung des OLG Nürnberg richtig ist oder nicht, mag hier auf sich beruhen; jedenfalls das Ergebnis ist auf der Grundlage der h.M. nicht begründbar. Der Erwerb eines nur beschränkten Rechts lässt sich weder begründen, wenn man annimmt, dass durch nachträgliche Eheschließung (bzw. Abgabe von Sorgeerklärungen) ein neues, selbstständiges Pflichtrecht kreiert wird, noch mit der – der vorgenannten Möglichkeit vorzugswürdigeren – Ansicht, diese Vorgänge aktualisierten vorhandenes Elternrecht[339].

cc) Praktische und dogmatische Konsequenzen

Fraglich ist, welche Konsequenzen mit den unterschiedlichen Ansätzen verbunden sind. Folgt man der traditionellen Auffassung vom Nebeneinander zweier selbstständiger Sorgen, so ergibt sich für Eltern, denen die elterliche Sorge gemeinsam zusteht, im Falle ihres Zusammenlebens Folgendes: Eine nur von einem Elternteil gegenüber dem Kind angeordnete Maßnahme in Ausübung der tatsächlichen Sorge ist – auch wenn sie im krassen Gegensatz zum Willen des anderen Elternteils steht – gegenüber dem Kind stets wirksam und rechtmäßig.

338 Sind die Eltern bei der Geburt des Kindes nicht miteinander verheiratet, so konzentriert sich das Pflichtrecht der elterlichen Sorge allein in der Person der Kindesmutter. Durch nachträglich erfolgende Eheschließung oder Sorgeerklärungen wird der Vater gleichberechtigter Teilhaber dieses – möglicherweise beschränkten – Rechts (im Ergebnis ebenso *Rauscher*, § 33 II Rz. 972). Ist er aber einmal (Mit-)Inhaber der vollen elterlichen Sorge, vermag eine gegen die Mutter gerichtete Maßnahme nach § 1666 BGB keinen Rechtsverlust beim Vater zu begründen (*Rauscher*, a.a.O. sieht hierin mangels Differenzierung zwischen Rechtserwerb und Rechtsverlust zu Unrecht einen Widerspruch); wie im umgekehrten Fall tritt vielmehr automatisch die Wirkung des § 1680 Abs. 1 BGB ein (§ 1680 Abs. 3 BGB). Vgl. auch BayObLG v. 23.7.1985 – BReg. 1 Z 39/85, FamRZ 1985, 1179 (1180 f.); OLG Celle v. 11.5.1995 – 18 WF 60/95, DAVorm 1996, 618 (619 f.).

339 *Lipp*, FamRZ 1998, 65 (71); *Rauscher*, § 33 II Rz. 972.

Sie begründet jedoch einen Pflichtenverstoß[340] gegenüber dem anderen Elternteil[341]. Anders verhält es sich dagegen bei einem Verständnis der elterlichen Sorge als einheitliches ungeteiltes Recht. Maßnahmen gegenüber dem Kind könnten nur dann wirksam bzw. rechtmäßig sein, wenn sie auf dem gegenseitigen Einvernehmen der Eltern beruhen[342]. Beide Ansätze führen dagegen zu keinem unterschiedlichen Ergebnis im Fall der tatsächlichen Verhinderung oder dem Ruhen der elterlichen Sorge eines Elternteils (§ 1678 Abs. 1, 1. Halbs. BGB). Solche Fälle wirken sich nach dem eindeutigen Wortlaut des Gesetzes lediglich auf die Ausübung der elterlichen Sorge aus, lassen die Rechtsinhaberschaft eines Elternteils aber unberührt. Bei seiner tatsächlichen Verhinderung ist die Ausübung vorübergehend tatsächlich unmöglich, beim Ruhen der elterlichen Sorge ist sie rechtlich unmöglich (§ 1675 BGB). Für den anderen Elternteil entfällt damit die Verpflichtung, die elterliche Sorge gemäß § 1627 Satz 1 BGB „in gegenseitigem Einvernehmen" auszuüben. Gleiches geschieht, wenn das Gericht bei Meinungsverschiedenheiten der Eltern einem Elternteil die Entscheidung überträgt (§ 1628 BGB). Auch im Fall des nicht nur vorübergehenden Getrenntlebens wirken sich die unterschiedlichen Ansätze nicht aus. Sind beide Elternteile Inhaber der elterlichen Sorge (und das ist Voraussetzung des § 1687 BGB), kann die genannte Regelung nur die Ausübung der elterlichen Sorge betreffen.

Die unterschiedlichen Ansätze wirken sich auch nicht aus, soweit einem Elternteil die elterliche Sorge gemäß § 1666 Abs. 1 BGB entzogen wird, und zwar unabhängig davon, ob man mit den Vertretern der Substanztheorie davon

---

340 Näheres hierzu auf S. 77 f.

341 Dies verkennt OLG Nürnberg v. 3.3.1997 – 10 UF 49/97 und 50/97, FamRZ 1998, 314 f. In dem der Entscheidung zugrunde liegenden Sachverhalt hatte die Kindesmutter gemeinsam mit ihrer Tochter (offenbar gegen den Willen des Vaters) die Ehewohnung verlassen und ein Frauenhaus bezogen. Fraglich war, ob für das Kind hierdurch ein neuer Wohnsitz begründet wurde. Das OLG bejahte diese Frage mit dem Hinweis darauf, dass die Mutter in Ausübung ihres Aufenthaltsbestimmungsrechts gehandelt habe. Da jeder Elternteil gleichrangiger, selbstständiger Inhaber der elterlichen Sorge sei, sei die Handlung der Mutter nicht rechtswidrig, sondern Ausfluss des Partnerkonflikts der Parteien.

342 Die Wirkungen einer nicht einvernehmlich getroffenen Maßnahme können dahinstehen, da das Kind – trotz Anerkennung seines grundrechtlich geschützten Persönlichkeitsrechts jedenfalls auch nach heutiger Rechtslage – keine Möglichkeit hat, Maßnahmen seiner Eltern gerichtlich überprüfen zu lassen. Zustimmend *Rauscher*, § 33 I Rz. 959 m.N. auch zur Gegenansicht. Vgl. weiterhin die Ausführungen auf S. 22, insbes. Fn. 99.

ausgeht, dass lediglich die Ausübungsebene von dem Entzug betroffen ist, oder auch die Ebene der Inhaberschaft[343].

Fraglich ist, ob sich die unterschiedlichen Ansätze bei einer „Übertragung" der elterlichen Sorge auf einen Elternteil allein (§ 1671 Abs. 1 BGB) auswirken. Begreift man die elterliche Sorge als Nebeneinander zweier selbstständiger Sorgen, fehlt es in Ansehung der Inhaberschaft an einem Übertragungsgegenstand[344]. Der Elternteil, der alleiniger Inhaber der elterlichen Sorge werden soll, ist ja nach der traditionellen Auffassung bereits selbstständiger Inhaber der elterlichen Sorge. Man könnte allenfalls das Recht zur Ausübung der elterlichen Sorge als Übertragungsgegenstand ansehen. Dies hätte zur Folge, dass der Elternteil, von dessen Rechtsstellung etwas auf den anderen Elternteil übertragen wird, noch Inhaber der elterlichen Sorge bliebe und – wie bei § 1675 BGB – lediglich seine Ausübungsberechtigung verlöre. Hiergegen spricht jedoch zunächst die ausdrückliche Differenzierung des Gesetzes zwischen Inhaberschaft und Ausübung. Die Regelung in dem aufgezeigten Sinn verstehen zu wollen, hieße, einerseits einen qualitativen Unterschied zwischen der Inhaberschaft und der Ausübung zu sehen, in concreto aber andererseits die Vorschrift des § 1671 BGB nicht ernst zu nehmen, da sie nach ihrem Wortlaut gerade nicht nur auf eine Ausübungsübertragung, sondern auf die Übertragung der Rechtsinhaberschaft hindeutet. Die Annahme, dass der Elternteil noch Inhaber der elterlichen Sorge bliebe, ließe sich darüber hinaus auch nicht mit den Regelungen in Einklang bringen, die das Gesetz für den Ausfall eines Elternteils vorsieht[345].

---

343 Nachweise (auch zur gegenteiligen Auffassung der Vertreter der Substanztheorie) vgl. o. S. 51 ff.

344 Dieses Problem ist auch im Gesetzgebungsverfahren des KindRG zutage getreten. Obgleich im Wortlaut des § 1671 Abs. 1 BGB nur davon die Rede ist, dass „... jeder Elternteil beantragen (kann), daß ihm das Familiengericht die elterliche Sorge oder einen Teil der elterlichen Sorge allein überträgt", war die Vorstellung des Gesetzgebers auf eine Übertragung der Alleinsorge gerichtet. Dass von einer Übertragung der Alleinsorge nicht die Rede sein kann, wenn eine solche vor der Entscheidung gerade nicht bestand, hat der Gesetzgeber richtigerweise erkannt. Vor dem Hintergrund der traditionellen Auffassung blieb ihm nur die Möglichkeit, die Regelung als verdeckten Sorgerechtsentzug zu verstehen und die insoweit bestehende „sprachliche Ungenauigkeit" mit dem Hinweis darauf zu rechtfertigen, dass die förmliche Ausgestaltung der Vorschrift als Sorgeentzug die Konflikte nur verschärfen, aber keine weiteren Vorteile mit sich bringen würde. Vgl. BT-Drucks. 13/4899, S. 98.

345 Näheres hierzu S. 91 ff.

Viel ungezwungener würde dagegen das Verständnis von der elterlichen Sorge als einheitliches Recht den Vorgang der Übertragung erklären, wenn man ihn sich als Übertragung eines Anteils an der Gesamtberechtigung vorstellen könnte. Möglich wäre dies, wenn man die Gemeinschaftlichkeit der elterlichen Sorge (zumindest *im Ansatz*) im Sinne einer echten Gemeinschaftlichkeit verstünde, wie sie den Regelungen zur Gemeinschaft der gesamten Hand zugrunde liegt[346]. Solche Gemeinschaften, bei denen zwischen den Berechtigten in Ansehung eines gemeinsamen Vermögens oder einzelner Rechte ein Rechtsverhältnis besteht[347], zeichnen sich dadurch aus, dass der Einzelne zwar nicht über den Anteil an einzelnen in seiner Mitberechtigung stehenden Gegenständen, wohl aber über seinen Gesamtanteil verfügen kann. Diese Verfügung lässt sich vor allem mit einer nach § 1671 Abs. 2 Nr. 1 BGB erfolgenden Sorgerechtsübertragung vergleichen, wobei hier zur Vermeidung von Missverständnissen nochmals besonders betont werden soll, dass ein solcher Vergleich keinesfalls die qualitative Gleichsetzung der Berechtigung an einem Gegenstand und des gegenüber dem Kind bestehenden Pflichtrechts zur elterlichen Sorge bezweckt.

dd) Ergebnis

Gegen die traditionelle Auffassung, nach der die elterlichen Sorge als Nebeneinander zweier selbstständiger Sorgen zu begreifen ist, spricht vor allem der Umstand, dass sie in der Argumentation nicht umhin kommt, sich über die gesetzliche Differenzierung zwischen der Inhaberschaft und der Ausübung des Rechts hinwegzusetzen. Ungeachtet der Frage, ob die Unterscheidung zwischen der Ausübung des Rechts einerseits und der Inhaberschaft des Rechts andererseits nur aus traditionellen Gründen beibehalten wurde, ohne dass hierfür nach der derzeitigen Rechtslage überhaupt (noch) eine sachliche Rechtfertigung bestünde[348], geriete die Idee vom Bestehen eines (ungeteilten) gemeinschaftlichen Sorgerechts im Gegensatz zu der traditionellen Auffassung jedenfalls nicht mit der gesetzlichen Differenzierung in Konflikt. Aus diesem Grund erscheint sie vorzugswürdig, wenngleich es für das Verhältnis der Eltern untereinander keine Rolle spielt, ob man das Recht der elterlichen Sorge als Nebeneinander zweier

---

346 Die wichtigsten Fälle sind die Gesellschaft (§ 718 BGB), die Erbengemeinschaft (§ 2032 BGB) sowie die Gütergemeinschaft (§ 2032 BGB).

347 *von Tuhr*, § 3 II 1, S. 79, insbes. Fn. 5.

348 Näheres hierzu u. auf S. 71 ff.

selbstständiger Sorgen oder als ein gemeinschaftliches Recht begreift, weil in ihrem Verhältnis jedenfalls geregelt ist, wie die elterliche Sorge auszuüben ist (§ 1627 Satz 1 BGB). Immerhin kann sich die Einordnung aber auf die Beantwortung der Frage auswirken, ob eine nur von einem Elternteil gegenüber dem Kind angeordnete Maßnahme, die nicht vom Willen des anderen Elternteils gedeckt ist, gegenüber dem Kind wirksam bzw. rechtmäßig ist, was aber in der Praxis – da dem Kind nach derzeit geltender Rechtslage nicht das Recht zugestanden wird, Maßnahmen seiner Eltern gerichtlich überprüfen zu lassen[349] – keine Rolle spielt.

b) Die Ausübung der elterlichen Sorge

Wie bereits dargelegt, differenziert das Gesetz im Bereich der elterlichen Sorge zwischen zwei Ebenen, nämlich der Ebene der Inhaberschaft und der Ausübungsebene. Eltern, denen die elterliche Sorge gemeinsam zusteht, sind beide Inhaber des gegenüber dem Kinde bestehenden Pflichtrechts zur elterlichen Sorge, eines Rechts, das von den Eltern auch auszuüben ist. Die Grundregeln der Ausübung hält das Gesetz in den §§ 1627 ff. BGB bereit. Sofern die Eltern „nicht nur vorübergehend getrennt" leben, ist der Anwendungsbereich des § 1687 BGB eröffnet, durch den die Grundregeln modifiziert werden.

aa) Die Grundregeln (§§ 1627 ff. BGB)

Der Anknüpfungspunkt für die Frage, wie die gemeinsame elterliche Sorge auszuüben ist, findet sich in § 1627 BGB. Die Vorschrift betrifft ausschließlich die Ausübung der elterlichen Sorge im Innenverhältnis, regelt mithin die Rechtsbeziehung der Eltern zu ihrem Kind. Dies ergibt sich aus § 1629 Abs. 1 Satz 2, 2. Halbs. BGB, der die Vertretung des Kindes nach Außen besonders behandelt.

(1) Die Ausübung im Innenverhältnis

Gemäß § 1627 Satz 1 BGB haben Eltern, denen die elterliche Sorge gemeinsam zusteht, – selbst bei bloß vorübergehendem Getrenntleben (arg. e § 1687 Abs. 1 BGB) – die elterliche Sorge in eigener Verantwortung *und* in gegenseitigem Einvernehmen auszuüben. Durch Hervorhebung der Eigenverantwortung spiegelt § 1627 Satz 1 BGB einerseits das von Art. 6 Abs. 1 GG bestimmte Verhält-

---

[349] Vgl. hierzu auch die Ausführungen auf S. 22, insbes. Fn. 99.

nis zwischen dem Staat und den Eltern wider[350] und betont andererseits zugleich die Pflichtgebundenheit elterlicher Sorge[351], die beide Elternteile gleichermaßen verpflichtet und die beide in eigener – aber gemeinschaftlicher – Verantwortung und im gegenseitigen Einvernehmen ausüben müssen. Ausübung in eigener Verantwortung bezeichnet nach allgemeiner Ansicht in erster Linie die innere und moralische Pflicht eines jeden Elternteils, alle beabsichtigten Maßnahmen auf ihre Vereinbarkeit mit dem Kindeswohl zu überprüfen[352]. Die äußerliche Verantwortung i.S. einer Haftung nach §§ 1664, 832 BGB soll dagegen von untergeordneter Bedeutung sein[353].

(a) Bedeutung und Reichweite des § 1627 Satz 1 BGB

Um Bedeutung und Reichweite des § 1627 BGB zu erfassen, ist zunächst der Begriff des gegenseitigen Einvernehmens i.S. des § 1627 Satz 1 BGB zu klären. Sodann wird darauf einzugehen sein, ob und inwieweit Eltern, denen gemäß § 1627 Satz 2 BGB generell abverlangt wird, bei Meinungsverschiedenheiten eine Einigung zu „versuchen", ein Einvernehmen herzustellen haben, insbesondere in welchen Angelegenheiten. Schließlich ist zu untersuchen, ob und inwieweit ein Elternteil an einer einmal getroffenen Entscheidung festgehalten werden kann, welche Rechtsfolgen daran geknüpft werden, wenn sich ein Elternteil eigenmächtig über ein zuvor erzieltes Einvernehmen hinwegsetzt oder ein solches erst gar nicht herbeigeführt werden kann.

(aa) Begriff und Rechtsnatur des gegenseitigen Einvernehmens

Ohne den Begriff des gegenseitigen Einvernehmens näher zu definieren, verwendet das BGB ihn außer in § 1627 Satz 1 BGB noch ein weiteres Mal, nämlich in der eherechtlichen Vorschrift des § 1356 Abs. 1 Satz 1 BGB[354]. Hier wie

---

[350] Vgl. bereits S. 39 ff.

[351] *Soergel/Strätz*, § 1627 Rz. 2 und 4; *MünchKomm/Hinz*, § 1627 Rz. 4.

[352] *Soergel/Strätz*, § 1627 Rz. 4; *Giesen*, Rz. 659; *MünchKomm/Hinz*, § 1627 Rz. 4.

[353] *Giesen*, Rz. 659; *MünchKomm/Hinz*, § 1627 Rz. 4.

[354] § 9 Abs. 1 Satz 1 LPartG soll im Folgenden unberücksichtigt bleiben. Das in diesem geforderte Einvernehmen bezieht sich – anders als in den genannten Vorschriften – nicht auf ein stets aktuelles Verhalten (wie die Haushaltsführung oder die Ausübung der elterlichen Sorge), sondern ist lediglich auf die (erstmalige) Begründung der Co-Sorge für den Lebenspartner eines allein sorgeberechtigten Elternteils gerichtet. Eingehend hierzu *Muscheler*, Rz. 203.

dort ist die Rechtsnatur des gegenseitigen Einvernehmens bis heute ungeklärt[355], was letztlich darauf zurückzuführen sein dürfte, dass in einer familiären Beziehung die Mehrzahl der Absprachen im täglichen Leben nicht mit Rechtsbindungswillen getroffen wird, d.h. ohne das Bewusstsein, eine rechtsverbindliche Erklärung abzugeben und sich dem anderen gegenüber rechtlich zu verpflichten und zu binden. Entscheidungen in derart intimen Beziehungen wie bestehenden Lebensgemeinschaften kommen – vor allem dann, wenn sie plötzlich getroffen werden müssen und von minderer Bedeutung sind – häufig spontan und in dem latenten Bewusstsein gegenseitig vorhandenen Vertrauens und innerer Verbundenheit, zudem auch oft konkludent zustande, ohne dass die Partner auch nur im Geringsten die Vorstellung einer Rechtserheblichkeit ihres Handelns haben. Solche Entscheidungen mögen noch so ernst gemeint sein, sie liegen doch häufig außerhalb der Rechtssphäre. Freilich ist damit bezogen auf das gegenseitige Einvernehmen i.S. des § 1627 Satz 1 BGB nicht gesagt, dass es sämtlichen elterlichen Absprachen an der Rechtsgeschäftsqualität mangelt, bloß lassen sie sich nicht pauschal beurteilen. Vielmehr ist jede Einigung im Einzelfall unter Berücksichtigung etwaiger Indizien wie der Wichtigkeit und Bedeutsamkeit einer Entscheidung und aller Umstände des Einzelfalls umfassend zu würdigen[356]. Für die Praxis ist die Rechtsnatur des gegenseitigen Einvernehmens jedoch nicht von Bedeutung, was im Folgenden aufgezeigt werden wird.

Die von § 1627 Satz 1 BGB geforderte tatsächliche Ausübung der elterlichen Sorge in gegenseitigem Einvernehmen ist nicht mit gemeinschaftlicher Ausübung gleichzusetzen[357]. Eine solche Annahme wäre lebensfremd und von vornherein mit den praktischen Bedürfnissen im Rahmen der Kindererziehung unvereinbar[358], denn im Alltag werden tatsächliche Handlungen gegenüber dem Kind vielfach nur von einem Elternteil ausgeführt werden können, meist von demjenigen, der es gerade aktuell betreut und beaufsichtigt. Jeder Elternteil muss dem Kind daher als eigene Erzieherpersönlichkeit gegenübertreten (können)[359].

---

355 Grundlegend hierzu *Waskowiak*, S. 33 ff.; *Hepting*, S. 67 ff.; *Soergel/Lange*, § 1356 Rz. 9 m.N.

356 *Waskowiak*, S. 45, 49 und 59.

357 *Giesen*, Rz. 659.

358 *Siebert*, NJW 1955, 1 (2).

359 *Gernhuber/Coester-Waltjen*, § 58 I 2, S. 913.

(bb) Einvernehmen–Herstellungs–Mindestpflichten und Funktionsteilungen

Ob, inwieweit und insbesondere in welchen Angelegenheiten die Eltern ein Einvernehmen herstellen müssen, sagt § 1627 Satz 1 BGB nicht. Gemeinhin heißt es, die Eltern seien verpflichtet, ihre Erziehungsgrundsätze aufeinander abzustimmen[360], und darüber hinaus gehalten, zumindest in allen wichtigen Angelegenheiten gemeinsam zu beraten und zu beschließen[361]. Man ist sicher schnell geneigt, dieser Ansicht unter Hinweis auf das vermeintliche Kindeswohl beizupflichten, doch darf das nicht darüber hinwegtäuschen, dass ein Verstoß gegen diese Grundpflicht – sofern man sie als bestehend voraussetzt – in den meisten Fällen folgenlos bleiben wird. Solange sich die Eltern in Kindesangelegenheiten – auch unausgesprochen – einig sind und die Voraussetzungen des § 1666 BGB nicht vorliegen, kann der Staat es nicht verhindern, wenn sich ein Elternteil im Einverständnis des anderen weitgehend aus der Erziehung heraushält und diesem – ausdrücklich oder konkludent[362] – auch in wesentlichen Fragen die alleinige Entscheidung überlässt. Denn die Eltern können im Rahmen der Kindererziehung formfrei Funktionsteilungen vereinbaren und sich im beiderseitigen Einvernehmen gegenseitig Aufgaben zuweisen. Dies ergibt sich daraus, dass selbst außenstehende Dritte in die Wahrnehmung elterlicher Befugnisse einbezogen werden können, ohne dass die Eltern hierzu das Familiengericht einschalten müssten[363]. Rechtstechnisch lässt sich die Zuweisung der Ausübung elterlicher Sorge im Rahmen einer einvernehmlichen Funktionsteilung – wie die Einbeziehung eines Dritten in die Wahrnehmung elterlicher Befugnisse – als

---

360 *Gernhuber*, FamRZ 1962, 89 (96).

361 *Palandt/Diederichsen*, § 1627 Rz. 1; *MünchKomm/Hinz* § 1627 Rz. 6.

362 *Siebert*, NJW 1955, 1 (2), hält es darüber hinaus für möglich, eine bestimmte Funktionszuweisung als unmittelbar objektives Recht aus der vom Vertrauen bestimmten Ordnung der Familie herzuleiten.

363 Dies kann entweder durch (formlosen) Vertrag oder die – selbst ohne Rechtsbindungswillen getroffene – Entscheidung geschehen, das Kind dauerhaft in Familienpflege zu geben. Während sich der Umfang der Befugnisse des Dritten im ersten Fall im Einzelnen nach dem Vertrag bestimmt, richten sie sich im Falle dauerhafter Familienpflege grundsätzlich nach § 1688 Abs. 1 Satz 1 BGB, soweit nicht die Eltern die Befugnisse der Pflegeperson beschränkt haben (§ 1688 Abs. 3 Satz 1 BGB) oder die Voraussetzungen des Abs. 4 vorliegen.

Bevollmächtigung begründen[364]. Zwar erstreckt sich die Ausübung elterlicher Sorge selbst ausschließlich auf tatsächliches – nicht aber auf rechtsgeschäftliches – Handeln, doch ist der Wille bei einer vereinbarten Funktionsteilung objektiv darauf gerichtet, dass die Verpflichtung beider Elternteile, mithin ein gemeinsamer Aufgabenkreis, durch nur einen Elternteil erfüllt wird.

Zulässigkeit und Umfang einvernehmlicher Funktionsteilungen bestimmen sich nach denselben Grundsätzen, wie sie für die Einbeziehung Dritter gelten. So hat eine einvernehmliche Funktionsteilung keinen Einfluss auf die Inhaberschaft des Rechts der elterlichen Sorge, sondern berührt lediglich die Ausübungsebene[365]. Dies ist für die – ohne Einschaltung des Gerichts – erfolgende Einbeziehung Dritter in die Wahrnehmung elterlicher Befugnisse allgemein anerkannt[366] und wird – angesichts des Pflichtcharakters elterlicher Sorge und des Grundsatzes der Unverzichtbarkeit – auch im Rahmen einvernehmlicher Funktionsteilungen schwerlich zu bestreiten sein, zumal § 1627 BGB schon seinem Wortlaut nach allein die Ausübung elterlicher Sorge regelt. Vor diesem Hintergrund ist jedoch deutlich erkennbar, dass eine etwaige Funktionsteilung niemals die Eigenverantwortung eines (jeden) Elternteils aufzuheben vermag[367]. Auch der nach der internen Absprache im Einzelfall an sich „unzuständige" Elternteil bleibt (Mit-) Inhaber elterlicher Sorge und ist als solcher auch für die Ausübung der elterlichen Sorge verantwortlich. Die Verantwortlichkeit besteht in genau demselben Umfang wie bei einem Alleinsorgeberechtigten, der einen Dritten in die Wahrnehmung seiner Befugnisse einbezieht[368]. Genauso wenig, wie sich ein allein sorgeberechtigter Elternteil dadurch von seiner Verantwortung befreien kann, dass er einen Dritten in die Wahrnehmung seiner Befugnisse einbezieht, ist dies einem Elternteil möglich, soweit er dem

---

364 Umfassend hierzu sowie zu weiteren dogmatischen Ansatzpunkten *Erman/Michalski*, § 1627 Rz. 3.

365 *Büdenbender*, AcP 197 (1997), 197 (202).

366 *Gernhuber/Coester-Waltjen*, § 57 III 1, S. 860; *MünchKomm/Hinz*, § 1626 Rz. 8.

367 *Schwab*, Familienrecht, Rz. 573.

368 Er haftet mithin auch ohne eigenes Verschulden für ein Verschulden des Dritten bei der Ausübung elterlicher Befugnisse entsprechend § 278 BGB. Soweit dem Dritten Aufgaben übertragen werden, die der Sorgerechtsinhaber mangels besonderer Fachkunde nicht allein bewältigen kann (z.B. Maßnahmen im Bereich des Gesundheitswesens oder eine Rechtsberatung), ist dieser nach dem Maßstab des § 1664 Abs. 1 BGB für die sorgfältige Auswahl und – im Rahmen der Möglichkeiten – für die Überwachung des Dritten verantwortlich; vgl. *MünchKomm/Hinz*, § 1664 Rz. 8.

anderen Elternteil die alleinige Ausübung der elterlichen Sorge zugesteht[369]. Auch der nach dem gegenseitigen Einvernehmen an sich unzuständige Elternteil hat daher die Ausübung der elterlichen Sorge durch den anderen Elternteil zu überwachen[370]. Freilich ist der andere Elternteil – im Gegensatz zu einem Dritten – kein Erfüllungsgehilfe[371], weil er nicht im Pflichtenkreis des Nichthandelnden, sondern in einem gemeinsamen Pflichtenkreis tätig wird. Für den Nichthandelnden bedeutet das aber keinen Unterschied; er bleibt in jedem Fall für sein Verhalten verantwortlich, weil er der Sorgepflicht ohne weiteres hätte selbst nachkommen können[372]. Im Hinblick auf die fortbestehende Verantwortlichkeit ist nachvollziehbar, dass selbst der durch eine *rechtsgeschäftlich* vereinbarte Funktionsteilung an sich unzuständige Elternteil niemals gehindert sein darf, zukünftig (wieder) aktiv an der Ausübung der elterlichen Sorge mitzuwirken. Daher gibt es keinen Bestandsschutz für eine – ohne Mitwirkung des Gerichts – zustande gekommene Einigung[373]. Privatrechtliche Abreden können die Eltern daher stets nur in widerruflicher Weise treffen[374], und jede Vereinbarung, die das Recht zum Widerruf auch nur beschränkt, ist sittenwidrig und damit nichtig[375]. Angesichts dieses Umstands wird deutlich erkennbar, dass es müßig ist,

---

369 *Büdenbender*, AcP 197 (1997), 197 (202), macht das durch die Formulierung deutlich, die faktische Überlassung der Entscheidung an einen Elternteil führe rechtlich dazu, dass der überlassende Elternteil die Entscheidungen des anderen mittrage.

370 Vgl. *RGRK/Wenz*, § 1627 Rz. 5; *Erman/Michalski*, § 1627 Rz. 6; *MünchKomm/Hinz*, § 1627 Rz. 8.

371 *Erman/Michalski*, § 1627 Rz. 3.

372 *Erman/Michalski*, § 1664 Rz. 1.

373 *MünchKomm/Hinz*, § 1627 Rz. 8; *Büdenbender*, AcP 197 (1997), 197 (202).

374 Wer für die Rückgängigmachung einer Funktionsteilung einen begründeten Anlass fordert (so wohl *Paulick*, FamRZ 1958, 1 (3); *Gernhuber*, FamRZ 1962, 89 (96 Fn. 54); *Erman/Michalski*, § 1627 Rz. 6), übersieht, dass die Pflichtgebundenheit des Art. 6 Abs. 2 Satz 1 GG eine Einschränkung der Privatautonomie verlangt. Eine Funktionsteilung ist daher jederzeit widerruflich; vgl. *Lange*, NJW 1961, 1889 (1890), *MünchKomm/Hinz*, § 1627 Rz. 8; *Soergel-Strätz*, § 1627 Rz. 5. – Zur Einschränkung der Privatautonomie durch Grundrechte und der Streitfrage, auf welche Weise und in welchem Umfang die Grundrechte in das Privatrecht einwirken s. *Palandt/Heinrichs*, § 242 Rz. 7 f. m.N. – Eine andere Frage ist jedoch, ob der Staat aus Anlass eines einseitigen Abrückens in einer einvernehmlich getroffenen Sorgerechtsfrage in die familiären Belange eingreifen darf, was angesichts des elterlichen Einschätzungsprimats jedenfalls nicht unterhalb der Gefährdungsgrenze des § 1666 BGB möglich ist; vgl. hierzu auch *Rauscher*, § 33 II Rz. 978.

375 *Rauscher*, § 33 I Rz. 955; *Gernhuber/Coester-Waltjen*, § 57 III 2, S. 860, jew. m.N.

die Rechtsnatur des gegenseitigen Einvernehmens klären zu wollen, denn sie ist im Ergebnis für die Praxis ohne Belang.

(cc) Ergebnis

Zusammenfassend ist festzustellen, dass die Bedeutung des § 1627 Satz 1 BGB bei dessen isolierter Betrachtung nicht sehr groß ist, solange die Eltern in Kindesangelegenheiten einig sind und das Kindeswohl nicht gefährdet wird. Die Vorschrift allein setzt lediglich einen Rahmen für die Ausübung des Pflichtrechts der elterlichen Sorge.

(b) Meinungsverschiedenheiten (§§ 1627 Satz 2, 1628 BGB)

In der Praxis wird die Forderung an die Eltern, die elterliche Sorge in gegenseitigem Einvernehmen auszuüben, erst bei bestehenden Meinungsverschiedenheiten zwischen den Eltern relevant. Denn dann verlangt § 1627 Satz 2 BGB ihnen ab, dass sie versuchen, sich zu einigen[376]. Da die Pflicht zum Einigungsversuch nicht auf eine bestimmte Art von Angelegenheiten beschränkt wird, besteht die Pflicht grundsätzlich *in allen Angelegenheiten*, die die Ausübung der elterlichen Sorge betreffen. Erst wenn die Eltern nicht nur vorübergehend getrennt leben und die sonstigen Voraussetzungen des § 1687 Abs. 1 Satz 1 BGB gegeben sind, bedarf es ihres gegenseitigen Einvernehmens (nur) noch in Angelegenheiten, deren Regelung für das Kind von erheblicher Bedeutung ist. Wie wichtig die Angelegenheit für das Kind ist, kann für die Pflicht zum Einigungsversuch von nicht „nicht nur vorübergehend getrennt lebenden Eltern" also keine Rolle spielen.

---

[376] Die in der Literatur vereinzelt vertretene Ansicht, die Pflicht zur Einigung bei der Ausübung der elterlichen Sorge für eheliche Kinder beruhe auf der ehelichen Lebensgemeinschaft (*Giesen*, Rz. 659; *Soergel/Strätz*, § 1627 Rz. 9), dürfte inzwischen überholt sein. Im Hinblick auf die Regelung des § 1627 Satz 2 BGB besteht kein Bedürfnis, miteinander verheiratete Eltern über § 1353 BGB zum Einvernehmen anzuhalten (so auch *Regler*, S. 58). Die Pflicht zur Einigung bedeutet der Sache nach nicht mehr als die Pflicht zum Einigungsversuch, da diesbezügliche Pflichtverletzungen denselben – nachfolgend im Text dargestellten – Regeln folgen (so auch *Regler*, S. 58). Ungeachtet der Frage, ob es nach früherem Recht notwendig war, § 1353 BGB zu bemühen, wäre ein diesbezügliches Vorgehen jedenfalls seit der Kindschaftsrechtsreform nicht (mehr) zu rechtfertigen, da dies mit dem gesetzgeberischen Ziel, die unterschiedliche Behandlung von nichtehelichen und ehelichen Kindern vollständig zu beseitigen, nicht im Einklang stünde.

Wenn sich aus § 1627 Satz 2 BGB aber nun die Pflicht ergibt, bei Meinungsverschiedenheiten in allen Angelegenheiten eine Einigung versuchen zu müssen, knüpft sich hieran die Frage an, welche Folgen eintreten, wenn sich die Eltern nicht einigen können oder wollen. Maßgeblich hierfür ist wiederum – sofern nicht die Voraussetzungen des § 1666 BGB vorliegen – ausschließlich das Verhalten der Eltern. Solange es ein Elternteil hinnimmt, dass seine Vorstellungen bei der Ausübung elterlicher Sorge nicht berücksichtigt werden, wird er keine (staatliche) Unterstützung erhalten. Zwar wird die Pflicht zur Ausübung im gegenseitigen Einvernehmen damit faktisch zum angemaßten Recht des Stärkeren und die Pflicht zum Einigungsversuch zur Farce, doch: „Wo kein Kläger, da kein Richter". Jeder Elternteil hat allerdings die Möglichkeit, das Jugendamt zur Vermittlung anzurufen (Beratungsanspruch, § 17 Abs. 1 SGB VIII) oder eine Entscheidung des Familiengerichts nach § 1628 Abs. 1 BGB zu beantragen. Letzteres ist jedoch in manchen Fällen von vornherein aussichtslos, denn dem Familiengericht ist eine Entscheidung in Angelegenheiten verwehrt, deren Regelung für das Kind nicht von erheblicher Bedeutung ist. In solchen Fällen nimmt es das Gesetz in Kauf, dass Meinungsstreitigkeiten „im Schoß der Familie"[377] unentschieden bleiben[378]. Der übergangene Elternteil hat dann keine rechtliche Handhabe gegen den ausführenden Elternteil, obgleich dessen Verhalten gegenüber dem übergangenen Elternteil (in der Regel) pflichtwidrig[379] ist. Sofern die Voraussetzungen für ein Tätigwerden des Familiengerichts vorliegen, gleichwohl aber auch mit Hilfe des Gerichts keine Einigung zu erzielen ist, kann das Gericht die Entscheidung in einer einzelnen Angelegenheit oder einer bestimmten Art von Angelegenheiten auf einen Elternteil übertragen. In der Sache trifft das Familiengericht damit keine eigene Entscheidung[380], sondern tritt lediglich der Meinung eines Elternteils bei[381].

---

377 *Erman/Michalski*, § 1628 Rz. 12.
378 OLG Köln v. 16.5.1966 – 10 U 236/65, FamRZ 1967, 293.
379 *Siebert*, NJW 1955, 1 (5).
380 Hierzu ist das Familiengericht nicht befugt; vgl. BT-Drucks. 7/2060, S. 20.
381 *Gernhuber/Coester-Waltjen*, § 58 II 5, S. 919. Instruktiv zu den gerichtlichen Regelungsmöglichkeiten *Rauscher*, § 33 II Rz. 979.

(2) Die Ausübung der elterlichen Sorge in rechtlicher Hinsicht

Korrespondierend mit dem gemeinschaftlichen Sorgerecht der Eltern und dem Gebot seiner tatsächlichen Ausübung im gegenseitigen Einvernehmen, postuliert § 1629 Abs. 1 Satz 2, 1. Halbs. BGB den Grundsatz der Gesamtvertretung für die Vertretung des Kindes im Außenverhältnis. Grundsätzlich besteht daher für keinen Elternteil die Möglichkeit, gegen den Willen des anderen Elternteils rechtsgeschäftliche Bindungen zu erzeugen. Auf diese Weise wird das Kind von vornherein vor Schäden bewahrt, die aus gegensätzlichem Elternhandeln entstehen könnten[382]. Angesichts dieser Vorteile fallen die mit dem Erfordernis der Gesamtvertretung verbundenen Schwierigkeiten für den Rechtsverkehr nur wenig ins Gewicht[383], zumal die Eltern ihre gleichlautenden Erklärungen nicht gleichzeitig abgeben müssen. Darüber hinaus sind sämtliche Formen der Bevollmächtigung eines Elternteils durch den anderen zulässig sowie die Grundsätze der Duldungs- und Anscheinsvollmacht anwendbar[384]. Ein Elternteil handelt als Vertreter ohne Vertretungsmacht, wenn er ohne oder außerhalb einer ihm erteilten Vollmacht ein Rechtsgeschäft vornimmt. Dieses ist daher unwirksam, wenn es von dem anderen Elternteil nicht analog § 177 BGB genehmigt wird.

In einigen Fällen wird der Grundsatz der Gesamtvertretung trotz bestehender gemeinsamer elterlicher Sorge durchbrochen. Dies ist der Fall, wenn ein Elternteil die elterliche Sorge „allein ausübt" – d.h. unter den Voraussetzungen des § 1678 Abs. 1 BGB – oder ihm die „Entscheidung nach § 1628 übertragen" ist (§ 1629 Abs. 1 Satz 2 BGB). Bei Gefahr im Verzug darf jeder Elternteil allein die zum Wohl des Kindes notwendigen Rechtshandlungen vornehmen (§ 1629 Abs. 1 Satz 3, 1. Halbs. BGB). Für gegenüber dem Kind abzugebende Willenserklärungen genügt die Abgabe gegenüber einem Elternteil (§ 1629 Abs. 1 Satz 2, 2. Halbs. BGB). Unterhaltsansprüche des Kindes kann der Elternteil, in dessen Obhut sich das Kind befindet, gegen den anderen Elternteil allein geltend machen, und zwar grundsätzlich im Namen des Kindes (§ 1629 Abs. 2 Satz 2 BGB). Ausnahmsweise kann die Geltendmachung des Kindesunterhalts durch einen Elternteil nur im eigenen Namen erfolgen, wenn die Eltern

382 *Gernhuber/Coester-Waltjen*, § 58 III 2, S. 921.

383 A.A. noch *Bosch*, SJZ 1950, 625 (643).

384 BGH v. 28.6.1988 – VI ZR 288/87, BGHZ 105, 45 (48 f.).

miteinander verheiratet sind und zwischen ihnen entweder eine Ehesache anhängig ist oder wenn sie getrennt leben. Die für diese Fälle vorgeschriebene Prozessstandschaft dient dazu, das Kind aus den Konflikten seiner Eltern herauszuhalten, und soll dazu beitragen, dass das Bestehen der gemeinsamen Sorge nicht – durch einen Antrag auf Zuweisung der Alleinsorge – gefährdet wird[385].

Gemäß § 1629 Abs. 2 Satz 1 BGB können die Eltern das Kind insoweit nicht vertreten, als nach § 1795 BGB ein Vormund von der Vertretung ausgeschlossen ist. Hierin liegt der generelle Ausschluss der elterlichen Vertretungsmacht für solche Fälle, die *abstrakte* Gefahren für die Kindesinteressen mit sich bringen[386]. Für bestimmte Geschäfte im Bereich der Vermögensverwaltung bedürfen die Eltern zur wirksamen Vertretung des Kindes zu dessen Schutz vor Vermögensgefährdungen zudem der familiengerichtlichen Genehmigung (§ 1643 BGB)[387].

bb) Modifizierungen durch § 1687 BGB

Solange das Familiengericht in Ansehung der elterlichen Sorge keine Regelung trifft, sind und bleiben Eltern, die einmal die gemeinsame elterliche Sorge für ihr Kind begründet haben, gemeinschaftliche Inhaber des Pflichtrechts. Die Ausübung hat daher auf tatsächlicher Ebene in allen Angelegenheiten grundsätzlich im gegenseitigen Einvernehmen stattzufinden (§ 1627 BGB), auf rechtlicher Ebene grundsätzlich in Form der Gesamtvertretung (§ 1629 Abs. 1 Satz 2, 1. Halbs. BGB). Diese Grundsätze gelten auch dann noch fort, wenn die Eltern des Kindes getrennt leben. Allerdings ist dann der Anwendungsbereich des § 1687 BGB eröffnet, unter dessen Voraussetzungen es – trotz Weiterbestehens der gemeinsamen Sorge[388] – zu einer unterschiedlichen Ausgestaltung der elter-

---

[385] *Palandt/Diederichsen*, § 1629 Rz. 29.

[386] *Giesen*, Rz. 646.

[387] S. statt vieler *Palandt/Diederichsen*, § 1643 Rz. 1 ff. m.N.

[388] Krit. *Schwab*, FS Gaul, 717 (722): „Bei Lichte betrachtet hat das ‚gemeinsame Sorgerecht nach Trennung und Scheidung' in seiner üblichen Realisationsform etwas Künstliches an sich. Es ist nicht Leben, sondern zunächst einmal juristisches Konstrukt. Daß es sinnvoll belebt werden kann, will ich nicht bestreiten. Dies bedarf aber, wie alle künstliche Nachbildung des Lebens, der Anstrengung."

lichen Befugnisse kommt[389]. Die Notwendigkeit des gegenseitigen Einvernehmens der Eltern ist dann von vornherein auf Angelegenheiten beschränkt, deren Regelung für das Kind von erheblicher Bedeutung ist. Der Gesetzgeber verfolgt damit den Zweck, die Eltern in den – praktisch im Vordergrund stehenden – Angelegenheiten des täglichen Lebens von ihrer Pflicht zur Kommunikation zu entbinden, denn er befürchtet, dass diese geeignet sei, Konflikte in vergleichsweise unwichtigen Fragen heraufzubeschwören, die das Funktionieren der gemeinsamen Sorge insgesamt gefährden könnten[390]. Im Ergebnis kommt es unter den Voraussetzungen des § 1687 BGB zu einem „gespaltenen" Sorgerecht[391].

§ 1687 BGB sieht im Wesentlichen vor, dass das gegenseitige Einvernehmen von Eltern, die nicht nur vorübergehend getrennt leben, (nur noch) in Angelegenheiten erforderlich ist, deren Regelung für das Kind von erheblicher Bedeutung ist (§ 1687 Abs. 1 Satz 1 BGB). Der Elternteil, bei dem sich das Kind mit Einwilligung des anderen Elternteils oder auf Grund einer gerichtlichen Entscheidung gewöhnlich aufhält, hat die Befugnis zur alleinigen Entscheidung in Angelegenheiten des täglichen Lebens (§ 1687 Abs. 1 Satz 2 BGB). Der andere Elternteil hat während der Dauer des Aufenthalts des Kindes bei ihm die Befugnis zur alleinigen Entscheidung in Angelegenheiten der tatsächlichen Betreuung, wenn der Aufenthalt auf Grund einer gerichtlichen Entscheidung oder mit Einwilligung des Elternteils erfolgt, bei dem sich das Kind gewöhnlich aufhält (§ 1687 Abs. 1 Satz 4 BGB). Satz 5 des § 1687 Abs. 1 BGB erklärt § 1629 Abs. 1 Satz 4 BGB (Notvertretungsrecht) und § 1684 Abs. 2 Satz 1 BGB (Wohlverhaltenspflicht) für entsprechend anwendbar. § 1687 Abs. 2 BGB ermächtigt das Familiengericht, die (unterschiedlich ausgestalteten) Befugnisse (der Elternteile) nach Abs. 1 Satz 2 und Satz 4 einzuschränken oder auszuschließen.

Mögen die genannten Vorschriften vordergründig auch selbstverständlich erscheinen, so werfen sie bei genauerer Betrachtung doch zahlreiche Fragen auf.

---

389 *Schwab*, FS Gaul, 717 (721) bezeichnet die gemeinsame elterliche Sorge nach der Trennung daher als „Aliud" gegenüber der gemeinsamen Sorge innerhalb der zusammenlebenden Familie.

390 BT-Drucks. 13/4899, S. 107.

391 *Schwab*, Familienrecht, Rz. 668.

(1) Begriff und Bedeutung des „nicht nur vorübergehenden Getrenntlebens"

Fraglich ist zunächst, welchen Inhalt der Begriff des „nicht nur vorübergehenden Getrenntlebens" hat und welche Bedeutung ihm im Rahmen des § 1687 BGB zukommt. Den Begriff des Getrenntlebens verwendet das BGB – außer in sorgerechtlichen Regelungen – noch im Eherecht, wo es in § 1567 Abs. 1 Satz 1 BGB eine Legaldefinition für das Getrenntleben von Ehegatten bereithält[392]. Hiernach leben Ehegatten getrennt, wenn zwischen ihnen keine häusliche Gemeinschaft besteht und ein Ehegatte sie erkennbar nicht herstellen will, weil er die eheliche Lebensgemeinschaft ablehnt. Bei genauer Betrachtung zeigt sich, dass die Definition aus einem objektiven Merkmal (Nichtbestehen der häuslichen Gemeinschaft) und zwei subjektiven Merkmalen besteht, nämlich erstens dem Vorhandensein des erkennbaren Willens bei (zumindest) einem Ehegatten, nicht in häuslicher Gemeinschaft mit dem anderen Ehegatten zu leben, und zweitens aus dem Motiv der Ablehnung der ehelichen (und nicht bloß häuslichen)[393] Lebensgemeinschaft heraus. In Ansehung des objektiven Elementes ist zweierlei zu beachten: Zum einen erfordert es nicht, dass die häusliche Gemeinschaft *nicht mehr* besteht, liegt also auch dann vor, wenn die Ehegatten zu keinem einzigen Zeitpunkt zusammengelebt haben[394]. Zum anderen kann es an der häuslichen Gemeinschaft schon dann fehlen, wenn die Ehegatten innerhalb der Ehewohnung „getrennt" leben (§ 1567 Abs. 1 Satz 2 BGB). Im Hinblick auf den Ausgangspunkt der Definition erweist sich dies gewissermaßen als Zirkelschluss, denn die Definition des Getrenntlebens knüpft einerseits an das Nichtbestehen der häuslichen Gemeinschaft an, erklärt andererseits das Nichtbestehen der häuslichen Gemeinschaft schon dann für gegeben, wenn die Ehegatten innerhalb der ehelichen Wohnung *getrennt* leben, doch wird dies aus sozialen Gründen in Kauf genommen. Würde das Gesetz die Möglichkeit des Getrenntlebens in einer Wohnung nicht anerkennen, bestünde die Gefahr eines Scheidungsgefälles zu Lasten von Ehegatten, die finanziell nicht in der Lage sind, sich zwei Wohnungen zu leisten. Dies zu vermeiden ist Ziel des § 1567 Abs. 1

---

[392] Auch das Gesetz über die Eingetragene Lebenspartnerschaft vom 16.2.2001 (BGBl. I S. 266 ff.) verwendet den Begriff des Getrenntlebens (vgl. §§ 12 ff. LPartG), enthält jedoch – im Gegensatz zum Eherecht – keine Begriffsdefinition.

[393] *Muscheler*, Rz. 230.

[394] Krit. *Diederichsen*, NJW 1998, 1977 (1985 f.).

Satz 2 BGB[395]. Um das objektive Element jedoch nicht völlig aufzuweichen, wird für das Getrenntleben innerhalb der Ehewohnung zumindest eine weitgehende räumliche Absonderung der Lebensbereiche verlangt[396].

Dies vorausgeschickt stellt sich die Frage, ob der von § 1687 BGB verwendete Begriff des Getrenntlebens wie bei § 1567 Abs. 1 BGB[397] verstanden werden kann[398]. Das ist deshalb fraglich, weil die Definition des § 1567 Abs. 1 BGB speziell auf das Scheidungsrecht zugeschnitten ist. Im Rahmen der Scheidungsvorbereitung deutet das Getrenntleben auf eine bestehende Ehekrise hin und wird bei der Scheidung selbst zu einem Beurteilungsmaßstab. Eine Ehe darf nämlich nur geschieden werden, wenn sie gescheitert ist, und ob die Ehe gescheitert ist, wird in Abhängigkeit von der Dauer des Getrenntlebens der Ehegatten beurteilt[399]. Die gemeinsame elterliche Sorge kann aber gerade unabhängig davon bestehen, ob die Eltern eines Kindes miteinander verheiratet sind oder nicht, und zwar auch unabhängig davon, ob sie in häuslicher Gemeinschaft leben oder nicht. Insoweit drängt sich zunächst die Vermutung auf, dass der scheidungsrechtliche Trennungsbegriff für das Recht der elterlichen Sorge auch dann nicht richtig passen kann, wenn man ihn modifiziert. Zwar lässt sich der erste Teil des scheidungsrechtlichen Trennungsbegriffs des § 1567 Abs. 1 Satz 1 BGB ohne weiteres an den sorgerechtlichen Bereich anpassen, indem man ihn dahin modifiziert, dass Elternteile getrennt leben, wenn zwischen ihnen

---

395 *Erman/Dieckmann*, § 1567 Rz. 9.

396 BGH v 14.6.1978 – IV ZR 164/77, FamRZ 1978, 671; BGH v. 4.10.1978 – IV ZR 188/77, FamRZ 1978, 884.

397 Die Anwendung des § 1567 Abs. 2 BGB, der für die Trennung von Ehegatten klarstellt, dass ein dem Versöhnungszweck dienendes Zusammenleben über kürzere Zeit die Trennungsfristen des § 1566 BGB weder unterbricht noch hemmt, kommt im Rahmen des § 1687 Abs. 1 BGB von vornherein nicht in Betracht. Schon seinem Wortlaut nach ist § 1567 Abs. 2 BGB allein auf die Scheidungsvoraussetzungen zugeschnitten. Sein Ziel, getrennt lebende Ehegatten – im Hinblick auf die für die Scheidung grundsätzlich erforderliche Einhaltung der Trennungszeit – nicht von einem Versöhnungsversuch abzuhalten (BT-Drucks. 7/60, S. 114), der letztlich der Aufrechterhaltung einer immerhin grundgesetzlich geschützten Ehe dienen kann, spielt im Rahmen der Sorgerechtsregelungen isoliert keine Rolle.

398 So ausdrücklich *Erman/Michalski*, § 1687 Rz. 1; *Schwab*, FamRZ 1998, 457 (461); *Motzer*, FamRZ 1999, 1101.

399 So kommt eine Scheidung vor Ablauf der Mindesttrennungsdauer von einem Jahr nur unter den strengen Voraussetzungen des § 1565 Abs. 2 BGB in Betracht. Die Zeit des Getrenntlebens hat auch im Rahmen der Vermutungen des § 1566 BGB eine Bedeutung.

keine häusliche Gemeinschaft besteht und ein Elternteil sie erkennbar nicht herstellen will. Das Motiv für die Ablehnung aber, nämlich die „Ablehnung der ehelichen Lebensgemeinschaft" in § 1567 Abs. 1 Satz 1 BGB, passt nicht für nicht miteinander verheiratete (Eltern-) Paare. Nur Ehegatten sind einander zur ehelichen Lebensgemeinschaft verpflichtet (§ 1353 Abs. 1 Satz 2, 1. Halbs. BGB), nicht miteinander Verheiratete aber nicht einmal zu irgendeiner Form von Lebensgemeinschaft. Während Ehegatten, indem sie die eheliche Lebensgemeinschaft ablehnen, zugleich eine sie treffende Verpflichtung verneinen, trifft dies auf nicht miteinander Verheiratete nicht im Geringsten zu. Bei diesen käme eine analoge Anwendung des § 1567 Abs. 1 Satz 1 BGB also nur in Betracht, wenn man hier das Motiv für die Ablehnung der häuslichen Gemeinschaft in der Ablehnung einer nichtehelichen oder eheähnlichen Lebensgemeinschaft sehen[400] oder das Motiv für die Ablehnung der häuslichen Gemeinschaft vollkommen ignorieren würde.

Darüber hinaus ist fraglich, ob es auch für den sorgerechtlichen Trennungsbegriff gerechtfertigt wäre, die Möglichkeit der Trennung innerhalb der gemeinsamen Wohnung anzuerkennen[401], da das Regelungsziel des § 1567 Abs. 1 Satz 2 BGB – die Vermeidung eines Scheidungsgefälles – im Rahmen der sorgerechtlichen Regelung doch allenfalls eine Nebenrolle spielen kann. Dass der Gesetzgeber bei § 1687 BGB die Möglichkeit des Getrenntlebens in einer gemeinsamen Wohnung auch nur als vage Vorstellung vor Augen gehabt hätte, lässt sich jedenfalls anhand der Gesetzesmaterialien nicht positiv feststellen[402], und § 1687 Abs. 1 BGB, der vom „gewöhnlichen" Aufenthalt des Kindes bei einem Elternteil spricht, deutet eher das Gegenteil an, da von einem gewöhnlichen Aufenthalt bei einem Elternteil regelmäßig kaum die Rede sein dürfte, solange Eltern mit dem Kind in einer gemeinsamen Wohnung leben. Zwingend ist dies aber nicht, denn auch in solchen Fällen kann in Ansehung auf das Kind ein Regelungsbedürfnis bestehen[403]. Man denke sich etwa den Fall, dass ein Elternteil aus dem gemeinsamen Schlafzimmer in das Kinderzimmer

---

400 So *Muscheler*, Rz. 232.

401 So ausdrücklich *Schwab*, FamRZ 1998, 457 (461); *Staudinger/Coester*, § 1671 Rz. 39.

402 Vgl. speziell die Ausführungen zum Begriff des Getrenntlebens in BT-Drucks. 13/4899, S. 98, zu § 1671 BGB.

403 Dies zeigt schon § 1628 BGB deutlich auf.

zieht und zusätzlich seine Lebensbereiche von denjenigen des anderen Elternteils vollständig abgrenzt. Es liegt auf der Hand, dass er allein durch den damit zum Ausdruck gebrachten Ablehnungswillen keine Erweiterung seiner Entscheidungsbefugnis herbeiführen kann, er hierzu vielmehr – wie derjenige, der mit dem Kind gemeinsam die Wohnung verlassen will[404] – die Einwilligung des anderen Elternteils oder eine gerichtliche Entscheidung dafür benötigt, dass sich das Kind fortan (gewöhnlich) bei ihm aufhält (Aufenthaltsbestimmungsrecht). Unverkennbar ist aber das Bedürfnis, auch innerhalb einer gemeinsamen Wohnung den Weg zur Alleinentscheidungsbefugnis in Angelegenheiten des täglichen Lebens und einer Begrenzung des gegenseitigen Einvernehmens auf Angelegenheiten, deren Regelung für das Kind von erheblicher Bedeutung ist, zu eröffnen[405]. Da das Getrenntleben – wie aufgezeigt – hierfür nur der Einstieg ist, es für sich allein aber nirgendwo im Sorgerecht *unmittelbare* Konsequenzen mit sich bringt[406], bestehen insgesamt keine Bedenken, im Recht der elterlichen Sorge den modifizierten Trennungsbegriff des § 1567 Abs. 1 BGB anzuwenden. Ein von § 1567 Abs. 1 BGB völlig losgelöster Trennungsbegriff würde – ohne einen ersichtlichen Vorteil zu bringen – lediglich einer einheitlichen Begriffsordnung zuwiderlaufen.

Zu klären ist nunmehr, ob dem Merkmal des „nicht nur vorübergehenden" Getrenntlebens eine eigenständige Bedeutung zukommt. Die Gesetzesmaterialien verhalten sich nur bei der Gesetzesbegründung zu § 1671 BGB ausdrücklich hierzu, schweigen sich bei § 1687 BGB hingegen aus. Nach dem im Regierungsentwurf bei § 1671 BGB angesprochenen Motiv soll gerade die Einschränkung sicherstellen, dass Eltern, die in absehbarer Zeit *„erklärtermaßen"* wieder zusammenleben wollen, keine Änderung der Zuweisung der elterlichen Sorge nach dieser Vorschrift erreichen können[407]. Scheint dies der Sache nach auch einleuchtend und zur Vermeidung eines unnötigen Hin- und Her durchaus begrüßenswert, hätte eine solche Konstellation bereits angesichts des Tren-

---

404 BT-Drucks. 13/4899, S. 98; *Schwab*, FamRZ 1998, 457 (461 und 467).

405 Für das Rechtsschutzbedürfnis für eine Sorgerechtsregelung nach § 1672 BGB a.F. bei einer nur innerhalb der ehelichen Wohnung vollzogenen Trennung KG v. 11.3.1991 – 16 UF 547/91, FamRZ 1991, 1342 f.

406 Auch im Rahmen der §§ 1671, 1672 BGB stellt das Getrenntleben nur *eine* Voraussetzung für die Übertragung der elterlichen Sorge dar.

407 BT-Drucks. 13/4899, S. 98.

nungsbegriffs des § 1567 Abs. 1 BGB nicht separat geregelt werden müssen[408]. Von einer Aufhebung der Lebensgemeinschaft kann nämlich niemals gesprochen werden, wenn beide Partner eine „Trennung“ als nur vorübergehend und durch die Gestaltung ihrer Lebensverhältnisse bedingt oder verabredet ansehen[409]. Darüber hinaus wird das vom Gesetzgeber Gewollte ohnehin kaum gewährleistet werden können, solange das Vorliegen des Getrenntlebens – wie bei § 1567 Abs. 1 BGB – auch im Rahmen des § 1671 BGB entscheidend von den Vorstellungen der Eltern abhängt[410], diese aber „kaum gerichtlich nachprüfbar“[411] sind. Ungeachtet der genannten Umstände fällt noch ein Weiteres auf. Selbst wenn man den Grund nachvollziehen kann, der den Gesetzgeber bei § 1671 BGB dazu bewogen hat, das Merkmal des Getrenntlebens einzuschränken, ist kein Grund dafür ersichtlich, weshalb die Einschränkung auch im Rahmen des § 1687 Abs. 1 BGB gelten soll. Anders als bei § 1671 BGB ist hier doch von vornherein die Gefahr ausgeschlossen, dass nur vorübergehend getrennt lebende Eltern eine Zuweisungsänderung der elterlichen Sorge bewirken, denn im Gegensatz zu § 1671 BGB betrifft § 1687 BGB nicht die Ebene der Inhaberschaft, sondern lediglich die Ausübungsebene. Letztlich bleibt festzuhalten, dass dem Merkmal des „nicht nur vorübergehenden“ Getrenntlebens keine eigenständige Bedeutung zukommt.

(2) Die Angelegenheiten des § 1687 Abs. 1 BGB

Die gesetzliche Ausgestaltung elterlicher Befugnisse richtet sich im Falle des nicht nur vorübergehenden Getrenntlebens der Eltern und unter den Voraussetzungen des § 1687 BGB nach der Art der zu entscheidenden Angelegenheit. (Nur) in Angelegenheiten, deren Regelung für das Kind von erheblicher Bedeutung ist, verlangt § 1687 Abs. 1 Satz 1 BGB noch ein gegenseitiges Einvernehmen der Eltern. Angelegenheiten des täglichen Lebens fallen dagegen in die Entscheidungskompetenz des Elternteils, bei dem das Kind seinen gewöhnlichen Aufenthalt hat. Zur Klärung von Entscheidungszuständigkeiten bedarf es damit der Abgrenzung zwischen den genannten Angelegenheiten, die beide zu-

---

408 *Schwab*, FamRZ 1998, 457 (461).

409 *Soergel/Heintzmann*, § 1567 Rz. 17.

410 Die räumliche Trennung allein lässt nicht auf das Vorliegen des notwendigen Trennungswillens schließen; vgl. *Palandt/Brudermüller*, § 1567 Rz. 5 m.N.

411 BT-Drucks. 13/4899, S. 98.

sammen den gesamten Lebensbereich des Kindes in seiner Komplexität erfassen sollen. Eine Angelegenheit ist daher entweder der einen oder der anderen Art von Angelegenheiten zuzuordnen, und es liegt auf der Hand, dass die Abgrenzung in der Praxis[412] nicht zuletzt deshalb Schwierigkeiten bereiten dürfte, weil die kontrastierenden Arten beiderseits positiv umschrieben sind[413]. Eine gewisse Hilfestellung bietet die Erläuterung der Angelegenheiten des täglichen Lebens in § 1687 Abs. 1 Satz 3 BGB, bei denen es sich in der Regel um solche handeln soll, die häufig vorkommen und die keine schwer abzuändernden Auswirkungen auf die Entwicklung des Kindes haben. Für die Abgrenzung empfiehlt sich, diese Definition als Ausgangspunkt zu nehmen. Sofern keine Angelegenheiten des täglichen Lebens vorliegen, kommen ausschließlich die anderen Angelegenheiten in Betracht. Hält man Angelegenheiten des täglichen Lebens für gegeben, ist das gefundene Ergebnis am Maßstab des § 1687 Abs. 1 Satz 1 BGB zu überprüfen[414].

Im Hinblick auf § 1687 Abs. 1 Satz 4 BGB, in dem von Angelegenheiten der tatsächlichen Betreuung die Rede ist, soll hier der Vollständigkeit halber erwähnt werden, dass solche Angelegenheiten keine dritte Art von Angelegenheiten bezeichnen. Es handelt sich bei diesen Angelegenheiten vielmehr lediglich um einen Ausschnitt der Angelegenheiten des täglichen Lebens, nämlich nur um diejenigen, die mit der aktuellen Betreuung des Kindes in Zusammenhang stehen.

(3) Voraussetzungen und Inhalt der Alleinentscheidungsbefugnis nach § 1687 Abs. 1 Satz 2 BGB

Ist der Anwendungsbereich des § 1687 Abs. 1 BGB einmal eröffnet, weil die Eltern eines Kindes nicht nur vorübergehend getrennt leben, ändert dies für sich allein noch nichts an dem Grundsatz, dass die Ausübung der elterlichen Sorge

---

412 In der Rechtsprechung sind als einvernehmlich zu regelnde Angelegenheiten bereits angesehen worden: Internatsunterbringung (OLG Hamburg v. 28.8.2000 – 12 UF 111/00, FamRZ 2001, 1088), Schulwechsel (OLG München v. 13. 7.1998 – 12 WF 966/98, FamRZ 1999, 111 (112)) und – wegen der damit verbundenen Gesundheitsgefahren – auch Fernreisen (OLG Köln v. 26.10.1998 – 14 UF 170/98, FamRZ 1999, 249). Eine gute Orientierungshilfe stellen die Einordnungsversuche von *Schwab*, FamRZ 1998, 457 (469) dar.

413 Krit. *Schwab*, FamRZ 1998, 457 (468).

414 *Schwab*, FamRZ 1998, 457 (468 f.).

in sämtlichen Angelegenheiten des gegenseitigen Einvernehmens bedarf. Nur unter der Voraussetzung, dass das Kind seinen gewöhnlichen Aufenthalt bei einem Elternteil hat, und dies entweder auf der Einwilligung des anderen Elternteils oder auf einer gerichtlichen Entscheidung beruht, kommt es zu einer anderen Zuteilung der Befugnisse[415]: Das Erfordernis des gegenseitigen Einvernehmens wird beschränkt auf die Angelegenheiten, deren Regelung für das Kind von erheblicher Bedeutung ist (§ 1687 Abs. 1 Satz 1 BGB)[416]. Zur Entscheidung in den (übrigen) Angelegenheiten des täglichen Lebens ist der Elternteil befugt, bei dem das Kind rechtmäßigerweise seinen gewöhnlichen Aufenthalt hat (§ 1687 Abs. 1 Satz 2 BGB).

Die alleinige Entscheidungsbefugnis in Angelegenheiten des täglichen Lebens betrifft zweifellos die Ausübung der elterlichen Sorge in tatsächlicher Hinsicht. Fraglich ist jedoch, ob die Alleinentscheidungsbefugnis auch unmittelbar nach außen wirkt und eine alleinige gesetzliche Vertretungsmacht mit sich bringt. Die Frage ist zu bejahen[417]. Zwar wird die Befugnis nach § 1687 Abs. 1 Satz 2 BGB im Gegensatz zur Alleinentscheidungsbefugnis nach § 1628 BGB in § 1629 BGB nicht ausdrücklich erwähnt, aber die Alleinentscheidungsbefugnis nach § 1687 Abs. 1 Satz 2 BGB blockiert den anderen Elternteil bei der Ausübung der elterlichen Sorge zu Gunsten des nunmehr alleinbefugten Elternteils. Dieser übt damit die elterliche Sorge in Angelegenheiten des täglichen Lebens allein aus, sodass sich dieser Fall ohne weiteres unter § 1629 Abs. 1 Satz 3, 1. Fall BGB subsumieren lässt. Für die alleinige Vertretungsmacht spricht auch die Amtliche Begründung zu § 1687 BGB[418], in der die Entscheidungsbefugnis in tatsächlicher Hinsicht mit dem Hinweis darauf gerechtfertigt wird, dass die Einräumung eines Alleinvertretungsrechts nicht ausreichend wäre, weil es bei den Angelegenheiten des täglichen Lebens meist nicht um Rechtshandlungen gehe, bei denen das Vertretungsrecht eine Rolle spiele. Daraus geht hervor, dass der Wille des Gesetzgebers offenbar dahin ging, das

---

415 *Schwab*, Familienrecht, Rz. 670.

416 Wegen des Pflichtcharakters der elterlichen Sorge kommt auch insoweit die Möglichkeit eines unwiderruflichen Verzichts der Eltern nicht in Betracht; vgl. bereits oben S. 75. Für uneingeschränkte Disponibilität dagegen wohl *Wend*, FPR 1999, 137 (139, 142).

417 *Regler*, S. 118; *Lipp/Wagenitz*, § 1687 Rz. 3; *Schwab*, FamRZ 1998, 457 (470); *ders.*, Familienrecht, Rz. 669; wohl auch *Erman/Michalski*, § 1687 Rz. 1.

418 BT-Drucks. 13/4899, S. 107.

Alleinvertretungsrecht – als Minus – ebenfalls zu erfassen[419]. Auch der Sinn des § 1687 Abs. 1 Satz 2 BGB lässt sich für die Erstreckung der Alleinentscheidungsbefugnis auf die Vertretungsmacht anführen. Wäre sie nämlich nicht miterfasst, würde die Vorschrift weitgehend leer laufen. Ihr Zweck würde sich darin erschöpfen, einem Elternteil in Ansehung der tatsächlichen Ausübung eine Alleinentscheidungsbefugnis zuzuweisen, die er im Einverständnis mit dem anderen Elternteil ohnehin jederzeit hätte erlangen können, sie sich anderenfalls, d.h. ohne das Einverständnis des anderen Elternteils, jedenfalls hätte anmaßen können, ohne rechtliche Konsequenzen befürchten zu müssen. Denn bei einer angemaßten Alleinentscheidungsbefugnis in Ausübung elterlicher Sorge hat der übergangene Elternteil – wie bereits dargelegt – nur dann eine rechtliche Handhabe gegen den Durchsetzungskräftigeren, wenn es sich um Angelegenheiten handelt, deren Regelung für das Kind von erheblicher Bedeutung ist (§ 1628 BGB). Dies ist bei den Angelegenheiten des täglichen Lebens aber gerade nicht der Fall, und die Angelegenheiten, deren Regelung für das Kind von erheblicher Bedeutung ist, sind auch von getrennt lebenden Eltern gemäß § 1687 Abs. 1 Satz 1 BGB weiterhin im gegenseitigen Einvernehmen und damit im Außenverhältnis auch grundsätzlich gemeinschaftlich (§ 1629 Abs. 1 Satz 2, 1. Halbs. BGB) zu entscheiden.

Dafür, dass mit der Zuweisung der Alleinentscheidungsbefugnis in Angelegenheiten des täglichen Lebens auch eine Alleinvertretungsmacht in solchen Angelegenheiten verbunden sein sollte, spricht auch die Regelung des § 1687 Abs. 1 Satz 4 BGB, unter deren Voraussetzungen einem Elternteil ausschließlich eine Entscheidungsbefugnis in Angelegenheiten der *tatsächlichen* Betreuung zukommt. Das Wort „tatsächlichen" wäre als verfehlt zu bezeichnen, wenn sich der Sinn des § 1687 Abs. 1 Satz 4 BGB lediglich darin erschöpfte, dem Elternteil eine Befugnis in Angelegenheiten der (aktuellen) Betreuung zuzuweisen[420]. Wollte er lediglich deutlich machen, dass die Befugnis im Außenverhältnis keine Rolle spielt, wäre er überflüssig, wenn auch die Alleinentscheidungsbefugnis des Elternteils nach § 1687 Abs. 1 Satz 2 BGB nicht mit einer Alleinvertretungsmacht verbunden wäre, weil sich § 1687 Abs. 1 BGB dann

---

419 *Schwab*, FamRZ 1998, 457 (470).

420 Dann wäre das Wort „aktuellen" zutreffender als das Wort „tatsächlichen" gewesen.

insgesamt nicht auf die Vertretungsmacht auswirken würde[421]. Der Zweck der Formulierung kann sinnvollerweise nur in einem liegen, nämlich deutlich zu machen, dass sich die Befugnis des Elternteils nach § 1687 Abs. 1 Satz 4 BGB – anders als die Befugnis nach § 1687 Abs. 1 Satz 2 BGB – nur auf die tatsächliche, nicht aber die rechtliche Ebene der Ausübung der elterlichen Sorge erstreckt.

3. Der Grundsatz der Unverzichtbarkeit

Vor allem die in § 1671 Abs. 2 Nr. 1 BGB vorgesehene Möglichkeit der einvernehmlichen Übertragung elterlicher Sorge auf einen Elternteil allein veranlasst die Frage, wie sich dies mit dem allgemein anerkannten Grundsatz der Unübertragbarkeit elterlicher Sorge verträgt. Insbesondere im Hinblick auf den Pflichtgehalt elterlicher Sorge und ferner auf das Stabilitäts- und Kontinuitätserfordernis personenrechtlicher Zuordnung wird elterliche Sorge grundsätzlich als höchstpersönliches Recht angesehen und ein Verzicht auf sie für unzulässig erachtet[422].

Wie die Einwilligung zur Adoption (§ 1747 BGB) sowie die Möglichkeit der Übertragung von Angelegenheiten der elterlichen Sorge auf Pflegeperso-

---

421 Der Verweis auf § 1629 Abs. 1 Satz 4 BGB in § 1687 Satz 5 BGB ändert ja nichts an den Vertretungsvoraussetzungen, sondern soll lediglich klarstellen, „dass auch bei getrennt lebenden Eltern das in § 1629 Abs. 1 Satz 4 E geregelte Notvertretungsrecht gilt“ (vgl. BT-Drucks. 13/4899, S. 108).

422 St. Rspr. seit RG v. 13.3.1905 – Rep. IV. 545/04, RGZ 60, 266 (268) unter Berufung auf die Gesetzesmaterialien. Im ersten Entwurf des BGB fand sich hierzu eine ausdrückliche Bestimmung (§ 1561; vgl. Mot., Bd. IV, S. 627), die von der zweiten Kommission – da als selbstverständlich angesehen – für überflüssig erachtet und gestrichen wurde (Prot., Bd. IV, S. 662). –
Besondere Aufmerksamkeit verdient in diesem Zusammenhang eine jüngere Entscheidung des OLG Karlsruhe, das offenbar aus dem Grundsatz der Unverzichtbarkeit der elterlichen Sorge darauf schließen will, dass sich ein Elternteil seiner Elternverantwortung nicht durch Rücknahme seines „Antrags“ auf Änderung der anlässlich der Scheidung getroffenen Sorgerechtsregelung entziehen kann, OLG Karlsruhe v. 27.8.1998 – 2 UF 135/98, FamRZ 1999, 801 (802). Die Entscheidung provoziert nicht nur Missverständnisse, weil ein Änderungsverfahren nach § 1696 Abs. 1 BGB als Amtsverfahren keinen Antrag voraussetzt und ein in Verfahren der Freiwilligen Gerichtsbarkeit etwa erforderlicher Antrag jederzeit zurückgenommen werden könnte, sondern bringt auch die Gefahr mit sich, dass die in ihr gemachten Ausführungen auf § 1671 Abs. 1 BGB übertragen werden; vgl. unten S. 148 Fn 621.

nen[423] (§ 1630 Abs. 3 BGB) zeigen, gilt der Grundsatz der Unübertragbarkeit nicht uneingeschränkt, weil das Gesetz insoweit kontrollierte Dispositionsakte zulässt[424]. Während bei der Adoption die verfassungsrechtliche Elternstellung im Hinblick auf ein bestimmtes Kind übertragen wird – was angesichts der weitreichenden Folgen nur schwer rückgängig zu machen ist (vgl. §§ 1759 ff. BGB) – betrifft die freiwillige Übertragung von Sorgerechtsangelegenheiten auf eine Pflegeperson durch das Gericht lediglich die Ausübungsebene[425]. Hinsichtlich der übertragenen Sorgerechtsangelegenheiten erhält die Pflegeperson die Rechte und Pflichten eines Pflegers. Sie ist insoweit gesetzlicher Vertreter des Kindes und schließt die Eltern von der Wahrnehmung der elterlichen Sorge aus (§ 1630 Abs. 1 BGB). Da die gerichtliche Übertragungsentscheidung lediglich einen Antrag der Eltern oder ihre Zustimmung erfordert, nicht aber ein Fürsorgebedürfnis voraussetzt, können die Eltern bei einem Willenswandel – soweit hierdurch nicht die Gefahrenschwelle des § 1666 BGB erreicht ist – jederzeit die Rückübertragung herbeiführen[426].

Aus dem Umstand, dass das Gesetz bei der Adoption den Verlust der verfassungsmäßigen Elternstellung vorsieht, lassen sich etwaige Bedenken gegen die Zulässigkeit der einvernehmlichen Übertragung der elterlichen Sorge auf einen Elternteil allein ausräumen[427]. Verliert auch der übertragende Elternteil seine Rechtsinhaberschaft an den anderen Elternteil, so bleibt ihm doch – unter Aufrechterhaltung der verwandtschaftlichen Beziehungen – noch die verfassungsmäßige Elternstellung[428] erhalten. In Ansehung der Position eines Eltern-

---

423 Anders als bei der Adoption, deren absolute Wirkung normativ geregelt ist, ist der zulässige Umfang der Übertragung von Angelegenheiten elterlicher Sorge bestritten. Die h.M. hält nach Maßgabe der Dienlichkeit die vollständige Übertragung der Personen- und Vermögenssorge für zulässig: *Brüggemann*, ZfJ 1980, 53 (63); *Gleißl/Suttner*, FamRZ 1982, 122 (123); *Baer*, FamRZ 1982, 221 (229); *Salgo*, S. 268 f. *MünchKomm/Hinz*, § 1630 Rz. 18 f. Nach teilweise vertretener Auffassung soll es auf die Erforderlichkeit für das Kindeswohl ankommen: *Belchaus*, § 1630 Rz. 8; *Erman/Michalski*, § 1630 Rz. 12; *Soergel/Strätz*, § 1630 Rz. 9. Gegen schrankenlose Übertragungsmöglichkeiten *Windel*, FamRZ 1997, 713 (722).

424 Allgem. Ansicht; vgl. nur *Erman/Michalski*, § 1626 Rz. 2; *MünchKomm/Hinz*, § 1626 Rz. 8; *Gernhuber/Coester-Waltjen*, § 57 III 1, S. 860.

425 *Rauscher*, § 33 I Rz. 955.

426 Vgl. hierzu *Gleißl/Suttner*, FamRZ 1982, 122 (123 f.) m.N.

427 A.A. *Rexilius*, KindPrax 2001, 112 (114) mit einem biologisch-ethischen Begründungsansatz.

428 Zur Bedeutung vgl. bereits o. S. 55 ff.

teils stellt die Übertragung der elterlichen Sorge auf einen Elternteil allein damit gegenüber der Adoption ein Weniger dar. Daher kann in der Übertragung der elterlichen Sorge ein Verstoß gegen den Grundsatz der Unverzichtbarkeit elterlicher Sorge nicht gesehen werden. Dies gilt umso mehr, als bei der Übertragung der elterlichen Sorge auf einen Elternteil allein das Recht eines leiblichen Elternteils zur Alleinsorge erstarkt. Dass das Kind sich nur noch einem für seine Sorge verantwortlichen Elternteil gegenübersieht, ist für die Zulässigkeit der Übertragung ohne Belang, denn selbst die Adoption kann von nur einer Person vorgenommen werden[429], infolge derer dann – unter gleichzeitigem Verlust der verwandtschaftlichen Beziehungen zu beiden Elternteilen (vgl. § 1755 Abs. 1 Satz 1 BGB) – nur zu dem Annehmenden ein Verwandtschaftsverhältnis begründet wird.

4. Die Differenzierung zwischen Inhaberschaft und Ausübung der elterlichen Sorge

Es ist bereits mehrfach erwähnt worden, dass das Gesetz im Bereich der elterlichen Sorge zwischen der Ebene der Inhaberschaft und der Ausübungsebene differenziert. Im Folgenden soll der Frage nachgegangen werden, ob die Differenzierung nur noch ein Relikt aus der Vergangenheit ist oder ihr auch noch im geltenden Recht eine Bedeutung zukommt.

a) Rechtsfolgen von Veränderungen

Ausgangspunkt der Überlegungen ist die Feststellung, dass Umstände, die auf der Ausübungsebene eine Änderung bewirken, auf die Ausübungsebene beschränkt bleiben und die Ebene der Inhaberschaft unangetastet lassen[430]. Um-

---

429 Wer unverheiratet ist, kann ein Kind nur allein annehmen (§ 1741 Abs. 2 Satz 1 BGB). Hierzu zählt auch derjenige, der in einer Eingetragenen Lebenspartnerschaft lebt. Anders als bei Verheirateten, bei denen eine Einzeladoption nur als Ausnahme möglich ist (wenn (1.) der andere Ehegatte das Kind nicht annehmen kann, weil er geschäftsunfähig ist oder das einundzwanzigste Lebensjahr noch nicht vollendet hat (§ 1741 Abs. 2 Satz 4 BGB) oder (2.) es sich bei dem Anzunehmenden um ein Kind des anderen Ehegatten handelt (§ 1741 Abs. 2 Satz 3 BGB)), ist Lebenspartnern die gemeinschaftliche Adoption von vornherein verwehrt (krit. hierzu *Muscheler*, Rz. 180). Zu beachten ist ferner die für die Annahme Volljähriger geltende Vorschrift des § 1770 Abs. 1 Satz 2 BGB.

430 Das Gesetz macht hiervon nur eine einzige – systemwidrige – Ausnahme, und zwar in der Vorschrift des § 1751 BGB. Hierzu sogleich.

stände, die die Ebene der Inhaberschaft betreffen, wirken dagegen stärker und ändern zwangsläufig auch die Ausübungszuständigkeit.

So wirken etwa die tatsächliche Verhinderung oder das Ruhen der elterlichen Sorge (§ 1678 Abs. 1, 1. Halbs. BGB), die Übertragung der Entscheidung auf einen Elternteil allein (§ 1628 Satz 1 BGB) sowie das nicht nur vorübergehende Getrenntleben der Eltern unter den Voraussetzungen des § 1687 Abs. 1 BGB ausschließlich auf der Ausübungsebene. Dies zeigt sich in dem Fall, in dem ein Elternteil kurzfristig an der Ausübung der elterlichen Sorge tatsächlich verhindert war, darin, dass er sie wieder ausüben kann und muss, sobald ihm dieses möglich ist. Beruhte seine Verhinderung auf Geschäftsunfähigkeit bzw. beschränkter Geschäftsfähigkeit (§ 1673 BGB), so endet sie automatisch mit deren Wegfall[431]. War er an der Ausübung gehindert, weil das Familiengericht eine Feststellung nach § 1674 Abs. 1 BGB getroffen hatte, so lebt sein Recht zur Ausübung der elterlichen Sorge automatisch wieder auf, wenn das Familiengericht feststellt, dass der Grund des Ruhens nicht mehr besteht (vgl. §§ 1675, 1674 Abs. 2 BGB). Wurde einem Elternteil wegen einer bestehenden Meinungsverschiedenheit mit dem anderen Elternteil gemäß § 1628 Satz 1 BGB die Alleinentscheidungszuständigkeit übertragen, so kann er sich dieses Rechts ohne erneute Einschaltung des Familiengerichts begeben, wenn ihm mit dem anderen Elternteil eine einvernehmliche Regelung der streitigen Frage gelingt[432]. Auch die Alleinentscheidungsbefugnis eines Elternteils nach § 1687 Abs. 1 Satz 2 BGB ist automatisch nicht mehr gegeben, sobald die Eingangsvoraussetzung des § 1687 Abs. 1 Satz 1 BGB entfällt und die Eltern nicht mehr getrennt leben.

Sämtliche der genannten Fälle haben gemeinsam, dass der verhinderte Elternteil seine Ausübungszuständigkeit wiedererlangen kann, ohne dass ein gerichtlicher Übertragungsakt hinzutreten muss und ohne dass das Familiengericht eine Kindeswohlprüfung anstellen muss. Anders verhält es sich dagegen in den Fällen, in denen ein Elternteil nicht nur seine Befugnis zur Ausübung der elterlichen Sorge, sondern die elterliche Sorge selbst, mithin seine Rechtsinhaberschaft – wenn auch vielleicht nur teilweise – verloren hat. Eine Wiedererlan-

---

[431] *Erman/Michalski*, § 1673 Rz. 2; *MünchKomm/Hinz* § 1673 Rz. 5 (für Geschäftsunfähigkeit).

[432] *Gernhuber/Coester-Waltjen*, § 58 II 5, S. 920; vgl. auch die Ausführungen auf S. 132 f.

gung kommt hier grundsätzlich[433] nur durch gerichtliche Übertragung in Betracht, für die eine Kindeswohlprüfung unabdingbare Voraussetzung ist. So begründet der zur Abwehr einer Kindeswohlgefährdung angeordnete Entzug der Personen- und/oder der Vermögenssorge bei einem Elternteil (§ 1666 Abs. 1 BGB) die alleinige Rechtsinhaberschaft des anderen Elternteils (§ 1680 Abs. 3 und 1 BGB), und der nunmehr nicht mehr berechtigte Elternteil gewinnt seine Rechtsinhaberschaft nur zurück, wenn das Familiengericht seine Maßnahme aufhebt, weil eine Gefahr für das Wohl des Kindes nicht mehr besteht (§ 1696 Abs. 2 BGB). Selbst wenn die elterliche Sorge bei einem Elternteil allein zum Alleinsorgerecht erstarkt ist, weil der andere Elternteil irrtümlicherweise für tot erklärt oder seine Todeszeit nach den Vorschriften des Verschollenheitsgesetzes festgestellt wurde (§§ 1681 Abs. 1, 1680 Abs. 1, 1677 BGB), erhält der tatsächlich noch lebende Elternteil die elterliche Sorge (in dem Umfang, in dem sie ihm vor dem nach § 1677 BGB maßgebenden Zeitpunkt zustand) nur wieder, wenn er dies beantragt und die Übertragung dem Wohl des Kindes nicht widerspricht (§ 1681 Abs. 2 BGB).

Nach dem bislang Gesagten lassen die bisher genannten Regelungen ein inneres System erkennen. Es gibt jedoch eine Vorschrift, die völlig aus dem System herausfällt, und zwar § 1751 BGB. Nach § 1751 Abs. 1 Satz 1, 1. Halbs. BGB hat die Einwilligung eines Elternteils in die Adoption des Kindes (§ 1747 Abs. 1 Satz 1 BGB) das „Ruhen" der elterlichen Sorge dieses Elternteils zur Folge. Obgleich das Ruhen der elterlichen Sorge – wie bereits aufgezeigt – ausschließlich die Ausübungsebene betrifft und die Inhaberschaft des Rechts unberührt lassen müsste, hat das Vormundschaftsgericht unter der Voraussetzung, dass die Einwilligung ihre Kraft verloren hat (§ 1750 Abs. 4 BGB), dem Elternteil „die elterliche Sorge" (zurück-)zuübertragen, wenn und soweit dies dem Wohl des Kindes nicht widerspricht (§ 1751 Abs. 3 BGB). Nach den bisherigen Ausführungen erfolgt eine Kindeswohlprüfung jedoch nur in den Fällen, in denen die Wiedererlangung der Rechtsinhaberschaft in Rede steht, nicht aber bei einem Zurückgewinnen der Ausübungsbefugnis. Es fragt sich also, wie dieser Widerspruch zu erklären ist. Den Materialien zu § 1757 Abs. 1 BGB lässt sich entnehmen, dass der Gesetzgeber mit der Einführung der Ru-

---

433 Eine Ausnahme besteht nach Entscheidungen gemäß § 1671 BGB; hierzu sogleich auf S. 95.

hensanordnung einem Vorschlag der Praxis folgen wollte[434], nicht aber die Antwort auf die Frage, ob ihm hierbei auch die Differenzierung zwischen Inhaberschaft und Ausübung bewusst war. Die Notwendigkeit der Kindeswohlprüfung nach § 1751 Abs. 3 BGB wurde wie folgt begründet[435]:

> *„Es entspricht neueren Vorstellungen im Kindschaftsrecht, daß die elterliche Gewalt nicht automatisch einem Elternteil zufallen soll, dem sie bisher nicht zustand. Die Bundesregierung hat im Entwurf eines Gesetzes zur Neuregelung der elterlichen Sorge (BT-Drucks. 7/2060) vorgeschlagen, § 1678 Abs. 2 BGB neu zu fassen und § 1681 Abs. 1 BGB einen neuen Satz anzufügen, damit dem anderen Elternteil die elterliche Sorge nur übertragen wird, wenn und soweit dies dem Wohl des Kindes nicht widerspricht (vgl. die Begründung a.a.O. S. 35, 37). Wenn ein Elternteil die elterliche Gewalt drei Jahre nicht mehr ausgeübt hat, wird er möglicherweise nicht geeignet sein, sie auszuüben. Ob der Elternteil geeignet ist, soll das Vormundschaftsgericht in jedem Fall prüfen. Ist der Elternteil nicht geeignet und übt auch der andere Elternteil die elterliche Gewalt nicht aus, hat das Vormundschaftsgericht die gesetzliche Vertretung des Kindes dadurch zu regeln, daß es einen Vormund oder Pfleger bestellt."*

Dieser Argumentation lässt sich entnehmen, dass sich der Gesetzgeber die Übertragung „der elterlichen Sorge" nach § 1751 Abs. 3 BGB offenbar als Übertragung der Ausübungsbefugnis vorgestellt hat, was mit der Ruhensanordnung des § 1751 Abs. 1 Satz 1, 1. Halbs. BGB in Einklang stünde. Dogmatisch nicht begründbar und inkonsequent ist dagegen die Einführung der Kindeswohlprüfung bei bloßer Wiedererlangung der Ausübungsbefugnis, da eine solche – wie aufgezeigt – in keinem anderen Fall erforderlich ist. Weiterhin zeigt sich, dass der Gesetzgeber die Notwendigkeit der Kindeswohlprüfung in Wahrheit allein in dem Umstand begründet sieht, dass ein Elternteil *überhaupt* in die Adoption seines Kindes eingewilligt hat[436], nicht aber deshalb, weil er befürchtet, dass der

---

434 BT-Drucks. 7/3061, S. 40.

435 BT-Drucks. 7/3061, S. 41.

436 Zu beachten ist jedoch der Beschluss des BayObLG v. 2.3.1990 – BReg. 1a Z 42/89, FamRZ 1990, 903, nach dem eine Maßnahme nach § 1666 Abs. 1 BGB nicht allein auf die Erteilung der Einwilligung zur Adoption gestützt werden kann.

Elternteil auf Grund einer dreijährigen Nichtausübung der elterlichen Sorge zur Ausübung nicht (mehr) geeignet wäre. Denn zum einen verliert die Einwilligung zur Adoption nicht nur in dem Fall ihre Kraft, in dem das Kind nicht innerhalb von drei Jahren seit dem Wirksamwerden der Einwilligung angenommen wird, sondern auch dann, wenn der Antrag zurückgenommen oder die Annahme versagt wird. Zum anderen sehen auch die sonstigen Vorschriften, nach denen ein Elternteil die Ausübungsbefugnis zurückgewinnt, keinen zeitlichen Rahmen vor, nach dessen Überschreitung das Gericht eine Kindeswohlprüfung vorzunehmen hätte. Festzuhalten bleibt damit, dass § 1751 Abs. 1 Satz 1, 1. Halbs. und § 1751 Abs. 3 BGB nach der hier vertretenen Auffassung systemwidrig sind. Ob der Systembruch auszubessern ist und ob sich dies – bejahendenfalls – am besten durch eine Änderung des ersten Satzes des ersten Absatzes oder des dritten Absatzes realisieren ließe, kann im Rahmen dieser Arbeit nicht abschließend geklärt werden. Nahe liegend und konsequent dürfte jedoch eine Änderung des § 1751 Abs. 1 Satz 1, 1. Halbs. BGB sein, wenn man die Kindeswohlprüfung deshalb für erforderlich hält, weil der in die Adoption einwilligende Elternteil seine Bereitschaft zum Ausdruck gebracht hat, nicht nur seine Position als Inhaber des Pflichtrechts der elterlichen Sorge aufzugeben, sondern sogar seine Elternstellung. Jedenfalls wäre schon dann, wenn (nur) die elterliche Sorge gemäß § 1671 Abs. 2 BGB auf den anderen Elternteil allein übertragen wird (also auch im Fall der freiwilligen Aufgabe zu Gunsten des anderen Elternteils), für die Wiedererlangung grundsätzlich eine Kindeswohlprüfung erforderlich.

Wird die elterliche Sorge oder ein Teil der elterlichen Sorge gemäß § 1671 Abs. 2 BGB auf einen Elternteil allein übertragen, so wirkt die Übertragung ebenfalls auf der Ebene der Rechtsinhaberschaft. Dies wird dadurch deutlich, dass keiner der Umstände, die in der Person des (kraft einer Übertragung gemäß § 1671 BGB) Alleinsorgeberechtigten eintreten können, für den anderen Elternteil automatische Folgen mit sich bringt. Anders als bei gemeinsamer Sorge erstarkt seine Sorge weder automatisch zum Alleinsorgerecht, wenn der (mitberechtigte) Elternteil verstirbt (§ 1680 Abs. 1 BGB), für tot erklärt oder seine Todeszeit nach den Vorschriften des Verschollenheitsgesetzes festgestellt (§§ 1681 Abs. 1, 1680 Abs. 1, 1677 BGB), noch soweit ihm die elterliche Sorge entzogen wird (§ 1680 Abs. 3 und Abs. 1 BGB). Er kann die elterliche Sorge in den genannten Fällen grundsätzlich ebenfalls nur durch gerichtlichen Übertragungsakt (wieder-) erlangen, der stets eine Kindeswohlprüfung voraussetzt (vgl. §§ 1680 Abs. 2 Satz 1, 1681 Abs. 1, 1696 Abs. 1 BGB)[437]. Ausnahmsweise bedarf es keiner gerichtlichen Entscheidung, wenn die Eltern einander heiraten (§ 1626 a Abs. 1 Nr. 2 BGB), weil der Eheschließung eine sorgerechtliche Statuswirkung beigemessen wird, die eine Entscheidung nach § 1671 BGB überlagert[438]. Obgleich grundsätzlich auch Sorgeerklärungen eine sorgerechtliche Statuswirkung zukommt (§ 1626 a Abs. 1 Nr. 1 BGB), mangelt es ihnen nach einer gerichtlichen Sorgerechtsregelung jedoch an der Wirksamkeit (§ 1626 b Abs. 3 BGB)[439].

Die nachfolgende Übersicht veranschaulicht zusammenfassend, wie sich Umstände, die in der Person eines Elternteils eintreten können, auf den anderen Elternteil auswirken, wenn die Eltern die gemeinsame Sorge innehaben. Im Einzelnen geht aus ihr hervor, auf welcher Ebene ein Umstand eine Veränderung herbeiführt und unter welchen Voraussetzungen diese Veränderung wieder rückgängig gemacht werden kann.

---

437 Nach OLG Hamm v. 13.2.1996 – 15 W 434/95, FamRZ 1996, 1029 (1030), können nach § 1666 BGB gebotene Maßnahmen daher nicht durch die Anordnung des Ruhens der elterlichen Sorge ersetzt werden.

438 Vgl. hierzu die Erläuterungen auf S. 113 Fn. 484.

439 Vgl. die Kritik auf S. 113 ff.

b) Übersicht: Wirkungen diverser Umstände bei gemeinsamer elterlicher Sorge

Umstand	Wirkung auf der Ebene der Inhaberschaft	Wirkung auf der Ebene der Ausübung	Möglichkeit der Wiedererlangung	Kindeswohlprüfung	Umfang der Kindeswohlprüfung
Meinungsverschiedenheit bei Ausübung der elterlichen Sorge	—	— aber Möglichkeit eines Antrags nach § 1628 BGB.	Entfällt mangels Notwendigkeit.	—	—
Gerichtliche Übertragung der Entscheidung auf einen Elternteil allein, § 1628 BGB (Zu beachten ist die Sonderregel des § 2 Abs. 3 RelKEG für Angelegenheiten der religiösen Erziehung)	— Der ausgeschlossene Elternteil bleibt Mitinhaber der elterlichen Sorge.	Im Umfang der Übertragung kommt demjenigen Elternteil, dem die Entscheidung übertragen ist, das Recht zu, die elterliche Sorge insoweit allein auszuüben. Die alleinige Ausübungsbefugnis erstreckt sich auch auf die Vertretung des Kindes, § 1629 Abs. 1 Satz 3 BGB.	Im Einvernehmen mit dem anderen Elternteil jederzeit und automatisch. Ansonsten je nach der Art der Befugnis des anderen Elternteils: Betrifft sie wegen eines bloß punktuellen Entscheidungskonfliktes lediglich eine Einzelmaßnahme, ist die Alleinentscheidungskompetenz mit der Vornahme der Maßnahme verbraucht. Entscheidungsübertragungen mit Dauerwirkung können dagegen gemäß § 1696 Abs. 1 BGB abgeändert werden.	Nur unter den Voraussetzungen des § 1696 Abs. 1 BGB erforderlich.	Triftige, das Wohl des Kindes nachhaltig berührende Gründe müssen die Änderung angezeigt sein lassen.
Mangelnde Vertretungsmacht der Eltern gemäß § 1629 Abs. 2 Satz 1 BGB	— Die Eltern bleiben Inhaber der elterlichen Sorge.	Die Eltern können das Kind nicht wirksam vertreten. Sie sind verpflichtet, dem Vormundschaftsgericht unverzüglich die Notwendigkeit einer Pflegschaft anzuzeigen, § 1909 Abs. 2 BGB. Wird ein Pfleger bestellt, so übt er die elterliche Sorge innerhalb seines Wirkungskreises allein aus.	Entfällt auf Grund der besonderen gesetzlichen Regelung des § 1629 Abs. 2 Satz 1 BGB.	—	—

Umstand	Wirkung auf der Ebene der Inhaberschaft	Wirkung auf der Ebene der Ausübung	Möglichkeit der Wiedererlangung	Kindeswohlprüfung	Umfang der Kindeswohlprüfung
Beschränkung der Vermögenssorge der Eltern gemäß § 1638 Abs. 1, 2 BGB	— Die Eltern bleiben Inhaber der elterlichen Sorge.	In Ansehung des zugewendeten Vermögens können die Eltern die Vermögenssorge nicht ausüben. Sie sind verpflichtet, dem Vormundschaftsgericht unverzüglich die Notwendigkeit einer Pflegschaft anzuzeigen, §§ 1909 Abs. 2, Abs. 1 Satz 2 BGB. Wird ein Pfleger bestellt, so übt er die elterliche Sorge innerhalb seines Wirkungskreises allein aus.	Entfällt auf Grund der besonderen gesetzlichen Regelung der §§ 1638 Abs. 1 und 2, 1909 Abs. 1 Satz 2 BGB.	—	—
Beschränkung der Vermögenssorge eines Elternteils gemäß § 1638 Abs. 3 BGB	— Die Eltern bleiben Inhaber der elterlichen Sorge.	Der durch den Zuwendenden bzw. den Erblasser ausgeschlossene Elternteil darf die elterliche Sorge (Vermögenssorge) in Ansehung des zugewendeten Vermögens nicht ausüben. Die Ausübung erfolgt insoweit in tatsächlicher und rechtlicher Hinsicht allein durch den anderen Elternteil, § 1638 Abs. 3 BGB.	Entfällt auf Grund der besonderen gesetzlichen Regelung des § 1638 Abs. 3 BGB.	—	—

Umstand	Wirkung auf der Ebene der Inhaberschaft	Wirkung auf der Ebene der Ausübung	Möglichkeit der Wiedererlangung	Kindeswohlprüfung	Umfang der Kindeswohlprüfung
Einbeziehung Dritter in die Ausübung elterlicher Sorge	— Die Eltern bleiben Inhaber der elterlichen Sorge.	— Trotz der Einbeziehung Dritter bleiben die Eltern weiterhin zur Ausübung der elterlichen Sorge berechtigt und verpflichtet.	Entfällt mangels Wirkung auf der Ausübungsebene.	—	—
Gerichtliche Übertragung von Angelegenheiten der elterlichen Sorge auf eine Pflegeperson (§ 1630 Abs. 3 BGB)	— Die Eltern bleiben Inhaber der elterlichen Sorge.	Im Umfang der Übertragung hat die Pflegeperson die Rechte und Pflichten eines Pflegers (§ 1630 Abs. 3 Satz 3 BGB) und übt damit die elterliche Sorge in tatsächlicher und rechtlicher Hinsicht allein aus.	Durch gerichtliche Entscheidung auf Antrag der Eltern; vgl. S. 90.	—	—
Tatsächliche Verhinderung eines Elternteils (ohne Feststellung nach § 1674 Abs. 1 BGB)	— Der tatsächlich verhinderte Elternteil bleibt Mitinhaber der elterlichen Sorge.	Da der tatsächlich verhinderte Elternteil die elterliche Sorge nicht ausüben kann, übt der andere Teil sie in tatsächlicher und rechtlicher Hinsicht allein aus (§§ 1678 Abs. 1, 1. Halbs., 1629 Abs. 1 Satz 3 BGB).	Automatische Wiedererlangung des Ausübungsrechts bei Wegfall des tatsächlichen Hindernisses.	—	—
Tatsächliche Verhinderung eines Elternteils (mit Feststellung nach § 1674 Abs. 1 BGB)	— Der tatsächlich verhinderte Elternteil bleibt Mitinhaber der elterlichen Sorge.	Da die elterliche Sorge in der Person des verhinderten Elternteils auf Grund der Feststellung ruht (§ 1674 Abs. 1 BGB), ist er nicht zur Ausübung berechtigt (§ 1675 BGB). Die Ausübung erfolgt in tatsächlicher und rechtlicher Hinsicht allein durch den anderen Elternteil, §§ 1678 Abs. 1, 1. Halbs., 1629 Abs. 1 Satz 3 BGB.	Das Ausübungsrecht des verhinderten Elternteils lebt wieder auf, wenn das Familiengericht feststellt, dass der Grund des Ruhens nicht mehr besteht, § 1674 Abs. 2 BGB.	—	—

Umstand	Wirkung auf der Ebene der Inhaberschaft	Wirkung auf der Ebene der Ausübung	Möglichkeit der Wiedererlangung	Kindeswohlprüfung	Umfang der Kindeswohlprüfung
Geschäftsunfähigkeit eines Elternteils	— Der geschäftsunfähige Elternteil bleibt Inhaber der elterlichen Sorge.	Da die elterliche Sorge in der Person des geschäftsunfähigen Elternteils ruht (§ 1673 Abs. 1 BGB), ist er nicht zur Ausübung berechtigt (§ 1675 BGB). Die Ausübung erfolgt in tatsächlicher und rechtlicher Hinsicht allein durch den anderen Elternteil, §§ 1678 Abs. 1, 1. Halbs., 1629 Abs. 1 Satz 3 BGB.	Automatische Wiedererlangung des Ausübungsrechts bei Wegfall der Geschäftsunfähigkeit.	—	—
Sonderfall: Beschränkte Geschäftsfähigkeit eines Elternteils	— Auch der beschränkt geschäftsfähige Elternteil ist Sorgerechtsinhaber.	Gemäß § 1673 Abs. 1 BGB ruht die elterliche Sorge des beschränkt geschäftsfähigen Elternteils wie bei einem geschäftsunfähigen Elternteil. Er darf lediglich die tatsächliche Personensorge ausüben (§ 1673 Abs. 2 Satz 2 BGB). Bei etwaigen Meinungsverschiedenheiten mit dem anderen Elternteil gelten die §§ 1627, 1628 BGB (§ 1673 Abs. 2 Satz 3, 2. Halbs. BGB).	Der beschränkt geschäftsfähige Elternteil erlangt das volle Ausübungsrecht automatisch bei Erreichen der Volljährigkeit.	—	—

Umstand	Wirkung auf der Ebene der Inhaberschaft	Wirkung auf der Ebene der Ausübung	Möglichkeit der Wiedererlangung	Kindeswohlprüfung	Umfang der Kindeswohlprüfung
Tod eines Elternteils	Das Recht der elterlichen Sorge steht allein dem überlebenden Elternteil zu , § 1680 Abs. 1 BGB.	Der überlebende Elternteil übt die elterliche Sorge in tatsächlicher und rechtlicher Hinsicht allein aus.	Entfällt mangels tatsächlicher Möglichkeit der Wiedererlangung.	—	—
Zutreffende Todeserklärung eines Elternteils/ Feststellung seiner Todeszeit nach den Vorschrifen des Verschollenheitsgesetzes	Das Recht der elterlichen Sorge steht mit dem Zeitpunkt, der als Zeitpunkt des Todes gilt, allein dem überlebenden Elternteil zu, §§ 1681 Abs. 1, 1680 Abs. 1, 1677 BGB.	Der überlebende Elternteil übt die elterliche Sorge in tatsächlicher und rechtlicher Hinsicht allein aus.	Entfällt mangels tatsächlicher Möglichkeit der Wiedererlangung.	—	—
Fälschliche Todeserklärung eines Elternteils/ Feststellung seiner Todeszeit nach den Vorschriften des Verschollenheitsgesetzes	Das Recht der elterlichen Sorge steht mit dem Zeitpunkt, der als Zeitpunkt des Todes gilt, allein dem als überlebend angesehenen Elternteil zu, §§ 1681 Abs. 1, 1680 Abs. 1 BGB.	Der als überlebend angesehene Elternteil übt die elterliche Sorge in tatsächlicher und rechtlicher Hinsicht allein aus.	Auf Antrag hat das Familiengericht die elterliche Sorge dem tatsächlich noch lebenden Elternteil in dem Umfang zu übertragen, in dem sie ihm vor dem nach § 1677 BGB maßgebenden Zeitpunkt zustand.	+	Die Übertragung darf dem Kindeswohl nicht widersprechen (§ 1680 Abs. 2 BGB).
Getrenntleben unter den Voraussetzungen des § 1687 BGB	— Die Eltern bleiben Inhaber der elterlichen Sorge.	Entscheidungen in Angelegenheiten, deren Regelung für das Kind von erheblicher Bedeutung ist, sind weiterhin im gegenseitigen Einvernehmen der Eltern zu treffen. In Angelegenheiten des täglichen Lebens sind die Ausübungsbefugnisse der Elternteile unterschiedlich ausgestaltet, vgl. S. 79 ff.	Die unterschiedlich ausgestalteten Ausübungsbefugnisse entfallen automatisch bei (Wieder-) Herstellung einer Lebensgemeinschaft.	—	—

Umstand	Wirkung auf der Ebene der Inhaberschaft	Wirkung auf der Ebene der Ausübung	Möglichkeit der Wiedererlangung	Kindeswohlprüfung	Umfang der Kindeswohlprüfung
Übertragung der elterlichen Sorge auf einen Elternteil allein, § 1671 BGB	Mit der Übertragungsentscheidung steht die elterliche Sorge in dem übertragenen Umfang nur noch demjenigen Elternteil zu, dem sie übertragen worden ist.	Der kraft der gerichtlichen Entscheidung allein sorgeberechtigte Elternteil übt die elterliche Sorge in dem übertragenen Umfang sowohl in tatsächlicher als auch in rechtlicher Hinsicht allein aus.	Automatisch bei Eheschließung (§ 1626 a Nr. 2 BGB). Ansonsten nur unter den Voraussetzungen des § 1696 Abs. 1 BGB.	+	Erstreben beide Elternteile die gemeinsame elterliche Sorge, ist diese wiederherzustellen, wenn sie „dem Kindeswohl nicht widerspricht"; vgl. S. 118 ff. Ansonsten sind Änderungen nur möglich, wenn sie „aus triftigen, das Wohl des Kindes nachhaltig berührenden Gründen angezeigt" sind (§ 1696 Abs. 1 BGB).

Beachte: Die Einwilligung eines Elternteils zur „Adoptionsfreigabe" (§ 1747 Abs. 1 Satz 1 BGB) bleibt auf Grund der aufgezeigten Systemwidrigkeit von § 1751 Abs. 1 Satz 1, 1. Halbs., Abs. 3 BGB unberücksichtigt.

c) Auswertung der Übersicht

Betrachtet man die Übersicht im Einzelnen, so lässt sich Folgendes festhalten: Die meisten Umstände wirken lediglich auf der Ausübungsebene und lassen die Rechtszuständigkeit beider Elternteile unberührt. Eine Änderung auf der Ebene der Inhaberschaft vermögen lediglich drei Konstellationen zu bewirken, nämlich erstens der Fall des Todes eines Elternteils bzw. seiner Todeserklärung oder Feststellung seiner Todeszeit nach den Vorschriften des Verschollenheitsgesetzes, zweitens der Entzug der elterlichen Sorge und drittens die Übertragung der elterlichen Sorge auf einen Elternteil allein. Die ersten der genannten Fälle sind vom Willen der Eltern weitgehend unabhängig. Der Tod eines Elternteils setzt seiner (Mit-)Inhaberschaft an der elterlichen Sorge ein natürliches Ende, sodass dem Überlebenden gemäß § 1680 Abs. 1 BGB automatisch das Alleinsorgerecht zukommt[440]. Über einen etwaigen Entzug der elterlichen Sorge (oder eines Teils hiervon) hat das Gericht bei einer entsprechenden Kindeswohlgefährdung von Amts wegen zu befinden, und zwar auch dann, wenn ein Elternteil zwar gewillt, aber nicht in der Lage ist, die Gefahr abzuwenden (vgl. § 1666 Abs. 1 BGB), mögen auch beide Eltern gemeinsame Inhaber der elterlichen Sorge bleiben wollen. Von den drei gesetzlich geregelten Konstellationen, in denen es zu einer Änderung der Rechtszuständigkeit kommen kann, knüpft lediglich § 1671 BGB an den Elternwillen an. Da zumindest ein Elternteil die Alleinsorge für sich beanspruchen und dies durch einen Antrag nach § 1671 Abs. 1 BGB zum Ausdruck bringen muss, lässt sich bei einer nach dieser Vorschrift vorgenommenen Übertragung der elterlichen Sorge auf einen Elternteil allein von einem „gewillkürten Abschied“ von der gemeinsamen Sorge sprechen.

d) „Nachwirkung“ einer innegehabten Sorge

Obgleich eine Sorgerechtsübertragung nach § 1671 BGB nicht nur die Ebene der Ausübung, sondern auch die Ebene der Rechtsinhaberschaft berührt, misst das Gesetz einer einmal innegehabten elterlichen Sorge noch eine Wirkung bei. Dies zeigt sich darin, dass die Wiedererlangung der elterlichen Sorge nach gel-

[440] In Ansehung des Verlusts der elterlichen Sorge wirken Todeserklärung bzw. Feststellung der Todeszeit nach den Vorschriften des Verschollenheitsgesetzes wie der Tod (§ 1681 Abs. 1 BGB).

tendem Recht in einem explizit geregelten Fall leichter ist als ihre Ersterlangung, nämlich in demjenigen, in dem der allein sorgeberechtigte Elternteil durch Tod, Todeserklärung oder Feststellung seiner Todeszeit nach den Vorschriften des Verschollenheitsgesetzes ausfällt. Der Elternteil, der seine Rechtsposition durch eine Entscheidung nach § 1671 BGB oder § 1672 BGB verloren hat, erhält sie in den genannten Fällen schon dann wieder zurück, wenn die Übertragung dem Wohl des Kindes nicht widerspricht (vgl. §§ 1680 Abs. 2 Satz 1, 1681 Abs. 1 BGB), wohingegen der Vater eines Kindes, der gemäß § 1626 a Abs. 2 BGB noch niemals Inhaber der elterlichen Sorge war, die elterliche Sorge nur dann übertragen erhält, wenn dies dem Wohl des Kindes dient (vgl. §§ 1680 Abs. 2 Satz 2, 1681 Abs. 1 BGB)[441]. Da die Dienlichkeit für das Kindeswohl positiv festgestellt werden muss und das Familiengericht bei Zweifeln von einer Übertragung abzusehen hat, ist der Maßstab der Kindeswohlprüfung bei der Ersterlangung damit höher als bei der Wiedererlangung[442].

Nach altem Recht war die erleichterte Wiedererlangungsmöglichkeit gemäß § 1678 Abs. 2 a.F. BGB ausdrücklich auch für den Fall angeordnet, dass die elterliche Sorge des Elternteils, dem sie nach den §§ 1671, 1672 BGB a.F. übertragen war, ruhte und keine Aussicht bestand, dass der Grund des Ruhens wegfallen werde. Im Gegensatz zu der alten Fassung verhält sich § 1678 BGB in seiner jetzigen Fassung nicht mehr zu dieser Frage. Er sieht in seinem Absatz 2 lediglich eine Übertragungsmöglichkeit der elterlichen Sorge auf den „anderen Elternteil“[443] nach dem strengeren Maßstab der Kindeswohldienlichkeit vor, wenn die elterliche Sorge des Elternteils ruht, dem sie nach § 1626 a Abs. 2 BGB allein zustand, und keine Aussicht besteht, dass der Grund des Ruhens wegfallen werde. Ein Regelungsbedürfnis für die vormals

---

441 Dies verkennt *Bugla*, S. 121 f., der die Schwelle des § 1672 Abs. 1 Satz 2 BGB als solche „für die Zuteilung der alleinigen Sorge“ nur als höher gegenüber den Fällen ansieht, „in denen bei gemeinsamer Sorge einem Elternteil die Alleinsorge übertragen werden soll“. Daher wirft *Bugla* dem Gesetzgeber auch zu Unrecht einen Systembruch vor; vgl. *Bugla*, S. 126.

442 Hintergrund dieses strengeren Maßstabs für die Ersterlangung ist die gesetzgeberische Befürchtung, dass nicht miteinander verheiratete Eltern, die keine Sorgeerklärungen abgegeben haben, vielfach nicht nur in keiner intakten nichtehelichen Lebensgemeinschaft leben, sondern der Vater vor allem häufig wenig oder gar keinen Kontakt zum Kind gehabt haben wird; vgl. BT-Drucks. 13/4899, S. 102.

443 Hier hätte der Gesetzgeber der Klarheit halber ruhig ausdrücklich sagen dürfen, dass nur der Vater gemeint sein kann.

geregelte Konstellation hat der Gesetzgeber mit dem Hinweis darauf verneint, dass es sich bei einer solchen „der Struktur und der Auswirkung nach" um eine Änderungsentscheidung im Sinne des § 1696 BGB handele[444].

Explizit angeordnet war die erleichterte Wiedererlangungsmöglichkeit nach altem Recht auch zu Gunsten des Elternteils, der die elterliche Sorge auf Grund einer Entscheidung nach §§ 1671, 1672 BGB a.F. an den anderen Elternteil verloren hatte, wenn diesem die gesamte elterliche Sorge, die Personen- oder Vermögenssorge entzogen wurde (§ 1680 Abs. 2 Satz 1 BGB a.F.). Der nunmehr geltende § 1680 Abs. 3 BGB macht durch seinen Verweis auf Absatz 2 Satz 2 nur den Maßstab der Kindeswohlprüfung für den Fall der Ersterlangung der elterlichen Sorge deutlich, verweist aber gerade nicht auf Absatz 2 Satz 1, der § 1680 Abs. 2 Satz 1 BGB a.F. entspricht und damit die erleichterte Rückerlangungsmöglichkeit desjenigen Elternteils betrifft, der seine Rechtsposition auf Grund einer Entscheidung nach § 1671 BGB (oder § 1672 BGB) verloren hat. Auch insoweit hat der Gesetzgeber ein Regelungsbedürfnis im Hinblick auf eine mögliche Änderungsentscheidung nach § 1696 BGB, die nach überwiegender Auffassung ohnehin den Vorrang vor einem etwaigen Sorgeentzug und damit zu einem eingeschränkten Anwendungsbereich des § 1680 Abs. 2 Satz 1 BGB a.F. geführt habe, verneint[445].

Obgleich die Sonderregelungen für die zuletzt genannten Fälle weggefallen und dem Anwendungsbereich des § 1696 Abs. 1 BGB unterworfen worden sind, ist für die Wiedererlangung der elterlichen Sorge nicht der strenge Maßstab des § 1696 Abs. 1 BGB maßgeblich[446]. Für eine teleologische Reduktion dieser Vorschrift spricht zunächst, dass der Grund für die Streichung der vorgenannten Vorschriften nicht darin lag, dass der Gesetzgeber die in diesen vorgesehenen Maßstäbe für zu wenig streng erachtete, sondern vielmehr darin, dass er der Ansicht war, über § 1696 Abs. 1 BGB die gleichen Ergebnisse erreichen zu können. Es besteht somit kein Anhaltspunkt dafür, dass an die Wiedererlangung strengere Voraussetzungen als die bei einer negativen Kindeswohlkontrolle geltenden („dem Wohl des Kindes nicht widerspricht") geschaffen

---

444 BT-Drucks. 13/4899, S. 102.

445 BT-Drucks. 13/4899, S. 103.

446 A.A. *FamRefK/Rogner*, § 1678 Rz. 6; zu Recht krit. hierzu *Palandt/Diederichsen*, § 1678 Rz. 12.

werden sollten. Weiterhin lässt sich der Telos des § 1696 Abs. 1 BGB anführen, der die Stabilität der Lebens- und Erziehungsbedingungen des Kindes gewährleisten soll. Fällt der bisher Alleinsorgeberechtigte nämlich aus, ist die Kontinuität der Lebens- und Erziehungsverhältnisse ohnehin beeinträchtigt, sodass der Zweck des strengen Maßstabs nicht erreicht werden kann[447]. Darüber hinaus hat die Streichung der früheren Regelungen auch keinen Einfluss auf die grundlegenden Interessenbewertungen, die in diesen Vorschriften zum Ausdruck kamen[448]. Da bei Eltern generell vermutet wird, dass ihnen das Wohl ihres Kindes mehr am Herzen liegt als irgendeiner sonstigen Person oder Institution[449], kann auch beim Ausfall des auf Grund einer Sorgerechtsregelung gemäß § 1671 BGB Alleinsorgeberechtigten vermutet werden, dass es für das Kind am besten ist, wenn die elterliche Sorge nun dem anderen Elternteil zukommt. Hält man sich die Alternative (Bestellung eines Vormundes) vor Augen, kann die Richtigkeit dieser Vermutung nicht bezweifelt werden[450]. Überdies würde der strenge Maßstab des § 1696 Abs. 1 BGB zu Wertungswidersprüchen führen, denn es würde derjenige Elternteil, der noch niemals Inhaber der elterlichen Sorge war, die elterliche Sorge bei Ausfall des anderen Elternteils ja unter leichteren Voraussetzungen („dient“) erhalten können als der vormals sorgeberechtigte Elternteil („triftige, das Wohl des Kindes nachhaltig berührende Gründe“). Dies ließe sich weder mit dem System noch mit dem Willen des Gesetzgebers in Einklang bringen, der gerade für den noch zu keinem Zeitpunkt sorgeberechtigten Elternteil mit dem Maßstab der „Kindeswohldienlichkeit“ einen strengen Maßstab schaffen wollte[451]. Die Rechtfertigung für Letzteres liegt darin, dass die Vermutung, dass es für das Kind grundsätzlich das Beste ist, wenn es seinen Eltern zugeordnet wird, gegenüber demjenigen Elternteil nicht gilt, der noch niemals Inhaber der elterlichen Sorge war[452]. Der Gesetzgeber

---

447 *Huber*, FamRZ 1999, 1625 (1627).

448 *Huber*, FamRZ 1999, 1625 (1627).

449 BVerfG v. 3.11.1982 – 1 BvL 28/80, 1 BvL 38/80, 1 BvL 40/80, 1 BvL 12/81, BVerfGE 61, 358 (371).

450 *Huber*, FamRZ 1999, 1625 (1627); *Rauscher*, § 33 III Rz. 986; vgl. auch LG Berlin v. 2.8.1988 – 83 T 209/88, FamRZ 1988, 1308.

451 BT-Drucks. 13/4899, S. 101 f.

452 A.A. wohl *Coester-Waltjen* in: von Münch/Kunig, Art. 6 Rz. 78, soweit ihre Ausführungen dahin zu verstehen sind, dass gegenüber dem Träger des Elternrechts auch

(Fortsetzung s. nächste Seite)

geht nämlich davon aus, dass in denjenigen Fällen, in denen nicht miteinander verheiratete Eltern keine Sorgeerklärungen abgegeben haben, häufig keine intakte nichteheliche Lebensgemeinschaft besteht und der Vater häufig wenig oder keinen Kontakt zu seinem Kind hat[453]. Deshalb kann der Vater eines Kindes, dessen Mutter gemäß § 1626 a Abs. 2 BGB allein sorgeberechtigt ist, niemals ohne ihr Einverständnis Mitinhaber der elterlichen Sorge werden. Fällt sie aus, soll ihm die elterliche Sorge nur dann übertragen werden, wenn dies dem Kindeswohl dient[454]. Der strenge Maßstab sei deshalb gerechtfertigt, weil nicht gewährleistet sei, dass das Kind vor der Verhinderung der Mutter überhaupt Kontakt zum Vater gehabt habe und die gesetzlich vorgesehenen Besuchsrechte und -pflichten wahrgenommen worden seien[455]. Dagegen wird bei demjenigen Elternteil, der einmal die elterliche Sorge innehatte, allein auf Grund dieser Tatsache das Bestehen einer Eltern-Kind-Beziehung[456] zunächst vermutet und einer anderweitigen Sachlage im Einzelfall im Rahmen der negativen Kontrollprüfung begegnet.

Fällt der allein sorgeberechtigte Elternteil aus, muss für einen früheren Inhaber der elterlichen Sorge und noch aktuellen Träger des Elternrechts der Maßstab der Kindeswohlprüfung für die Wiedererlangung der elterlichen Sorge derselbe sein, da ein Grund für derartige Differenzierungen nicht ersichtlich ist[457]. Das gefundene Ergebnis steht auch im Einklang mit der Regelung des § 1672 Abs. 2 Satz 1 BGB, in der die Wiedererlangung der (Mit-)Inhaberschaft der elterlichen Sorge freilich nicht auf dem Ausfall des anderen Elternteils, sondern auf dessen Einverständnis beruht.

---

ohne vorangegange Inhaberschaft der elterlichen Sorge aus verfassungsrechtlichen Gründen eine Herabsetzung der Eingriffsschwelle angezeigt sei.

453 BT-Drucks. 13/4899, S. 102.

454 Konsequenterweise sieht *Rauscher*, § 33 III Rz. 988, hierin – aufbauend auf der von ihm angenommenen Verfassungswidrigkeit des § 1626 a Abs. 2 BGB – eine systematisch zwar stimmige, aber diskriminierende Zurücksetzung des nicht mit der Mutter verheirateten Vaters, sodass er den strengeren Maßstab im Wege einer verfassungskonformen Auslegung auf das niedrigere Niveau der negativen Kindeswohlprüfung absenken will.

455 *Palandt/Diederichsen*, § 1678 Rz. 8.

456 *Huber*, FamRZ 1999, 1526 (1627), spricht vorsichtig vom Fehlen der Gefahr einer Kontaktarmut.

457 So auch *Rauscher*, § 33 III Rz. 987.

Dogmatisch lässt sich die erleichterte Wiedererlangungsmöglichkeit im Rahmen des § 1696 Abs. 1 BGB folgendermaßen begründen: Der Ausfall eines Elternteils stellt – ebenso wie der Wunsch beider Elternteile nach Wiederherstellung der gemeinsamen elterlichen Sorge[458] – einen „triftigen, das Kindeswohl nachhaltig berührenden Grund" dar[459]. „Angezeigt" ist die Änderung jedoch nur dann, wenn sie dem Wohl des Kindes nicht widerspricht[460]. Zur Herleitung dieses Maßstabs bedarf es jedoch keines Rückgriffs auf § 1678 Abs. 2 BGB a.F.[461] bzw. § 1680 Abs. 2 Satz 1 BGB a.F. Da der Alleinsorgeberechtigte ausfällt, kommt vielmehr eine Analogie zu § 1680 Abs. 2 Satz 1 BGB[462] sowie die Heranziehung des Rechtsgedankens in Betracht, der § 1672 Abs. Abs. 2 Satz 1 BGB zugrunde liegt.

III. Die Begründung der gemeinsamen elterlichen Sorge

1. Die Begründung elterlicher Sorgegemeinsamkeit durch Heirat oder Sorgeerklärungen

Obgleich die gemeinsame elterliche Sorge seit Inkrafttreten des KindRG nicht mehr Ausfluss der Ehe und damit ein Privileg von miteinander verheirateten Eltern ist, ergibt sich aus § 1626 a BGB, dass das Gesetz das Verheiratetsein der Eltern im Zeitpunkt der Geburt des Kindes als Regelfall für die gemeinsame Sorge ansieht[463]. Nur den bei der Geburt des Kindes miteinander verheirateten Eltern[464] wird die elterliche Sorge damit automatisch gemeinsam zugestanden. Allerdings haben auch nicht miteinander verheiratete Eltern die Möglichkeit, die gemeinsame elterliche Sorge zu begründen[465], indem sie entweder einander

---

458 Vgl. hierzu die Ausführungen auf S. 116 ff.

459 *Huber*, FamRZ 1999, 1526 (1628).

460 *Huber*, FamRZ 1999, 1526 (1628).

461 So aber *Huber*, FamRZ 1999, 1625 (1628), der den Maßstab des § 1680 Abs. 2 Satz 1 BGB a.F. völlig übersieht.

462 So auch *Rauscher*, § 33 III Rz. 987.

463 *Diederichsen*, NJW 1998, 1977 (1990), beanstandet, dass der Leser dies mangels ausdrücklicher Anordnung erst erschließen muss, und spricht insoweit von „sprachlichen Verrenkungen".

464 Wie schon bisher werden auch Adoptiveltern (§§ 1741 ff., 1754 BGB) und nicht nur Vater und Mutter des Kindes i.S. des Abstammungsrechts (§§ 1591 ff. BGB) als Eltern verstanden; vgl. *Palandt/Diederichsen*, § 1626 Rz. 6.

465 Krit. *Diederichsen*, FS Rolland, 87 (98 ff.). Zur Situation in England und Frankreich *Prinz von Sachsen Gessaphe*, FamRZ 1999, 1107 (1109 ff.).

heiraten (§ 1626 a Abs. 1 Nr. 2 BGB) oder erklären, dass sie die Sorge gemeinsam übernehmen wollen[466] (Sorgeerklärungen, § 1626 a Abs. 1 Nr. 1 BGB)[467]. Solange sie beides unterlassen, steht die elterliche Sorge kraft Gesetzes lediglich der Kindesmutter zu (§ 1626 a Abs. 2 BGB). Die Sorgeerklärungen können die Eltern schon vor der Geburt des Kindes abgeben (§ 1626 b Abs. 2 BGB), sodass ihnen die elterliche Sorge sofort mit der Geburt des Kindes gemeinsam zusteht, sie können sie aber auch erst zu einem späteren Zeitpunkt abgeben. Für die Begründung gemeinsamer elterlicher Sorge kraft Sorgeerklärungen kommt es nach dem ausdrücklich erklärten Willen des Gesetzgebers nicht darauf an, ob die Eltern zusammenleben[468].

a) Das Erfordernis mütterlicher Mitwirkung

Sind die Eltern eines Kindes bei seiner Geburt nicht miteinander verheiratet, steht die elterliche Sorge gemäß § 1626 a Abs. 2 BGB allein der Kindesmutter zu, wenn nicht die Eltern Sorgeerklärungen abgeben oder einander heiraten. Die Primärzuweisung der elterlichen Sorge an die Kindesmutter ist verfassungsrechtlich legitimiert. Da das Elternrecht den Eltern gemeinsam zusteht und seine Ausübung ein Mindestmaß an Übereinstimmung erfordert[469], darf der einfache Gesetzgeber die Rechtsstellung der Eltern unter Berücksichtigung der tatsächlichen Verhältnisse unterschiedlich ausgestalten[470]. Je weniger von einer Über-

---

[466] Voraussetzung dafür ist Elternschaft nach den §§ 1591 ff. BGB, sodass insbesondere die Vaterschaft des die Sorgeerklärung abgebenden Mannes gemäß § 1592 Nr. 2 oder 3 BGB durch wirksame Anerkennung der Vaterschaft (§§ 1594 bis 1598 BGB oder § 1599 Abs. 2 BGB) oder durch gerichtliche Feststellung der Vaterschaft (§ 1600 d BGB) feststehen muss.

[467] Eingehend hierzu *Lipp*, FamRZ 1998, 65 (69 ff.); *Zimmermann*, DNotZ 1998, 404 (416 ff.). Zur Qualifizierung der Sorgeerklärungen als „parallel laufende Erklärungen“ vgl. *Schwab*, FS Medicus, 587 (601 f.). Im Hinblick auf das staatliche Wächteramt hält *Rehberg*, FuR 1998, 65 (69), es unter Aspekten des Kindeswohls für wünschenswert, vor Begründung der gemeinsamen Sorge durch Sorgeerklärungen die Sorgerechtsfähigkeit festzustellen und eine Kindeswohlprüfung vorzunehmen. Dieser Vorschlag ist jedoch inakzeptabel. Wer eine solche Forderung erhebt, müsste konsequenterweise auch für die Einführung eines Kindererziehungseignungszertifikates eintreten, und zwar auch für miteinander verheiratete Eltern.

[468] BT-Drucks. 13/4899, S. 58; krit. *Diederichsen*, FS Rolland, 87 (98).

[469] BVerfG v. 7.3.1995 – 1 BvR 790/91 und 540, 1 BvR 866/92, BVerfGE 92, 158 (178 ff.).

[470] Vgl. bereits BVerfG v. 7.3.1995 – 1 BvR 790/91 und 540, 1 BvR 866/92, BVerfGE 92, 158 (178).

einstimmung zwischen den Eltern und von einer sozialen Beziehung zwischen dem einzelnen Elternteil und dem Kind ausgegangen werden kann, desto größer ist der gesetzgeberische Gestaltungsspielraum[471].

Von den Möglichkeiten, die Primärzuweisung der elterlichen Sorge in den vielfältigen Fällen nichtehelicher Elternschaft auszugestalten, hat sich der Gesetzgeber mit der Primärzuweisung der elterlichen Sorge allein an die Kindesmutter für die *typischerweise* sicherste und praktikabelste Lösung entschieden. Bei der Geburt eines Kindes muss die elterliche Sorge zumindest einem Elternteil zugewiesen werden, und da die Mutterschaft (§ 1591 BGB) leichter festgestellt werden kann als die Vaterschaft, verstößt es nicht gegen Art. 3 Abs. 2 Satz 1 GG, wenn der Gesetzgeber an die aus der Geburt folgende größere situationsspezifische Nähe[472] und natürliche Erstbindung anknüpft und die elterliche Sorge primär der Kindesmutter zuweist[473]. Die Alternative einer automatischen Sorgegemeinsamkeit ist für eine typusmäßige Anknüpfung ungeeignet. Beruht die Elternstellung des Vaters nämlich auf gerichtlicher Feststellung (§ 1600 d BGB), fehlt es bereits in der Abstammungsfrage an elterlichem Konsens, sodass von elterlicher Übereinstimmung schon im Ansatz keine Rede sein kann. Vor allem die Mutter, die den – zur Übernahme von Verantwortung nicht bereiten – leiblichen Vater des Kindes festgestellt wissen will, um dem Kind wenigstens die aus der verfassungsmäßigen Elternstellung erwachsenden Grundpflichten des Vaters zu sichern (Unterhalt, Erb- und Pflichtteilsrechte), könnte bei der Verknüpfung von nichtehelicher Elternschaft und elterlicher Sorge aus Sorge vor schikanöser Einmischung davon abgehalten werden, den Kindesvater feststellen zu lassen, weil sie zur Aufhebung der gemeinsamen Sorge tätig werden und (erneut) ein gerichtliches Verfahren anstrengen müsste. Dies käme dem desinteressierten Vater zugute, für den sich sogar die Gefahren einer bloßen Zahlvaterschaft verringern würden.

Zweifeln ließe sich demgegenüber bei der Begründung der Vaterschaft durch Anerkennung (§§ 1594 ff. BGB). Da eine solche der Zustimmung der

---

[471] BVerfG v. 7.3.1995 – 1 BvR 790/91 und 540, 1 BvR 866/92, BVerfGE 92, 158 (179).

[472] BT-Drucks. 13/4899, S. 59.

[473] BVerfG v. 24.3.1981 – 1 BvR 1516/78, 1 BvR 964/80, 1 BvR 1337/80, BVerfGE 56, 363 (384, 388 ff.) für das Recht vor der Kindschaftsrechtsreform; *Coester-Waltjen* in: von Münch/Kunig, Art. 6 Rz. 79; a.A. *Rauscher*, § 33 II Rz. 973.

Mutter bedarf (§ 1595 Abs. 1 BGB)[474], die Vaterschaftsanerkennung damit an einen auf Übereinstimmung beruhenden, der pater-est-Regel (§ 1592 Nr. 1 BGB) entsprechenden Zuordnungstatbestand beruht, ist zumindest fraglich, ob der Gesetzgeber hier nicht konsequenterweise dieselbe Rechtsfolge eintreten lassen müsste wie bei einer Geburt des Kindes während bestehender Ehe, nämlich die automatische elterliche Sorgegemeinsamkeit. Hierfür spricht zunächst, dass die Wahrscheinlichkeit der zutreffenden Zuordnung des Kindes zu seinem leiblichen Vater auf Grund einer Anerkennung größer sein dürfte als bei einer Zuordnung auf Grund bestehender Ehe. Die durch Anerkennung und Zustimmung zum Ausdruck gebrachte elterliche Übereinstimmung ist zudem – jedenfalls in Bezug auf die Zuordnung des Kindes zum Vater – nicht nur aktueller, sondern auch konkreter als bei der Zuordnung kraft Ehe(schließung). Doch Einigkeit in der Abstammungsfrage allein lässt nicht auf die Bereitschaft zur Übernahme von gemeinschaftlicher Verantwortung schließen[475]. Wo diese besteht, haben die Eltern die Möglichkeit, die gemeinsame Sorgezuständigkeit durch Abgabe von Sorgeerklärungen zu begründen. Allerdings würden Elternrecht und elterliche Sorge bei einem Zusammenleben der Eltern niemals auseinander klaffen (§ 1671 BGB setzt Getrenntleben voraus), sodass die Gefahr einer willkürlichen Verweigerung der Sorgeerklärung ausgeschlossen wäre[476], wenn die wirksam erfolgte Vaterschaftsanerkennung den Automatismus elterlicher Sorgegemeinsamkeit auslösen würde. Im Vergleich zu den Gefahren eines Sorgeautomatismus dürfte die Gefahr willkürlicher Weigerung zur Abgabe einer Sorgeerklärung aber relativ gering sein. Mangelt es der Mutter an der Bereitschaft zur Abgabe einer Sorgeerklärung, deutet dies auf eine bestehende Beziehungskrise hin. Wenn die Mutter sich noch nicht sicher ist, ob sie die gemeinsame elterliche Sorge mit dem Kindesvater will, würde sie – wenn sie bei der Anerkennung der Vaterschaft mit der gemeinsamen Sorge rechnen müsste – die

---

474 Zum Sorgeentzug in der Person der Kindesmutter zum Zweck der Ersetzung der Zustimmung s. AG Biberach v. 19.4.2001 - 2 F 144/01 (SO), JAmt 2001, 303. Die Entscheidung ist abzulehnen, weil eine Ersetzung der höchstpersönlichen Zustimmung – im Hinblick auf ein mögliches Vaterschaftsfeststellungsverfahren – weder vorgesehen noch notwendig ist. Im Ergebnis ebenso *DIJuF*, JAmt 2001, 477 (478); vgl. auch BT-Drucks. 13/4899, S. 54.

475 Im Ergebnis ebenso *Bugla*, S. 117.

476 Unter diesem Aspekt werden Zweifel an der Verfassungsmäßigkeit des § 1626 a Abs. 2 BGB betont von *Lipp*, FamRZ 1998, 65 (70) und *Finger*, FamRZ 2000, 1204 (1207).

Zustimmung zur Anerkennung verweigern, selbst wenn über die Abstammung Einigkeit bestünde. Will man eine Krise jedenfalls bei Zusammenleben nicht anerkennen, ignoriert man, dass sich die Eltern nicht für eine Institutionalisierung ihrer Beziehung entschieden haben, und nimmt möglicherweise zu Lasten des Kindes eine Trennung in Kauf.

Aus dem vorstehend Ausgeführten dürfte deutlich geworden sein, dass es keine bessere Alternative gibt, als die elterliche Sorge primär der Mutter zuzuweisen. Der automatische Eintritt elterlicher Sorgegemeinsamkeit ist weniger geeignet, den Typen nichtehelicher Elternschaft gerecht zu werden. Es liegt daher im Rahmen der gesetzgeberischen Einschätzungsprärogative, wenn der Gesetzgeber den Eintritt elterlicher Sorgegemeinsamkeit von einer diesbezüglichen Mitwirkung der Mutter (§§ 1626 a Abs. 1 Nr. 1 und 2, 1672 Abs. 2 BGB) abhängig macht und ihr das Recht zur Prüfung zugestehen will, ob der Vater genügend Verantwortungsbewusstsein für das Kind zeigt[477]. Insoweit ist unbedenklich, dass der Gesetzgeber weitergehende Vorschläge verworfen hat[478], sodass sich eine etwaige Verfassungswidrigkeit des § 1626 a Abs. 2 BGB – jedenfalls insoweit – nicht feststellen lässt[479].

Bedenklich ist allerdings, dass der Vater – als Träger des Elternrechts – einen Wechsel in der Sorgerechtszuständigkeit nicht ohne Zustimmung der gemäß § 1626 a Abs. 2 BGB allein sorgeberechtigten Kindesmutter bewirken kann[480]. Eine Chance auf Erlangung der elterlichen Sorge besteht für ihn nur bei Ausfall der vorrangig sorgeberechtigten Mutter. Es mag rechtspolitisch fraglich sein, ab wann und in welchem Umfang[481] eine einfachgesetzliche Korrektur-

---

[477] Für ein solches Prüfungsrecht der Kindesmutter hat sich der Gesetzgeber im Rahmen der Begründung zu § 1626 b Abs. 1 BGB, durch den Elternschaft auf Zeit oder in Abhängigkeit von einem künftigen, etwa ungewissen Ereignis verhindert werden soll, deutlich ausgesprochen; vgl. BT-DS 13/4899, S. 94.

[478] BT-DS 13/4899, S. 58 ff.

[479] BGH v. 4.4.2001 – XII ZB 3/00, FamRZ 2001, 907 m. krit. Anm. Luthin; OLG Hamm v. 12.1.1999 – 2 UF 440/98, KindPrax 1999, 97 m. abl. Stellungnahme; *Büdenbender*, AcP 197 (1997), 197 (214 f.); *Coester-Waltjen* in: von Münch/Kunig, Art. 6 Rz. 79; a.A. *Rauscher*, § 33 II Rz. 973 m.N.

[480] S. statt vieler *Schumann*, FamRZ 2000, 389 (393), die der Bevorzugung der Mutter nur solange Bestand geben will, solange dem Wohl des Kindes bei Fortbestehen der mütterlichen Alleinsorge wenigstens in gleicher Weise gedient ist wie bei einer Übertragung der elterlichen Sorge auf den Vater. Vgl. auch *Bugla*, S. 127.

[481] So fragt sich, ob es bei einer unterhalb der zum staatlichen Eingriff berechtigenden Gefahrenschwelle des § 1666 bei der Alleinsorge der Kindesmutter selbst dann bleiben

(Fortsetzung s. nächste Seite)

möglichkeit vorzusehen ist. Der völlige Ausschluss der Übertragung der elterlichen Sorge auf den Vater ohne den Willen der Kindesmutter (vgl. § 1672 Abs. 1 Satz 1 BGB) wird dem Elternrecht des Vaters jedenfalls nicht gerecht und dürfte auch nicht den Interessen des Kindes gerecht werden.

b) Die Einschränkung des § 1626 b Abs. 3 BGB

Eine Sorgeerklärung ist gemäß § 1626 b Abs. 3 BGB unwirksam, soweit eine gerichtliche Entscheidung über die elterliche Sorge nach den §§ 1671, 1672 BGB getroffen oder eine solche Entscheidung nach § 1696 Abs. 1 BGB geändert wurde. Hierdurch will der Gesetzgeber einem „Hin und Her" der elterlichen Sorge entgegenwirken und sorgerechtliche Stabilität sichern[482]. Auf der anderen Seite nötigt die Regelung Eltern, die einmal mit der gemeinsamen Sorgerechtszuständigkeit Probleme hatten und gerichtliche Hilfe in Anspruch genommen haben, erneut zur Anrufung des Gerichts, wenn sie die Sorgegemeinsamkeit wiederherstellen wollen[483]. Dies gilt jedoch nicht für Eltern, die nach einer in § 1626 b Abs. 3 BGB genannten gerichtlichen Sorgerechtsregelung (erstmals oder erneut) einander heiraten[484]. Aus dem Umstand, dass § 1626 b Abs. 3 BGB insoweit keine Einschränkung vorsieht, lässt sich auf die gesetzgeberische Prognose schließen, dass bei einer Eheschließung eine größere Gewähr für das Funktionieren elterlicher Sorgegemeinsamkeit besteht als bei bloßer Bereitschaft zur Abgabe von Sorgeerklärungen. Mögen gegen diese Differenzierung auch keine verfassungsrechtlichen Bedenken ersichtlich sein, so erscheint die Unterscheidung zumindest rechtspolitisch zweifelhaft.

---

soll, wenn ein Sorgewechsel auf den Vater dem Wohl des Kindes dienlicher wäre; vgl. *Coester-Waltjen* in: von Münch/Kunig, Art. 6 Rz. 79 m.N.

482 BT-Drucks. 13/4899, S. 94.

483 *Rauscher*, § 33 I Rz. 971.

484 Wenn die Eltern einander heiraten, entsteht kraft Gesetzes die gemeinsame elterliche Sorge (§ 1626 a Abs. 1 Nr. 2 BGB). Dies gilt nicht nur bei erstmaliger Eheschließung, sondern auch im Falle einer Wiederheirat. Erwähnenswert ist, dass schon nach altem Recht eine anlässlich der Ehescheidung gemäß § 1671 Abs. 1 bis 4 BGB a.F. getroffene Sorgerechtsregelung im Fall der Wiederverheiratung automatisch hinfällig wurde. Vgl. BayObLG v. 7.12.1964 (1b ZS), BReg. 1b Z 225/64, BayObLGZ 1964, 410 ff.; KG v. 8.9.1981 – 17 UF 3449/80, FamRZ 1982, 736; anders jedoch bezüglich der Regelung des § 1671 Abs. 5 Satz 1 a.F.; vgl. OLG Stuttgart v. 8.6.1976 – 8 W 293/76, FamRZ 1976, 537; OLG Hamm v. 13.9.1977 – 15 W 239/77, OLGZ 1978, 56.

Um die Ungleichbehandlung aufzulösen ist denkbar, die von § 1626 b Abs. 3 BGB vorgesehene Einschränkung unter dem Gesichtspunkt der Gleichbehandlung auch für den Fall der Heirat anzuordnen oder die Einschränkung insgesamt zu streichen. Die Entscheidung darüber, welchem Weg der Vorzug zu geben ist, stellt letztlich eine Entscheidung der Frage dar, inwieweit der Elternautonomie im Recht der elterlichen Sorge Gewicht zukommen soll. Der Gesetzgeber hat sich für eine besondere Stellung der Elternautonomie entschieden, was sich vor allem in der Regelung des § 1671 Abs. 2 Nr. 1 BGB zeigt, nach der das Gericht einem Antrag auf Zuweisung der Alleinsorge grundsätzlich stattgeben muss, wenn der andere Elternteil zustimmt. Wird der Elternautonomie aber sogar auf dem Weg von der gemeinsamen Sorge zur Alleinsorge ein derart hohes Gewicht verliehen, ohne dass das Gesetz für den Fall, dass eine solche Entscheidung bereits zum wiederholten Mal beantragt ist, eine Einschränkung bereithält, ist schwerlich nachvollziehbar, weshalb der erneute Weg zur gemeinsamen Sorge erschwert wird, bei der das Kind immerhin einen Verantwortlichen hinzugewinnt, anstatt ihn zu verlieren. Bei der gemeinsamen Sorge bleibt dem Kind auch weiterhin der auf Grund der gerichtlichen Entscheidung zugeordnete Elternteil als Erziehungsverantwortlicher erhalten, sodass seine Lebensverhältnisse weiterhin stabil bleiben. Deshalb führt die Wiederbegründung der gemeinsamen Sorge durch Sorgeerklärungen auch nicht zu einer besonderen Beeinträchtigung der Erziehungskontinuität[485]. Diese ist nicht mehr gewährleistet und nicht weniger gefährdet als in jedem Fall, in dem gemeinsame Sorge besteht. Schließlich muss man sich vor Augen halten, dass empirische Untersuchungen zu der gesicherten Erfahrung geführt haben, „dass Eltern letztendlich doch das verwirklichen, was sie für richtig halten, selbst wenn zuvor Richter in anderer Richtung entschieden haben"[486]. Daher stellt § 1626 b Abs. 3 BGB eine unnötige Einschränkung der Elternautonomie dar[487]. Soweit demgegenüber geäußert wird, eine gerichtliche Entscheidung könne angesichts ihrer sorgerechtlichen Statuswirkung selbstverständlich nicht der freien Disposition

---

485 Im Ergebnis ebenso *Will*, ZfJ 1998, 308 (312); *Rauscher*, § 33 Rz. 1084; a.A. *Huber*, FamRZ 1999, 1625 (1629).

486 *DFGT*, FamRZ 1997, 337 (339).

487 *DFGT*, FamRZ 1997, 337 (339). Zustimmend: *FamRefK/Rogner*, § 1626 b Rz. 8; *Palandt/Diederichsen*, 59. Aufl., § 1626 b Rz. 7. Ablehnend: *Lipp/Wagenitz*, § 1626 b, Rz. 3.

der Eltern unterliegen[488], liegt das neben der Sache. Auch der kraft gemeinsamer Sorgeerklärungen begründeten gemeinsamen Sorge kommt eine sorgerechtliche Statuswirkung zu[489], sodass sich die Argumentation schlicht auf die Aussage reduzieren lässt, dass eine gerichtliche Entscheidung gegenüber der Elternautonomie stets den Vorrang haben soll. Für fortwirkende Eingriffe nach §§ 1666 ff. BGB steht dies außer Frage[490]. Es besteht jedoch keine Rechtfertigung für die Forderung, dass auch der wiederholte Weg zur gemeinsamen Sorge nur durch eine erneute Einschaltung des Gerichts möglich sein soll[491]. Einem etwaigen Bedürfnis des Rechtsverkehrs nach Rechtssicherheit könnte der Gesetzgeber dadurch Rechnung tragen, dass (z.B. beim Jugendamt) ein zentrales Register eingerichtet wird, aus dem Dritte Informationen über abgegebene Sorgeerklärungen und damit den Bestand der gemeinsamen Sorge bei nicht miteinander verheirateten Eltern beziehen können. Dies erscheint ohnehin nicht nur zweckmäßiger, sondern auch zuverlässiger als die für die nach § 1626 a Abs. 2 BGB allein sorgeberechtigte Mutter vorgesehene Möglichkeit, zum Nachweis ihrer Alleinvertretungsmacht[492] eine schriftliche „Auskunft" über die Nichtabgabe von Sorgeerklärungen verlangen zu können (§§ 1626 d Abs. 2 BGB, 58 a SGB VIII), das sog. Negativattest[493]. Eine Auskunft kann schon kurz nach ihrer Erteilung überholt sein[494], sodass die Mutter dann ohne weiteres Handlungen vor-

---

488 *Lipp/Wagenitz*, § 1626 b, Rz. 3; *Büdenbender*, AcP 197 (1997), 197 (213).

489 Gegen die statusrechtliche Wirkung von Sorgeerklärungen (gemeinsame Inhaberschaft des Pflichtrechts der elterlichen Sorge) lässt sich auch aus der Auffassung nichts Gegenteiliges herleiten, die den Sorgeerklärungen lediglich eine statuskonkretisierende Funktion zuspricht (so *Lipp*, FamRZ 1998, 65, (71)), da sie nur vorhandenes Elternrecht konkretisiere, nicht aber ein neues Recht schaffe. Wie die Eheschließung begründen die Sorgeerklärungen elterliche Sorgegemeinsamkeit.

490 Vgl. bereits LG Osnabrück v. 25.7.1962 – 7 T 95/62, FamRZ 1963, 144.; für eine auf § 1671 Abs. 5 Satz 1 a.F. beruhende Maßnahme OLG Stuttgart v. 8.6.1976 – 8 W 293/76, FamRZ 1976, 537.

491 Für den automatischen Wegfall der Bindungswirkung einer Entscheidung nach § 1671 BGB Abs. 1 bis 4 a.F. im Fall der Eheschließung BayObLG v. 7.12.1964 (1b ZS), BReg. 1b Z 225/64, BayObLGZ 1964, 410 ff.; KG v. 8.9.1981 – 17 UF 3449/80, FamRZ 1982, 736; anders jedoch bezüglich der Regelung des § 1671 Abs. 5 Satz 1 a.F.; vgl. OLG Stuttgart v. 8.6.1976 – 8 W 293/76, FamRZ 1976, 537; OLG Hamm v. 13.9.1977 – 15 W 239/77, OLGZ 1978, 56.

492 BT-Drucks. 13/4899, S. 60, 173.

493 *Wiesner*, 1998, 269 (274).

494 Zur Rechtsunsicherheit vgl. auch *Schwab*, FS Medicus, 587 (602).

nehmen könnte, die der gemeinsamen Sorge zuwiderlaufen[495]. Obgleich der Gesetzgeber dies für „wenig wahrscheinlich“[496] hielt, traut er seiner Annahme offenbar selbst nicht. Dies zeigt sich nicht nur darin, dass die Bescheinigung des Jugendamtes, obgleich zum Nachweis vorgesehen, nur mit dem wenig vertrauenserweckenden Begriff „Auskunft“ belegt ist, sondern auch darin, dass die Gesetzesverfasser ausweislich der Amtlichen Begründung nur in der „ersten Zeit“ nach der Begründung von der geringen Wahrscheinlichkeit eines gemeinsamer Sorge zuwiderlaufenden Verhaltens ausgehen[497]. Aus alledem folgt, dass die Einschränkung des § 1626 b Abs. 3 BGB aus rechtspolitischer Sicht nicht sachgerecht ist und daher in Zukunft entfallen sollte.

2. Die Begründung elterlicher Sorgegemeinsamkeit durch das Gericht

Nach einer durch das Gericht ermöglichten – aber nicht durch Eingriff gemäß § 1666 Abs. 1 BGB veranlassten – Änderung der Sorgerechtszuständigkeit (§§ 1671 Abs. 2, 1672 Abs. 1, 1696 Abs. 1 BGB) kann die elterliche Sorgegemeinsamkeit – außer durch erstmalige oder erneute Eheschließung – nur durch das Gericht herbeigeführt werden, da Sorgeerklärungen nach einer solchen Entscheidung keine Wirkung zukommt (§ 1626 b Abs. 3 BGB). Nach der Konzeption des Gesetzes sind unterschiedliche Wege zur Sorgegemeinsamkeit vorgesehen, je nachdem, ob es um die Wiederherstellung oder die erstmalige Begründung der gemeinsamen elterlichen Sorge geht.

a) Die Wiederherstellung gemeinsamer Sorge durch gerichtliche Änderungsentscheidung

Mit § 1696 Abs. 1 BGB[498] hält das Gesetz eine Regelung bereit, unter deren Voraussetzungen eine vom Vormundschafts- oder Familiengericht getroffene

---

495 Regelmäßig wird dem Kindesvater aus einem angemaßten Alleinsorgerecht der Mutter kein Schaden erwachsen, doch immerhin ist denkbar, dass durch Vermögensdispositionen dem Kind ein Schaden zugefügt wird; vgl. *DIV*, DAVorm 1999, 63 (64).

496 BT-Drucks. 13/4899, S. 173.

497 BT-Drucks. 13/4899, S. 173.

498 § 1696 Abs. 1 BGB ist durch das KindRG zu Klarstellungszwecken neu gefasst worden, hat inhaltlich aber keine Neuerungen erfahren; vgl. BT-Drucks. 13/4899, S. 109. Zum Verhältnis der gerichtlichen Änderungsbefugnisse gemäß § 1696 BGB und § 18 FGG s. *Staudinger/Coester*, § 1696 Rz. 7 m.N.; *Palandt/Diederichsen*, § 1696 Rz. 6 f.; *Bassenge/Herbst*, FGG, § 18 Rz. 9, 22.

Anordnung veränderten Verhältnissen angepasst[499], also auch eine vormals bestehende Sorgegemeinsamkeit, die in eine (vollständige oder partielle) Alleinsorge überführt wurde, wiederhergestellt werden kann. Eine solche Änderungsentscheidung hat zu erfolgen („haben ... zu ändern"), wenn sie aus triftigen, das Wohl des Kindes nachhaltig berührenden Gründen angezeigt ist[500]. Nicht jeder erdenkliche Umstand soll eine Änderungsentscheidung ermöglichen[501], da anderenfalls die Stabilität der Lebens- und Erziehungsbedingungen des Kindes gefährdet wäre. Aus diesem Grund sind die Hürden für eine Änderungsentscheidung besonders hoch. Zum einen gilt die Regel, dass eine Änderung nur in Betracht kommt, wenn sich seit Erlass der Erstentscheidung die Verhältnisse tatsächlich geändert haben oder Umstände zutage getreten sind, die zu einer anderen Beurteilung des damals zugrunde gelegten Sachverhalts nötigen[502]. Zum anderen spiegeln sich die hohen Anforderungen für eine Änderungsentscheidung im Maßstab des Kindeswohls wider[503].

Während das Gericht grundsätzlich diejenige Entscheidung zu treffen hat, die unter Berücksichtigung der tatsächlichen Gegebenheiten und Möglichkeiten sowie der berechtigten Interessen der Beteiligten dem Wohl des Kindes am besten entspricht (§ 1697 a BGB), kommt eine Änderungsentscheidung gemäß § 1696 Abs. 1 BGB nur dann in Betracht, wenn sie aus triftigen, das Wohl des Kindes nachhaltig berührenden Gründen angezeigt ist. Dies ist gegenüber dem allgemeinen Maßstab des § 1697 a BGB insofern strenger, als es (unmittelbar) weder auf die Interessen der Eltern[504] noch auf die Interessen des Kindes, sondern allein auf triftige, das Kindeswohl nachhaltig berührende Gründe ankommt[505]. Ihr Vorliegen wird nach einhelliger Meinung nur dann angenommen, wenn die Vorteile der Neuregelung die mit der Änderung verbundenen

---

499 BVerfG vom 3.11.1982 – 1 BvL 28/80, 1 BvL 38/80, 1 BvL 40/80, 1 BvL 12/81, BVerfGE 61, 358 (376).

500 Durch die Formulierung ist eine Formel Gesetz geworden, die die Rechtsprechung bereits zur alten Fassung des § 1696 Abs. 1 BGB entwickelt hatte. Vgl. BGH v. 12.5.1982 – IVb ZB 10/82, FamRZ 1982, 788 (789); BGH v. 28.5.1986 – IVb ZR 36/84, NJW-RR 1986, 1130 (1131) m.N.

501 BT-Drucks. 13/4899, S. 109.

502 *Huber*, FamRZ 1999, 1625 (1626) m.N.; *Lipp/Wagenitz*, § 1696 Rz. 2.

503 *Huber*, FamRZ 1999, 1625 f.; *Erman/Michalski*, Vorbem. zu § 1696.

504 OLG Hamm v. 9.1.1984 – 8 UF 9/84, DAVorm 1984, 918 (919).

505 *Erman/Michalski*, Vorbem. zu § 1696.

Nachteile *deutlich* überwiegen[506]. Darin zeigt sich ein gradueller Unterschied zwischen dem allgemeinen Kindeswohlmaßstab des § 1697 a BGB und dem bei einer Änderungsentscheidung geltenden Maßstab. Grundsätzlich hat das Gericht bei allen Maßnahmen die dem Kindeswohl „am besten" entsprechende Regelung zu treffen[507]. Eine Maßnahme, die gegenüber einer anderen zwar gewisse Vorteile mit sich bringt, bei der sich im Rahmen einer Gesamtabwägung jedoch ergibt, dass sie dem Kindeswohl weniger dienlich ist, hat dann zu unterbleiben. Im Wege einer Änderungsentscheidung soll sich nicht einmal die dem Kindeswohl am besten entsprechende Regelung herbeiführen lassen, wenn nicht ein deutliches Übergewicht gegenüber dem Nachteil der Änderung besteht[508].

Durch die Kindschaftsrechtsreform hat der elterliche Konsens eine erhebliche Aufwertung erfahren, sodass auch dem gemeinsamen Wunsch nach Wiederherstellung der elterlichen Sorgegemeinsamkeit – wie auf S. 114 f. bereits dargelegt – ein besonderer Stellenwert zukommt. Dieser Stellenwert des elterlichen Konsenses ist auch bei der Auslegung des § 1696 Abs. 1 BGB zu berücksichtigen, und bei der Wiederherstellung gemeinsamer Sorge danach zu differenzieren, ob die Sorgegemeinsamkeit von den Eltern oder nur von einem Elternteil begehrt wird.

aa) Die einvernehmlich gewünschte Wiederherstellung der gemeinsamen elterlichen Sorge

Fraglich ist die Auslegung des § 1696 Abs. 1 BGB vor dem Hintergrund des geltenden Rechts, wenn der Wunsch der Eltern auf Wiederherstellung elterlichen Sorgegemeinsamkeit gerichtet ist. Zu prüfen ist weiterhin, ob und inwieweit einem gegen die Wiederherstellung elterlicher Sorgegemeinsamkeit ge-

---

506 *Palandt/Diederichsen*, § 1696 Rz. 21 m.N.

507 Die dem Kindeswohl am besten entsprechende Maßnahme wird durch den Vergleich der jeweils möglichen Gestaltungen ermittelt. Ausschlaggebend ist letztlich die „am wenigsten schädliche Alternative", ein Ansatz, der auf *Goldstein/Freud/Solnit,* S. 49 ff., zurückgeht.

508 Beispiel: Anlässlich einer nicht nur vorübergehenden Trennung ist die elterliche Sorge gemäß § 1671 Abs. 2 Nr. 1 BGB der Mutter übertragen worden. Nunmehr begehrt der Vater die Alleinsorge. Es steht fest, dass das Kind bei ihm sehr gut aufgehoben wäre, während es bei der Mutter „nur" gut aufgehoben ist. Obgleich das alleinige Sorgerecht des Vaters nach dem Umständen des Einzelfalles die dem Kindeswohl am besten entsprechende Regelung wäre, kommt ein Wechsel in der Person des Alleinsorgeberechtigten nicht in Betracht, da die Vorteile eines Sorgewechsels die Nachteile der Änderung nicht deutlich überwiegen.

richteten Widerspruch eines mindestens 14-jährigen Kindes eine Bedeutung zukommt.

(1) Maßstab der Kindeswohlprüfung

Für die Auslegung des § 1696 Abs. 1 BGB gibt es theoretisch sechs Möglichkeiten. Die beiden extremsten bestehen darin, dem elterlichen Konsens im Rahmen des § 1696 Abs.1 BGB entweder (1.) überhaupt keine Beachtung zu schenken oder ihm – im Gegenteil – (2.) eine derart große Bedeutung beizumessen, dass er für sich allein schon ausreicht, einen triftigen, das Kindeswohl nachhaltig berührenden Grund anzunehmen, wodurch eine weitere Kindeswohlprüfung entbehrlich würde. Ein gemäßigterer Ansatz bestünde darin, den Konsens zwar für beachtlich zu halten, gleichwohl aber eine Kindeswohlprüfung zu fordern. Maßstab hierfür könnte entweder (3.) der allgemeine Maßstab des § 1697 a BGB oder (4.) der demgegenüber weniger strenge Maßstab der Kindeswohldienlichkeit sein, der z.B. für einen Wechsel in der Person des Alleinsorgeberechtigten gemäß § 1672 Abs. 1 Satz 2 BGB vorgesehen ist. Es könnte weiterhin eine Negativkontrolle in dem Sinne vorzunehmen sein, dass die Anordnung der begehrten Sorgegemeinsamkeit (5.) nur dann zu unterbleiben hat, wenn sie dem Wohl des Kindes widerspricht oder (6.) nur dann, wenn triftige, das Kindeswohl nachhaltige Gründe gegen eine solche Änderung sprechen.

Gegen die Möglichkeit Nr. 4 spricht, dass das Gesetz den Maßstab der Kindeswohldienlichkeit lediglich für Konstellationen vorschreibt, in denen kumulativ zwei Voraussetzungen vorliegen müssen, nämlich nur für die Fälle, in denen erstens ein Wechsel in der Person des Alleinsorgeberechtigten in Betracht kommt und zweitens zu Gunsten eines Elternteils (konkret: des Vaters), der (auf Grund einer bestehenden Alleinsorge der Mutter gemäß § 1626 a Abs. 2 BGB) noch niemals Inhaber der elterlichen Sorge war (§§ 1672 Abs. 2 Satz 1, 1678 Abs. 2, 1680 Abs. 2 Satz 2, 1680 Abs. 3 BGB)[509]. An beiden Voraussetzungen fehlt es, wenn Eltern die gemeinsame elterliche Sorge wiederbegründen wollen. Möglichkeit Nr. 3[510] kommt nur als Auffangtatbestand in Betracht, weil der allgemeine Maßstab des § 1697 a BGB ja nur gelten soll, soweit

509 Vgl. auch die zusammenfassende Übersicht auf S. 97 ff.

510 Zu dieser Möglichkeit jedoch tendierend *Finke* in: Finke/Garbe, § 98 Rz. 98.

nichts anderes bestimmt ist, und ob das der Fall ist, gilt es hier gerade herauszufinden. Möglichkeit Nr. 1 scheidet ebenfalls aus. Für sie ließe sich zwar anführen, dass es nach dem Wortlaut des § 1696 Abs. 1 BGB lediglich auf Kindeswohlinteressen – und gerade nicht auf Elternwünsche – ankommt, doch bliebe hierbei unberücksichtigt, dass das Gesetz der Elternautonomie bei der Aufhebung der gemeinsamen elterlichen Sorge einen hohen Stellenwert eingeräumt hat (vgl. § 1671 Abs. 2 Nr. 1 BGB)[511]. Elterlichem Konsens im Rahmen des § 1696 Abs. 1 BGB dagegen keinerlei Beachtung zu schenken, bedeutete deshalb – auch wenn sich Erst- und Änderungsentscheidungen in den genannten Konstellationen reziprok verhielten[512] – nicht nur, einen Wertungswiderspruch hinzunehmen, sondern darüber hinaus sogar eine Auffassung zu vertreten, die mit dem rechtspolitisch hohen Stellenwert, den die gemeinsame Sorge genießt, nicht in Einklang zu bringen wäre. Zu diskutieren bleiben damit noch die Möglichkeiten, dass das Gericht bei einvernehmlich gewünschter Wiederherstellung der gemeinsamen elterlichen Sorge überhaupt keine Kindeswohlprüfung (1.) oder nur eine Negativkontrolle (5. und 6.) vorzunehmen hat.

Für den vollständigen Wegfall einer Kindeswohlprüfung – unterhalb der Eingriffsschwelle des § 1666 BGB[513] – ließe sich anführen, dass das Gericht eine solche weder vornehmen kann noch darf, wenn gemeinsam sorgeberechtigte Eltern die Übertragung der elterlichen Sorge auf einen Elternteil allein wünschen und das mindestens vierzehn Jahre alte Kind nicht widerspricht (§ 1671 Abs. 2 Nr. 1 BGB)[514], obwohl das Kind hierdurch einen Verantwortlichen verliert, anstatt ihn – wie bei der Begründung gemeinsamer Sorge – hinzuzugewinnen. Auch der Umstand, dass die gemeinsame elterliche Sorge durch eine (erstmalige oder wiederholte) Eheschließung wiederbegründet werden kann, die keine Kindeswohlprüfung voraussetzt, sondern allein dem elterlichen Konsens obliegt, könnte dafür sprechen, den Elternkonsens auch auf der Änderungsebene „durchwirken“[515] und als triftigen Grund i.S. des § 1696 Abs. 1 BGB – ggf.

---

511 *Staudinger/Coester*, § 1696 Rz. 61.
512 *Büdenbender*, AcP 197 (1997), 197 (217).
513 *FamRefK/Rogner*, § 1696 Rz. 4; *Büdenbender*, AcP 197 (1997), 197 (218); *Palandt/Diederichsen*, § 1696 Rz. 26.
514 *Büdenbender*, AcP 197 (1997), 197 (218).
515 *Büdenbender*, AcP 197 (1997), 197 (218 und 225).

ohne weitere Kindeswohlprüfung[516] – genügen zu lassen, zumal sich Eltern in Fällen wiedergewonnenen Einvernehmens ohnehin so verhalten (werden), als ob gemeinsame Sorge bestünde[517]. Obgleich die Argumentation einiges für sich hat – und ein solches Ergebnis nach der hier vertretenen Auffassung erstrebenswert wäre – , lässt sich diese Ansicht vor dem Hintergrund des § 1626 b Abs. 3 BGB nicht halten. Wenn diese Regelung überhaupt einen Sinn haben soll, so kann dieser nur darin liegen, den auf elterlichem Konsens beruhenden Automatismus des § 1626 a Abs. 1 Nr. 1 BGB zu verhindern und dem Gericht stattdessen eine Kindeswohlprüfung zu ermöglichen[518]. Anderenfalls wäre die Einschränkung des § 1626 b Abs. 3 BGB eine bloße „Förmelei", denn übereinstimmenden Sorgeerklärungen kommt (solange keine Entscheidung nach §§ 1671, 1672 BGB ergangen oder solche Entscheidungen nach § 1696 Abs. 1 BGB geändert worden sind) genauso wie einer Eheschließung eine sorgerechtliche Statuswirkung zu. Um allen Missverständnissen vorzubeugen sei nochmals ausdrücklich darauf hingewiesen, dass die Einschränkung des § 1626 b Abs. 3 BGB m.E. nicht gerechtfertigt ist und der Auffassung, dass der elterliche Wille zur gemeinsamen Sorge auch auf der Änderungsebene durchwirken sollte, an sich der Vorzug zu geben wäre, bloß ist sie nach der gegenwärtigen Rechtslage aus dem genanntem Grund nicht haltbar.

Zu untersuchen bleiben damit nur noch die Möglichkeiten Nr. 5 und 6. Letztere geht zurück auf *Schwab*[519], der – jedenfalls für die Übergangsfälle – dem elterlichen Konsens ein derart hohes Gewicht beimessen will, dass sich das Regel-Ausnahme-Verhältnis im Rahmen des § 1696 Abs. 1 BGB umkehrt. Die triftigen, das Kindeswohl nachhaltig berührenden Gründe sollen nicht für die erstrebte Änderung sprechen müssen, sondern vielmehr dem gemeinsamen Sorgerecht nicht entgegenstehen dürfen[520]. Diese Ansicht ist abzulehnen. Der einzige Vorteil, den sie mit sich bringt, liegt darin, dass sie auf dem Bemühen beruht,

516 *Ewers*, FamRZ 1999, 477 (479), spricht sich ausdrücklich für den vollständigen Wegfall einer materiell-rechtlichen Kindeswohlprüfung aus, wenn die Eltern zusammenleben und die gemeinsame Sorge (wieder-)herstellen wollen.

517 *DFGT*, FamRZ 1997, 337 (339).

518 Wohl auch *Huber*, FamRZ 1999, 1625 (1628).

519 *Schwab*, FamRZ 1998, 457 (471).

520 Zustimmend: AG Würzburg v. 22.4.1999 – 1 F 987/98, FamRZ 1999, 1148 (1149); *Staudinger/Coester*, § 1696 Rz. 61; *Huber*, FamRZ 1999, 1625 (1629).

den gesetzlichen Wortlaut des § 1696 Abs. 1 BGB zu berücksichtigen. Sie verschleiert aber, dass das angenommene Regel-Ausnahme-Verhältnis in Wahrheit einer Wertungsentscheidung entspringt. Wohlverstanden, geht es nicht darum, Wertungen zu vermeiden, doch es ist kein Grund ersichtlich, weshalb dafür ein weiterer Kindeswohlmaßstab („triftige, das Kindeswohl nachhaltig berührende Gründe dürfen *nicht* entgegenstehen") in Kauf genommen werden soll. Hierfür besteht kein Bedürfnis, denn es spricht nichts dagegen, den elterlichen Wunsch nach Sorgegemeinsamkeit als triftigen, das Wohl des Kindes nachhaltig berührenden Grund für eine Änderung anzuerkennen – ja dies lässt sich nicht einmal in Abrede stellen, wenn gesichert ist, dass Eltern ohnehin das verwirklichen, was sie für richtig halten[521]. Die Notwendigkeit einer zusätzlich erforderlichen Kindeswohlprüfung lässt sich ohne weiteres mit § 1626 b Abs. 3 BGB begründen[522] und im Rahmen des § 1696 Abs. 1 BGB am Merkmal „angezeigt" festmachen. Und was liegt näher als den Kindeswohlmaßstab heranzuziehen, der in *allen* Fällen gilt, wenn ein Elternteil, der zu irgendeinem Zeitpunkt schon einmal Inhaber der elterlichen Sorge war, erneut (Mit-)Inhaber werden soll? Demjenigen, dem die elterliche Sorge irgendwann einmal zustand, kann sie – jedenfalls bei Ausfall des anderen Elternteils – unter der Voraussetzung übertragen werden, dass dies dem Kindeswohl nicht widerspricht[523]. Dass dieser Maßstab auch in dem Fall Geltung beansprucht, in dem es nicht zu einem Wechsel in der Person des Alleinsorgeberechtigten, sondern zur gemeinsamen elterlichen Sorge kommen soll, zeigt § 1672 Abs. 2 Satz 1 BGB deutlich auf. Im Interesse des Gleichlaufs derartiger Sorgerechtsgestaltungen ist daher der Möglichkeit Nr. 5 der Vorzug zu geben.

(2) Kindeswiderspruch

Zu klären bleibt, ob das Gericht einen Antrag auf Wiederherstellung gemeinsamer Sorge zwingend zurückweisen muss, wenn das bereits 14-jährige Kind der Anordnung gemeinsamer Sorge widerspricht. Zu dieser Annahme neigt offenbar *Büdenbender*, der den entgegenstehenden Kindeswillen ab vollendetem 14. Lebensjahr – wie im Rahmen des § 1671 Abs. 2 Nr. 1 BGB – berücksichtigen will und ihn – ebenso wie einen Fall nach § 1666 BGB – als „Grenze" des elter-

---

521 *DFGT*, FamRZ 1997, 337 (339).
522 In diesem Sinne wohl auch *Huber*, FamRZ 1999, 1625 (1628).
523 Vgl. S. 103 ff.

lichen Bestimmungsrechts ansieht[524]. Rechtstechnisch ließe sich der Kindeswille ohne weiteres innerhalb der vorzunehmenden Kindeswohlprüfung berücksichtigen, und es spricht – obwohl der Kindeswille bei der Begründung gemeinsamer Sorge durch Heirat und Sorgeerklärungen keine Rolle spielt – viel dafür, ihm (zumindest) bei einer Änderungsentscheidung Beachtung zu schenken, da § 1696 Abs. 1 BGB immerhin seinem Wohl, und nicht den Elterninteressen Rechnung tragen will.

Dass dem Kind bei einer von den Eltern gewünschten Wiederherstellung von Sorgegemeinsamkeit jedoch ein Vetorecht zukommen soll, leuchtet nicht ein. Ein solches Recht steht ihm nicht einmal dann zu, wenn die Eltern die gemeinsame Sorge einvernehmlich in die Alleinsorge überführen wollen; sein Widerspruch verhindert hier nur, dass das Familiengericht dem übereinstimmenden Elternvorschlag ohne Kindeswohlprüfung folgt, und bewirkt die Notwendigkeit einer Entscheidung nach Maßgabe des § 1671 Abs. 2 Nr. 2 BGB[525]. Weshalb dem entgegenstehenden Kindeswillen bei dem Wunsch der Eltern nach Wiederherstellung gemeinsamer Sorge eine größere Bedeutung zukommen soll als bei der Überführung der gemeinsamen Sorge in die Alleinsorge, ist nicht ersichtlich. Im zuletzt genannten Fall erlaubt er erst den Eintritt in die Sachprüfung, bei der Wiederherstellung der gemeinsamen Sorge ist er nur (mit-) maßgebliches Entscheidungskriterium bei der Frage, ob die Wiederherstellung der gemeinsamen Sorge dem Wohl des Kindes nicht widerspricht.

bb) Die Wiederherstellung gemeinsamer Sorge gegen den Willen eines Elternteils

Fraglich ist, ob die gemeinsame Sorge auch gegen den Willen eines (regelmäßig des zuletzt allein sorgeberechtigten) Elternteils angeordnet werden kann. Die Frage ist zu bejahen. Im geltenden Recht lässt sich zwingend nur der *originäre* Erwerb elterlicher Sorgegemeinsamkeit auf ein irgendwie geartetes Einvernehmen der Eltern zurückführen, wobei gleichgültig ist, ob es in einer Eheschließung oder in Sorgeerklärungen zum Ausdruck kommt[526]. Besteht ein solcher

---

524 *Büdenbender*, AcP 197 (1997), 197 (218).

525 BT-Drucks. 13/4899, S. 99.

526 Selbst der erstmalige – mit einem Wechsel in der Person des Sorgeberechtigten einhergehende – Erwerb durch gerichtliche Anordnung gemäß § 1672 Abs. 2 Satz 1 BGB,

(Fortsetzung s. nächste Seite)

Konsens nicht, wird die elterliche Sorge nur einem Elternteil zugewiesen (entweder der Mutter (§ 1626 a Abs. 2 BGB) oder dem Vater nach erfolgter Sorgerechtsübertragung gemäß § 1672 Abs. 1 Satz 1 BGB). Gegen den Willen des Alleinsorgeberechtigten kommt die erstmalige Begründung der gemeinsamen Sorge nicht in Betracht. Sobald aber beide Elternteile einmal (Mit-) Inhaber der elterlichen Sorge sind, kann ein Elternteil seine Rechtsposition nur dadurch verlieren, dass er sich ihrer entweder *im Einvernehmen mit dem anderen Elternteil* freiwillig begibt (§ 1671 Abs. 2 Nr. 1 BGB) oder aus *Kindeswohl*gesichtspunkten aus ihr „herausgedrängt" wird[527]. Dementsprechend kann er sie nicht nur dann zurückgewinnen, wenn der andere Elternteil einverstanden ist, sondern wiederum auch aus Gründen des Kindeswohls[528].

Der Maßstab für Letzteres ist der für Änderungsentscheidungen vorgesehene strenge Maßstab des § 1696 Abs. 1 BGB, denn es besteht kein Grund für eine etwaige Modifikation seiner strengen Voraussetzungen[529]. Anders als der einvernehmliche Wunsch nach elterlicher Sorgegemeinsamkeit, der die Anordnung der gemeinsamen Sorge schon „angezeigt" sein lässt, genießt der bloß einseitig vorhandene Wille eines Elternteils zur gemeinsamen Sorge keinen besonderen Rang (vgl. schon § 1626 a Abs. 2 BGB). Der Elternteil, der eine solche Änderung begehrt, hat also gewaltige Hürden zu überwinden, wenn er die gemeinsame Sorge gegen den Willen des anderen Elternteils wieder angeordnet wissen will[530]. Aus dem Umstand, dass die gemeinsame Sorge im Rahmen des § 1671 BGB auch gegen den Willen eines Elternteils aufrechterhalten bleiben kann, lässt sich nichts Gegenteiliges herleiten, weil es hierbei um die Beibehal-

---

setzt den Antrag des einen und die Zustimmung des anderen Elternteils, mithin einen elterlichen Konsens voraus.

527 Unberücksichtigt bleibt hier der unfreiwillige Verlust der elterlichen Sorge durch Tod, Todeserklärung und Feststellung der Todeszeit nach den Vorschriften des Verschollenheitsgesetzes.

528 Im Ergebnis ebenso *Staudinger/Coester*, § 1696 Rz. 65.

529 *Huber*, FamRZ 1999, 1625 (1629); *Staudinger/Coester*, § 1696 Rz. 66.

530 A.A. KG v. 17.12.1998 – 16 UF 7178/98, FamRZ 1999, 737; AG Bad Schwalbach v. 30.11.1998 – 1 F 405/97, FamRZ 1999, 1158 (1159), die die gemeinsame Sorge schon dann anordnen, wenn keine konkreten Umstände dargelegt werden, die zukünftig die Gefahr erheblicher Meinungsverschiedenheiten mit sich bringen.

tung, nicht aber die (Neu-) Begründung gemeinsamer Sorge geht[531]. Ersteres hält den Status quo aufrecht und bringt damit – wenn nicht besondere Umstände hinzutreten – keine Gefahr für die Stabilität der kindlichen Lebens- und Erziehungsbedingungen mit sich, wohingegen dies für die Einrichtung der gemeinsamen Sorge gegen den Willen eines Elternteils nicht gewährleistet ist.

b) Die erstmalige Begründung gemeinsamer elterlicher Sorge durch gerichtliche Sorgerechtsregelung gemäß § 1672 Abs. 2 BGB

Vor dem Hintergrund der Einschränkung des § 1626 b Abs. 3 BGB hat der Gesetzgeber in § 1672 Abs. 2 Satz 1 BGB eine Sondervorschrift geschaffen, mit der nicht miteinander verheiratete Eltern auf gerichtlichem Weg zur gemeinsamen Sorge gelangen können. Hiernach ist dem Familiengericht eine die gemeinsame Sorge anordnende Entscheidung erlaubt, soweit eine gemäß § 1626 a Abs. 2 BGB bestehende Alleinsorge der Mutter nach § 1672 Abs. 1 BGB auf den Vater übergeleitet worden ist, die Eltern aber nunmehr einvernehmlich die gemeinsame Sorge begründen wollen und dies dem Kindeswohl nicht widerspricht. Das gilt auch, soweit eine solche Übertragung wieder aufgehoben wurde (§ 1672 Abs. 2 Satz 2 BGB).

Fraglich ist, ob es der Regelungen des § 1672 Abs. 2 BGB angesichts der Möglichkeit gerichtlicher Änderungsentscheidungen (§ 1696 Abs. 1 BGB) überhaupt bedurft hätte. Der Gesetzgeber hat diese Frage ausweislich der Gesetzesmaterialien bejaht und zur Begründung ausgeführt, dass im Wege einer Änderungsentscheidung keine Entscheidungen möglich seien, die nicht auch als Erstentscheidung hätten ergehen können[532]. Dieser gesetzgeberischen Einschätzung bleibt jedoch eine Bindungswirkung versagt, weil eine solche allein dem im Wortlaut einer Norm zum Ausdruck kommenden, verobjektivierten Willen des Gesetzgebers zugestanden wird[533]. Der Wortlaut des § 1696 Abs. 1 BGB ermächtigt das Gericht aber allgemein zur „Änderung“ seiner Anordnung, sodass ein Anhaltspunkt für eine derartige inhaltliche Beschränkung der gericht-

---

531 Dies verkennt *Ewers*, FamRZ 1999, 477 (479), dessen Behauptung, dem Gesetz „sei es nicht fremd“, dass eine Alleinsorge gegen den Willen des Sorgeberechtigten in gemeinsame Sorge geändert werde, unbelegt bleibt.

532 BT-Drucks. 13/4899, S. 101.

533 Allgemein zur Entstehungsgeschichte und Auslegung von Gesetzen in der Rechtsprechung des Bundesgerichtshofs s. *Muscheler*, FS Hollerbach, 99 ff.

lichen Befugnis nicht ersichtlich ist[534]. Weder aus der Systematik des Gesetzes noch dem Telos des § 1696 Abs. 1 BGB lassen sich Gründe ersehen, die gegen die grundsätzliche Möglichkeit der erstmaligen Anordnung elterlicher Sorgegemeinsamkeit im Wege einer Änderungsentscheidung sprechen. Selbstverständlich darf das Gericht keine Rechtsfolge aussprechen, die das Gesetz nicht vorsieht oder mit der es die für diese Rechtsfolge besonders angeordneten Voraussetzungen unterläuft. Die gemeinsame elterliche Sorge ist aber nicht nur gesetzlich geregelt, sie genießt sogar einen besonders hohen Stellenwert. Abgesehen von dem bereits oben kritisierten § 1626 b Abs. 3 BGB existiert auch keine Regelung, die der einvernehmlichen Begründung gemeinsamer Sorge im Wege steht, sodass hieraus zumindest gefolgert werden kann, dass dem Änderungsgericht die Anordnung der gemeinsamen Sorge über § 1696 Abs. 1 BGB möglich wäre[535]. Teilweise wird sogar darüber hinausgehend formuliert, dass dem Änderungsgericht grundsätzlich alle Sorgerechtsregelungen offen stehen, die das Gesetz überhaupt für zulässig erachtet[536]. Zu beachten ist lediglich das Erfordernis einer Erstentscheidung, denn solange die Alleinsorge der Kindesmutter auf § 1626 a Abs. 2 BGB beruht – und damit keine Alleinsorge auf Grund einer gerichtlichen Entscheidung besteht – ist die Begründung der gemeinsamen Sorge durch Abgabe von Sorgeerklärungen vorrangig[537].

Die abweichende gesetzgeberische Auffassung zur Möglichkeit der erstmaligen Begründung elterlicher Sorgegemeinsamkeit durch das Gericht erklärt sich allein aus einem zu § 1696 Abs. 1 BGB a.F. entwickelten Grundsatz, nach dessen Kernaussage die Änderung einer Entscheidung die Gestaltungsgrenzen

---

534 *Huber*, FamRZ 1999, 1225 (1226) weist zu Recht darauf hin, dass dem Gesetz – wie die Formulierungen in § 1696 Abs. 1 und Abs. 2 BGB zeigen – die Unterscheidung zwischen Aufhebung und Änderung sehr wohl bekannt ist.

535 So schon – nach der Entscheidung des BVerfG vom 3.11.1982 – 1 BvL 28/80, 1 BvL 38/80, 1 BvL 40/80, 1 BvL 12/81, BVerfGE 61, 358 ff. (s. hierzu bereits S. 24 f.) – zum Recht vor der Kindschaftsrechtsreform KG v. 2.8.1983 – 17 UF 2956/83, FamRZ 1983, 1055 ff.; AG Erfurt v. 21.4.1994 – 33 F 47/94, FamRZ 1995, 54 (55); *Gernhuber/Coester-Waltjen*, § 65 VI 1, S. 1054; *MünchKomm/Hinz*, § 1696 Rz. 9.

536 AG Würzburg v. 22.4.1999 – 1 F 987/98, FamRZ 1999, 1448; *Schwab*, FamRZ 1998, 457 (471); *Schwab*, DNotZ 1998, 437 (441); *Huber*, FamRZ 1999, 1625 (1626); *Ewers*, FamRZ 1999, 477 (479); *Staudinger/Coester*, § 1696 Rz. 34.

537 *Staudinger/Coester*, § 1696 Rz. 34.

zu respektieren hat, die bereits der Vorentscheidung gezogen waren[538]. In Literatur und Rechtsprechung ist dies vielfach dahin formuliert worden, dass sich die Änderung einer nach § 1671 BGB a.F. ergangenen Entscheidung inhaltlich im Rahmen der Regelungsmöglichkeiten des § 1671 BGB a.F. zu halten[539] bzw. die für das Rechtsverhältnis maßgebenden sachlich-rechtlichen Vorschriften zu beachten habe[540]. Der Hintergrund für diese Formel findet sich in der damaligen Gesetzessystematik[541].

Schon unter der Geltung des Schuldprinzips bei der Ehescheidung wurde eine Beschränkung der Änderungsmöglichkeiten gemäß § 1696 Abs. 1 BGB a.F. aus § 1671 Abs. 3 BGB (1957) hergeleitet. Unter den Voraussetzungen des § 1671 Abs. 3 Satz 2 BGB (1957)[542] sollte das (damals noch zuständige) Vormundschaftsgericht die elterliche Gewalt dem schuldlosen Teil übertragen, wenn der andere Teil allein für schuldig erklärt war und keine schwerwiegenden Gründe dafür sprachen, ihm die elterliche Gewalt (dennoch) zu übertragen. Diese gesetzgeberische Wertung wurde von der Rechtsprechung im Rahmen des

---

538 Vgl. BT-Drucks. 13/4899, S. 101, wo die Notwendigkeit des § 1672 Abs. 2 BGB damit begründet wurde, dass das Gericht nach § 1672 Abs. 1 BGB keine gemeinsame Sorge herbeiführen könne, sodass dies auch im Wege der Änderung einer solchen Entscheidung nicht möglich sei.

539 *Gernhuber/Coester-Waltjen*, § 65 VI 1, S. 1054; *MünchKomm/Hinz*, § 1696 Rz. 9; BayObLG v. 30.5.1975 – BReg. 1 Z 35/75, FamRZ 1976, 41 (42 f.); OLG Karlsruhe v. 6.9.1976 – 3 W 24/76, NJW 1977, 1731.

540 BayObLG v. 1.4.1971 – BReg. 1 Z 47/70, FamRZ 1971, 461 (467).

541 Dies verkennt die jüngst von *Ewers*, FamRZ 1999, 477 ff., aufgeworfene „Rückwegproblematik". *Ewers* ist der Frage nachgegangen, ob sich der Gesetzgeber § 1696 BGB als bloßen Rückweg zu dem der Erstentscheidung zugrunde liegenden Zustand vorstellt, der dann seinerseits erneut nach den Kriterien des Hinwegs zur Erstentscheidung zu beurteilen sei. Im Ergebnis hat der Ansatz nicht weitergeführt – *Ewers*, FamRZ 1999, 477 (479) selbst entlarvt die Rückwegfunktion als untaugliches Kriterium für die Frage, welche Entscheidungen im Rahmen des § 1696 Abs. 1 BGB zulässig sind –, sondern lediglich eine Problemverlagerung hervorgerufen: Da der Wortlaut des § 1696 Abs. 1 BGB keinen Anhaltspunkt für die Annahme bietet, dass sich die Änderungsbefugnis des Gerichts auf eine bloße Aufhebungsbefugnis reduziert, musste sich an die Rückwegproblematik zwangsläufig die Frage anschließen, ob die Änderung einer Entscheidung inhaltlich auf die Regelungsmöglichkeiten begrenzt sein soll, die der Erstentscheidung zugrunde lagen. Und genau das ist ja die Frage, die es hier zu beantworten gilt.

542 § 1671 Abs. 3 Satz 2 BGB (1957) ist bereits mit Abschaffung der Verschuldensscheidung durch das Erste Gesetz zur Reform des Ehe- und Familienrechts vom 14.6.1976 (1. EheRG) ersatzlos gestrichen worden.

vom schuldig erklärten Elternteil angestrengten Änderungsverfahrens herangezogen und die Übertragung der elterlichen Gewalt auf den schuldigen Teil abgelehnt[543]. Eine weitere Beschränkung der Änderungsmöglichkeiten in Abänderungsverfahren entnahm die Rechtsprechung der Regelung des § 1671 Abs. 2 BGB (1957 und 1976), nach der das Vormundschaftsgericht von einem gemeinsamen Vorschlag der Eltern zur elterlichen Sorge nach der Ehescheidung grundsätzlich nicht abweichen sollte[544]. Beide Konstellationen betrafen die Frage eines Wechsels in der Person des Alleinsorgeberechtigten und in beiden Fällen hat die Rechtsprechung den Maßstab für die Änderungsentscheidung der der Erstentscheidung zugrunde liegenden Vorschrift entnommen, weil diese auf eine grundlegende Wertentscheidung des Gesetzgebers schließen ließ, die auch im Änderungsverfahren Berücksichtigung finden sollte[545]. Damit wurden die §§ 1671 Abs. 2, Abs. 3 Satz 2 BGB a.F. als Spezialregelungen gegenüber § 1696 Abs. 1 BGB a.F. angesehen, was im Rahmen einer Änderungsentscheidung bei § 1671 Abs. 3 Satz 2 BGB a.F. zu einer Erschwernis, bei § 1671

---

543 Z.B. OLG Neustadt v. 22.2.1963 – 3 W 30/63, FamRZ 1963, 300 f. m. abl. Anm. Schwoerer.

544 Vgl. BGH v. 14.10.1992 – XII ZB 150/91, FamRZ 1993, 314 (315) zu § 1671 Abs. 3 Satz 1 BGB (1979), der gleichlautend mit § 1671 Abs. 2 BGB (1976) war. S. auch OLG Karlsruhe v. 6.9.1976 – 3 W 24/76, NJW 1977, 1731. Interessant ist der dieser Entscheidung zugrunde liegende Sachverhalt: Die Eltern hatten im Verfahren ihrer Ehescheidung vereinbart, dass die elterliche Gewalt über das gemeinsame Kind bis zur Vollendung seines sechsten Lebensjahres zunächst der Mutter und sodann dem Vater zustehen sollte, sofern dieser Übertragung nicht schwerwiegende, das sittliche und leibliche Wohl des Kindes gefährdende Gründe der entgegenstünden. Anlässlich der Scheidung übertrug das Vormundschaftsgericht dem elterlichen Vorschlag folgend die elterliche Gewalt zunächst der Mutter und änderte seine Entscheidung auf Antrag des Vaters zu seinen Gunsten ab, als das Kind das sechste Lebensjahr vollendet hatte, obgleich die Mutter mit der vormals getroffenen Vereinbarung nicht mehr einverstanden war. Das OLG Karlsruhe sah den Vorschlag, den die Eltern dem Familiengericht anlässlich der Scheidung gemacht hatten, als Rechtsgeschäft an und unterwarf es den für Rechtsgeschäfte allgemein geltenden Grundsätzen. Da damit eine einseitige Lösungsbefugnis der Mutter nicht in Betracht kam, war lediglich zu prüfen, ob zum Wohle des Kindes ein Abweichen von dem Vorschlag erforderlich war, was das OLG Karlsruhe auf Grund der nicht zu beanstandenden Feststellungen der Vorinstanz verneinte. – Zur Behandlung des Elternvorschlags nach altem Recht s. u. S. 157 f.

545 Für die Berücksichtigung von grundlegenden Wertentscheidungen im Änderungsverfahren ausdrücklich *Huber*, FamRZ 1999, 1625 (1629), für das seit Juli 1998 geltende Recht.

Abs. 2 BGB a.F. demgegenüber zu einem erleichterten Maßstab für die Änderungsentscheidung führte.

Das geltende Recht sieht für eine „Erstentscheidung“ keine den damaligen Vorschriften entsprechende Regelung (mehr) vor, die für das Änderungsverfahren bedeutsam sein könnte. Der zur damaligen Rechtslage entwickelte „Grundsatz“ darf – wenn er nicht gar seine Berechtigung verloren hat – jedenfalls nicht dahin interpretiert werden, dass sich Änderungsentscheidungen *generell* im Rahmen der Möglichkeiten zu bewegen haben, die der Erstentscheidung zugrunde lagen. Ein solches Verständnis wäre nicht mehr als die Fehlinterpretation[546] einer Formel, die sich – wie dargelegt – zur Charakterisierung des Verhältnisses zwischen den Grundsätzen des § 1671 BGB a.F. einerseits und den Voraussetzungen des § 1696 Abs. 1 BGB a.F. andererseits herausgebildet hatte. Denn § 1696 Abs. 1 BGB begründet eine materiellrechtliche Änderungsbefugnis[547], der keine inhaltlichen Beschränkungen zu entnehmen sind. Im Übrigen wäre es nicht zwingend, allein aus der Tatsache, dass eine die gemeinsame Sorge ausdrücklich ermöglichende Regelung im Rahmen des § 1671 BGB (als Grundlage der Erstentscheidung) fehlt, auf die Unzulässigkeit der Anordnung elterlicher Sorgegemeinsamkeit zu schließen. Da der Anwendungsbereich des § 1671 BGB das Bestehen der gemeinsamen Sorge voraussetzt, bestand bei der Erstentscheidung diesbezüglich überhaupt kein Regelungsbedürfnis[548].

Nach alledem lässt sich festhalten, dass es der Regelung des § 1672 Abs. 2 BGB jedenfalls nicht bedurft hätte, um dem Änderungsgericht die erstmalige Anordnung der gemeinsamen Sorge auf Wunsch der nicht miteinander verheirateten Eltern nach einer gerichtlichen Entscheidung gemäß § 1672 Abs. 1 BGB zu ermöglichen[549]. Entgegen der gesetzgeberischen Einschätzung

---

546 Für das seit Juli 1998 geltende Recht ausdrücklich *Staudinger/Coester*, § 1696 Rz. 34.

547 *Gernhuber/Coester-Waltjen*, § 65 VI 1, S. 1054; *MünchKomm/Hinz*, § 1696 Rz. 1.

548 Im Ergebnis ebenso *Büdenbender*, AcP 197 (1997), 197 (218), der zutreffend auf die spezifische Situation der Erstentscheidung und der zwingend anderen Ausgangslage bei der Änderungsentscheidung hinweist.

549 Eine Funktion des § 1672 Abs. 2 BGB könnte darin liegen, aufzuzeigen, dass die erstmalige Begründung elterlicher Sorgegemeinsamkeit nicht ohne Zustimmung des bisherigen Alleinsorgeberechtigten in Betracht kommt. Bei dieser Sichtweise läge die hauptsächliche Bedeutung des § 1672 Abs. 2 BGB in der von Satz 1 geregelten Konstellation, in der allein der Vater Inhaber der elterlichen Sorge ist (weil sie ihm zuvor gemäß § 1672 Abs. 1 BGB übertragen wurde). Soweit eine solche Übertragung nämlich

(Fortsetzung s. nächste Seite)

ließe sich diese Rechtsfolge auch im Wege einer Änderungsentscheidung gemäß § 1696 Abs. 1 BGB herbeiführen.

3. Erforderlichkeit der Neubegründung einer nach § 1672 BGB a.F. erfolgten Sorgerechtszuweisung an einen Elternteil?

a) Problemaufriss

Nach § 1672 BGB a.F. konnte die elterliche Sorge bei nicht nur vorübergehendem Getrenntleben miteinander verheirateter Eltern auf Antrag eines Elternteils oder bei Gefährdung des Kindeswohls von Amts wegen einem Elternteil zugewiesen werden. Einer solchen Sorgerechtsregelung kam im damaligen Rechtssystem lediglich ein vorläufiger Charakter zu, denn wenn das Getrenntleben zur rechtlichen Trennung der Eltern führte, hatte das Gericht angesichts des Entscheidungsverbundes von Ehescheidungs- und Folgesache bei der Scheidung über die Zuweisung der elterlichen Sorge für die nacheheliche Zeit nach § 1671 BGB a.F. zu entscheiden. Mit Inkrafttreten des KindRG sind die Regelungsmöglichkeiten der §§ 1671, 1672 BGB a.F. völlig neu gestaltet worden: Für Sorgerechtsregelungen anlässlich des Getrenntlebens gilt heute – unabhängig davon, ob Eltern miteinander verheiratet, nicht miteinander verheiratet oder geschieden sind – die einheitliche Vorschrift des § 1671 BGB, der eine gerichtliche Entscheidung nur auf Antrag eines Elternteils erlaubt.

Auf Grund dieser Neugestaltung erhebt sich die Frage, wie eine nach § 1672 BGB a.F. lediglich für die Dauer des Getrenntlebens getroffene Sorgerechtsregelung nach Inkrafttreten des KindRG zu behandeln ist. Entfaltet sie auch dann Rechtswirkungen, wenn die Eltern nachträglich das Zusammenleben wieder aufgenommen haben oder ohne eine anderweitige Regelung geschieden worden sind? Von der Beantwortung dieser Frage hängt ab, ob Eltern, deren Wille nun auf die gemeinsame Sorge abzielt, in solchen Fällen die Wiederherstellung der gemeinsamen elterlichen Sorge im Wege einer Änderungsentscheidung bewirken müssen oder ob ihnen die elterliche Sorge (noch) gemeinsam zusteht.

„aufgehoben“ i.S. des § 1672 Abs. 2 Satz 2 BGB ist, liegt (wieder) die Ausgangssituation vor (Alleinsorge der Mutter gemäß § 1626 a Abs. 2 BGB), für die sich die zur Erlangung der Sorgegemeinsamkeit erforderliche Mitwirkung der Mutter bereits aus § 1626 a Abs. 1 BGB ergibt, sodass § 1672 Abs. 2 Satz 2 BGB insoweit überflüssig wäre.

b) Die Geltungsdauer einer Entscheidung gemäß § 1672 BGB a.F.

Gesichert ist, dass gerichtliche Sorgerechtsregelungen nicht in materielle Rechtskraft erwachsen[550], sondern mit Ablauf der Rechtsmittelfrist lediglich formell rechtskräftig werden. Diese Feststellung allein vermag aber nicht die Frage zu beantworten, ob eine formell rechtskräftige Entscheidung nicht noch materielle Rechtswirkungen entfalten kann, wenn die Voraussetzungen der Regelung weggefallen sind, nach der die Entscheidung ergangen ist, oder die Regelung – wie hier § 1672 BGB a.F. – keine Gültigkeit mehr hat. Da sich weder aus der Übergangsvorschrift zum KindRG des Art. 224 EGBGB noch aus den Übergangsvorschriften des Art. 15 KindRG ein Anhaltspunkt für die Lösung dieses Problems findet, soll zunächst auf die zum alten Recht entwickelten allgemeinen Grundsätze zurückgegriffen und untersucht werden, ob die Anwendung dieser Grundsätze in der vorliegenden Frage zu sachgerechten Ergebnissen führt.

aa) Grundsatz

Nach allgemeiner Meinung galt im alten Recht der Grundsatz, dass eine Entscheidung nach § 1672 BGB a.F. bis zu einer Entscheidung im Verfahren nach § 1671 BGB a.F. verbindlich bleibt[551]. Selbst wenn im Zeitpunkt der Rechtskraft des Scheidungsausspruchs – unter Verstoß gegen das damals geltende Verbundprinzip – keine Entscheidung nach § 1671 BGB vorgelegen hatte, sollte die anlässlich der Trennung getroffene Entscheidung „aus zwingenden Gründen des Kindeswohls"[552] bis zu einer Regelung nach § 1671 BGB a.F. weitergelten[553]. Sofern sich die Eltern versöhnten und die häusliche Gemeinschaft wieder aufnahmen, vertrat lediglich *Dölle* die Ansicht, dass hierdurch eine Entscheidung nach § 1672 BGB a.F. automatisch hinfällig würde[554]. Zur Begründung berief er sich auf den Wegfall der Entscheidungsvoraussetzungen und führte zudem Aspekte der Zumutbarkeit und der Praktikabilität ins Feld: Unmittelbar

---

550 *Bassenge/Herbst*, FGG, § 31 FGG, Rz. 8; *Zimmermann* in: Keidel/Kuntze/Winkler, § 31 Rz. 21; *Schmidt*, 2, Rz. 58, jew. m.N.

551 BGH v. 23.9.1987 – IV b ZB 66/85, FamRZ 1988, 54 (55); OLG Zweibrücken v. 7.11.1975 – 3 W 103/75, OLGZ 1976, 399 (401) m.N; *Treitz*, S. 104 m.N.

552 BGH v. 23.9.1987 – IVb ZB 66/85, FamRZ 1988, 54 (55).

553 OLG Zweibrücken v. 7.11.1975 – 3 W 103/75, OLGZ 1976, 399 (401).

554 *Dölle* II, § 97 XI 3 c, S. 314.

nach ihrer Versöhnung könne Eltern nicht zugemutet werden, sich zur Aufhebung der Sorgerechtsregelung an das Gericht zu wenden; anderenfalls würden sie hiervon in vielen Fällen absehen[555]. Schon die Aussage zur Zumutbarkeit erweist sich als solche rechtspolitischer Natur, an deren Richtigkeit gezweifelt werden kann, denn sie provoziert die Frage, ob sich möglicherweise nur die Eltern ernsthaft versöhnt haben, die nicht vor einer erneuten Anrufung des Gerichts zurückschrecken. Die Zumutbarkeitserwägungen *Dölles* sind damit keineswegs zwingend.

Die überwiegende Auffassung ging dementsprechend dahin, dass eine Entscheidung nach § 1672 BGB a.F. bei Wiederaufnahme der häuslichen Gemeinschaft nicht automatisch wirkungslos wird, sondern um der Rechtssicherheit willen im Wege einer Änderungsentscheidung aufzuheben oder abzuändern ist[556]. Ein Dritter müsse sich auf den Bestand der gerichtlichen Regelung verlassen können, weil sich anderenfalls die Wirksamkeit der für das Kind vorgenommenen Rechtsgeschäfte nicht hinreichend sicher beurteilen lasse[557]. Soweit für Entscheidungen nach § 1671 BGB a.F. angenommen werde, dass diese automatisch hinfällig würden, wenn Eltern erneut miteinander die Ehe eingingen[558], sei eine solche Konstellation nicht mit einem bloßen Zusammenleben vergleichbar, da dieses – anders als eine Heirat – nach außen nur schwerlich erkennbar sei[559].

(1) Kritik

Wenngleich der zuletzt genannten Auffassung insoweit zuzustimmen ist, dass sich Dritte in zuverlässigerer Weise von einer Eheschließung als von einem bloß faktischen Zusammenleben überzeugen können, da der Familienstand – im Gegensatz zu möglicherweise nur vorübergehenden Wohnverhältnissen – zwingend in öffentlichen Urkunden festgehalten wird, erweist sich doch ihre Be-

---

555 *Dölle* II, § 97 XI 3 c, S. 314.

556 BayObLG v. 3.9.1970 – BReg. 1 Z 100/70, NJW 1971, 197 f.; KG Berlin v. 22.9.1993 – 1 W 2432/93, OLGZ 1994, 184 (186 f.); *Soergel/Strätz*, § 1672 Rz. 9, jew. m.N.

557 BayObLG v. 3.9.1970 – BReg. 1 Z 100/70, NJW 1971, 197 (198).

558 BayObLG v. 7.12.1964 (1b ZS), BReg. 1b Z 225/64, BayObLGZ 1964, 410 ff.; KG v. 8.9.1981 – 17 UF 3449/80, FamRZ 1982, 736; anders jedoch bezüglich der Regelung des § 1671 Abs. 5 Satz 1 a.F.; vgl. OLG Stuttgart v. 8.6.1976 – 8 W 293/76, FamRZ 1976, 537.

559 BayObLG v. 3.9.1970 – BReg. 1 Z 100/70, NJW 1971, 197 (198).

gründung, nämlich das Bedürfnis Dritter nach Rechtssicherheit, als nicht überzeugend. Denn dieses Argument ließe sich auch in den Fällen heranziehen, in denen einem Elternteil wegen einer Meinungsverschiedenheit in einer einzelnen Angelegenheit oder in einer bestimmten Art von Angelegenheiten der elterlichen Sorge, deren Regelung für das Kind von erheblicher Bedeutung ist, die Entscheidung gemäß § 1628 BGB übertragen worden ist. Obgleich sich auch solche Entscheidungen auf den Grundsatz der Gesamtvertretung (§ 1629 Abs. 1 Satz 2, 1. Halbs. BGB) auswirken, indem sie denjenigen Elternteil, dem die Entscheidung nach § 1628 BGB übertragen ist, zur Alleinvertretung des Kindes berechtigen (§ 1629 Abs. 1 Satz 3, 2. Alt. BGB)[560], wird hier von niemandem vertreten, dass derartige Entscheidungen bei wiedergewonnener Einigkeit der Eltern aus Gründen der Rechtssicherheit aufgehoben werden müssten. Statt dessen ist allgemein anerkannt, dass Entscheidungen nach § 1628 BGB keinen besonderen Rang genießen und von den Eltern selbst – ohne notwendige Beteiligung des Gerichts – wieder aufgehoben werden können[561]. Begründet wird dies damit, dass es sich bei Entscheidungen gemäß § 1628 BGB – im Gegensatz zu Entscheidungen in Ausübung des Wächteramtes – der Sache nach um bloß „unterstützende" handelt, bei der niemals die Kompetenz des Staates an die Stelle der elterlichen Kompetenz gesetzt wird[562].

Wenngleich diese Aussage im Kern richtig und ihr daher zu folgen ist, vermag sie, da ihr Ansatz in der Berücksichtigung der Rechtsposition der Eltern liegt, zwei Dinge nicht überzeugend zu erklären. Zum einen war im Rahmen des § 1672 BGB a.F. anerkannt, dass der Fortbestand der Ehe staatliche Zurückhaltung gebietet[563], denn eine Entscheidung nach dieser Vorschrift konnte – soweit keine Kindesgefährdung vorlag (§ 1672 Satz 2, 2. Halbs. BGB a.F.) – nur auf Antrag erfolgen. Vor diesem Hintergrund ist nur schwer nachvollziehbar, weshalb Eltern, die sich versöhnt und die eheliche Gemeinschaft wieder aufgenommen hatten, gezwungen sein sollten, sich um die Aufhebung einer solchen Entscheidung zu bemühen. In Ansehung der Ehe war die wiedergewonnene Ei-

---

560 Zur Durchbrechung des Grundsatzes der Gesamtvertretung vgl. u. S. 78.

561 *Gernhuber/Coester-Waltjen*, § 58 III 5, S. 920; *Soergel/Strätz*, § 1628 Rz. 14; *MünchKomm/Hinz*, § 1628 Rz. 20.

562 *Gernhuber/Coester-Waltjen*, § 58 III 5, S. 919. Näheres hierzu S. 77.

563 *Gernhuber/Coester-Waltjen*, § 65 VII, S. 1059.

nigkeit der Eltern in einem solchen Fall genauso schützenswert wie bei Entscheidungen nach § 1628 BGB. Zum anderen nimmt die Argumentation keine Rücksicht auf Interessen Dritter, sodass sie nicht zu klären vermag, weshalb eine Entscheidung nach § 1672 BGB a.F. – im Gegensatz zu einer Entscheidung nach § 1628 BGB – im Interesse der Rechtssicherheit noch solange Rechtswirkungen entfalten soll, bis die Entscheidung im Gerichtsweg aufgehoben ist.

(2) Eigener Begründungsansatz

Eine grundsätzlich unterschiedliche Behandlung von Entscheidungen nach § 1672 BGB a.F. einerseits und § 1628 BGB andererseits ließe sich m.E. überzeugend damit rechtfertigen, dass das Gesetz zwischen der Inhaberschaft elterlicher Sorge und ihrer Ausübung differenziert[564]. Entscheidungen nach § 1628 BGB wirken lediglich auf der Ausübungsebene, sodass sich der erfolgreiche Elternteil der ihm übertragenen Entscheidungszuständigkeit zu Gunsten einer von beiden Elternteilen gefunden Lösung begeben kann, ohne dass die Eltern hierüber eine neue gerichtliche Entscheidung herbeiführen müssen. Wenn diese aber nicht herbeigeführt wird, so bedeutet das für den Rechtsverkehr Folgendes: Ein vom Umfang der gerichtlichen Entscheidung gedecktes Rechtsgeschäft, das der obsiegende Elternteil unter Vorlage der Gerichtsentscheidung, aber unter Verstoß gegen die zwischen den Elternteilen neu getroffene Abrede für das Kind abschließt, ist wirksam[565]. Dies folgt aus dem Rechtsgedanken des § 172 BGB i.V.m. § 1629 Abs. 1 Satz 3, 2. Halbs. BGB. Der Umstand, dass die gerichtliche Entscheidung nicht aus der Welt geschafft wurde, wirkt sich für den „übergangenen" Elternteil wie eine Obliegenheitsverletzung aus. Er kann lediglich nicht verhindern, dass der andere Elternteil in wirksamer Weise abredewidrig ein seinen Interessen zuwiderlaufendes Rechtsgeschäft abschließt, ist für dieses aber nicht verantwortlich[566]. Soweit sich das nur von dem einen Elternteil abgeschlossene Rechtsgeschäft seinem Inhalt nach aber im Rahmen der neu getroffenen Abrede hielt, kann sich der „übergangene" Elternteil nicht darauf be-

564 Ausführliche Ausführungen hierzu S. 91 ff.

565 Unwirksam ist allerdings ein Rechtsgeschäft, bei dem der handelnde Elternteil mit einem Dritten kollusiv zusammenarbeitet (§ 138 Abs. 1 BGB); vgl. *Erman/Michalski*, § 1627 Rz. 8.

566 Vgl. *Gernhuber/Coester-Waltjen*, § 58 II 6, S. 920.

rufen, dass der Handelnde den Rechtsschein der Alleinvertretungsmacht missbraucht hat (§ 242 BGB).

Gerichtliche Entscheidungen, durch die Bestandteile der elterlichen Sorge entzogen oder übertragen werden, wirken dagegen auf der Ebene der Rechtsinhaberschaft, die allenfalls kontrollierten Dispositionsakten der Eltern zugänglich ist[567]. Die statusrechtliche Wirkung gerichtlicher Sorgeregelungen muss daher – auch im Interesse des Rechtsverkehrs – grundsätzlich solange erhalten bleiben, bis die Entscheidung entweder abgeändert (§ 1696 BGB) oder unmittelbar von einem – für Dritte erkennbaren – Akt, dem ebenfalls statusrechtliche Wirkung zukommt, überlagert wird[568].

Die Wiederherstellung der häuslichen Gemeinschaft kann, da ihr keine statusrechtliche Wirkung zukommt, keinen Einfluss auf eine gemäß § 1672 BGB a.F. getroffene Sorgerechtsregelung haben. An einer (anderweitigen) Regelung mit statusrechtlicher Wirkung mangelt es auch in den Fällen, in denen anlässlich einer Scheidung – nach altem Recht unter Verstoß gegen das Verbundprinzip – von einer Regelung gemäß § 1671 BGB a.F. abgesehen wurde. Daher entfaltet eine bestandskräftige, nach § 1672 BGB a.F. ergangene Sorgerechtsentscheidung auch noch in der nachehelichen Zeit materielle Rechtswirkungen[569]. Die Versuche, ein etwaiges Vertrauen der Eltern in die Vorläufigkeit

---

567 Vgl. hierzu die Ausführungen auf S. 51 ff. und 90 ff.

568 Gedacht ist hier an eine Eheschließung, die schon nach damaligem Verständnis eine gerichtliche Entscheidung nach § 1671 Abs. 1 bis 4 BGB a.F. außer Kraft setzte (vgl. BayObLG v. 7.12.1964 (1b ZS), BReg. 1b Z 225/64, BayObLGZ 1964, 410 ff.; KG v. 8.9.1981 – 17 UF 3449/80, FamRZ 1982, 736; anders jedoch bezüglich der Regelung des § 1671 Abs. 5 Satz 1 a.F.; vgl. OLG Stuttgart v. 8.6.1976 – 8 W 293/76, FamRZ 1976, 537; OLG Hamm v. 13.9.1977 – 15 W 239/77; OLGZ 1978, 56), sowie die Begründung gemeinsamer Sorge durch Sorgeerklärungen. In Ansehung der zuletzt genannten Möglichkeit hat der Gesetzgeber die Einrichtung eines öffentlichen Registers bislang versäumt und stattdessen lediglich die wenig zuverlässige Möglichkeit vorgesehen, dass die nach § 1626 Abs. 2 BGB allein sorgeberechtigte Mutter zum Nachweis ihrer Alleinvertretungsmacht eine schriftliche Auskunft des Jugendamtes über die Nichtabgabe von Sorgeerklärungen verlangen kann. Vgl. o. S. 115 f.

569 Im Ergebnis ebenso OLG Frankfurt v. 4.11.1999 – 1 UF 107/99, NJWE-FER 2000, 252 (253); AG Bad Schwalbach v. 30.11.1998 – 1 F 405/97, FamRZ 1999, 1158; AG Freyung v. 10.3.1999 – 1 F 11/98, FamRZ 1999, 806 ; a.A. AG Bergheim v. 8.9.1998 – 61 F 201/97, FamRZ 1999, 611; *Finke* in: Finke/Garbe, § 4 Rz. 98; *Motzer*, FamRZ 1999, 1101 (1105).

einer solchen Regelung zu schützen[570] und die „Aufwertung" einer vorläufigen Entscheidung zu verhindern[571], sind zwar nachvollziehbar, doch im Ergebnis abzulehnen. Die auf Vertrauensgesichtspunkte abstellende Argumentation ist – anders als die hier vertretene Auffassung – dogmatisch nicht begründbar. Hinzu kommt, dass für die Eltern keinerlei Nachteile erkennbar sind, weil sie unabhängig davon, ob sie weiterhin getrennt leben oder die häusliche Gemeinschaft wieder aufgenommen haben, die gemeinsame Sorge nach der gegenwärtigen Rechtslage zumindest durch eine gerichtliche Änderungsentscheidung herbeiführen können[572].

bb) Ergebnis

Eine bestandskräftige Sorgerechtsregelung nach § 1672 BGB a.F. wird weder von der Wiederherstellung der häuslichen Gemeinschaft noch dem Wegfall der Entscheidungsgrundlage noch gar von einer etwaigen Ehescheidung beeinflusst. Sie entfaltet nämlich solange materielle Rechtswirkungen, bis sie entweder abgeändert (§ 1696 BGB) oder unmittelbar von einem – für Dritte erkennbaren – Akt, dem ebenfalls statusrechtliche Wirkung zukommt[573], überlagert wird. Nicht oder nicht mehr miteinander verheirateten Eltern, die nunmehr die gemeinsame Sorge wünschen, bleiben angesichts der Einschränkung des § 1626 b Abs. 3 BGB damit nur zwei Möglichkeiten ihrer Wiederbegründung: Entweder sie schließen die Ehe oder sie führen eine gerichtliche Änderungsentscheidung herbei. Noch miteinander verheirateten Eltern steht lediglich der letzte Weg offen.

4. Die Begründung einer teil-gemeinsamen Sorge

Wie bereits ausgeführt, können nicht miteinander verheiratete Eltern die gemeinsame elterliche Sorge grundsätzlich[574] durch Sorgeerklärungen begründen (§ 1626 a Abs. 1 Nr. 1 BGB). Ob den Eltern hierbei lediglich der Weg zu einem umfassenden gemeinsamen elterlichen Sorgerecht eröffnet ist oder elterliche

---

570 OLG Stuttgart v. 23.11.1999 – 18 UF 390/99, FamRZ 2001, 435 (436); AG Groß-Gerau v. 29.7.1998 – 71 F 312/98, FamRZ 1998, 1465 m. Anm. Luthin.

571 OLG Nürnberg v. 19.11.1998 – 10 UF 2589/98, FamRZ 1999, 614 (615).

572 Vgl. hierzu die Ausführungen auf S. 116 ff.

573 Es soll noch einmal besonders betont werden, dass selbst eine Eheschließung selbstverständlich nicht eine Maßnahme nach § 1666 BGB zu überlagern vermag; vgl. schon LG Osnabrück v. 25.7.1962 – 7 T 95/62, FamRZ 1963, 144.

574 Zu beachten ist freilich die Einschränkung des § 1626 b Abs. 3 BGB.

Sorgegemeinsamkeit kraft Sorgeerklärungen auch nur für einen Teilbereich begründet werden kann, ist nicht ausdrücklich geregelt. Für die erste Möglichkeit könnte der Wortlaut des § 1626 a Abs. 1 Nr. 1 BGB sprechen, in dem der Gebrauch der Konjunktion „wenn" (statt „soweit") einer Teilgemeinsamkeit entgegenstehen könnte. Dass elterliche Sorgegemeinsamkeit nur für einen Teilbereich der elterlichen Sorge aber nicht schlechthin ausgeschlossen ist, zeigt die Möglichkeit einer nur partiellen Übertragung der elterlichen Sorge gemäß § 1671 Abs. 2 BGB auf einen Elternteil allein deutlich auf. Man könnte zwar erwägen, ob für die Begründung der elterlichen Sorgegemeinsamkeit durch Sorgeerklärungen anderes gelten soll als für ihre Aufhebung, doch ein diesbezüglicher Wille des Gesetzgebers lässt sich ebenso wenig feststellen wie eine bewusste Entscheidung für die Konjunktion „wenn" im Wortlaut des § 1626 a Abs. 1 Nr. 1 BGB[575], die damit durchaus auf einem Redaktionsversehen beruhen kann. Es leuchtet auch nicht ein, weshalb bei der Begründung gemeinsamer elterlicher Sorge das Alles-oder-Nichts-Prinzip gelten soll[576], da ein etwaiger Wunsch der Eltern nach Teilgemeinsamkeit über einen entsprechenden Antrag nach § 1671 Abs. 2 Nr. 1 BGB nachträglich, d.h. nach Begründung der gemeinsamen Sorge, ohne weiteres realisiert werden könnte[577]. Warum die Eltern die von ihnen gewünschte Rechtsfolge nur über einen Umweg bewirken können sollen, nicht aber auf direktem Weg, überzeugt nicht, sodass das Gesetz insoweit ergänzungsbedürftig ist[578].

Aus rechtspolitischer Sicht wäre es wünschenswert, wenn der Gesetzgeber die Beschränkung der Sorgeerklärungen auf nur einen Teilbereich der elterlichen Sorge ausdrücklich zuließe. Hierdurch könnte die gemeinsame elterliche Sorge besser als nach der jetzigen Regelung gefördert werden, da durch die Zulassung von auf einen Teilbereich elterlicher Verantwortung beschränkten

---

575 In der Amtlichen Begründung zu § 1626 a Abs. 1 Nr. 1 BGB heißt es nur: „... Darüber hinausgehende Erklärungen, etwa soweit sie Einzelheiten der künftigen Wahrnehmung der elterlichen Sorge betreffen, können nicht Bestandteil einer Sorgeerklärung im Sinne der §§ 1626 a ff. E sein", BT-DS 13/4899, S. 93.

576 A.A. *Rauscher*, § 33 II Rz. 972 mit dem Argument, eine Spaltung widerspräche dem Anliegen, die Sorgeerklärungen zur Grundlage gemeinsamer Elternverantwortung zu machen.

577 Dieser Weg steht Eltern freilich nur unter der Voraussetzung zur Verfügung, dass sie nicht nur vorübergehend getrennt leben.

578 So auch *Lipp*, FamRZ 1998, 65 (73).

Sorgeerklärungen die Bereitschaft der Mutter eines nichtehelichen Kindes, ohne deren Willen der Kindesvater an der elterlichen Sorge – selbst bei willkürlichem Verhalten unterhalb der Schwelle der Kindeswohlgefährdung – nicht zu beteiligen ist, erhöht würde. Denn selbst wenn die Mutter davon überzeugt ist, dass es für das Kind das Beste wäre, wenn der Kindesvater in bestimmten Teilbereichen mit ihr gemeinsam die elterliche Sorge innehätte, wird sie im Zweifel nicht auf eine etwaige Zusicherung des Vaters vertrauen, nach Abgabe von Sorgeerklärungen einem Antrag auf Übertragung von Teilen der elterlichen Sorge gemäß § 1671 Abs. 2 Nr. 1 BGB zuzustimmen. Da derartigen Elternabsprachen im sorgerechtlichen Bereich keine Bindungswirkung zukommt[579], wird sie eher auf der „sicheren Seite“ bleiben und ihre Position nicht gefährden wollen.

---

579 Näheres hierzu vgl. u. S. 159 ff.

D. DIE ÜBERTRAGUNG DER ELTERLICHEN SORGE AUF EINEN ELTERNTEIL ALLEIN (§ 1671 BGB)

I. Überblick

Zentrale Sorgerechtsnorm im Recht der elterlichen Sorge ist § 1671 BGB, denn allein diese Vorschrift regelt, unter welchen Voraussetzungen sich gemeinsam sorgeberechtigte Eltern auf eigene Veranlassung von der gemeinsamen Sorge loslösen und die Zuweisung der elterlichen Sorge an einen Elternteil allein bewirken können. In ihrer jetzigen Fassung geht die Vorschrift zurück auf das KindRG, durch das der Gesetzgeber ein völlig neues Regelungskonzept geschaffen hat[580]. § 1671 Abs. 1 BGB postuliert das Antragserfordernis für eine Sorgerechtsregelung aus Anlass einer faktischen Elterntrennung und zeigt durch die Formulierung „oder einen Teil der elterlichen Sorge" auf, dass das geltende Recht nicht nur vollständige, sondern auch partielle Sorgerechtsübertragungen zulässt. Nach bisherigem Recht konnte die elterliche Sorge nach h.M.[581] allenfalls in die großen Bereiche der Personen- und Vermögenssorge gespalten werden, wohingegen das geltende Recht jede denkbare Aufteilung erlaubt, und zwar in Form einer partiellen Alleinsorge mit einem Restbestand gemeinsamer Sorgerechtszuständigkeit ebenso wie in Form einer vollständigen Aufspaltung der gemeinsamen Sorge in diverse Einzelzuständigkeiten. Letzteres ist verfahrenstechnisch durch sich kreuzende Elternanträge erreichbar.

Die Voraussetzungen, unter denen das Familiengericht einem Elternantrag stattzugeben hat, enthält § 1671 Abs. 2 BGB. Nach Nr. 1 der Vorschrift ist in erster Linie der übereinstimmende Elternwille (Antrag und Zustimmung) maßgeblich, dem – entsprechend dem Reformziel der Stärkung elterlicher Positionen – grundsätzlich eine Bindungswirkung zukommt. Nur wenn das mindestens 14 Jahre alte Kind der Übertragung widerspricht (§ 1671 Abs. 2 Nr. 1 BGB: „es sei denn"), hat das Gericht gemäß § 1671 Abs. 2 Nr. 2 BGB eine Kindeswohlprüfung vorzunehmen. Entscheidungserheblich ist dann die Frage,

---

580 S. hierzu bereits die Ausführungen auf S. 36.

581 Nachweise bei *Motzer* in: Schwab, HdB, III, Rz. 81, allerdings mit dem Hinweis darauf, dass Schwab selbst – schon vor der Reform – für die Zulässigkeit aller übereinstimmend gewollten, praktikablen und tendenziell für das Kind unschädlichen Sorgerechtsgestaltungen eingetreten sei.

ob zu erwarten ist, dass die Aufhebung der gemeinsamen Sorge und die Übertragung auf den Antragsteller dem Wohl des Kindes am besten entspricht. Nach § 1671 Abs. 2 Nr. 2 BGB beurteilen sich auch die Fälle, in denen der Antragsgegner dem Antrag des anderen Elternteils nicht zustimmt. Soweit die elterliche Sorge auf Grund anderer Vorschriften abweichend geregelt werden muss, darf das Familiengericht dem Antrag jedoch in keinem Fall stattgeben (§ 1671 Abs. 3 BGB).

II. § 1671 im System des Rechts der elterlichen Sorge

Die Möglichkeit, von der gemeinsamen elterlichen Sorge über § 1671 BGB zur Alleinsorge zu gelangen, nimmt im geltenden Recht eine Sonderstellung ein. Sie stellt eine der drei gesetzlich vorgesehenen Möglichkeiten dar, in denen die gemeinsame elterliche Sorge in der Person eines Elternteils auf der Ebene der Rechtsinhaberschaft zur Alleinsorge erstarkt. Anders als in den Fällen des Versterbens eines Elternteils und des Entzugs der elterlichen Sorge sieht das Gesetz bei einem nicht nur vorübergehenden Getrenntleben jedoch keinen Automatismus vor. Die Stärkung der Rechtsposition kann nur durch familiengerichtlichen Übertragungsakt erfolgen, und dieser kommt nur in Betracht, wenn zumindest ein Elternteil die Alleinsorge für sich beansprucht und einen entsprechenden Antrag stellt. Ein etwaiger Verlust der Rechtsinhaberschaft in der Person des anderen Elternteils lässt sich letztlich auf den im Antrag zum Ausdruck kommenden Willen zur Aufhebung der gemeinsamen Sorge und das Begehren nach Alleinsorge zurückführen. Dieses Begehren ist nur bei nicht nur vorübergehendem Getrenntleben, nicht aber während einer bestehenden Lebensgemeinschaft von Bedeutung, bei der nur der vom Willen der Eltern unabhängige Ausfall eines Elternteils zum Verlust der Rechtsinhaberschaft führen kann. Schon jetzt, noch bevor die Voraussetzungen des § 1671 BGB untersucht worden sind, lässt sich die Hypothese aufstellen, dass seine besondere Stellung vor allem in den Fällen Berücksichtigung finden wird, in denen die Übertragung der elterlichen Sorge auf einen Elternteil allein von den Eltern nicht einvernehmlich (§ 1671 Abs. 2 Nr. 1 BGB) gewünscht[582], sondern nur von einem Elternteil forciert wird.

---

[582] Zur Vereinbarkeit mit dem Grundsatz der Unverzichtbarkeit der elterlichen Sorge s. S. 89 ff.

III. Die familiengerichtliche Entscheidung (§ 1671 Abs. 1 bis 3 BGB)

Die Voraussetzungen für einen „gewillkürten Abschied" von der gemeinsamen Sorge und die gerichtliche Übertragung der elterlichen Sorge auf einen Elternteil allein ergeben sich aus § 1671 Abs. 1 bis 3 BGB. Betrachtet man die Absätze im systematischen Zusammenhang, so stellt man fest, dass die Absätze 2 und 3 ausschließlich materiell-rechtliche Voraussetzungen einer gerichtlichen Entscheidung enthalten. Absatz 1 beinhaltet demgegenüber eine Spezifikation der allgemeinen Sachentscheidungsvoraussetzungen, für deren Auslegung zunächst ein Eingehen auf das Verfahren erforderlich ist. Im Folgenden sollen daher zunächst ein Überblick über das Verfahren gegeben und die in diesem geltenden Grundsätze dargestellt werden. Sodann werden die Sachentscheidungsvoraussetzungen und die materiell-rechtlichen Probleme des § 1671 BGB behandelt.

1. Das Verfahren

a) Allgemeines

Das Verfahren nach § 1671 Abs. 1 BGB knüpft sachlich an das nicht nur vorübergehende Getrenntleben der gemeinsam sorgeberechtigten Eltern an und ist damit – anders als ein Verfahren nach § 1671 BGB a.F. – von einem Scheidungsverfahren grundsätzlich unabhängig. Es kann also jederzeit (sowohl vor als auch während oder nach einem Scheidungsverfahren) eingeleitet werden.

aa) Zuständigkeit

Sachlich zuständig für Verfahren nach § 1671 BGB ist das Familiengericht (§§ 621 Abs. 1 Nr. 1 ZPO, 1671 Abs. 1 BGB) als Abteilung des Amtsgerichts (§ 23 b Abs. 1 Satz 1 GVG, § 64 Abs. 1 FGG)[583]. Funktional zuständig ist der Familienrichter (§ 14 Abs. 1 Nr. 15 RPflG). Welches Gericht örtlich zuständig ist, hängt davon ab, ob eine Ehesache (§ 606 Abs. 1 Satz 1 ZPO) anhängig ist oder nicht (§ 621 Abs. 2 ZPO).

---

[583] Durch das KindRG sind die Zuständigkeiten der Familiengerichte zu Lasten der Vormundschaftsgerichte noch weiter ausgebaut worden. Dem Vormundschaftsgericht verbleiben nur noch die Bestellung und Überwachung des Vormunds oder Pflegers, das Betreuungsrecht und Zuständigkeiten im Adoptionsrecht (ausführlich zu Letzterem *Frank*, FamRZ 1998, 393 ff.). Dass die Zuständigkeit der Vormundschaftsgerichte nach § 2 Abs. 3 RelKEG unangetastet geblieben ist, dürfte auf einem gesetzgeberischen Versehen beruhen.

Ist eine Ehesache nicht anhängig, so richtet sich die örtliche Zuständigkeit nach den allgemeinen Vorschriften (§§ 64 Abs. 3 Satz 1 FGG, 621 Abs. 2 Satz 2 ZPO). In isolierten Sorgerechtsverfahren für ein minderjähriges Kind bestimmt sich die örtliche Zuständigkeit nach § 621 a Abs. 1 Satz 1 ZPO, §§ 36 und 43 FGG[584]. Nach den §§ 43 Abs. 1, 36 FGG ist das Familiengericht örtlich zuständig, in dessen Bezirk der Minderjährige zu dem Zeitpunkt, in dem die Sache anhängig wird, seinen Wohnsitz[585] hat[586]. Gemäß § 11 Abs. 1 Satz 1 BGB teilt ein minderjähriges Kind den Wohnsitz der Eltern; es teilt jedoch nicht den Wohnsitz eines Elternteils, dem das Recht der Personensorge nicht zusteht. Haben getrennt lebende Eltern, denen die elterliche Sorge gemeinsam zusteht, keinen gemeinsamen Wohnsitz, so hat das Kind einen von beiden Elternteilen abgeleiteten Doppelwohnsitz[587]. In solchen Fällen gebührt gemäß § 4 FGG demjenigen Gericht der Vorzug, das zuerst mit einer Sache befasst ist[588].

Ist eine Ehesache anhängig, so ist für die Regelung der elterlichen Sorge für ein gemeinschaftliches Kind ausschließlich das Gericht zuständig, bei dem die Ehesache im ersten Rechtszug anhängig ist oder war (§ 621 Abs. 2 Nr. 1 ZPO). Hat ein Elternteil ein isoliertes Sorgerechtsverfahren eingeleitet, so wird das Verfahren, wenn eine Ehesache rechtshängig wird, von Amts wegen an das Gericht der Ehesache abgegeben (§ 621 Abs. 3 Satz 1 ZPO).

bb) Isoliertes Verfahren – Verbundverfahren

Wird ein isoliertes Sorgerechtsverfahren an das Gericht der Ehesache abgegeben, verliert das Sorgerechtsverfahren seine Selbstständigkeit, wenn es sich bei der rechtshängigen Ehesache um ein Scheidungsverfahren handelt. Dann wird aus dem Sorgerechtsverfahren auf Grund der Überleitung automatisch eine „Folgesache" (§ 623 Abs. 5 Satz 1, Abs. 2 Nr. 1 ZPO), da eine in die Zuständigkeit des Familiengerichts fallende Familiensache (§ 23 b Abs. 1 Satz 2 Nr. 2 GVG) nach § 621 Abs. 2 Satz 1 Nr. 1 ZPO i.V.m. § 1671 Abs. 1 BGB „einge-

---

584 BGH v. 14.12.1994 – XII ARZ 33/94, NJW 1995, 1224.

585 In Ermangelung eines Wohnsitzes kommt es auf den Aufenthaltsort des Kindes an; vgl. BGH v. 14.12.1994 – XII ARZ 33/94, NJW 1995, 1224.

586 Für das Umgangsrecht BGH v. 22.9.1993 – XII ARZ 24/93, FamRZ 1994, 299.

587 BGH v. 7.7.1967 – IV ZB 179/67, 228, BGHZ 48, 228; BGH v. 30.11.1983 – IVb ARZ 50/83, NJW 1984, 971.

588 BGH v. 7.7.1967 – IV ZB 179/67, 228, BGHZ 48, 228 (237). Zu den Einzelheiten s. *Erman/Michalski*, § 1671 Rz. 38 ff.; *Weychardt*, ZfJ 1999, 326 (330).

leitet" gewesen (§ 623 Abs. 4 Satz 1 ZPO) und damit i.S. des § 623 Abs. 2 Satz 1 Nr. 1 ZPO „rechtzeitig anhängig" gemacht worden ist. Beide Verfahren geraten damit also in einen Verbund mit der Folge, dass über beide Verfahren gleichzeitig zu verhandeln und – sofern dem Scheidungsantrag stattgegeben wird – auch zusammen zu entscheiden ist (§ 623 Abs. 1 Satz 1 ZPO). Auf Antrag eines Ehegatten hat das Gericht das Sorgerechtsverfahren jedoch von dem Scheidungsverfahren abzutrennen (§ 623 Abs. 2 Satz 2, Abs. 2 Nr. 1 ZPO)[589], wodurch der Verbund wieder gelöst wird und das Sorgerechtsverfahren seine Selbstständigkeit zurückerhält (§ 623 Abs. 2 Satz 4, 1. Halbs. ZPO)[590].

Wird der Antrag nach § 1671 Abs. 1 BGB während eines Scheidungsverfahrens gestellt, ist das Verfahren Folgesache und gerät mit dem Scheidungsverfahren in den Verbund, wenn das Sorgerechtsverfahren vor dem Schluss der mündlichen Verhandlung erster Instanz (§ 623 Abs. 4 Satz 1 ZPO) – und damit „rechtzeitig" i.S. des § 623 Abs. 2 Satz 1 Nr. 1 ZPO – anhängig gemacht wird. Auch in diesem Fall wird das Verfahren auf Antrag eines Ehegatten abgetrennt (§ 623 Abs. 2 Satz 2 ZPO) und als selbstständiges Verfahren fortgeführt (§ 623 Abs. 2 Satz 4, 1. Halbs. ZPO).

b) Überblick über die allgemeinen Verfahrensgrundsätze und die Neuerungen durch das KindRG

Unabhängig davon, ob sich das Verfahren nach § 1671 BGB als Scheidungsfolgesache darstellt oder nicht, finden grundsätzlich die Verfahrensregeln des FGG Anwendung (§ 621 a Abs. 1 ZPO). Es gilt der Amtsermittlungsgrundsatz (§ 12 FGG)[591]. Die Anhörung der Eltern richtet sich nach § 50 a FGG[592], die des Kindes nach § 50 b FGG[593]. Auch das Jugendamt ist vor einer Entscheidung nach den §§ 1671, 1672 BGB zu hören (§ 49 a Abs. 1 Nr. 9 FGG)[594].

---

589 Krit. *Schwab*, FamRZ 1998, 457 (459).

590 Zu den mit der Abtrennung verbundenen Gefahren *Büttner*, FamRZ 1998, 585 (592). Zu den für das Scheidungsverfahren daraus erwachsenden Vorteilen s. *Weychardt*, ZfJ 1996, 268 (271).

591 *Weychardt*, ZfJ 1996, 326 (331 ff.) m.N.

592 Einzelheiten bei *Bassenge/Herbst*, FGG, § 50 a Rz. 1 ff.; *Schmidt*, 2, Rz. 23 ff., jew. m.N.

593 Einzelheiten bei *Erman/Michalski*, § 1671 Rz. 43; *Oelkers*, § 1 Rz. 343 ff., jew. m.N.

594 Zum Problem der Kollision zwischen der Beratungspflicht des Jugendamtes gegenüber den Eltern (§ 17 SGB VIII) und der Berichtspflicht gegenüber dem Gericht (§ 50 SGB VIII) s. *Staudinger/Coester*, § 1671 Rz. 284.

Zur Förderung einer eigenständigen Konfliktlösung durch die Eltern ist das Gericht nach dem durch das KindRG neu gefassten § 52 Abs. 1 Satz 1 FGG gehalten, so früh wie möglich und in jeder Lage des Verfahrens auf ein Einvernehmen der Beteiligten hinzuwirken. Es soll die Beteiligten so früh wie möglich anhören und auf bestehende Möglichkeiten der Beratung durch die Beratungsstellen und -dienste der Träger der Jugendhilfe[595] zur Entwicklung eines einvernehmlichen Konzepts für die Wahrnehmung der elterlichen Sorge und der elterlichen Verantwortung[596] hinweisen (§ 52 Abs. 1 Satz 2 FGG). Bei zu erwartender elterlicher Einigungsbereitschaft soll das Gericht das Verfahren unter den Voraussetzungen des § 52 Abs. 2 FGG aussetzen. Für den Fall des Verbundverfahrens ermöglicht der neu in die ZPO eingefügte § 628 Abs. 1 Satz 1 Nr. 3, dem Scheidungsantrag vor der Entscheidung in der Folgesache stattzugeben. Schließlich eröffnet der neu geschaffene § 50 FGG die Möglichkeit, dem Kind einen Verfahrenspfleger zu bestellen[597].

2. Die Sachentscheidungsvoraussetzungen (§ 1671 Abs. 1 BGB)

a) Der Antrag

aa) Rechtsnatur und Funktion

Die Einleitung eines Sorgerechtsverfahrens nach § 1671 Abs. 1 BGB bedarf eines Antrags[598]. Da das Verfahren der freiwilligen Gerichtsbarkeit zugewiesen ist, in der – sofern keine besonderen Bestimmungen getroffen sind[599] – das Gericht regelmäßig von Amts wegen tätig werden muss, sobald es auf irgendeine Weise vom Vorliegen bestimmter Voraussetzungen Kenntnis erlangt (sog. Amtsverfahren), ergibt sich aus der besonderen Anordnung des Antragserfor-

---

595 Eingehend hierzu *Lohrentz*, S. 33 ff.

596 Die Erwähnung der elterlichen Verantwortung wäre – da sie sich mit der elterlichen Sorge deckt – eigentlich nicht notwendig gewesen, ist aber trotzdem nicht zu beanstanden, da sie den Pflichtcharakter der elterlichen Sorge besonders herausstellt.

597 Eingehend hierzu *Staudinger/Coester*, § 1671 Rz. 290 ff.; *Büttner*, FamRZ 1998, 586 (590 f.), jew. m.N.; krit. *Will*, ZfH 1998, 1 ff. m.N. zum Meinungsstand vor der Reform.

598 Hierunter wird allgemein eine Erklärung verstanden, die eine bestimmte Tätigkeit des Gerichts fordert, und zwar ohne Unterschied, ob es sich um einen notwendigen Antrag oder um eine Anregung handelt; *Bumiller/Winkler*, § 11 Anm. 1.

599 *Amelung* in: Keidel/Kuntze/Winkler, § 12 Rz. 4.

dernisses[600] die Zugehörigkeit des Verfahrens zu den sog. Antragsverfahren. Diese zeichnen sich dadurch aus, dass das jeweilige Verfahren *ausschließlich* durch einen entsprechenden Antrag, nicht aber von Amts wegen eingeleitet werden kann. Der Antrag bildet somit eine Verfahrensvoraussetzung[601], deren Vorliegen in jeder Lage des Verfahrens von Amts wegen zu prüfen ist[602]. Da der Antrag das Verfahren erst in Gang bringt, also eine verfahrensrechtliche Wirkung entfaltet, zählt er zu den sog. Verfahrenshandlungen (Entsprechung im Prozess: Prozesshandlungen)[603].

Eine Besonderheit bei Prozesshandlungen besteht darin, dass die Vorschriften des materiellen Rechts über die Anfechtung von Willenserklärungen keine Anwendung auf sie finden[604], weil dies mit dem prozessrechtlichen Grundsatz, die Verfahrenslage weitest möglich vor Unsicherheit zu schützen, nicht in Einklang stünde[605]. Ob die Prozesshandlung einer Partei widerrufen werden kann, hängt davon ab, ob sie den grundsätzlich unwiderruflichen[606] Bewirkungshandlungen zuzuordnen ist, die die Prozesslage unmittelbar beeinflussen, oder den Erwirkungshandlungen[607]. Letztere erzielen die beabsichtigte Wirkung erst mit Hilfe der durch sie ausgelösten gerichtlichen Tätigkeit und können daher widerrufen werden, solange die begehrte gerichtliche Entscheidung noch nicht ergangen ist[608]. Prozesshandlungen können gleichzeitig Erwir-

600 *Schmidt*, 1, Rz. 8; *Schüller*, FamRZ 1998, 1287 (1288).

601 *Schwab*, FamRZ 1998, 457 (460); *ders*., Familienrecht, Rz. 675.

602 *Bumiller/Winkler*, § 12 Anm. 2 b).

603 *Erman/Michalski*, § 1671 Rz. 29, qualifiziert den Antrag als „Prozesshandlung". Zum Begriff der Prozesshandlung *Jauernig*, § 30, S. 110 ff.; vgl. auch die Ausführungen auf S. 191 ff. – Angesichts des Prozesshandlungscharakters des Antrags nach § 1671 Abs. 1 BGB kann sich in den Fällen, in denen die gemeinsame elterliche Sorge im Rahmen einer Ehescheidung als Folgesache geregelt werden soll, das verfahrensrechtliche Problem ergeben, dass derjenige, der die Alleinsorge begehrt, nicht anwaltlich vertreten ist und daher mangels Postulationsfähigkeit keinen Antrag stellen kann, obwohl beide Ehegatten die Übertragung der elterlichen Sorge allein auf den anwaltlich nicht vertretenen Elternteil wünschen. Lösungsvorschläge bei *Schüller*, FamRZ 1998, 1287 (1289).

604 *Zöller/Greger*, Vor § 128 Rz. 23.

605 BGH v. 27.5.1981 – IVb ZR 589//80, BGHZ 80, 389 (392).

606 *Zöller/Greger*, Vor § 128 Rz. 18.

607 Die Unterscheidung zwischen Bewirkungs- und Erwirkungshandlungen geht zurück auf *Goldschmidt*, S. 364 ff.

608 *Zöller/Greger*, Vor § 128 Rz. 18.

kungs- und Bewirkungshandlung sein[609]. Dies trifft auch auf den Antrag i.S. des § 1671 Abs. 1 BGB zu. Er bewirkt u.a. die Rechtshängigkeit der Streitsache (mit der Zustellung des Antrags an den Antragsgegner) und zielt als Erwirkungshandlung auf die Übertragung der elterlichen Sorge. Als Erwirkungshandlung wäre der Antrag also ohne weiteres widerruflich, nicht aber als Bewirkungshandlung. Hierfür besteht jedoch auch kein Bedürfnis, da ein Antrag – ebenso wie eine Klage (§ 269 ZPO) – zurückgenommen werden kann[610]. Dies folgt zum einen aus den Grundsätzen eines echten Antragsverfahrens[611] und dem Fehlen einer anderslautenden Bestimmung, ergibt sich zum anderen aber auch und vor allem aus dem Vorrang privatautonomer Regelung und dem gesetzgeberischen Ziel, den Fortbestand der gemeinsamen Sorge möglichst auch im Falle einer Trennung der Eltern nicht zu gefährden[612]. Wird der Antrag vor dem Schluss der letzten mündlichen Verhandlung zurückgenommen, entfällt die Verfahrensvoraussetzung und damit zugleich die materiell-rechtliche Voraussetzung für eine Entscheidung nach § 1671 Abs. 1 BGB[613]. Soweit vertreten wird, dass in einem solchen Fall nur noch unter den Voraussetzungen der §§ 1671 Abs. 3, 1666 BGB eine Sachregelung ergehen kann[614], könnte die Aussage insofern zu Missverständnissen führen, als sie den Eindruck erweckt, § 1671 Abs. 3 BGB müsse zur Rechtfertigung irgendeiner Sachentscheidung herangezogen werden. Dass dies gerade nicht der Fall ist, § 1671 Abs. 3 BGB zu diesem Zweck nicht einmal bemüht werden darf, folgt bereits unmittelbar aus dem Wortlaut der Norm. Da die Vorschrift das Vorliegen eines Antrags (i.S. des § 1671 Abs. 1 BGB) voraussetzt, bedarf es eines solchen auch für eine auf § 1671 Abs. 3 BGB (mit-)gestützte Sachentscheidung[615]. Für ein gegenteiliges Vorgehen besteht darüber hinaus keine Notwendigkeit, da das Gericht je-

---

609 *Jauernig*, § 30 III 2, S. 111.

610 OLG Düsseldorf v. 22.8.1979 – 3 W 202/79, NJW 1980, 349. Beachte aber OLG Karlsruhe v. 27.8.1998 – 2 UF 135/98, FamRZ 1999, 801 (802), wonach ein Elternteil sich durch die Rücknahme seines Sorgerechtsantrags nicht von den Elternverantwortung entziehen können soll; vgl. hierzu die Ausführungen auf S. 89 Fn. 422.

611 Zu den Voraussetzungen und Wirkungen der Antragsrücknahme vgl. *Bassenge/Herbst*, FGG, Einl Rz. 112 ff.

612 *Staudinger/Coester*, § 1671 Rz. 48.

613 *Schwab*, FamRZ 1998, 457 (460).

614 *Staudinger/Coester*, § 1671 Rz. 48.

615 *Rauscher*, § 33 IV Rz. 998.

derzeit ein Amtsverfahren gemäß § 1666 BGB einleiten kann, auch anlässlich eines Antragsverfahrens (vgl. § 1671 Abs. 3 BGB)[616]. Auf ein Amtsverfahren hat die Rücknahme eines Antrags keinen Einfluss, da die Beteiligten in einem solchen weder zur Verfügung über den Verfahrensgegenstand noch über den Gang des Verfahrens berechtigt sind.

Die Funktion des Antrags erschöpft sich bei § 1671 Abs. 1 BGB jedoch nicht in der einer Verfahrensvoraussetzung. Dass es sich bei ihm auch um einen materiellen Sachantrag[617] handelt, macht zum einen der Wortlaut des Absatzes 1 deutlich („kann ... beantragen, daß ihm das Familiengericht die elterliche Sorge oder einen Teil der elterlichen Sorge allein überträgt"), folgt zum anderen aus der Fassung der Absätze 2 und 3, die anordnen, unter welchen Voraussetzungen dem Antrag stattzugeben oder nicht stattzugeben ist. Da das Gericht über den Antrag zu entscheiden hat, bestimmt der Antrag das gerichtliche Entscheidungsthema[618]. In einem Sorgerechtsverfahren nach § 1671 BGB ist das Gericht daher nicht befugt, die elterliche Sorge gemäß § 1671 Abs. 2 BGB auf einen Elternteil zu übertragen, der keinen eigenen Antrag gestellt hat[619]. Demjenigen, der lediglich als Antragsgegner auftritt, kann die elterliche Sorge auch dann nicht gemäß § 1671 Abs. 2 BGB allein übertragen werden, wenn dies dem Kindeswohl am besten entsprechen würde (§ 1671 Abs. 2 Nr. 2 BGB)[620]. Eine solche Übertragung steht – da sie nicht Entscheidungsthema ist – nicht zur Disposition[621].

---

616 AG Rheinbach v. 22.6.1999 – 6 F 204/99, FamRZ 1999, 511 (aufgehoben von OLG Köln v. 30.8.1999 – 26 UF 128/99 (unveröffentlicht) wegen des Verfahrensverfehlers der unterbliebenen Kindesanhörung.

617 *Schwab*, FamRZ 1998, 457 (460); *Schüller*, FamRZ 1998, 1287 (1288); *Staudinger/Coester*, § 1671 Rz. 44, *FamRefK/Rogner*, § 1671 Rz. 11; *Johannsen/Henrich/Jaeger*, § 1671 Rz. 20; *Erman/Michalski*, § 1671 Rz. 29; a.A. *Lipp/Wagenitz*, § 1671 Rz. 4 (ohne Begründung).

618 *Staudinger/Coester*, § 1671 Rz. 44.

619 Für die vorläufige Sorgerechtsregelung im einstweiligen Anordnungsverfahren OLG Brandenburg v. 16.10.2000 – 9 WF 174/00, FamRZ 2001, 1230.

620 A.A. *FamRefK/Rogner*, § 1671 Rz. 11 mit der Begründung, der Antrag habe primär verfahrenseinleitenden Charakter.

621 Gegenteiliges lässt sich nicht aus OLG Karlsruhe v. 27.8.1998 – 2 UF 135/98, herleiten. In dem der Entscheidung zugrunde liegenden Sachverhalt hatte der Vater – mit Zustimmung der (aufgrund einer Entscheidung gemäß § 1671 BGB a.F.) allein sorgeberechtigten Mutter – einen Wechsel in der alleinigen Sorgerechtszuständigkeit auf sich „beantragt" (§ 1696 Abs. 1 BGB), hiervon jedoch wieder Abstand genommen. Das

(Fortsetzung s. nächste Seite)

Das heißt jedoch nicht, dass der Antragsgegner sich am Ende eines Sorgeverfahrens nach § 1671 BGB theoretisch nicht doch als alleiniger Sorgeinhaber wiederfinden kann. Möglich ist dies jedoch nur, soweit dem Antragsteller die elterliche Sorge anlässlich des von ihm eingeleiteten Verfahrens entzogen wird (§§ 1671 Abs. 3, 1666 Abs. 1 BGB). Im Hinblick auf das Elternrecht (Art. 6 Abs. 2 Satz 1 GG) ist dies unterhalb der Eingriffsschwelle des § 1666 Abs. 1 BGB zu Recht ausgeschlossen. Weiterhin darf das Gericht über den Antrag nicht hinausgehen und dem Antragsteller nichts anderes zusprechen, als das, was beantragt worden ist (§ 308 Abs. 1 Satz 1 ZPO[622]). Erlaubt ist allerdings, dass das Gericht dem Antrag nicht in vollem Umfang stattgibt, da das Weniger – das hier allein in quantitativer Hinsicht möglich ist – in einem darüber hinausgehenden Antrag enthalten ist[623].

bb) Inhalt des Antrags

Als Sachantrag muss der Antrag auch den Inhalt der begehrten Entscheidung enthalten[624], und zwar in hinreichend bestimmter Weise[625]. Ausweislich des klaren Wortlauts des § 1671 Abs. 1 BGB kann jeder Elternteil lediglich die vollständige oder partielle Übertragung der elterlichen Sorge auf sich selbst, nicht aber auf den anderen Elternteil beantragen[626]. Liegt ein gemeinsamer Elternantrag vor, so ist er ausschließlich in Ansehung des Begünstigten als Übertragungsantrag, im Hinblick auf den anderen Elternteil als Zustimmung i.S. des § 1671 Abs. 2 Nr. 1 BGB auszulegen[627].

Oberlandesgericht Karlsruhe hat ihm gleichwohl die elterliche Sorge übertragen, und zwar mit der (angreifbaren) Begründung, der Vater könne sich seiner Elternverantwortung nicht durch Rücknahme seines Sorgerechtsantrags entziehen; OLG Karlsruhe v. 27.8.1998 – 2 UF 135/98, FamRZ 1999, 801 (802). Vgl. auch die Ausführungen auf S. 89 Fn. 422.

622 Die Vorschrift findet – als Ausdruck des Prinzips der Parteifreiheit und Parteiverantwortung (vgl. *Musielak/Musielak*, § 308 Rz. 1) – auch in Verfahren der Freiwilligen Gerichtsbarkeit Anwendung, die den Antragsverfahren zuzuordnen sind.

623 BGH v. 19.12.1991 – IX ZR 96/91, BGHZ 117, 1 (3) (Verurteilung Zug um Zug).

624 BGH v. 4.12.1992 – BLw 19/92, FamRZ 1993, 423 (424).

625 Unzulässig ist daher ein Antrag, aus dem nicht deutlich wird, für welches Kind die elterliche Sorge übertragen werden soll; vgl. *Staudinger/Coester*, § 1671 Rz. 49.

626 *Palandt/Diederichsen*, § 1671 Rz. 11; *Rauscher*, § 33 IV Rz. 998; *Schwab*, FamRZ 1998, 457 (460); *Staudinger/Coester*, § 1671 Rz. 50.

627 *Palandt/Diederichsen*, § 1671 Rz. 11; *Schwab*, FamRZ 1998, 457 (461); *Staudinger/Coester*, § 1671 Rz. 50. Zur Auslegung von Sachanträgen s. statt vieler *Musielak/Musielak*, § 308 Rz. 3.

Fraglich ist, ob der Antrag auf eine zeitlich begrenzte Übertragung der elterlichen Sorge gerichtet sein kann. Schon nach bisherigem Recht war lebhaft umstritten, ob und inwieweit der übereinstimmende Elternvorschlag (§ 1671 Abs. 3 Satz 1 BGB a.F.) eine zeitliche Aufteilung der elterlichen Sorge zuließ. Teilweise wurde die generelle Unzulässigkeit von Vorschlägen angenommen, nach denen die elterliche Sorge vorerst auf einen Elternteil übertragen, aber nach Ablauf einer gewissen Zeit oder bei Eintritt eines bestimmten Ereignisses neu geregelt oder gar dem anderen Elternteil übertragen werden sollte[628], teilweise wurde die Aufteilung der elterlichen Sorge dagegen nicht generell für unzulässig erachtet[629]. Auch nach der Kindschaftsrechtsreform wird der Streit noch fortgesetzt[630], und dies, obwohl sich die Fragestellung eigentlich verengt hat. Anders als bisher stellt § 1671 BGB nicht mehr auf einen übereinstimmenden Elternvorschlag ab, der die Frage zuließ, ob die Eltern vorschlagen können, die elterliche Sorge nur für eine gewisse Zeit dem einen und danach dem anderen Elternteil zu übertragen. Entscheidungsthema ist allein der Antrag des einen und die Zustimmung des anderen Elternteils zu der vom Antragsteller begehrten Sorgeübertragung auf sich allein. Die elterliche Sorge nach einer gewissen Zeit dem anderen Elternteil zu übertragen, kann er nicht beantragen. Ein solcher Antrag obläge allein dem anderen Elternteil und würde – nach einer erfolgten Übertragung auf den Antragsteller – im Rahmen des § 1671 BGB an der Voraussetzung des Bestehens der gemeinsamen Sorge scheitern[631]. Diese formalistische Betrachtungsweise ist im Ergebnis auch sachgerecht, da sie die Gefahr

---

628 BayObLG v. 19.3.1975 – BReg. 1 Z 114/74, FamRZ 1976, 38 (39); OLG Hamm v. 9.7.1964 – 15 W 61/64, FamRZ 1964, 577; OLG Frankfurt v. 31.1.1962 – 6 W 558/61, NJW 1962, 920.

629 Für die Zulässigkeit in begründeten Ausnahmefällen OLG Karlsruhe v. 6.9.1976 – 3 W 24/76, NJW 1977, 1731; *Kropholler*, NJW 1984, 271 (275); *Börger* in: Göppinger/Börger, § 2 Rz. 14. Für die Zulässigkeit wöchentlichen Wechsels AG Landstuhl v. 4.7.1996 – 1 F 81/96, FamRZ 1997, 102 f.

630 Für die generelle Zulässigkeit zeitlicher Aufspaltungen des Sorgerechts *Johannsen/Henrich/Jaeger*, § 1671 Rz. 19 unter Hinweis auf die durch die Reform aufgewertete Elternautonomie; ähnlich *Staudinger/Coester*, § 1671 Rz. 53; a.A. *Erman/ Michalski*, § 1671 Rz. 27, der im Interesse der Erziehungskontinuität einem Wechsel in der Person des Sorgeberechtigten vorbeugen will.

631 Möglich ist freilich die Anregung eines Änderungsverfahrens gemäß § 1696 Abs. 1 BGB, dessen Erfolg maßgeblich davon abhängt, ob die Änderung nur von einem Elternteil begehrt oder von beiden Elternteilen beantragt wird. S. hierzu die Ausführungen auf S. 116 ff.

ausschließt, dass die elterliche Sorge als Vertragsgegenstand zur „Handelsware" verkommt und die Interessen des Kindes bei einem Wechsel in der Person des Alleinsorgeberechtigten nicht hinreichend berücksichtigt werden.

Fraglich ist, ob der Antrag nach § 1671 Abs. 1 BGB auf eine auflösend bedingte oder befristete Übertragung der elterlichen Sorge (§§ 158 Abs. 2, 163 BGB) gerichtet sein darf, mit der Folge, dass nach Ablauf der Frist oder mit Eintritt der Bedingung automatisch wieder eine Sorgegemeinsamkeit hergestellt würde. Ob ein solcher Wunsch in der Praxis jemals relevant werden wird, darf bezweifelt werden, denn wenn sich Eltern darüber einig sind, dass die gemeinsame Sorge nach Ablauf einer bestimmten Zeit oder mit Eintritt eines bestimmten Ereignisses wiederhergestellt werden soll, werden sie es vermutlich von vornherein bei der gemeinsamen Sorge belassen und sich nur intern über die Ausübung der elterlichen Sorge verständigen. Gleichwohl soll kurz auf die Frage eingegangen werden. Für die Zulässigkeit einer auflösenden Bedingung oder Befristung spricht zum einen, dass durch die Wiederherstellung der gemeinsamen elterlichen Sorge keine (nennenswerte) Beeinträchtigung der Stabilität der Lebens- und Erziehungsbedingungen des Kindes eintritt[632], und zwar auch dann nicht, wenn die Eltern weiterhin getrennt leben (arg. e § 1687 BGB), und zum anderen das gesetzgeberische Interesse, die gemeinsame Sorge weitest möglich zu fördern. Dieser Grundsatz gilt uneingeschränkt jedoch lediglich bei der Aufrechterhaltung der gemeinsamen Sorge, dagegen nicht bei ihrer Begründung. Dies folgt aus der Regelung des § 1626 b Abs. 1 BGB, nach der eine Sorgeerklärung unter einer Bedingung oder einer Zeitbestimmung unwirksam ist. Der Gesetzgeber hat sich insoweit bewusst gegen die Zulässigkeit von Bedingungen und Befristungen entschieden, als er im Interesse des Kindes eine „Elternverantwortung auf Zeit oder in Abhängigkeit von einem künftigen ... Ereignis" verhindern wollte[633]. Nach dem ausdrücklich erklärten Willen des Gesetzgebers ist nicht einmal die Festlegung eines Termins zulässig, an dem die gemeinsame Sorge eintreten soll[634]. Die Beantwortung der Frage, ob eine Beschränkung des Antrags nach § 1671 Abs. 1 BGB zulässig ist, hängt damit maßgeblich davon ab, ob entweder die gerichtliche Entscheidung oder der Fristablauf bzw. der Be-

---

632 S. hierzu bereits die Ausführungen auf S. 114.
633 BT-Drucks. 13/4899, S. 94.
634 BT-Drucks. 13/4899, S. 94.

dingungseintritt stärker betont wird. Favorisiert man Letzteres, käme die automatische Wiederherstellung der gemeinsamen elterlichen Sorge bei Fristablauf oder Eintritt der Bedingung eher einem Begründungsakt gleich. In diesem Fall ließe sich der Rechtsgedanke des § 1626 b Abs. 1 BGB gegen die Zulässigkeit einer Befristung oder Bedingung anführen. Stellt man dagegen allein den Zeitpunkt der gerichtlichen Entscheidung in den Vordergrund, spräche immerhin der vorerwähnte Grundsatz für die Zulässigkeit einer Befristung oder Bedingung, weil eine auflösend bedingte oder befristete Übertragung der elterlichen Sorge bei dieser Sichtweise nicht mehr wäre als ein nur zeitweiser Abschied von elterlicher Sorgegemeinsamkeit. Selbst mit einer solchen Sicht der Dinge ließen sich aber die Bedenken nicht vollends ausräumen, die den Gesetzgeber zur Regelung des § 1626 b Abs. 1 BGB veranlasst haben. Denn das Gesetz kennt auch bei der grundrechtlich geschützten Ehe keine auflösend bedingte oder befristete Ehescheidung, woraus zu schließen ist, dass Statusfragen generell keine Regelung auf Zeit zulassen. Ein auf eine auflösend bedingte oder befristete Übertragung der elterlichen Sorge gerichteter Antrag ist damit unzulässig.

cc) Antragsberechtigung

Das Antragsrecht ist Verfahrensvoraussetzung, deren Fehlen den Antrag unzulässig macht[635]. Gemäß § 1671 Abs. 1 BGB sind lediglich die Eltern antragsbefugt – nicht aber das betroffene Kind[636], das Jugendamt oder gar sonstige Dritte – und das nur dann, wenn ihnen die elterliche Sorge gemeinsam zusteht und sie nicht nur vorübergehend getrennt leben.

(1) Zeitpunkt des Getrenntlebens

Streitig ist, ob ein Antrag auf Übertragung der elterlichen Sorge nur zulässig ist, wenn die Eltern bereits im Zeitpunkt der Antragstellung getrennt leben[637]. Der

---

635 *Bassenge/Herbst*, FGG, Einl Rz. 10.

636 Krit. *Baer*, ZfJ 1996, 123; *Bergmann/Gutdeutsch*, FamRZ 1996, 1187 (1188 Fn. 8); *Willutzki*, Rpfleger 1997, 336 (338), *Palandt/Diederichsen*, § 1671 Rz. 11; *Staudinger/Coester*, § 1671 Rz. 14 m.N.

637 Nach *Staudinger/Coester*, § 1671 Rz. 42, kann der Antrag bereits bei einer erst beabsichtigten Trennung gestellt werden; a.A. *FamRefK/Rogner*, § 1671 Rz. 6; zutreffend *Schwab*, FamRZ 1998, 457 (461), der einerseits ausführt, dass ein Elternteil, der noch mit dem anderen „zusammenlebt", aber mit den Kindern gemeinsam das Familienheim verlassen wolle, dies nicht über eine Entscheidung nach § 1671 BGB erreichen könne,

(Fortsetzung s. nächste Seite)

Wortlaut des § 1671 Abs. 1 BGB veranlasst in der Tat zu der Annahme, die Vorschrift wolle bereits die Zulässigkeit des Antrags selbst davon abhängig machen, dass die Eltern nicht nur vorübergehend getrennt leben. In Wahrheit stellt das Getrenntleben der Eltern jedoch keine besondere Voraussetzung für die Zulässigkeit des Antrags dar; es betrifft vielmehr die Frage der Antragsberechtigung und ist damit den allgemeinen Sachentscheidungsvoraussetzungen zuzuordnen[638]. Dies ergibt sich daraus, dass im Recht der elterlichen Sorge nur eine einzige Vorschrift existiert, in der bereits der Antrag an eine besondere Zulässigkeitsvoraussetzung geknüpft wird. Es handelt sich hierbei um § 1672 Abs. 1 BGB, der die Zulässigkeit eines Antrags des Kindesvaters auf Übertragung der elterlichen Sorge von der gemäß § 1626 a Abs. 2 BGB allein sorgeberechtigten Mutter auf sich von der Zustimmung der Mutter abhängig macht. Ausweislich der Gesetzesmaterialien hat sich der Gesetzgeber hier bewusst dazu entschlossen, das Zustimmungserfordernis nicht nur als materiell-rechtliche Voraussetzung für die Übertragungsentscheidung auszugestalten, um schon im Ansatz zu verhindern, dass der Vater das Verfahren zunächst ohne die erforderliche Zustimmung der Mutter einleitet und sich erst im Laufe des Verfahrens um die Zustimmung bemüht[639]. Der Gesetzgeber hat nämlich befürchtet, dass hierdurch Unruhe in die Mutter-Kind-Beziehung gebracht und das Verhältnis hierdurch belastet werden könne[640]. Daraus wird deutlich, dass der Gesetzgeber bei § 1672 Abs. 1 BGB eine Sondersituation vor Augen hatte, die bei § 1671 Abs. 1 BGB keine Entsprechung findet. Das Getrenntleben stellt damit – ebenso wie das Bestehen der gemeinsamen Sorge – keine unmittelbar an den Antrag geknüpfte Zulässigkeitsvoraussetzung eines Verfahrens nach § 1671 BGB dar. Es ist viel-

---

sondern über den Weg des § 1628 BGB versuchen müsse, andererseits aber auch die Möglichkeit des Getrenntlebens in der (ehelichen) Wohnung ausreichen lässt.

638 Gegen die ebenfalls denkbare Funktion einer ausschließlich materiell-rechtlichen Voraussetzung für die Übertragung sprechen der Wortlaut des § 1671 Abs. 1 BGB und die systematische Stellung zu den Absätzen 2 und 3. Darüber hinaus würde eine abweisende Sachentscheidung bloß wegen Fehlens der Voraussetzung des nicht nur vorübergehenden Getrenntlebens der Sache nicht gerecht. Diese Voraussetzung könnte kurz nach der abweisenden Entscheidung erfüllt sein und für den die Alleinsorge begehrenden Elternteil würde sich die Situation bei einem erneuten Antrag viel schwieriger darstellen. Der Sache nach begehrte er dann nämlich eine (strengeren Anforderungen unterworfene) Änderungsentscheidung (§ 1696 Abs. 1 BGB).

639 BT-Drucks. 13/4899, S. 100.

640 BT-Drucks. 13/4899, S. 100.

mehr als Sachentscheidungsvoraussetzung zu qualifizieren und lässt sich am ehesten der Antragsberechtigung zuordnen[641]. Da nach h.M. Sachentscheidungsvoraussetzungen grundsätzlich erst im Zeitpunkt der letzten mündlichen Tatsachenverhandlung[642] vorliegen müssen[643], vermag auch ein bereits vor vollzogener Trennung gestellter Antrag ein Sorgerechtsverfahren nach § 1671 BGB einzuleiten. Eine Sachentscheidung darf das Gericht aber nur treffen, wenn den Eltern die elterliche Sorge im Zeitpunkt der letzten mündlichen Verhandlung gemeinsam zusteht und sie zu diesem Zeitpunkt nicht nur vorübergehend getrennt leben.

(2) Partielle Sorgerechtsinhaberschaft

Fraglich ist, ob auch ein Elternteil antragsberechtigt ist, dem die elterliche Sorge – etwa wegen einer bereits vorangegangenen partiellen Übertragungsentscheidung gemäß § 1671 BGB – nur noch partiell zusteht. Nach *Schwab*[644] soll in solchen Fällen § 1671 Abs. 1 BGB einschlägig sein, soweit Teile aus dem gemeinsamen Sorgebereich in die Alleinzuständigkeit eines Elternteils überführt werden sollen. Dem ist zuzustimmen[645]. § 1671 Abs. 1 BGB ist stets an-

---

641 *Schwab*, FamRZ 1998, 457 (461), ordnet das Getrenntleben der Antragsbefugnis zu, ohne dies zu problematisieren.

642 Eine besondere Ausnahme gilt für die Zuständigkeit und die Zulässigkeit des Rechtswegs, bei denen es genügt, dass die sie begründenden Umstände irgendwann einmal vorgelegen haben (§§ 17 Abs. 1 Satz 1 GVG, 261 Abs. 3 Nr. 2 ZPO: perpetuatio fori). Darüber hinaus führen auch der Wegfall von Partei- und Prozessfähigkeit sowie der gewillkürten oder gesetzlichen Vertretung im Laufe des Verfahrens nicht zur Unzulässigkeit eines Verfahrens, sondern haben nach Maßgabe der §§ 239 ff. ZPO die Unterbrechung oder Aussetzung des Verfahrens zur Folge.

643 *Jauernig*, § 33 V 7, S. 124; *Zeiss*, Rz. 262 f.

644 *Schwab*, FamRZ 1998, 457 (461).

645 A.A. BGH v. 24.5.2000 – XII ZB 72/97, DAVorm 2000, 703 ff. In dem der Entscheidung zugrunde liegenden Sachverhalt war der Kindesmutter die elterliche Sorge anlässlich der Ehescheidung auf Grund eines entsprechenden Elternvorschlags nach § 1671 Abs. 3 Satz 1 BGB a.F. übertragen worden. Wegen der Sorgerechtsentscheidung hat der Vater gegen das Verbundurteil Beschwerde eingelegt und die Belassung der gemeinsamen elterlichen Sorge angeregt. Das OLG hat die Beschwerde zurückgewiesen, obwohl die Mutter zu diesem Zeitpunkt – in Übereinkunft mit dem Kindesvater (!) – nur noch das Aufenthaltsbestimmungsrecht begehrte, im Übrigen aber mit der Aufrechterhaltung der gemeinsamen Sorge einverstanden gewesen wäre. Die hiergegen gerichtete weitere Beschwerde hatte allerdings Erfolg, und dies, obwohl die Mutter mit einer bloßen Übertragung des Aufenthaltsbestimmungsrechts auf sich allein nicht mehr einverstanden war. Der BGH meinte, der Widerruf der Zustimmung zu einem Antrag nach § 1671 Abs. 1 BGB komme

(Fortsetzung s. nächste Seite)

wendbar, soweit es *ausschließlich* um die Aufhebung der gemeinsamen (Teil-) Sorge und ihre (vollständige oder partielle) Übertragung auf einen Elternteil allein geht. Wenn dieser aber einen Teil der elterlichen Sorge für sich allein beansprucht, der auf Grund der vorangegangenen Entscheidung bereits dem alleinigen Zuständigkeitsbereich des anderen Elternteils zugeordnet ist, kommt eine Entscheidung nach § 1671 BGB nicht in Betracht. Das Begehren des Antragsstellers ist in einem solchen Fall – über eine Rückübertragung hinaus – auf die partielle oder vollständige Einrichtung der Alleinsorge zu seinen Gunsten gerichtet. Bereits die Rückübertragung bzw. Aufhebung der vorangegangenen Entscheidung, durch die die gemeinsame Sorge auch für den zuvor anderweitig geregelten Teilbereich wiederhergestellt würde, unterläge den strengen Voraussetzungen einer Änderungsentscheidung (§ 1696 Abs. 1 BGB). Ein Wechsel der Alleinzuständigkeit wäre daher erst recht nach Maßgabe des § 1696 Abs. 1 BGB und keinesfalls nach § 1671 BGB zu beurteilen. Für die Frage der Antragsberechtigung ergibt sich daraus, dass diese für ein Verfahren nach § 1671 BGB jedenfalls dann fehlt, wenn ausschließlich die Übertragung eines Teils der elterlichen Sorge beantragt ist, für die keine gemeinsame Sorge (mehr) besteht. In einem solchen Antrag liegt allerdings eine Anregung zur Einleitung eines Verfahrens nach § 1696 Abs. 1 BGB[646], das jedoch nur dann zulässig ist, wenn neue Tatsachenbehauptungen vorgebracht werden[647].

Wie der Fall zu beurteilen ist, in dem der Antrag eines Elternteils die durch die Vorentscheidung geregelte Sorgerechtszuständigkeit lediglich mitbetrifft, ist fraglich[648]. Theoretisch sind drei Möglichkeiten denkbar. Der Antrag könnte entweder (1.) insgesamt unzulässig oder (2.) insgesamt zulässig sein. Der Antrag könnte aber auch (3.) teilweise zulässig und teilweise unzulässig sein, und zwar zulässig, soweit Sorgegemeinsamkeit besteht, unzulässig, soweit sie nicht besteht. Gegen die vollständige Unzulässigkeit spricht, dass die elter-

---

nach Abschluss der letzten Tatsacheninstanz nicht mehr in Betracht, sodass die Mutter darauf angewiesen sei, die neuen Tatsachen in einem Verfahren nach § 1696 BGB geltend zu machen; vgl. BGH, DAVorm 2000, 703 (708 f.).

646 BGH v. 11.7.1990 – XII ARZ 25/90, FamRZ 1990, 1224.

647 OLG Hamm v. 3.12.1980 – 5 UF 203/80, FamRZ 1981, 600.

648 Beispiel: Dem Kindesvater ist gemäß § 1671 Abs. 2 Nr. 1 BGB die elterliche Sorge im Bereich der Gesundheitsfürsorge übertragen worden; im Übrigen besteht gemeinsame Sorge. Die Mutter bereut, dem damaligen Antrag des Kindesvaters zugestimmt zu haben, und beantragt nunmehr die vollständige Übertragung der elterlichen Sorge auf sich allein.

liche Sorge teilbar ist. Auch bei einem einheitlichen Sachantrag ist das Gericht nicht gezwungen, eine einheitliche Entscheidung zu treffen, sondern hat die Möglichkeit, dem Antrag nur teilweise zu entsprechen. Deshalb wäre es unverhältnismäßig und nicht sachgerecht, den Antrag eines Elternteils, der in der Sache auf mehr gerichtet ist, als auf das, was durch eine Entscheidung nach § 1671 BGB erreichbar wäre, insgesamt als unzulässig zurückzuweisen. Zu erörtern sind damit noch die Möglichkeiten Nr. 2 und Nr. 3. Im Ergebnis laufen beide Möglichkeiten insofern auf dasselbe hinaus, als dem Antragsteller das zuviel Beantragte jedenfalls nicht im Verfahren nach § 1671 BGB zugesprochen werden, in Ansehung der gemeinsamen Sorge jedoch gleichwohl eine Sachentscheidung ergehen kann. Hielte man den Antrag insgesamt für zulässig, könnte bezüglich des zuviel beantragten Teils die Zurückweisung des Antrags insoweit auf § 1671 Abs. 3 BGB gestützt werden, da insoweit eine Konstellation vorliegt, die auf Grund einer anderen Vorschrift – hier des § 1696 Abs. 1 BGB – abweichend (i.S. von dem Antrag entgegenstehend) geregelt werden muss. Es wäre aber auch möglich, den Antrag insoweit als unzulässig zu verwerfen, da für diesen Teilbereich gemeinsame Sorge nicht besteht. Dieses Vorgehen ist vorzugswürdig, denn bei genauer Betrachtung des einheitlichen Antrags auf Übertragung der elterlichen Sorge zeigt sich, dass er in Wirklichkeit aus zwei Elementen besteht. Er enthält zum einen den Antrag auf Aufhebung der gemeinsamen Sorge und die Übertragung der elterlichen Sorge auf den Antragsteller allein, und zum anderen den „Antrag" auf Änderung der Entscheidung, durch die dem Antragsgegner die teilweise Alleinsorge zugewiesen worden ist. Diese Alleinsorge beansprucht der Antragsteller nunmehr für sich und begehrt der Sache nach zu seinen Gunsten einen Wechsel der Alleinsorge. Legt man den einheitlichen Antrag in diesem Sinne aus, bestehen keine Bedenken, den einen Antrag in der Sache zu entscheiden, den anderen als unzulässig zurückzuweisen.

Als Ergebnis bleibt somit festzuhalten: Bei einer bestehenden Teilgemeinsamkeit (und nicht nur vorübergehendem Getrenntleben) ist die Antragsberechtigung stets gegeben, wenn ausschließlich der Restbestand der gemeinsamen Sorge (vollständig oder partiell) in die Alleinsorge eines Elternteils überführt werden soll. Die Antragsberechtigung fehlt, wenn es ausschließlich um einen Teil der elterlichen Sorge geht, der bereits einem Elternteil zugewiesen ist. Ist ein solcher Teil lediglich mitbetroffen, liegen auch in einem einheitlichen Übertragungsantrag der Sache nach zwei Anträge. Für den die Alleinsorge des anderen Elternteils betreffenden Antrag fehlt dem Antragsteller im Verfahren nach § 1671 Abs. 1 BGB die Antragsberechtigung, sodass der Antrag insoweit unzulässig ist. Die Antragsberechtigung besteht nur für den die gemeinsame Sorge betreffenden Antrag, über den sodann im Verfahren nach § 1671 BGB eine Sachentscheidung getroffen werden kann.

dd) Rechtsschutzbedürfnis

(1) Ausgangspunkt

In Antragsverfahren der freiwilligen Gerichtsbarkeit setzt die Zulässigkeit eines Antrags regelmäßig ein gerechtfertigtes Interesse an der beantragten Entscheidung voraus, das in jeder Lage des Verfahrens von Amts wegen zu prüfen ist[649]. Ein Rechtsschutzbedürfnis ist jedoch nur dann zu versagen, wenn das Betreiben des Verfahrens eindeutig zweckwidrig ist und sich als Missbrauch der Rechtspflege darstellt[650]. Hiervon kann in einem Verfahren nach § 1671 BGB keine Rede sein[651]. Nach neuem Recht stellt es die einzige Möglichkeit für Eltern dar, die elterliche Sorge auf Grund ihrer Trennung neu zu ordnen[652], sodass grundsätzlich keinem Elternteil das Rechtsschutzbedürfnis aberkannt werden kann[653].

(2) Einfluss einer vorangegangenen Elternvereinbarung?

Fraglich ist, ob eine elterliche Sorgerechtsvereinbarung der Zulässigkeit eines Antrags nach § 1671 Abs. 1 BGB entgegenstehen kann. Das Betreiben eines Verfahrens könnte von vornherein zweckwidrig sein, wenn die begehrte Entscheidung auf Grund einer dieser widersprechenden Vereinbarung nicht ergehen dürfte. Denkbar ist dies in Ansehung einer lange vor der Trennung getrof-

---

[649] OLG Hamm v. 22.5.1963 – 15 W 158/63, JMBlNRW 1963, 203.

[650] OLG Frankfurt v. 8.3.1976 – 20 W 854/75, OLGZ 77, 401.

[651] Vor der Reform war zu § 1672 BGB a.F. umstritten, ob schon das nicht nur vorübergehende Getrenntleben der Eltern i.V.m. dem Verfahrensantrag zur Begründung des Rechtsschutzbedürfnisses ausreichte oder ob besondere Gründe hinzutreten mussten, die auf ein schutzwürdiges Interesse an der beantragten Sorgeregelung schließen ließen; vgl. *Johannsen/Henrich/Jaeger*, § 1671 Rz. 21 m.N.

[652] *Staudinger/Coester*, § 1671 Rz. 45.

[653] *Johannsen/Henrich/Jaeger*, § 1671 Rz. 21. Für das Recht vor der Kindschaftsrechtsreform OLG Nürnberg v. 17.2.1994 – 7 WF 358/94, FamRZ 1995, 371 f.; OLG Jena v. 2.4.1996 – WF 202/95, FamRZ 1997, 573; a.A. AG Kerpen v. 31.12.1994 – 51 F 115/94, FamRZ 1995, 953 ff.; OLG Bamberg v. 25.6.1996 – 7 WF 93/96, FamRZ 1997, 104 f.

fenen Abrede, die gemeinsame Sorge auch im Falle einer Trennung unter allen Umständen aufrechtzuerhalten, mithin keinen Antrag nach § 1671 Abs. 1 BGB zu stellen, sowie im Rahmen einer entsprechenden Vereinbarung nach der Trennung. Dieselbe Frage stellt sich in dem Fall, in dem die Eltern vor oder nach der Trennung die Übertragung der elterlichen Sorge auf denjenigen Elternteil vereinbart haben, der sich nun einem Antrag des anderen gegenübersieht.

Die Wirksamkeit und unumstößliche Bindungswirkung derartiger Vereinbarungen vorausgesetzt, könnte ein Antrag nach § 1671 Abs. 1 BGB in der Sache niemals Erfolg haben (§ 242 BGB): Durch die Vereinbarung des Fortbestands gemeinsamer Sorge wäre die Möglichkeit eines Antrags für beide Elternteile gleichermaßen ausgeschlossen, und hätte sich lediglich der nunmehrige Antragsteller zur Herbeiführung der elterlichen Alleinsorge in der Person des anderen Elternteils verpflichtet, so stünde diese Verpflichtung der Übertragung der elterlichen Sorge auf ihn entgegen. Aus diesem Grund könnten derartige Vereinbarungen zu einem Fehlen des Rechtsschutzbedürfnisses führen. In der Sache handelt es sich zwar um ein materiell-rechtliches Problem, das im Rahmen der Prüfung der materiellen Voraussetzungen des § 1671 BGB hinreichende Berücksichtigung finden könnte, doch leuchtet es – trotz aller Warnungen, das Rechtsschutzbedürfnis vorschnell zu verneinen und damit ein Sachurteil zu verhindern[654] – nicht ein, weshalb ein Elternteil die Macht haben sollte, ein Verfahren zu betreiben, das im Ergebnis – die Wirksamkeit der Vereinbarungen unterstellt – niemals zum Ziel führen kann.

Anerkannt ist, dass es am Rechtsschutzbedürfnis fehlt, wenn der Rechtsschutz Begehrende auf einfachere oder billigere Weise zum Ziel kommen kann[655]. Wo die Zielerreichung aber von vornherein ausgeschlossen ist, ist ein irgendwie gearteter Sinn des Verfahrens noch weniger anzuerkennen. Obgleich dies für die Verneinung des Rechtsschutzbedürfnisses und gegen eine Berücksichtigung einer etwaigen Elternvereinbarung erst im Rahmen der Begründetheit eines Antrags nach § 1671 Abs. 1 BGB spricht, kann die Beantwortung der Frage, welchem Weg der Vorzug zu geben ist, dahinstehen, wenn eine Eltern-

---

[654] *Stein/Jonas/Schumann*, Vor § 253 III, Rz. 102 c.

[655] BGH v. 24.4.1990 – VI ZR 110/89, BGHZ 111, 168 (171).

vereinbarung über die elterliche Sorge ohnehin keine Bindungswirkung entfaltet.

Schon unter der Geltung des § 1671 Abs. 3 BGB a.F. (und seiner Vorläufer) wurde kontrovers diskutiert, ob ein Elternteil an einen dem Gericht einmal unterbreiteten übereinstimmenden Elternvorschlag gebunden ist. Entgegen allem Anschein beschränkte sich die Fragestellung aber nicht nur auf die Fälle, in denen die elterliche Übereinstimmung zumindest noch zu irgendeinem Zeitpunkt des Verfahrens bestanden hatte, sondern erstreckte sich auf sämtliche Vereinbarungen, mithin auch auf solche, die lange vor der Einleitung eines Verfahrens (etwa im Rahmen eines umfassenden Scheidungsfolgenvertrages) getroffen worden waren[656]. Während die Rechtsprechung einer Elternvereinbarung zunächst noch eine grundsätzliche Bindungswirkung[657] zugesprochen hatte, vollzog sich unter dem Druck der dies überwiegend ablehnenden Literaturauffassung[658] ein Wandel[659]. Für die letzte Zeit der Geltung des § 1671 Abs. 3 Satz 1 BGB a.F. wurde von der h.M. eine Bindungswirkung verneint[660].

Die Frage einer etwaigen Bindungswirkung zwischen den Eltern hat der Bundesgerichtshof nie entscheiden müssen. In seinem Beschluss vom 14. Oktober 1992, in dem er im Rahmen eines Änderungsverfahrens nach § 1696 Abs. 1 BGB darüber zu befinden hatte, ob einer Abänderung der Erstentscheidung der dieser zugrunde liegende Elternvorschlag entgegenstand, hat er der Frage, ob eine solche Vereinbarung zwischen den Eltern eine Bindungswirkung entfaltet, die praktische Relevanz abgesprochen[661]: (Jedenfalls) dem Gericht gegenüber entfalte eine elterliche Vereinbarung schon bei der Erstentscheidung keine Bin-

---

656 Vgl. z.B. *Gernhuber/Coester-Waltjen*, § 65 IV 1, S. 1045.

657 Zum Elternvorschlag nach § 74 Abs. 1 Satz 2 EheG (1946) BGH v. 23.2.1951 – IV ZB 9/51, BGHZ 1, 214 (217); zum Elternvorschlag nach § 1671 Abs. 3 Satz 1 BGB (1958) BGH v. 29.6.1960 – IV ZB 71/60, BGHZ 33, 54 (58 f.); OLG Karlsruhe v. 4.8.1965 – 5 W 35/65, FamRZ 1965, 575; KG v. 8.1.1968 – 1 W 2262/67, FamRZ 1968, 294 (295); OLG Karlsruhe v. 15.3.1968 – 5 W 23/68, FamRZ 1968, 266; BayObLG v. 4.12.1962 – 1 Z 183/61, NJW 1963, 589 (590); BayObLG v. 17.2.1967 – BReg. 1a Z 84/66, FamRZ 1967, 402 (403); OLG Köln v. 18.8.1972 – 16 Wx 70/72, FamRZ 1972, 574 (575); OLG Düsseldorf v. 27.12.1982 – 3 UF 34/82, FamRZ 1983, 293 (294); OLG Stuttgart v. 6.2.1981 – 15 UF 207/80 ES, FamRZ 1981, 704 (705).

658 Nachweise bei *Gernhuber/Coester-Waltjen*, § 65 IV 1, S. 1045 Fn. 2.

659 OLG Zweibrücken v. 3.7.1986 – 6 UF 15/86, FamRZ 1986, 1038; OLG Hamm v. 28.10.1988 – 5 UF 46/88, FamRZ 1988, 654.

660 Nachweise bei *Johannsen/Henrich/Jaeger*, § 1671 Rz. 24.

661 BGH v. 14.10.1992 – XII ZB 150/91, FamRZ 1993, 314 (315).

dungswirkung, wenn eine Abweichung zum Wohl des Kindes erforderlich sei. Erst recht könne daher ein der Erstentscheidung zugrunde liegender Elternvorschlag für das Gericht nicht verbindlich sein, wenn das Kindeswohl eine Abänderung gemäß § 1696 Abs. 1 BGB geböte.

Für das geltende Recht lässt sich aus der Argumentation des Bundesgerichtshofs wenig gewinnen, da das Gericht nunmehr – anders als nach der damaligen Rechtslage – gemäß § 1671 Abs. 2 Nr. 1 BGB an den elterlichen Konsens gebunden ist, sofern kein beachtlicher Kindeswiderspruch vorliegt und soweit die elterliche Sorge nicht auf Grund anderer Vorschriften abweichend geregelt werden muss (§ 1671 Abs. 3 BGB). Die Frage der Bindungswirkung ist daher in einem anderen Licht neu zu stellen. Die Tatsache, dass der BGH in seinem Beschluss angemerkt hat, bei dem übereinstimmenden Elternvorschlag handele es sich nicht um eine vertragliche oder vertragsähnliche Vereinbarung, die den Regeln des Vertragsrechts unterworfen sei[662], ist für das geltende Recht nur wenig bedeutsam. Schon der Wortlaut des § 1671 Abs. 2 Nr. 1 BGB, der nicht auf einen irgendwann einmal zustande gekommenen „Vorschlag", sondern auf die Erklärungen gegenüber dem Gericht abstellt, zeigt deutlich auf, dass nur ein aktuell erklärter Konsens eine Entscheidung nach § 1671 Abs. 2 Nr. 1 BGB rechtfertigen würde[663]. Ob aber eine außerhalb des Verfahrens getroffene Elternvereinbarung vollkommen irrelevant oder zumindest im Rahmen des § 1671 Abs. 2 Nr. 2 BGB mit zu berücksichtigen ist[664], ist nicht ersichtlich. Es ist daher zu klären, ob und inwieweit einer außerhalb des Verfahrens getroffenen Elternvereinbarung ein eigener Stellenwert zukommt.

Teilweise wird angenommen, dass zumindest einem vereinbarten Fortbestand der gemeinsamen Sorge eine Bindungswirkung beizumessen sei, da das Gesetz vom gemeinsamen Sorgerecht und dessen Beibehaltung im Trennungsfall als Regel ausgehe[665]. Ob diese Prämisse zutrifft, ist sehr fraglich. Zwar lässt

---

662 BGH v. 14.10.1992 – XII ZB 150/91, FamRZ 1993, 314 (315).

663 *Motzer* in: Schwab, HdB, III, Rz. 101.

664 *Zimmermann*, DNotZ 1998, 404 (423) ist der Ansicht, ein entgegen einer vorangegangenen Elternvereinbarung gestellter einseitiger Antrag auf Änderung des Sorgerechts sei von vornherein nach dem Maßstab des § 1696 Abs. 1 Satz 1 BGB zu beurteilen. *Staudinger/Coester*, § 1671 Rz. 61 will den strengen Maßstab des § 1696 Abs. 1 Satz 1 BGB innerhalb des § 1671 Abs. 2 Nr. 2 BGB berücksichtigt wissen.

665 *Zimmermann*, DNotZ 1998, 404 (423).

sich nicht leugnen, dass das Gesetz den Fortbestand elterlicher Sorgegemeinsamkeit rechtstechnisch als Regelfall ausgestaltet hat, doch ob hieraus der Schluss gezogen werden kann, dass die gemeinsame Sorge gegenüber der Alleinsorge prinzipiell den Vorrang genießt, ist heftig umstritten[666]. Eine Entscheidung in die eine oder andere Richtung ist an dieser Stelle jedoch entbehrlich, denn selbst wenn diese Prämisse zuträfe, wäre die Schlussfolgerung keineswegs zwingend. Es spricht nämlich viel für die Annahme, dass Eltern auf das ihnen kraft Gesetzes eingeräumte Recht, im Fall des nicht nur vorübergehenden Getrenntlebens einen Antrag auf Übertragung der elterlichen Sorge zu stellen, überhaupt nicht verzichten können[667], und zwar aus folgenden Gründen:

Gesichert ist zunächst, dass elterlichem Konsens in Ansehung einer Veränderung des Status quo der gemeinsamen Sorge keine unmittelbare Wirkung beizumessen ist. Eine Sorgerechtsänderung bedarf stets der gerichtlichen Entscheidung, weil die Ebene der Rechtsinhaberschaft nur kontrollierten Dispositionsakten der Eltern zugänglich ist. Insoweit findet sich eine Parallele im Scheidungsrecht: Obgleich dem Konsens Scheidungswilliger bei (einjährigem) Getrenntleben eine Bedeutung zukommt (§ 1566 Abs. 1 BGB), ist den Ehegatten die Möglichkeit einer Privatscheidung versagt, weil die materiell-rechtliche Kontrolle der Scheidungsvoraussetzungen der Kontrolle des Gerichts unterliegt[668]. Ist man sich dieser Parallele bewusst, liegt es nahe, einen Blick auf die rechtliche Behandlung von Verträgen zu werfen, durch die Ehegatten das Scheidungsrecht abbedungen haben. Nach nahezu einhelliger und zustimmungswürdiger Meinung ist ein genereller Scheidungsausschluss sittenwidrig oder jedenfalls nichtig[669], weil sich die bürgerlich-rechtlichen Vorschriften über die Scheidung vor dem Hintergrund des Art. 6 Abs. 1 GG als zwingend und der Disposition der Ehegatten entzogen erweisen[670]. Sind schon die scheidungs-

---

666 Näheres hierzu auf S. 216 f.

667 Es verwundert, dass bislang lediglich die „Widerruflichkeit" elterlicher Vereinbarungen zur Sorgerechtsgestaltung diskutiert worden ist (instruktiv zu dieser Frage *Kropholler*, NJW 1984, 271 ff. m.N.), die Frage der (verbindlichen) Regelbarkeit außerhalb eines gerichtlichen Verfahrens – trotz des Grundsatzes der Unverzichtbarkeit der elterlichen Sorge – dagegen vernachlässigt worden ist.

668 BGH v. 21.2.1990 – XII ZB 203/87, NJW 1990, 2194 (2196).

669 BGH v. 9.4.1986 – IVb ZR 32/86, BGHZ 97, 304 (306 f.) m.N. auch zur Gegenansicht.

670 Es wird allenfalls für zulässig erachtet, dass ein Ehegatte auf ein bereits entstandenes Scheidungsrecht verzichtet, mit der Folge, dass dieses erlischt, aber ein neues Schei-

(Fortsetzung s. nächste Seite)

rechtlichen Vorschriften unabdingbar, obwohl sich ein Verzicht auf die Scheidung ausschließlich im Verhältnis der Ehegatten untereinander auswirken würde, können die Anforderungen in Ansehung einer Vereinbarung, durch die das Recht auf Stellung eines Antrags nach § 1671 Abs. 1 BGB ausgeschlossen wird, nicht geringer ausfallen. Der Verzicht auf ein Recht, das Eltern zur Wahrnehmung ihrer Elternverantwortung (Art. 6 Abs. 2 GG) eingeräumt wird, lässt sich mit dem Pflichtcharakter der elterlichen Sorge nicht in Einklang bringen[671]. Jedem Elternteil muss es daher freistehen, in Ansehung des Kindeswohls von den gesetzlich vorgesehenen Rechten Gebrauch zu machen. Selbst durch eine förmliche Vereinbarung kann daher auf das Recht zur Stellung eines Antrags nach § 1671 Abs. 1 BGB nicht wirksam verzichtet werden.

Das vorstehend Ausgeführte gilt entsprechend in Ansehung einer Vereinbarung, in der ein Elternteil dem anderen zugesagt hat, an der Übertragung der elterlichen Sorge auf ihn mitzuwirken, also einem Antrag nach § 1671 Abs. 1 BGB zuzustimmen. Denn wenn ein Elternteil nicht einmal unwiderruflich auf die Ausübung der elterlichen Sorge verzichten kann, obwohl diese Ebene – anders als die Ebene der Rechtsinhaberschaft, die stets der Mitwirkung des Gerichts bedarf – freien Vereinbarungen der Eltern zugänglich ist[672], kann sich ein Elternteil erst recht nicht wirksam verpflichten, an einer Sorgerechtsübertragung auf den anderen mitzuwirken. Ist schon eine Abrede nichtig, in der der Widerruf einer – lediglich auf der Ausübungsebene wirkenden – vereinbarten Funktionsteilung beschränkt oder ausgeschlossen wird, kann den Eltern erst recht keine verbindliche Vereinbarung über die Gestaltung der Sorgerechtszuständigkeit möglich sein.

Im Ergebnis muss einer bloß außerhalb eines Verfahrens nach § 1671 BGB zustande gekommenen „Elternvereinbarung“ eine Bindungswirkung versagt bleiben[673]. Fraglich ist nur, ob sie (1.) schon keinen Vertragscharakter aufweist oder (2.) dieser zwar bejaht werden muss, der Vereinbarung aber kraft

---

dungsrecht entsteht, wenn einer der gesetzlich vorgesehenen Scheidungstatbestände auf Grund einer neuen Tatsachenlage erfüllt wird; vgl. BGH v. 9.4.1986 – IVb ZR 32/86, BGHZ 97, 304 (308 f.) m.N.

671 Gegen die Bindungswirkung eines einvernehmlichen Sorgerechtskonzepts nach § 17 Abs. 2 SGB VIII ebenso *Lohrentz*, S. 120 f.

672 Vgl. hierzu bereits die Ausführungen auf S. 73 f.

673 Im Ergebnis ebenso BGH v. 14.10.1992 – XII ZB 150/91, FamRZ 1993, 314 (315).

Nichtigkeitsurteil gemäß § 138 Abs. 1 BGB keine Wirksamkeit zukommt – und das selbst dann, wenn sie in einen umfangreichen Scheidungsfolgenvertrag eingebettet ist[674] – oder (3.) ein Elternteil seine Erklärung jedenfalls frei widerrufen kann[675]. Gegen die erste Möglichkeit spricht, dass der Wille der Eltern in der Praxis in vielen Fällen gerade darauf gerichtet ist, eine verbindliche Vereinbarung über die zukünftige Sorgerechtsgestaltung herbeizuführen, um im Interesse des Kindes eine streitige Auseinandersetzung vor Gericht zu vermeiden[676]. Ist dies der Fall, so stellt sich die jeweilige Erklärung eines Elternteils für einen verständigen Empfänger als Willenserklärung dar (§§ 133, 157 BGB), denn er kann – unter Berücksichtigung von Treu und Glauben, der Verkehrssitte und aller Umstände des Einzelfalls – gemäß §§ 133, 157 BGB den Schluss ziehen, die (geregelte) Sorgerechtsgestaltung sei jedenfalls mit Rechtsbindungswillen gewollt. Dass die gewollte Rechtsfolge noch durch das Gericht herbeigeführt werden muss, lässt sich nicht gegen einen Vertragscharakter anführen, da eine andere Auffassung mit dem Abstraktionsprinzip in Widerspruch stünde. Die erste Möglichkeit ist damit abzulehnen.

Fraglich ist, ob aus dem Pflichtcharakter der elterlichen Sorge und den zur Begründung der mangelnden Bindungswirkung angeführten Argumenten die Sittenwidrigkeit einer Vereinbarung über die Sorgerechtsgestaltung gemäß § 138 Abs. 1 BGB folgt. Dann müsste eine solche Vereinbarung gegen das Anstandsgefühl aller billig und gerecht Denkenden[677] verstoßen. Dies ist zu verneinen, da die Vereinbarung das Ergebnis einer rechtspolitisch gewollten Auseinandersetzung der Eltern ist. Die Eltern sollen sich anlässlich ihrer Trennung Gedanken über die Sorgerechtsgestaltung machen (arg. e § 630 Abs. 1 Nr. 2 ZPO) und finden in der Praxis oftmals für sich eine Lösung. Es wäre nicht einzusehen, weshalb sämtliche Vereinbarungen sittenwidrig und damit nichtig sein sollten. Deutlich wird dies insbesondere dann, wenn die Vereinbarung darauf

---

674 Zu den hiermit verbundenen Auswirkungen auf die übrigen Bestandteile der Vereinbarung s. *Gernhuber/Coester-Waltjen*, § 65 IV 1, S. 1046, insbes. Fn. 17 m.N. für den Widerruf.

675 So die nunmehr h.M.; vgl. nur *Göppinger/Börger*, § 2 Rz. 8 m.N.

676 Zur Bedeutung der Elternvereinbarungen aus der Sicht der Praxis s. *Helfer/Bünder*, KindPrax 2001, 151 ff.

677 RG v. 15.10.1912 – Rep. VII. 231/12, RGZ 80, 219 (221); BGH v. 9.7.1953 – IV ZR 242/52, BGHZ 10, 228 (232); BAG v. 1.4.1976 – 4 AZR 96/75, NJW 1976, 1958 m.N.

abzielt, trotz der Trennung die Aufrechterhaltung der gemeinsamen elterlichen Sorge zu versuchen, und diesbezügliche „Rückversicherungsklauseln“[678] enthält, die ein gerichtliches Verfahren vermeiden helfen sollen. Die Praxis lässt sich einiges[679] einfallen, um bei den Eltern das Gefühl zu erwecken, eine solche Vereinbarung sei verbindlich. Unterlassen sie – im Glauben an die Verbindlichkeit ihrer Einigung – Maßnahmen, die der gemeinsamen elterlichen Sorge zuwiderlaufen, so steht dies immerhin im Einklang mit der Leitidee der Kindschaftsrechtsreform, trotz erfolgter Elterntrennung die gemeinsame elterliche Sorge weitest möglich zu fördern. Über eine Elternvereinbarung das Nichtigkeitsurteil zu fällen, würde somit weit über das Ziel hinausschießen, für den Fall späterer Uneinigkeit eine Bindungswirkung zu verneinen. Daher ist der Möglichkeit der freien Widerruflichkeit der Vorzug zu geben.

Als Ergebnis bleibt daher festzuhalten: Bis zu einer gerichtlichen Entscheidung, durch die die Alleinzuständigkeit eines Elternteils begründet werden kann, steht jedem Elternteil ein Recht auf das Betreiben eines Verfahrens nach § 1671 BGB zu. Kein Elternteil kann sich dieses Rechts durch vorherigen Verzicht endgültig begeben oder sich unwiderruflich verpflichten, einem etwaigen Antrag des anderen Elternteils auf Übertragung der elterlichen Sorge zuzustimmen. Außergerichtliche Vereinbarungen entfalten keine rechtliche, sondern allenfalls eine faktische Bindungswirkung, sodass eine außerhalb des Verfahrens zustande gekommene Elternvereinbarung niemals zur Verneinung eines Rechtsschutzbedürfnisses für einen Antrag nach § 1671 Abs. 1 BGB führen kann.

b) Gemeinsame Sorge

Im Folgenden ist das Merkmal der gemeinsamen Sorge näher zu untersuchen. Dass ihr Bestehen im Verfahren nach § 1671 BGB eine Sachentscheidungsvoraussetzung darstellt, ist bereits auf S. 151 dargelegt. In diesem Zusammenhang ist auch ausgeführt worden, dass die Antragsberechtigung auch in Ansehung ei-

---

678 Beispiel für eine Art Rückversicherungsklausel von *Helfer/Bünder*, KindPrax 2001, 151 (154): „Bei unüberwindlich erscheinenden Meinungsverschiedenheiten oder Streitigkeiten wenden sich die Eltern im Interesse ihres Kindes A. frühzeitig an die Familienberatungsstelle Kalk, um eine gütliche Regelung des Konflikts zu finden.“

679 Nach *Helfer/Bünder*, KindPrax 2001, 151 (154 f), wird ein Dokument erstellt, das sowohl von den Eltern als auch den Mitarbeitern der Familienberatungsstelle in einem feierlichen Rahmen unterzeichnet wird.

nes Restbestandes gemeinsamer Sorge besteht, wenn diese zu Gunsten des Antragstellers nunmehr (sei es vollständig oder partiell) in die Alleinsorge überführt werden soll[680].

Nach § 1671 Abs. 1 BGB kommt eine vollständige oder partielle Übertragung der elterlichen Sorge auf einen Elternteil allein nur dann in Betracht, wenn den Eltern die elterliche Sorge *gemeinsam zusteht*. Damit ist lediglich gesagt, dass beide Elternteile Inhaber des Pflichtrechts der elterlichen Sorge sein müssen. Worauf die gemeinsame elterliche Sorge beruht, spielt nach dem Wortlaut der Vorschrift keine Rolle. Unstreitig ist aber die Anwendbarkeit der Vorschrift nur, wenn die gemeinsame Sorge durch Eheschließung oder durch Sorgeerklärungen von nicht miteinander verheirateten Eltern begründet[681] oder durch Aufhebung einer früheren Sorgerechtsübertragung gemäß § 1696 BGB wiederhergestellt[682] worden ist. Ob § 1671 BGB aber auch die Fälle erfasst, in denen die elterliche Sorge auf einer Gerichtsentscheidung[683] beruht, ist umstritten.

aa) Gerichtliche Sorgerechtsregelung als Rechtsgrund

Nach Auffassung des OLG Jena soll jedenfalls eine nach altem Recht ergangene Sorgerechtsentscheidung, durch die den Eltern nach der Scheidung die *gemeinsame Sorge* zugestanden worden ist, wegen ihrer Bestandskraft – wie Altentscheidungen gemäß §§ 1671, 1672 a.F. – nur über § 1696 BGB abgeändert werden können[684], § 1671 BGB mithin nicht anwendbar sein. Gegen diese Ansicht lässt sich der uneingeschränkte Wortlaut des § 1671 BGB anführen, der keinen Anhaltspunkt dafür bietet, Fälle, in denen die gemeinsame elterliche Sorge auf einem Gerichtsbeschluss beruht, aus dem Anwendungsbereich des § 1671 BGB herauszunehmen. Andererseits könnte dies in manchen Konstellationen jedoch aus Sachgründen geboten sein, und zwar je nachdem, ob die gemeinsame elterliche Sorge auf Grund einer Sorgerechtsregelung gemäß §§ 1671, 1672 BGB a.F. belassen, oder auf Grund einer gerichtlichen Entschei-

---

680 S. S. 153 ff.

681 *Schwab*, FamRZ 1998, 457 (461); *ders.*, Familienrecht, Rz. 674; *Keller*, S. 57.

682 *Motzer* in: Schwab, HdB, III, Rz. 79.

683 Gedacht ist hier insbesondere an eine nach der alten Rechtslage erfolgten Sorgerechtsbelassung bei beiden Eltern im Fall der Ehescheidung, aber auch an eine erstmalige Anordnung gemeinsamer Sorge gemäß § 1672 Abs. 2 Satz 1 BGB.

684 OLG Jena v. 10.7.2000 – 1 UF 21/00, FamRZ 2001, 436 f.

dung nach § 1672 Abs. 2 Satz 1 BGB oder § 1696 Abs. 1 BGB begründet worden ist.

Bei Belassung der gemeinsamen elterlichen Sorge gemäß §§ 1671, 1672 BGB a.F. ist nicht ersichtlich, weshalb das nunmehrige Begehren der Eltern nach Alleinsorge den strengen Voraussetzungen des § 1696 Abs. 1 BGB unterworfen sein sollte. Dass es gerade den Eltern, die sich bei der damaligen Rechtslage um die Aufrechterhaltung der gemeinsamen Sorge bemüht haben, erschwert werden sollte, nun doch in der Person eines Elternteils die (vollständige oder partielle) Alleinsorge herbeizuführen, leuchtet nicht ein. Anderes könnte dagegen in den Fällen gelten, in denen die elterliche Sorgegemeinsamkeit auf einer gerichtlichen Entscheidung nach § 1672 Abs. 2 Satz 1 BGB oder § 1696 Abs. 1 BGB beruht. Das Gericht hat in solchen Fällen bereits (mindestens) zweimal über die Zuweisung elterlicher Sorge entschieden, und zwar erstens bei der Überführung der gemeinsamen Sorge in die Alleinsorge (§§ 1671, 1672 BGB a.F. bzw. § 1671 BGB n.F.) oder dem Wechsel in der Person des Alleinsorgeberechtigten (§ 1672 Abs. 1 BGB) und zweitens bei der (erstmaligen oder wiederholten) Herstellung der gemeinsamen Sorge (§ 1696 Abs. 1 BGB oder § 1672 Abs. 2 Satz 1 BGB). Eine neuerliche Entscheidung gemäß § 1671 BGB hätte damit immerhin bereits die dritte Änderung zur Folge! Hierin könnte ein dem Kindeswohl abträgliches „Hin und Her" liegen, das der Gesetzgeber bei der Begründung gemeinsamer Sorge durch Sorgeerklärungen befürchtet hat und zu dessen Vermeidung § 1626 b Abs. 3 BGB geschaffen worden ist[685]. Die häufigen Änderungen in Ansehung der Sorgerechtsinhaberschaft könnten hier für den strengen Maßstab des § 1696 Abs. 1 BGB sprechen. Auf der anderen Seite ist wiederum zu bedenken, dass der Gesetzgeber für den Weg zur elterlichen Sorgegemeinsamkeit – zumindest nach einer Entscheidung gemäß §§ 1671, 1672 BGB oder der Änderung einer solchen Entscheidung gemäß § 1696 Abs. 1 BGB – eine Kindeswohlprüfung vorsieht, wohingegen der Weg zur elterlichen Alleinsorge nach § 1671 Abs. 2 Nr. 1 BGB grundsätzlich schon ohne eine Kontrolle offen steht. Letzteres macht deutlich, dass der Fortbestand gemeinsamer Sorge grundsätzlich jedenfalls nicht gegen den übereinstimmenden Willen der Eltern erzwungen werden soll[686]. Dieses Wertungsmodell beansprucht auch in

---

[685] Zur Einschränkung des § 1626 b Abs. 3 BGB s. S. 113.
[686] Näheres hierzu S. 186 ff.

den Fällen Geltung, in denen die gemeinsame elterliche Sorge auf einem Gerichtsbeschluss beruht. Hierfür spricht nicht nur der uneingeschränkte Wortlaut des § 1671 BGB, sondern auch ein praktisches Bedürfnis. Hielte man es nicht gar für notwendig, dass der Gesetzgeber eine gegenteilige Ansicht ausdrücklich hätte regeln müssen, wären die Vorgaben des § 1671 Abs. 2 Nr. 1 BGB in § 1696 Abs. 1 BGB hineinzulesen, um den von dieser Vorschrift vorgesehenen strengen Maßstab zu modifizieren[687]. Würden hier weitere Differenzierungen für notwendig erachtet (etwa danach, ob die gemeinsame elterliche Sorge durch die gerichtliche Entscheidung belassen oder begründet worden ist), gestaltete sich die Rechtslage äußerst unübersichtlich und unsicher. Daher ist die Ansicht abzulehnen, die sich gegen die Anwendung des § 1671 BGB ausspricht, wenn Eltern eine auf einer gerichtlichen Entscheidung beruhende gemeinsame elterliche Sorge in die Alleinsorge eines Elternteils überführen wollen[688]. Sofern im Einzelfall bereits mehrere Wechsel in der Person des Sorgerechtsinhabers erfolgt sein sollten, kann dem – bei Überschreitung der Schwelle zur Kindeswohlgefährdung – durch Entscheidung gemäß §§ 1671 Abs. 3, 1666 Abs. 1 BGB Rechnung getragen werden.

In diesem Zusammenhang soll hervorgehoben werden, dass es einer ausdrücklichen Änderung der Altentscheidung nicht bedarf, wenn dem Antrag gemäß § 1671 Abs. 2 BGB stattgegeben wird. Gerichtliche Sorgerechtsregelungen gemäß §§ 1671, 1672 BGB a.F. – und damit auch eine nach altem Recht ergangene Entscheidung, durch die den Eltern anlässlich der Scheidung die elterliche Sorge gemeinsam belassen worden ist – werden automatisch hinfällig, wenn sie entweder abgeändert werden (§ 1696 Abs. 1 BGB) oder durch einen anderen Akt, dem eine sorgerechtliche Statuswirkung zukommt, überlagert werden[689]. Wird einem Antrag auf Übertragung der elterlichen Sorge stattgegeben, so ändert auch eine solche Entscheidung den sorgerechtlichen Status. Bei einer partiellen Übertragung der elterlichen Sorge kann sich jedoch aus Zweckmäßigkeitsgründen eine deklaratorischer Ausspruch empfehlen.

---

687 *Staudinger/Coester*, § 1671 Rz. 28.

688 Im Ergebnis ebenso *Will*, ZfJ 1998, 308 (312); a.A. *Schwab*, FamRZ 1998, 457 (472); *Runge*, FPR 1999, 142 (145); *Weychardt*, ZfJ 1999, 326 (334).

689 S.o. S. 135 f.

bb) Insbesondere die Entscheidung gemäß § 1672 BGB a.F.

Eine besondere Problematik besteht in der Behandlung einer nach altem Recht aus Anlass des Getrenntlebens der Eltern getroffenen Sorgerechtsregelung gemäß § 1672 BGB a.F. Obgleich der Ursprung des Problems im Übergangsrecht zu finden ist, ist die Fragestellung bis heute nicht abschließend geklärt.

Anlass zur Diskussion war der Umstand, dass die Neuregelungen des KindRG lediglich eine verfahrensrechtliche Übergangsregelung in Art. 15 § 2 Abs. 4 enthielten. Hiernach war eine bei Inkrafttreten des neuen Sorgerechts am 1. Juli 1998 anhängige Folgesache gemäß § 1671 BGB a.F. als in der Hauptsache erledigt anzusehen, wenn nicht bis zum Ablauf von drei Monaten nach dem 1. Juli 1998 ein Antrag auf Alleinsorge gestellt wurde[690]. Mangels einer materiell-rechtlichen Übergangsregelung wurde die Frage aufgeworfen, nach welcher Norm ein rechtzeitig gestellter Antrag auf Übertragung der Alleinsorge zu beurteilen sei. Maßgebliche Vorschrift konnte einerseits § 1671 BGB sein, doch da dieser das Bestehen der gemeinsamen Sorge voraussetzt, war fraglich, ob auf diese Voraussetzung bei Vorliegen einer für die Dauer des Getrenntlebens getroffenen Entscheidung, mit der nur einem Elternteil die elterliche Sorge zugesprochen worden war, verzichtet werden konnte[691]. Andererseits war aber auch die Anwendung der für Änderungsentscheidungen geltenden Vorschrift des § 1696 Abs. 1 BGB möglich[692], was wegen ihres strengen Maßstabs das Problem einer hohen Änderungsschwelle mit sich brachte. Diese hohe Änderungsschwelle wurde nicht für sachgerecht erachtet, da einer Entscheidung nach § 1672 BGB a.F. im alten Recht auf Grund des Entscheidungsverbundes nur ein vorläufiger Charakter zugekommen war[693] und die strengen Anforderungen des § 1696 Abs. 1 BGB im Ergebnis auf eine Aufwertung der Entscheidung hinaus-

---

690 Nach BGH v. 4.4.2001 – XII ZB 147/99, EzFamR BGB § 1671 n.F. Nr. 13, steht einem Antrag gleich, wenn bereits vor dem 1. Juli 1998 ein eindeutiger Antrag auf Übertragung der alleinigen elterlichen Sorge gestellt wurde und der antragstellende Elternteil hieran in dem weiteren Verfahren uneingeschränkt festgehalten hat (Fortführung von BGH v. 24.5.2000 – XII ZB 72/97, DAVorm 2000, 704 ff.).

691 Dafür: OLG Hamm v. 31.8.1998 – 8 UF 7/98, FamRZ 1998, 1315; OLG Bamberg v. 10.3.1999 – 2 UF 297/98, FamRZ 1999, 805; *Wend*, FPR 1999,137 (141).

692 Dafür: OLG Braunschweig v. 19.1.1999 – 2 UF 73/98, FamRZ 1999, 1006; *Hagelstein*, FuR 1998, 404.

693 AG Groß-Gerau v. 29.7.1998 – 71 F 312/98, FamRZ 1998, 1465; OLG Hamm v. 31.8.1998 – 8 UF 7/98, FamRZ 1998, 1315 (1316).

liefen[694]. Die Diskussion um die Behandlung einer nach § 1672 BGB a.F. getroffenen Sorgerechtsregelung wurde weitergeführt, als sich die Fälle häuften, in denen erst nach Inkrafttreten des Kindschaftsrechtsreformgesetzes ein Sorgerechtsverfahren anhängig gemacht wurde. Hierbei wurde auch erwogen, ob eine Entscheidung nach § 1672 BGB a.F. nach der Reform überhaupt noch materielle Rechtswirkungen entfalten kann[695].

Bei der Frage, nach welcher Norm Altentscheidungen gemäß § 1672 BGB a.F. abzuändern sind, stehen sich zwei Lager gegenüber: Die einen befürworten die Anwendung des § 1671 BGB[696], die anderen die Anwendung des § 1696 Abs. 1 BGB[697], wobei allerdings für manche Konstellationen auch eine Modifizierung des Änderungsmaßstabs erwogen wird[698]. Entgegen zahlreicher Versuche[699] lässt sich die Frage jedoch nicht pauschal beantworten. Da bei einer Entscheidung gemäß § 1672 BGB a.F. danach zu unterscheiden ist, ob sie die elterliche Sorge den Eltern gemeinsam belassen oder die Alleinsorge eines Elternteils angeordnet hat, ist auch bei der Frage zu differenzieren, welche Vorschrift im Falle einer Abänderung einer Entscheidung nach § 1672 BGB a.F. anzuwenden ist.

Ist den Eltern anlässlich ihrer Trennung die gemeinsame Sorge belassen worden, wird die Zuweisung elterlicher Sorge in einem gerichtlichen Sorgeverfahren nur dann Streitgegenstand werden, wenn zumindest ein Elternteil nun-

---

694 OLG Nürnberg v. 19.11.1998 – 10 UF 2589/98, FamRZ 1999, 614 (615).

695 Ablehnend: AG Freyung v. 10.3.1999 – 1 F 11/98, FamRZ 1999, 806 (807); *Luthin*, FamRZ 1998, 1465, *Finke* in: Finke/Garbe, § 4 Rz. 98. S. auch bereits o. S. 131 ff.

696 AG Groß-Gerau v. 29.7.1998 – 71 F 312/98, FamRZ 1998, 1465; OLG Stuttgart v. 23.11.1999 – 18 UF 390/99, FamRZ 2001, 435 (436); OLG Hamm v. 31.8.1998 – 8 UF 7/98, FamRZ 1998, 1315 (1316); OLG Hamm v. 9.2.1999 – FamRZ 1999, 803 (804); OLG Bamberg v. 10.3.1999 – 2 UF 297/98, FamRZ 1999, 805; OLG Oldenburg v. 19.6.2000 – 11 WF 50/00, FamRZ 2000, 1596.

697 OLG Stuttgart v. 24.2.1999 – 15 UF 455/98, FamRZ 1999, 804; OLG Braunschweig v. 19.1.1999 – 2 UF 73/98, FamRZ 1999, 1006; OLG Zweibrücken v. 11.3.1999 – 2 UF 92/98, FamRZ 1999, 807 (808); AG Freyung v. 10.3.1999 – 1 F 11/98, FamRZ 1999, 806; *Huber*, FamRZ 1999, 1625 (1630); *Schwab*, FamRZ 1998, 457 (471 f.); *Motzer* in: Schwab, HdB, III, Rz. 80; *Johannsen/Henrich/Jaeger*, § 1671 Rz. 16; *FamRefK/Rogner*, § 1671 Rz. 50.

698 S. z.B. OLG Frankfurt v. 4.11.1999 – 1 UF 107/99, NJWE-FER 2000, 252 (253).

699 Vgl. nur OLG Stuttgart v. 24.2.1999 – 15 UF 455/98, FamRZ 1999, 804; OLG Braunschweig v. 19.1.1999 – 2 UF 73/98, FamRZ 1999, 1006.

mehr die Alleinsorge begehrt[700]. In diesem Fall stellen sich die Fragen, die bereits auf S. 164 ff. erörtert worden sind, sodass insoweit auf die hierzu gemachten Ausführungen verwiesen werden kann. Dagegen lässt sich in den Fällen, in denen die elterliche Sorge anlässlich der Elterntrennung zu Gunsten eines Elternteils in die Alleinsorge überführt worden ist, die Frage der Anwendung der maßgeblichen Norm und dem jeweils geltenden Kindeswohlmaßstab nicht ohne Berücksichtigung des nunmehrigen Elternwillens beantworten. Denkbar ist hier zum einen, dass (zumindest) ein Elternteil einen Wechsel in der Person des Alleinsorgeberechtigten erstrebt, zum anderen aber auch die Wiederherstellung der gemeinsamen Sorge. Die Behandlung der zuletzt genannten Konstellation ist bereits auf S. 116 ff. diskutiert worden[701], sodass nur noch die erste Alternative fraglich ist. Da mit der für die Dauer des Getrenntlebens getroffenen Entscheidung eine Regelung ergangen ist, wie sie nach neuem Recht – ohne dass es auf eine Scheidung ankäme – nur noch nach § 1671 BGB vorgesehen ist, handelt es sich eigentlich um eine Abänderungssituation, die nach § 1696 Abs. 1 BGB – und damit nach seinem strengen Maßstab – zu beurteilen ist. Auf Grund des vorläufigen Charakters einer Entscheidung nach § 1672 BGB a.F. wollen dies zahlreiche Stimmen dadurch verhindern, dass sie entweder die tatsächlich gegebene Abänderungssituation als erstmalige Übertragungssituation ansehen und die Entscheidung über den Wechsel in der Person des Alleinsorgeberechtigten – unter Verzicht auf die Voraussetzung der gemeinsamen Sorge – nach § 1671 BGB beurteilen[702], oder zwar die Abänderungssituation und die Anwendung des § 1696 Abs. 1 BGB als maßgebliche Norm anerkennen, gegebenenfalls aber gleichwohl die Änderungsschwelle des § 1696 Abs. 1 BGB herunterschrauben wollen[703].

---

700 Darüber hinaus besteht die Möglichkeit eines Amtsverfahrens (§ 1666 BGB).

701 Nach der hier vertretenen Auffassung ist in solchen Fällen § 1696 Abs. 1 BGB anzuwenden, und zwar in modifizierter Form. Soweit der Wunsch nach Wiederherstellung elterlicher Sorgegemeinsamkeit bei beiden Elternteilen vorhanden ist, stellt dies einen „triftigen, das Wohl des Kindes nachhaltig berührenden Grund" für die gewünschte Änderung dar. „Angezeigt" ist sie, wenn die Wiederherstellung der gemeinsamen Sorge dem Wohl des Kindes nicht widerspricht. Begehrt dagegen nur ein Elternteil die Wiederherstellung der gemeinsamen Sorge, kann diese nur unter den strengen Voraussetzungen des § 1696 Abs. 1 BGB angeordnet werden.

702 Vgl. nur OLG Hamm v. 31.8.1998 – 8 UF 7/98, FamRZ 1998, 1315 (1316).

703 Vgl. nur OLG Frankfurt v. 4.11.1999 – 1 UF 107/99, FamRZ 2000, 510.

Dass beide Lösungsvorschläge darauf abzielen, ein etwaiges Vertrauen der Eltern in die Vorläufigkeit der Entscheidung nach § 1672 BGB a.F. zu schützen, liegt auf der Hand. Hierzu dürften aber kaum sämtliche Fälle Anlass geben, denn für Vertrauensschutz ist allenfalls bei den Entscheidungen Raum, die auf eine Vertrauensgrundlage gegründet sein können. Konkret sind das die Fälle, in denen das Gericht einem übereinstimmenden Elternvorschlag gefolgt ist und die elterliche Sorge anlässlich der Trennung (wie von den Eltern einvernehmlich gewünscht) einem Elternteil übertragen hat (§§ 1672 Satz 1, 1671 Abs. 3 Satz 1 BGB a.F.). Einem übereinstimmenden Elternvorschlag kam nach der damaligen Rechtslage nach h.M. eine beschränkte Bindungswirkung gegenüber dem Gericht zu, wenn er bis zum Schluss der letzten mündlichen Verhandlung vorhanden war[704]. Von dem Vorschlag durfte das Gericht (sofern kein beachtlicher Kindeswiderspruch nach § 1671 Abs. 3 Satz 2 BGB a.F. vorlag[705]) nur abweichen, wenn dies zum Wohl des Kindes erforderlich[706] war (§ 1671 Abs. 3 Satz 1 BGB). Lediglich in den Fällen, in denen dem Gericht ein übereinstimmender Elternvorschlag unterbreitet worden und das Gericht diesem gefolgt ist, kann sich eine etwaige Vorstellung der Eltern über die Vorläufigkeit einer Entscheidung nach § 1672 BGB a.F. in der konkreten Entscheidung überhaupt auswirken. Grundlage des übereinstimmenden Elternvorschlags kann dann nämlich die Vorstellung der Eltern von der Vorläufigkeit einer Sorgerechtsregelung anlässlich der Elterntrennung gewesen sein. An einer solchen Vertrauensgrundlage fehlt es dagegen von vornherein, wenn die elterliche Sorge anlässlich der Elterntrennung (1.) von Amts wegen einem Elternteil übertragen worden ist (§ 1672 Satz 2, 2. Halbs. BGB a.F.), (2.) das Gericht – mangels übereinstimmenden Elternvorschlags (§§ 1672 Satz 1, 1671 Abs. 3 Satz 1 BGB a.F.) oder (bei dessen Vorhandensein) auf Grund eines abweichenden Vor-

---

[704] Eingehend hierzu *Gernhuber/Coester-Waltjen*, § 65 IV 1, S. 1043 ff. m.N.

[705] Der Widerspruch eines mindestens 14-jährigen Kindes erlaubte dem Gericht schon unterhalb der Schwelle der Erforderlichkeit einem übereinstimmenden Elternvorschlag nicht nachzukommen, sondern seine Entscheidung nach Maßgabe des § 1671 Abs. 2 BGB a.F. zu treffen und die Sorge so zu gestalten, dass die dem Kindeswohl „am besten" entsprechende Lösung gewährleistet wurde.

[706] Erforderlichkeit war zu bejahen, wenn triftige, das Wohl des Kindes nachhaltig berührende Gründe vorlagen, deren Außerachtlassung die Entwicklung des Kindes ungünstig beeinflussen konnte, ohne dass eine Gefährdung oder Schädigung seines Wohles vorzuliegen brauchte (vgl. KG v. 4.9.1958 – 1 W 1423/58, FamRZ 1958, 423).

schlags des mindestens 14 Jahre alten Kindes (§§ 1672 Satz 1, 1571 Abs. 3 Satz 2 BGB a.F.) – die dem Kindeswohl am besten entsprechende Regelung gemäß §§ 1672 Satz 1, 1671 Abs. 2 BGB a.F. getroffen hat oder (3.) von einem übereinstimmenden Elternvorschlag deshalb abgewichen ist, weil dies zum Wohle des Kindes erforderlich war (§§ 1672 Satz 1, 1671 Abs. 3 Satz 1 BGB a.F.). Grundlage der Entscheidung war in sämtlichen der aufgeführten Fälle ausschließlich das Kindeswohl, dem elterliche Interessen – wenn sie denn überhaupt in einem übereinstimmenden Vorschlag zum Ausdruck gekommen waren – nachzustehen hatten. Die ersten beiden der drei genannten Konstellationen entsprechen der Sache nach zudem genau denjenigen, die heute von § 1671 Abs. 2 Nr. 2 BGB geregelt werden; eine Änderungsentscheidung über die Person des Alleinsorgeberechtigten würde sich daher nach geltendem Recht ohne weiteres nach § 1696 Abs. 1 BGB richten. Die dritte Konstellation findet im geltenden Recht zwar keine Entsprechung[707], doch dieser Umstand vermag – mangels schutzwürdiger Vertrauensgrundlage – die Berücksichtigung von Vertrauensaspekten nicht zu rechtfertigen.

Für Vertrauensschutz ist damit von vornherein nur Raum, wenn das Gericht die elterliche Sorge anlässlich der Trennung auf Grund eines übereinstimmenden Elternvorschlags gemäß §§ 1672 Satz 1, 1671 Abs. 3 Satz 1 BGB a.F. einem Elternteil allein übertragen hatte. Wird nunmehr ein Wechsel in der Person des Alleinsorgeberechtigten begehrt, so stellt sich diese Konstellation zweifellos als Abänderungssituation dar, die dem Anwendungsbereich des § 1696 Abs. 1 BGB unterfällt. Ob und inwieweit seine Voraussetzungen aus Vertrauensaspekten heraus modifiziert werden können, ist sehr zweifelhaft und kann

[707] Nach nunmehr geltendem Recht hat das Gericht die elterliche Sorge bei Einvernehmen der Eltern – sofern das mindestens 14 Jahre alte Kind nicht widerspricht – einem Elternteil allein zu übertragen. Über das Einvernehmen der Eltern kann (und muss) sich das Gericht nur unter den Voraussetzungen des § 1671 Abs. 3 BGB hinwegsetzen, die – was noch zu zeigen sein wird – eine Kindeswohlgefährdung voraussetzen. Weniger streng waren dagegen die Voraussetzungen, nach denen das Gericht gemäß § 1671 Abs. 3 Satz 1 BGB a.F. von einem übereinstimmenden Elternvorschlag abzuweichen hatte, weil dies zum Wohl des Kindes erforderlich war. Erforderlichkeit kam nämlich schon unterhalb der Schwelle zur Kindeswohlgefährdung in Betracht; sie wurde (bereits) bejaht, wenn triftige, das Wohl des Kindes nachhaltig berührende Gründe vorlagen, deren Außerachtlassung die Entwicklung des Kindes ungünstig beeinflussen konnte, ohne dass eine Gefährdung oder Schädigung seines Wohles vorzuliegen brauchte (vgl. KG v. 4.9.1958 – 1 W 1423/58, FamRZ 1958, 423).

hier nicht für alle Konstellationen abschließend geklärt werden. Immerhin dürfte danach zu differenzieren sein, ob der Wechsel in der Person des Alleinsorgeberechtigten nur von einem Elternteil begehrt wird oder beide Elternteile die Änderung wünschen. Im zuletzt genannten Fall erscheint eine Modifizierung des Änderungsmaßstabs in Ansehung der Regelung des § 1672 Abs. 1 BGB jedenfalls sachgerecht. Diese Regelung ermöglicht eine einvernehmlich gewünschte Übertragung der Sorgerechtszuständigkeit von der allein sorgeberechtigten Mutter auf den (vormals noch niemals sorgeberechtigten) Kindesvater bereits dann, wenn die Übertragung dem Kindeswohl dient. Selbst nach einer solchen gerichtlichen Sorgerechtsregelung könnten die Eltern unter (gegenüber dem Maßstab des § 1696 Abs. 1 BGB) erleichterten Voraussetzungen einen Wechsel in der Alleinzuständigkeit bewirken, indem sie zunächst eine Entscheidung gemäß § 1672 Abs. 2 BGB bewirken, durch die die gemeinsame Sorge angeordnet wird – sie setzt lediglich voraus, dass sie dem Kindeswohl nicht widerspricht –, und sodann gemäß § 1671 Abs. 2 Nr. 1 BGB die Übertragung der elterlichen Sorge auf einen Elternteil allein beantragen, dem das Gericht grundsätzlich ohne weitere Prüfung stattzugeben hat. Weshalb für eine Änderungsentscheidung ein strengerer Maßstab gelten sollte, wenn die Alleinsorge eines Elternteils auf einer gerichtlichen Entscheidung gemäß § 1672 BGB a.F. beruht, beide Eltern jedoch einen Wechsel in der Person des Alleinsorgeberechtigten begehren, ist – vor dem Hintergrund einer durch die Reform gestärkten Elternautonomie – nicht ersichtlich. Warum sollte ihnen ein Sorgerechtswechsel erschwert werden, wenn sie auf Grund ihrer Erfahrung mit den Auswirkungen der gemäß § 1672 BGB a.F. ergangenen Entscheidung einvernehmlich zu dem Schluss gekommen sind, dass das Kind doch besser dem anderen Elternteil zugeordnet wird, und sie für diese Erkenntnis eine nach außen erkennbare sichere Grundlage schaffen wollen? Der strenge Maßstab des § 1696 Abs. 1 BGB wäre in einem solchen Fall der Ausdruck von Misstrauen in die elterliche Eigenverantwortung und würde sich über die Erkenntnis hinwegsetzen, dass Eltern letztlich doch das verwirklichen, was sie für richtig halten, selbst wenn vorher ein Gericht in anderer Weise entschieden hat[708].

Begehrt dagegen lediglich ein Elternteil einen Wechsel in der Person des Alleinsorgeberechtigten, wird eine Modifizierung des Änderungsmaßstabs nur

---

[708] *DFGT*, FamRZ 1997, 337 (339).

in Ausnahmefällen in Betracht kommen. Denn derjenige Elternteil, der dem Gericht gemeinsam mit dem anderen Elternteil übereinstimmend einen Vorschlag zu dessen Gunsten unterbreitet hatte, hat sich seines Pflichtrechts immerhin freiwillig begeben. Da schon eine Sorgerechtsregelung nach § 1672 BGB a.F. in der Sache häufig die nacheheliche Gestaltung präjudizierte[709], musste er sich darüber im Klaren sein, dass er anlässlich der Scheidung die elterliche Alleinsorge nur bei einem deutlichen Eignungsvorsprung würde erhalten können. Unterlag er insoweit einem Irrtum, wäre jedenfalls nicht angebracht, sein Vertrauen in die Vorläufigkeit der Regelung mehr zu schützen als das Vertrauen des anderen, für den – etwa wegen einer unter den Ehegatten getroffenen Absprache, es bei dem Zustand der faktischen Trennung zu belassen und kein Scheidungsverfahren anzustrengen – die Vorbehalte des sich seiner Rechtsposition begebenden Elternteils nicht erkennbar waren. Es erscheint auch nicht von vornherein ausgeschlossen, dem Zeitfaktor eine Bedeutung zuzusprechen[710], weil die Änderung einer Situation das Wohl des Kindes um so mehr beeinträchtigen kann, je länger ein Zustand angedauert hat.

cc) Einzelheiten

(1) Qualität, Umfang und Zeitpunkt der Sorgegemeinsamkeit

Wie bereits dargelegt, ist die volle oder partielle Übertragung der elterlichen Sorge auf einen Elternteil allein nur möglich, wenn den Eltern die elterliche Sorge (oder ein Teil davon) im Zeitpunkt der letzten mündlichen Tatsachenverhandlung[711] gemeinsam zusteht. Erforderlich und ausreichend ist das Bestehen der gemeinsamen Sorge der Substanz nach, denn Regelungsgegenstand einer Übertragungsentscheidung ist die Rechtsinhaberschaft eines Elternteils und nicht seine Ausübungszuständigkeit, deren Verlust lediglich eine Folge der Übertragungsentscheidung ist. Wenn und soweit die elterliche Sorge *der Substanz*

---

709 *Gernhuber/Coester-Waltjen*, § 65 VII, S. 1060; *Dieckmann*, AcP178 (1978), 298 (320).

710 Damit ist freilich nicht gesagt, dass die Schutzwürdigkeit von Vertrauen in die Vorläufigkeit einer Regelung mit voranschreitender Verfestigung des Sorgerechtsverhältnisses schwindet. Bei einer solchen Annahme würde der Nachteil darauf beruhen, dass es nicht zu einer schnellen Scheidung gekommen ist, was mit Art. 6 Abs. 1 GG nicht im Einklang stünde.

711 *Staudinger/Coester*, § 1671 Rz. 30.

nach[712] bereits einem Elternteil allein zusteht, ist der Antrag gemäß § 1671 Abs. 1 BGB unzulässig. Eine Sachentscheidung gemäß § 1671 Abs. 2 BGB ist daher ausgeschlossen, wenn und soweit die elterliche Sorge bereits durch eine vorangegangene Entscheidung gemäß § 1671 BGB bei einem Elternteil konzentriert worden ist[713] und wenn ein ursprünglich sorgeberechtigter Elternteil verstorben, für tot erklärt oder seine Todeszeit nach den Vorschriften des Verschollenheitsgesetzes festgestellt worden ist (vgl. §§ 1680 Abs. 1, 1681 Abs. 1 BGB). Liegt die gemeinsame Sorge zwar bei Antragstellung vor, fällt sie jedoch während des Verfahrens nach § 1671 BGB weg, kann keine Sachentscheidung mehr ergehen.

(2) Der Einfluss einer Maßnahme nach § 1666 Abs. 1 BGB (unter besonderer Berücksichtigung des Verhältnisses zu § 1671 BGB und § 1696 BGB)

Fraglich ist, ob ein etwaiger Sorgeentzug in der Person eines Elternteils (§ 1666 Abs. 1 BGB) dem Bestehen der gemeinsamen Sorge und damit einer Entscheidung nach § 1671 BGB entgegensteht. In einem vor der Kindschaftsrechtsreform betriebenen Scheidungsverfahren wurde die Möglichkeit einer Entscheidung nach § 1671 BGB a.F. trotz eines Sorgeentzugs nach einhelliger Meinung für möglich erachtet[714], was mit der anlässlich einer Ehescheidung obligatorisch zu treffenden Sorgerechtsregelung begründet wurde. Da eine solche einen auf Dauer angelegten Charakter aufwies, eine Gefahrenabwehrmaßnahme aber mit dem Wegfall des Gefährdungstatbestandes aufzuheben war und ist (§ 1696 Abs. 2 BGB), sah man eine Gefahrenabwehrmaßnahme nicht als geeignet an, eine aus Anlass der Scheidung zu treffende Sorgerechtsregelung zu ersetzen[715]. Automatische elterliche Sorgegemeinsamkeit für die nacheheliche Zeit hätte dem Regelungsziel des § 1671 BGB a.F. widersprochen[716], sodass § 1671 BGB a.F. als lex specialis zu § 1666 BGB angesehen wurde[717].

---

712 Zur Differenzierung zwischen Substanz- und Ausübungsverlust s. S. 51 ff. und 91 ff.; vgl. auch *Schwab*, Familienrecht, Rz. 652; *Staudinger/Coester*, § 1671 Rz. 36; *Johannsen/Henrich/Jaeger*, § 1671 Rz. 14.

713 Für die entsprechende Rechtslage vor der Reform vgl. *Soergel/Strätz*, § 1671 Rz. 6.

714 S. statt vieler *MünchKomm/Hinz*, § 1671 Rz. 10 m.N.

715 *MünchKomm/Hinz*, § 1671 Rz. 10.

716 *Gernhuber/Coester-Waltjen*, § 65 II 2, S. 1034 f.

717 *Soergel/Strätz*, § 1671 Rz. 7.

Diese Argumentation lässt sich für das geltende Recht jedoch nicht mehr aufrechterhalten. Mit Einführung des Antragssystems und dem Fortfall der Scheidung als Anknüpfungspunkt für eine Sorgerechtsregelung ist die obligatorische Befassung des Gerichts mit der elterlichen Sorge entfallen, und der Antrag nach § 1671 Abs. 1 BGB aus Anlass einer auf Dauer angelegten Elterntrennung setzt schon nach dem Wortlaut der Norm zwingend das Bestehen der gemeinsamen elterlichen Sorge voraus. Diese Voraussetzung ist nicht erfüllt, wenn und soweit einem Elternteil die elterliche Sorge entzogen ist. Dem entrechteten Elternteil kann insoweit kein Antragsrecht zugestanden werden[718]; eine Revidierung der Gefahrenabwehrmaßnahme aus Anlass der Trennung kann daher nur unter den Voraussetzungen des § 1696 BGB erfolgen[719].

Dies gilt auch für den anderen Elternteil. Seine Antragsberechtigung im Verfahren nach § 1671 BGB besteht nur in Ansehung eines noch vorhandenen Restbestandes elterlicher Sorgegemeinsamkeit, da ihm die dem anderen Elternteil entzogenen Sorgerechtsbestandteile bereits von Gesetzes wegen zur Alleinsorge zustehen (§ 1680 Abs. 3, Abs. 1 BGB)[720]. Ist sein Antrag auf mehr gerichtet, stellt dieses Begehren eine Anregung zur Einleitung eines Änderungsverfahrens nach § 1696 BGB dar. Ob das Gericht dieser Anregung vor dem Hintergrund des § 1671 Abs. 2 Nr. 1 BGB jedenfalls dann nachzukommen hat, wenn der entrechtete Elternteil mit einer Übertragung der elterlichen Sorge auf den anderen Elternteil einverstanden ist, hängt letztlich davon ab, ob man aus § 1671 Abs. 3 BGB auf einen *generellen* Vorrang des § 1666 BGB gegenüber einer Sorgerechtsregelung nach § 1671 BGB schließen will[721], da die Rechte eines Elternteils in einem Änderungsverfahren nicht weiterreichen können, als in einem (fiktiven) Ausgangsverfahren. Mit anderen Worten: Wer davon ausgeht, dass eine Maßnahme nach § 1666 BGB auch dann getroffen werden muss, wenn eine Kindeswohlgefährdung durch einen Antrag nach § 1671 Abs. 1 BGB abgewendet werden könnte, wird die Pflicht zur Einleitung eines Amtsverfahrens nach § 1696 Abs. 1 BGB verneinen müssen, wenn nicht weitere Gründe für eine

718 BT-Drucks. 13/4899, S. 98; *Johannsen/Henrich/Jaeger*, § 1671 Rz. 13.
719 *Staudinger/Coester*, § 1671 Rz. 32.
720 *Rauscher*, § 33 VI Rz. 1068 m.N.
721 Dafür: *Palandt/Diederichsen*, § 1666 Rz. 7; wohl auch *Johannsen/Henrich/Jaeger*, § 1671 Rz. 11; dagegen: *Staudinger/Coester*, § 1666 Rz. 27 ff.; *Schwab*, Familienrecht, Rz. 681; *Schlüter*, Rz. 358.

Änderung sprechen. Eine solche Auffassung würde jedoch den eindeutigen Wortlaut des § 1666 Abs. 1 BGB missachten, da die Kindeswohlgefährdung „auf andere Weise“ (§ 1666 Abs. 1 BGB) abgewendet werden könnte. Eine andere Auffassung wäre zudem mit dem Reformziel, die Rechtspositionen der Eltern zu stärken und vor unnötigen staatlichen Eingriffen zu schützen[722], nicht in Einklang zu bringen und würde gemäß § 1696 Abs. 3 BGB überdies auch dort zu ständigen Überprüfungsmaßnahmen nötigen, wo eine auf Dauer angelegte Entscheidung nach § 1671 BGB möglich wäre. Vor diesem Hintergrund wird man eine Pflicht des Gerichts zur Einleitung eines Amtsverfahrens annehmen müssen, wenn beide Elternteile einvernehmlich die Übertragung der elterlichen Sorge auf denjenigen Elternteil wünschen, der die elterliche Sorge bereits zum Teil von Gesetzes wegen allein (§ 1680 Abs. 3, Abs. 1 BGB) innehat.

Folgt man dieser Auffassung, so kann man die Pflicht zur Einleitung eines Amtsverfahrens auch dann nicht verneinen, wenn der entrechtete Elternteil mit einer Übertragung der elterlichen Sorge auf den anderen Elternteil allein nicht einverstanden ist. Anderenfalls wäre der ohne die nach § 1666 BGB getroffene Maßnahme im vollen Umfang nach § 1671 Abs. 1 BGB antragsberechtigte Elternteil auf Grund dieser Maßnahme benachteiligt, obwohl es ihm – etwa wegen einer ihr erst nachfolgenden Trennung – zu einem früheren Zeitpunkt vielleicht gar nicht möglich gewesen wäre, einen Antrag nach § 1671 Abs. 1 BGB zu stellen. Die gegen den anderen Elternteil angeordnete Maßnahme hinweggedacht, hätte er ohne weiteres die Möglichkeit, die elterliche Sorge durch eine Entscheidung gemäß § 1671 Abs. 2 Nr. 2 BGB im vollen Umfang übertragen zu bekommen. Auf Grund der Gefahrenabwehrmaßnahme kann er im Rahmen des § 1671 BGB lediglich in Ansehung des Restbestandes elterlicher Sorgegemeinsamkeit eine Übertragung der elterlichen Sorge auf sich allein bewirken. Wollte man ihm die Möglichkeit versagen, im Wege des Änderungsverfahrens eine weitergehende Entscheidung zu erreichen, bedürfte es eines weiteren Verfahrens nach § 1671 Abs. 1 BGB, sobald die Gefahrenabwehrmaßnahme aufgehoben ist (§ 1696 Abs. 2 BGB). Daher ist in jedem Fall ein Abänderungsverfahren einzuleiten, wenn der auf Grund einer gegen den anderen Elternteil getroffenen Maßnahme gestärkte Elternteil in einem Verfahren nach § 1671

[722] BT-Drucks. 13/4899, S. 29.

BGB mehr beantragt als das, was ihm im Rahmen dieses Verfahrens wegen fehlender Sorgegemeinsamkeit zugestanden werden könnte.

(3) Der Einfluss einer tatsächlichen oder rechtlichen Verhinderung

Fraglich ist, ob das Ruhen der elterlichen Sorge in der Person eines Elternteils oder seine tatsächliche Verhinderung an der Ausübung der elterlichen Sorge einer Sorgegemeinsamkeit i.S. des § 1671 Abs. 1 BGB entgegensteht. Teilweise wird vertreten, eine Entscheidung nach § 1671 BGB scheide stets aus, wenn die elterliche Sorge in der Person des *Antragsgegners* ruhe oder dieser an der Ausübung der elterlichen Sorge tatsächlich verhindert sei[723]. Für eine förmliche Entscheidung fehle es an einem anerkennenswerten Interesse, da der Antragsteller die elterliche Sorge in solchen Fällen regelmäßig allein ausübe und damit bereits die alleinige Sorgerechtsstellung innehabe, die ihm sonst nur eine gerichtliche Entscheidung verschaffen könne. Diese Ansicht ist abzulehnen. Sie setzt sich über die ausdrückliche Differenzierung des Gesetzes zwischen der Inhaberschaft und der Ausübung eines Rechts hinweg und verkennt die unterschiedlichen Wirkungen einer auf der Substanzebene wirkenden Sorgerechtsübertragung und der bloßen Betroffenheit der Ausübungsebene beim Ruhen bzw. der tatsächlichen Verhinderung an der Ausübung der elterlichen Sorge. Da Letzteres keinen Einfluss auf die Inhaberschaft der elterlichen Sorge des verhinderten Elternteils hat, besteht ein anerkennenswertes Interesse des die Übertragung der elterlichen Sorge begehrenden Elternteils[724]. Die Position, die er auf Grund der Verhinderung des anderen Elternteils innehat, ist nicht mit derjenigen vergleichbar, die er durch eine Entscheidung nach § 1671 Abs. 1, 2 BGB erhalten könnte. Denn die Ausübungsberechtigung des anderen Elternteils lebt mit dem Wegfall der Verhinderung automatisch wieder auf, ohne dass das Gericht hierzu eine Kindeswohlprüfung anstellen müsste[725]. Im Gegensatz dazu unterliegt die Änderung einer aus Anlass der Trennung vorgenommenen Sorgerechtsübertragung den strengen Anforderungen des § 1696 Abs. 1 BGB, und selbst bei einem etwaigen Ausfall des sodann allein sorgeberechtigten Elternteils bedarf es einer gerichtlichen Kindeswohlprüfung (§ 1680 Abs. 2 S. 1 BGB). Festzuhalten

---

723 *Johannsen/Henrich/Jaeger*, § 1671 Rz. 14.
724 *Staudinger/Coester*, § 1671 Rz. 36.
725 Vgl. die Ausführungen auf S. 91 f.

bleibt somit, dass nach § 1671 Abs. 1, Abs. 2 BGB eine Sachentscheidung auch bei einer tatsächlichen oder rechtlichen Verhinderung des Antragsgegners ergehen kann.

Fraglich ist allerdings, ob eine tatsächliche oder rechtliche Verhinderung des *Antragstellers* der beantragten Übertragung der elterlichen Sorge entgegensteht. Eine solche „Störung“[726] in der Person des Antragstellers könnte bereits zur Unzulässigkeit des Antrags führen oder jedenfalls von vornherein einer etwaigen Stattgabe des Antrags aus Sachgründen widersprechen, mithin – unabhängig vom Vorliegen der Voraussetzungen des § 1671 Abs. 2 BGB – ein unüberwindbares Übertragungshindernis darstellen. Innerhalb der Sachentscheidungsvoraussetzungen findet sich jedoch kein Anknüpfungspunkt, der die Unzulässigkeit des Antrags begründen könnte. So ist insbesondere auch die Antragsberechtigung des aus tatsächlichen oder rechtlichen Gründen an der Ausübung der elterlichen Sorge verhinderten Antragstellers allein auf Grund dieses Umstandes nicht zu verneinen, da ihm die elterliche Sorge – wie von § 1671 Abs. 1 BGB gefordert – der Substanz nach zusteht. Allein wegen der auf der Ausübungsebene wirkenden „Störung“ kann dem Antragsteller ferner auch ein Rechtsschutzbedürfnis nicht abgesprochen werden. Die Ausübungsberechtigung kann jederzeit wieder aufleben[727], sodass sich ein durch Antrag eingeleitetes Verfahren nicht als „eindeutig zweckwidrig“ und als Missbrauch der Rechtspflege[728] darstellt. Daher ist ein Sorgerechtsverfahren nach § 1671 BGB auch dann durchzuführen, wenn die elterliche Sorge des Antragstellers ruht oder von ihm aus tatsächlichen Gründen nicht ausgeübt werden kann[729].

Fraglich ist jedoch, ob und inwieweit die tatsächliche oder rechtliche Verhinderung des Antragstellers ein Übertragungshindernis begründet. Im Gesetz findet sich zwar kein ausdrückliches Übertragungsverbot[730], doch dass die Übertragung nicht in allen Fällen sachgerecht sein kann, zeigt die Regelung des § 1678 Abs. 2 BGB deutlich auf. Nach dieser Vorschrift kann sogar ein Sorge-

---

726 Der Begriff geht zurück auf den Titel der Abhandlung von *Schwoerer* in FamRZ 1958, 41 ff., 88 ff. Er war von ihm als Oberbegriff für sämtliche Tatbestände gedacht, die Auswirkungen auf die „elterliche Gewalt“ des anderen Elternteils haben konnten; *Schwoerer*, FamRZ 1958, 433 (435).

727 *Gernhuber/Coester-Waltjen*, § 65 II 2, S. 1034.

728 OLG Frankfurt v. 8.3.1976 – 20 W 854/75, OLGZ 77, 401.

729 *Gernhuber/Coester-Waltjen*, § 65 II 2, S. 1034.

730 *Soergel/Strätz*, § 1671 Rz 8.

rechtswechsel von der gemäß § 1626 a Abs. 2 BGB allein sorgeberechtigten Mutter auf den (bis dahin noch niemals sorgeberechtigten) Vater erfolgen, wenn die elterliche Sorge der Mutter ruht und keine Aussicht besteht, dass der Grund des Ruhens wegfallen werde. Da die Mutter unter diesen Voraussetzungen sogar die Substanz ihres Pflichtrechts verliert, obgleich das Gesetz an anderen Stellen – u.a. in den Regelungen der § 1696 Abs. 1 BGB und § 1687 BGB – zum Ausdruck bringt, dass der Status quo im Kindesinteresse möglichst lange aufrechterhalten und unangetastet bleiben soll, kann hieraus geschlossen werden, dass das Gesetz – wenn es sogar einen Verlust der elterlichen Sorge ermöglicht – erst recht ihre Übertragung auf einen Elternteil verhindert wissen will, in dessen Person die zum Verlust führenden Voraussetzungen vorliegen.

Damit ist lediglich gesagt, dass einem Elternteil die elterliche Sorge jedenfalls dann nicht allein übertragen werden kann, wenn seine elterliche Sorge ruht und keine Aussicht besteht, dass der Grund des Ruhens wegfallen werde. Ob sich aber im Umkehrschluss sagen lässt, dass er die Alleinsorge auch dann erhalten kann, wenn seine elterliche Sorge ruht und Aussicht auf den Wegfall des Ruhensgrundes besteht, erscheint zweifelhaft. Die Rechtsprechung hat die Möglichkeit der Übertragung im Grundsatz anerkannt, und zwar für den Fall der beschränkten Geschäftsfähigkeit[731]. Da in den entschiedenen Sachverhalten der minderjährige Elternteil jeweils als der geeignetere Elternteil angesehen wurde, sollte – vor allem wegen der Absehbarkeit des Eintritts der Volljährigkeit und des damit verbundenen Hinderniswegfalls (§ 1673 Abs. 2 Satz 2 BGB) – die nach damaliger Rechtslage zwingend erforderliche Sorgerechtsregelung anlässlich der Scheidung zu Gunsten des weniger geeigneten Elternteils verhindert und dem Minderjährigen im Interesse des Kindeswohls der Vorzug gegeben werden. Die hiermit verbundene Notwendigkeit, für das Kind bis zum Eintritt der Volljährigkeit des minderjährigen Elternteils einen Vormund zu bestellen (§ 1773 Abs. 1, 2. Alt. BGB), wurde als „kleineres Übel“[732] eingeschätzt,

---

[731] LG Stuttgart v. 26.4.1965 – 2/3 T 389/64, FamRZ 1965, 335 m. zust. Anm. Schwoerer; BayObLG v. 11.8.1967 – BReg. 1b Z 43/67, FamRZ 1968, 95; zustimmend *Gernhuber/ Coester-Waltjen*, § 65 II 2, S. 1034; *MünchKomm/Hinz*, § 1671 Rz. 24; *Soergel/Strätz*, § 1671 Rz. 8; *RGRK/Adelmann*, § 1671 Rz. 39; ablehnend *Erman/ Michalski*, § 1671 Rz. 17; *Johannsen/Henrich/Jaeger*, § 1671 Rz. 14; vgl. auch OLG München v. 3.2.1966 – 5 W 552/66, FamRZ 1967, 681.

[732] LG Stuttgart v. 26.4.1965 – 2/3 T 389/64, FamRZ 1965, 335 (336).

das im Kindesinteresse hinzunehmen sei. Im Lichte der damals geltenden Fassung der §§ 1671, 1672 BGB (1957), bei der das Gericht – bei Nichtvorliegen eines billigenswerten Vorschlags der Eltern – die Regelung zu treffen hatte, „die unter Berücksichtigung der gesamten Verhältnisse dem Wohle des Kindes am besten" entsprach (§ 1671 Abs. 3 Satz 1, ggf. i.V.m. § 1672 BGB (1957)), und bei der die elterliche Gewalt „in der Regel" einem Elternteil allein zu übertragen war (§ 1671 Abs. 4 Satz 1, ggf. i.V.m. § 1672 BGB (1957)), sind die Entscheidungen durchaus nachvollziehbar.

Vor dem Hintergrund des geltenden Rechts ist jedoch ein Aspekt sehr bedenklich: Wie schon früher würde die Übertragung der elterlichen Sorge auf den Minderjährigen allein die Bestellung eines Vormunds notwendig machen, da der Minderjährige zur Vertretung des Kindes nicht berechtigt ist (§ 1673 Abs. 2 Satz 2, 2. Halbs. BGB). Zweifelhafter als unter der früheren Rechtslage ist aber die Rechtfertigung dafür, dass die Bestellung eines Vormunds dem volljährigen Elternteil vorgehen soll, wenn er dem Kind im Vergleich zum minderjährigen Elternteil zwar die schlechteren Entwicklungschancen bieten mag, gleichwohl aber durchaus geeignet und in der Lage ist, in hinreichendem Maße für das Kind zu sorgen. Denn im Gegensatz zur damaligen Rechtslage wäre es immerhin möglich, die gemeinsame Sorge (zumindest bis zum Eintritt der Volljährigkeit) aufrechtzuerhalten. Die Gefahr, dass der volljährige Elternteil gegen den Willen des Minderjährigen vollendete Tatsachen schafft, indem er vor Erreichen der maßgeblichen Altersgrenze zu seinen Gunsten eine auf Dauer angelegte Sorgerechtsregelung herbeiführt, besteht nicht, da eine solche Übertragung den Voraussetzungen des § 1671 Abs. 2 Nr. 2 BGB widersprechen würde.

In der Sache spitzt sich die Fragestellung also darauf zu, ob es trotz geänderter Rechtslage (noch) gerechtfertigt wäre, mit einer etwaigen Übertragung der elterlichen Sorge allein auf einen noch minderjährigen Elternteil eine Rechtsfolge herbeizuführen, die die Bestellung eines Vormunds erst notwendig macht und den anderen Elternteil aus seiner Position herausdrängt. Die Frage ist im Ergebnis zu bejahen. Sofern dem Antrag des minderjährigen Elternteils – wenn im Zeitpunkt der letzten mündlichen Verhandlung seine Volljährigkeit vorläge – nach § 1671 Abs. 2 Nr. 2 BGB stattzugeben wäre, muss ihm auch trotz der Minderjährigkeit des Antragstellers stattgegeben werden. Das ergibt sich daraus, dass die Alleinsorge des minderjährigen Elternteils in solchen Fällen die dem Kindeswohl am besten entsprechende Regelung ist, auch wenn zunächst noch ein Vormund für das Kind bestellt werden muss. Der einzige Nachteil, der für den anderen Elternteil mit der Bestellung des Vormunds verbunden ist, ist der, dass er die elterliche Sorge vor der Volljährigkeit des anderen Elternteils an diesen verliert, die Übertragung auf den Antragsteller mithin schon vor dem Eintritt seiner Volljährigkeit erfolgt. Angesichts des für das Kind damit verbundenen Vorteils hat der volljährige Elternteil diesen Nachteil hinzunehmen. Wer demgegenüber die Aufrechterhaltung der gemeinsamen Sorge bis zum Eintritt der Volljährigkeit favorisiert und den Antrag des Minderjährigen als bis dahin unbegründet ansehen will, mutet dem Minderjährigen viel zu. Die Regelung des § 1687 Abs. 1 Satz 1 und 2 BGB, die das Funktionieren der gemeinsamen Sorge trotz Trennung ermöglichen und ihrer Aufrechterhaltung dienen soll, vermag dem Minderjährigen nämlich nicht zu nutzen, wenn das Kind seinen gewöhnlichen Aufenthalt bei ihm und nicht bei dem volljährigen Elternteil hat. Wegen der gesetzlich angeordneten Ausübungsbeschränkung (§ 1673 Abs. 2 Satz 2 BGB) hätte der Minderjährige im Ergebnis lediglich die Stellung des anderen Elternteils, nämlich nur die Befugnis zur alleinigen Entscheidung in Angelegenheiten der tatsächlichen Betreuung. Anders als ein volljähriger Elternteil wäre er nicht nur in den Angelegenheiten, deren Regelung für das Kind von erheblicher Bedeutung ist, zu Absprachen mit dem anderen Elternteil gezwungen, sondern müsste durch den anderen Elternteil nicht nur alle Angelegenheiten der Vermögenssorge, sondern auch sämtliche Vertretungsgeschäfte regeln lassen. Die Möglichkeiten des Minderjährigen wären damit stark eingeschränkt. Ihm würde weitaus mehr als einem volljährigen Elternteil zugemutet, weil er ständig gezwungen wäre, sich in Kindesangelegenheiten an den anderen Elternteil zu wenden. Dass sich dies letztlich auch auf das Kindeswohl auswirken und den Minderjährigen wegen des ständigen Zwangs zur Kommunikation mit dem anderen Elternteil sogar veranlassen kann, von seinem Wunsch nach Alleinsorge Abstand zu nehmen, liegt auf der Hand. Aus diesen Gründen erweist sich die Notwendigkeit der vorübergehenden Bestellung eines Vormunds bei einer Übertragung der elterlichen Sorge allein auf den Minderjährigen damit im Ergebnis in der Tat als „kleineres Übel“ gegenüber der Aufrechterhaltung der gemeinsamen Sorge, sodass letztlich festgehalten werden kann, dass die Minderjährigkeit des Antragstellers kein Übertragungshindernis darstellt[733].

Hält man aber die Möglichkeit einer Sachentscheidung nach § 1671 Abs. 2 BGB zu Gunsten eines Minderjährigen für möglich, wäre es inkonsequent sie in anderen Fällen, in denen die elterliche Sorge des Antragstellers ruht, aber eine echte Aussicht besteht, dass der Grund des Ruhens in absehbarer Zeit wegfällt, oder in denen er nur vorübergehend tatsächlich an der Ausübung der elterlichen Sorge verhindert ist, generell zu verneinen. Der Versuch, für solche Fälle allgemein gültige Grundsätze aufzustellen, die sich beliebig übertragen lassen, würde jedoch nicht nur den Rahmen dieser Arbeit sprengen, sondern wäre auch im Ergebnis nicht wünschenswert, da jede Pauschalisierung den Umständen des Einzelfalles nicht gerecht werden könnte. Es hat daher in jedem Einzelfall eine umfassende Abwägung stattzufinden, in die – je nachdem, ob eine Entscheidung nach § 1671 Abs. 2 Nr. 1 oder 2 BGB anstehen würde – folgende, nicht abschließend aufgezählte Gesichtspunkte einzufließen hätten: das Kindeswohl, der Grund der Verhinderung, die Wahrscheinlichkeit des Hinderniswegfalls, die Notwendigkeit der Bestellung eines Vormunds/Pflegers, die Nachteile, die sich für den anderen Elternteil ergeben würden, wenn antragsgemäß entschieden würde, das Hindernis aber – wider Erwarten – letztlich doch nicht wegfällt.

(4) Der Einfluss von einstweiligen oder vorläufigen Anordnungen

Eine einstweilige oder vorläufige Anordnung, durch die die elterliche Sorge auf einen Elternteil allein übertragen worden ist, steht einer Entscheidung gemäß § 1671 BGB nicht entgegen[734]. Es genügt, wenn die elterliche Sorge ohne die einstweilige oder vorläufige Anordnung den Eltern gemeinsam zustünde[735]. Dies folgt aus dem zwingend vorläufigen Charakter solcher Entscheidungen. Ihr Erlass kommt von vornherein nur in Betracht, wenn zugleich ein das Hauptverfahren eröffnender Regelungsantrag gestellt wird; ergeht eine Anordnung, so

---

733 Im Ergebnis ebenso *Gernhuber/Coester-Waltjen*, § 65 II 2, S. 1034; *MünchKomm/Hinz*, § 1671 Rz. 24; *Soergel/Strätz*, § 1671 Rz. 8; *RGRK/Adelmann*, § 1671 Rz. 39; a.A. *Erman/Michalski*, § 1671 Rz. 17; *Johannsen/Henrich/Jaeger*, § 1671 Rz. 14.

734 *Motzer* in: Schwab, HdB, III, Rz. 80.

735 *Staudinger/Coester*, § 1671 Rz. 34.

ersetzt sie keinesfalls die Entscheidung in der Hauptsache, sondern ist in ihrer Wirkung nur bis zu ihrer Entscheidung begrenzt[736].

(5) Der Einfluss von Entscheidungen gemäß § 1628 BGB

Fraglich ist, ob eine familiengerichtliche Entscheidung, durch die einem Elternteil gemäß § 1628 BGB die Entscheidung in einer einzelnen Angelegenheit oder einer bestimmten Art von Angelegenheiten übertragen worden ist, dem Bestehen der gemeinsamen Sorge und damit einer Übertragungsentscheidung gemäß § 1671 BGB entgegensteht. Teilweise wird vertreten, es müsse, wenn das Familiengericht die Entscheidungsbefugnis in solchen Fällen nach § 1628 BGB einem Elternteil übertragen habe und diese Entscheidung eine Dauerwirkung entfalte, danach differenziert werden, welcher Elternteil die Alleinsorge begehre[737]. So könne der begünstigte Elternteil ohne weiteres die Übertragung der Alleinsorge auf sich beantragen, da die elterliche Sorge der Substanz nach noch beiden Elternteilen zustehe und durch eine etwaige Übertragung auch nicht die frühere Entscheidung gemäß § 1628 BGB berührt werde. Für den anderen Elternteil gelte dies jedoch nur in Bezug auf den „Restbereich voller Sorgegemeinsamkeit“[738], mithin nur für den Teil, der nicht Gegenstand der Entscheidung gemäß § 1628 BGB gewesen sei. Beantrage er dagegen auch in dem Bereich die Übertragung der elterlichen Sorge auf sich, in dem zuvor dem anderen Elternteil die Entscheidung übertragen worden sei, begehre er eine Verlagerung der Ausübungsbefugnis von dem anderen Elternteil auf sich und damit der Sache nach eine Änderungsentscheidung gemäß § 1696 Abs. 1 BGB.

Diese Ansicht ist abzulehnen. Wie aufgezeigt, tangiert eine Entscheidung gemäß § 1628 BGB lediglich die Ausübungsebene elterlicher Sorgegemeinsamkeit, hat aber keinen Einfluss auf das Bestehen der elterlichen Sorge[739]. Eine solche Entscheidung führt daher dieselben Folgen herbei, wie sie an die tatsächliche oder rechtliche Verhinderung eines Elternteils an der Ausübung der elterlichen Sorge geknüpft werden (vgl. §§ 1678 Abs. 1, 1. Halbs., 1679 Abs. 1 Satz 3 BGB). Auf Grund dieser Wirkungsgleichheit ist unerfindlich, weshalb in den Fällen tatsächlicher oder rechtlicher Verhinderung die Möglichkeit einer

---

736 OLG München v. 15.3.1999 – 26 UF 1502 – 1659/98, FamRZ 1999, 1006.
737 *Staudinger/Coester*, § 1671 Rz. 37.
738 *Staudinger/Coester*, § 1671 Rz. 37.
739 *Lipp/Wagenitz*, § 1628 Rz. 6.

Entscheidung nach § 1671 BGB anerkannt wird, diese nach einer Entscheidung gemäß § 1628 BGB dagegen nicht in Betracht kommen soll. Dies ist umso verwunderlicher, als sich Eltern bei wiedergewonnener Einigkeit über eine Entscheidung nach § 1628 BGB selbstständig hinwegsetzen können (ohne dass diese aufgehoben werden muss), weil die Ausübungszuständigkeit (im Gegensatz zur Rechtsinhaberschaft) stets ohne gerichtliche Kindeswohlprüfung zurückgewonnen werden kann[740]. Weshalb der durch eine Entscheidung nach § 1628 BGB „entmachtete" Elternteil (selbst bei Einigkeit der Eltern) ein Änderungsverfahren nach § 1696 Abs. 1 BGB betreiben soll, leuchtet nicht ein, zumal eine Entscheidung niemals abgeändert werden muss, wenn einem Akt sorgerechtliche Statuswirkung zukommen kann. Dies ist bei einer Entscheidung nach § 1671 BGB der Fall, da sie auf der Ebene der Inhaberschaft wirkt. Aus diesem Grund ist sie ohne weiteres geeignet, eine Entscheidung gemäß § 1628 BGB zu überlagern. Daher ist § 1671 BGB bei einer vorangegangenen Entscheidung gemäß § 1628 BGB lex specialis gegenüber § 1696 Abs. 1 BGB, wenn der durch eine Entscheidung gemäß § 1628 BGB benachteiligte Elternteil die Übertragung der elterlichen Sorge auf sich allein begehrt.

Davon zu unterscheiden ist freilich die Konstellation, in der es ihm allein darum geht, die Entscheidungsbefugnis wiederzugewinnen. Bedarf besteht hier nur in den Fällen, in denen die Übertragung nach § 1628 BGB nicht nur einen punktuellen Konflikt regeln sollte und mit der sodann die in Alleinkompetenz getroffene Maßnahme verbraucht ist, sondern bei fortwirkenden Entscheidungen, insbesondere solchen, die – weil sie sich auf eine bestimmte Art von Angelegenheiten beziehen – eine Dauerwirkung entfalten. In diesen Konstellationen wird darüber diskutiert, ob eine Korrektur der Entscheidung nur im Wege einer Änderungsentscheidung gemäß § 1696 Abs. 1 BGB[741] oder auch über einen Antrag gemäß § 1628 BGB[742] erreichbar ist. M.E. ist lediglich Ersteres möglich, denn für eine Entscheidung nach § 1628 BGB fehlt es an der Erreichbarkeit seines Regelungszwecks. Dieser liegt darin, Eltern aus einer Pattsituation zu verhelfen, die sich letztlich zu Lasten des Kindes auswirken könnte. Das

---

740 Vgl. hierzu bereits die Ausführungen auf S. 91 f.

741 Diese Möglichkeit ist unstreitig und sogar von Amts wegen gegeben; vgl. *Soergel/Strätz*, § 1628 Rz. 14; *MünchKomm/Hinz*, § 1628 Rz. 20; *Staudinger/Coester*, § 1696 Rz. 10; *Schwab*, FamRZ 1998, 457 (471).

742 So wohl *Staudinger/Coester*, § 1696 Rz. 9.

Auftreten einer solchen Situation ist aber ausgeschlossen, soweit die Entscheidung bereits einem Elternteil allein übertragen worden ist.

Abschließend ist somit festzuhalten, dass eine Entscheidung gemäß § 1628 BGB den Bestand der elterlichen Sorge nicht beeinflusst. Die (von einem oder beiden Elternteilen gewünschte) Übertragung der elterlichen Sorge auf einen Elternteil allein richtet sich ausschließlich nach § 1671 BGB.

c) Nicht nur vorübergehendes Getrenntleben

Eine Entscheidung nach § 1671 BGB setzt voraus, dass die Eltern nicht nur vorübergehend getrennt leben. Der Trennungsbegriff ist – ebenso wie die Bedeutung der Einschränkung des „nicht nur vorübergehenden" Getrenntlebens – bereits auf S. 81 ff. behandelt worden, sodass an dieser Stelle auf das dort Ausgeführte verwiesen werden kann. Darüber hinaus ist bereits dargelegt worden, dass das „nicht nur vorübergehende Getrenntleben" keine besondere, unmittelbar an den Antrag geknüpfte Zulässigkeitsvoraussetzung darstellt, sondern allgemeine Sachentscheidungsvoraussetzung und damit der Antragsberechtigung zuzuordnen ist. Daraus ergibt sich, dass es für das Vorliegen dieses Merkmals nicht auf den Zeitpunkt der Antragstellung, sondern auf den Zeitpunkt der letzten mündlichen Verhandlung ankommt. Eine Sachentscheidung kommt folglich nur in Betracht, wenn die Trennung bis zum Schluss der letzten mündlichen Verhandlung vollzogen ist.

3. Die materiell-rechtlichen Voraussetzungen (§ 1671 Abs. 2, Abs. 3 BGB)

Liegen die Voraussetzungen des § 1671 Abs. 1 BGB im Zeitpunkt der letzten mündlichen Verhandlung vor, hat das Gericht eine Sachentscheidung zu treffen, für deren Inhalt die Absätze 2 und 3 des § 1671 BGB maßgeblich sind. Unter den Voraussetzungen des Absatzes 2 hat das Gericht einem Antrag auf Übertragung der elterlichen Sorge stattzugeben, wohingegen es ihn unter den Voraussetzungen des Absatzes 3 ablehnen muss. In einem Ausschließlichkeitsverhältnis stehen die Absätze 2 und 3 jedoch nicht. Dies zeigt sich darin, dass schon für die Stattgabe des Antrags nach Absatz 2 nicht das Alles-oder-Nichts-Prinzip („soweit") gilt. Auch ohne Absatz 3 wäre es dem Gericht schon allein auf Grund der Regelung des Absatzes 2 möglich, einem Antrag nach § 1671 Abs. 1 BGB nur teilweise stattzugeben. Absatz 3 ermöglicht daher eine Antragsablehnung selbst in dem Fall, in dem die Voraussetzungen des Absatzes 2 vorliegen. Bevor aber im Einzelnen auf die Bedeutung des Absatzes 3 eingegangen wird, sollen – der Struktur des Gesetzes folgend – die Voraussetzungen des Absatzes 2 erörtert werden.

a) Antrag auf Alleinsorge mit Zustimmung des anderen Elternteils (§ 1671 Abs. 2 Nr. 1 BGB)

Das Familiengericht hat einem Antrag auf Sorgerechtsübertragung stattzugeben, soweit der andere Elternteil zustimmt, es sei denn, dass das Kind das vierzehnte Lebensjahr vollendet hat und der Übertragung widerspricht. Die Grundlage einer Entscheidung nach § 1671 Abs. 2 Nr. 1 BGB liegt damit im elterlichen Konsens[743].

aa) Die Rechtfertigung für die Berücksichtigung eines elterlichen Konsenses

Elterliche Einigkeit über eine zu treffende Sorgerechtsregelung erhielt erstmals in § 74 Abs. 2 EheG (1946) einen eigenen Stellenwert. Seine Bedeutung hat im Verlauf der Rechtsentwicklung stetig zugenommen[744]. Vor der Kindschaftsrechtsreform wurde einem elterlichen Vorschlag gemäß § 1671 Abs. 3 Satz 1 BGB a.F. bereits eine beschränkte Bindungswirkung beigemessen. Das Gericht konnte von einem Elternvorschlag grundsätzlich[745] nur abweichen, wenn dies zum Wohle des Kindes erforderlich war. In der Praxis wurde die Erforderlichkeit kaum jemals angenommen[746] und die richterliche Erforderlichkeitskontrolle kam in den Entscheidungsgründen meist lediglich formelhaft zum Ausdruck[747].

---

743 Vgl. BT-Drucks. 13/4899, S. 99.

744 *Staudinger/Coester*, § 1671 Rz. 64. Die stetige Aufwertung elterlicher Einigkeit kommt indirekt auch in den Fristen zum Ausdruck, innerhalb derer die Eltern dem Gericht einen übereinstimmenden Vorschlag unterbreiten konnten. So wurde die Zweiwochenfrist des § 74 Abs. 1 Satz 2 EheG (1946) noch als Ausschlussfrist angesehen (BGH v. 23.2.1951 – IV ZB 9/51, BGHZ 1, 214), die bereits verlängerte Zweimonatsfrist des § 1671 Abs. 3 Satz 1 BGB (1958) dagegen nicht mehr (BayObLG v. 4.12.1962 – 1 Z 183/61, NJW 1963, 589).

745 Die Bindungswirkung entfiel außerdem, wenn das mindestens vierzehn Jahre alte Kind einen (vom Elternvorschlag) abweichenden Vorschlag unterbreitete (§ 1671 Abs. 3 Satz 2 BGB). Unter dieser Voraussetzung hatte das Gericht nach § 1671 Abs. 2, 1. Halbs. BGB a.F. die Regelung zu treffen, die dem Wohle des Kindes am besten entsprach.

746 *Gernhuber/Coester-Waltjen*, § 65 IV 1, S. 1046.

747 *Gernhuber/Coester-Waltjen*, § 65 IV 1, S. 1046.

Es lässt sich daher sagen, dass es für die Gerichte zur faktischen Regel geworden war, ihre Entscheidungen entsprechend dem Elternvorschlag zu treffen[748].

Die faktische Regel ist durch das KindRG zur normativen Regel aufgewertet worden. Dies ergibt sich aus einem Vergleich der in § 1671 Abs. 2 BGB geregelten Alternativen. Kommt nur eine Entscheidung nach Nr. 2 in Betracht, weil die Voraussetzungen der Nr. 1 nicht vorliegen – sei es, weil ein Elternteil dem Antrag des anderen nicht zugestimmt oder das mindestens vierzehn Jahre alte Kind widersprochen hat –, so hat das Gericht – ausweislich des Wortlauts der Nr. 2 – zu prüfen, ob die begehrte Sorgerechtsänderung dem Wohl des Kindes am besten entspricht, und damit eine Kindeswohlkontrolle vorzunehmen. Eine solche Kontrolle ist von der Nr. 1 dagegen ebenso wenig vorgesehen wie die vormals angeordnete Erforderlichkeitskontrolle (§ 1671 Abs. 3 Satz 1 BGB a.F.). Daraus wird deutlich, dass das Gericht an eine übereinstimmend gewünschte Sorgerechtsregelung gebunden ist („ist stattzugeben") und einen (vom anderen Elternteil gebilligten) Antrag nicht aus (näher spezifizierten) „Gründen des Kindeswohls", sondern nur unter den Voraussetzungen der §§ 1666, 1671 Abs. 3 BGB ablehnen darf[749].

Für die gerichtliche Bindung an elterliche Einigkeit sprechen im Wesentlichen drei Gründe: Erstens die verfassungsrechtliche Vorrangstellung der Eltern (Art. 6 Abs. 2 Satz 1 GG)[750], die auch eine Übereinkunft über die Überführung der gemeinsamen Sorge in die Alleinsorge als Maßnahme ausgeübter Elternverantwortung umfasst. Zweitens die stets für die Eltern streitende Vermutung bester Kindeswohlkenntnis und -wahrung, die auch innerhalb einer Trennungsfamilie Geltung beansprucht[751]. Und drittens die Befriedungswirkung[752], die durch einvernehmlich gewünschte Sorgerechtsregelungen wesentlich verlässlicher und dauerhafter erzielbar ist als bei streitigen Zuweisungsentscheidungen. Gerade das zuletzt genannte Argument wiegt schwer. Eine einvernehmliche Lösung dürfte im Ergebnis vor allem dem Kind zugute kommen, da sie das Konfliktpotential der Eltern entschärft und die Chance weiterer koope-

---

[748] *Staudinger/Coester*, § 1671 Rz. 64.
[749] BT-Drucks. 13/4899, S. 99.
[750] *Motzer* in: Schwab, HdB, III, Rz. 89; *Staudinger/Coester*, § 1671 Rz. 68.
[751] *Staudinger/Coester*, § 1671 Rz. 68 m.N.
[752] *Staudinger/Coester*, § 1671 Rz. 69.

rativer Regelungen (z.B. betreffend des Umgangs) mit sich bringt. Wer demgegenüber auf die Wächterfunktion des Staates verweisen und unter Anführung des Kindeswohls in jedem Fall gewährleistet wissen will, dass ein Elternteil nicht deshalb die Alleinsorge erhält, weil beide Eltern dies wünschen, sondern nur weil es sich bei dem antragstellenden Elternteil auch objektiv gesehen um den besser geeigneten Elternteil handelt, überschätzt die staatlichen Möglichkeiten[753] und verkennt, dass sich gegen den Willen der Eltern praktisch nichts Besseres als das von den Eltern Gewollte ausrichten lässt[754]. Die optimale Lösung ist diejenige, die von beiden Eltern mitgetragen wird, zumal es keine Gewähr dafür gibt, dass eine anderslautende Regelung des Familiengerichts besser wäre[755].

cc) Rechtstechnische Ausgestaltung des elterlichen Konsenses

Das Gesetz macht das Erfordernis des elterlichen Konsenses[756] für eine Entscheidung nach § 1671 Abs. 2 Nr. 1 BGB nicht durch die Begriffe „elterliche Einigung“ oder „übereinstimmend erklärter Elternwille“ deutlich, sondern spaltet die elterliche Einigkeit rechtstechnisch in den Antrag des einen und die Zustimmung des anderen Elternteils auf. *Coester* schließt hieraus auf eine „etatistische Denkweise“ des Gesetzgebers und sieht hierin einen Widerspruch zu dem Reformziel der Aufwertung der Elternautonomie[757]. Diese Kritik ist jedoch fehl am Platz, denn Adressat der Regelung des § 1671 BGB ist – zumindest primär – das Familiengericht. Dem elterlichen Konsens kommt nicht ein derart großes Gewicht zu, dass er die von den Eltern gewünschte Sorgerechtsgestaltung unmittelbar herbeizuführen vermag. Es bedarf hierzu einer gerichtlichen Sorgerechtsregelung, da die Ebene der Rechtsinhaberschaft nur kontrollierten Dispositionsakten der Eltern zugänglich ist. Auch wenn die Elternautonomie gegenüber der früheren Rechtslage unbestreitbar aufgewertet und dem übereinstimmenden Elternwillen eine Bindungswirkung zuzumessen ist, lässt sich in Ansehung der Folgen eines beachtenswerten Kindeswiderspruchs und der Regelung des § 1671 Abs. 3 BGB doch nicht leugnen, dass die Bindungswirkung

---

753 *Motzer* in: Schwab, HdB, III, Rz. 90.
754 *Staudinger/Coester*, § 1671 Rz. 70.
755 *Motzer* in: Schwab, HdB, III, Rz. 90.
756 Zum Konsensprinzip als einem der zentralen Strukturprinzipien des modernen Familienrechts s. *Limbach*, S. 28 f.
757 *Staudinger/Coester*, § 1671 Rz. 72.

zwar stärker als bisher ist, aber doch weiterhin nur *grundsätzlich* besteht. Von einem nur „halbherzig" verwirklichten Reformziel kann damit keine Rede sein[758], zumal elterliche Positionen ohnehin nur „soweit" gestärkt werden sollten, als sie sich mit dem Kindeswohl vereinbaren ließen[759]. In Wahrheit ist die rechtstechnische Ausgestaltung elterlicher Einigkeit in Antrag und Zustimmung sogar vorteilhafter, als es die Betonung des Erfordernisses einer elterlichen Übereinkunft je gewesen wäre, da jene – wie sogleich zu zeigen sein wird – Schlussfolgerungen auf die Beantwortung von Sachfragen erlaubt.

cc) Die Zustimmung

(1) Begriff und Rechtsnatur

Den Begriff der Zustimmung verwendet das BGB mehr als hundert mal, setzt ihn aber als bekannt voraus und hält nirgendwo eine Legaldefinition bereit. Meist wird der Begriff im Sinne der §§ 182 ff. BGB gebraucht, wo er – dem natürlichen Sprachgebrauch entsprechend – als Einverständniserklärung verstanden und als einseitige empfangsbedürftige Willenserklärung[760] qualifiziert wird, mithin als eine private Willensäußerung, die auf den Eintritt einer bestimmten Rechtsfolge gerichtet ist. In diesem Sinne gebraucht auch § 1671 Abs. 2 Nr. 1 BGB den Begriff der Zustimmung. Mit ihr bringt ein Elternteil zum Ausdruck, inwieweit er mit der von dem anderen Elternteil begehrten Rechtsfolge – der vollständigen oder partiellen Konzentration der elterlichen Sorge in der Person des Antragstellers – einverstanden ist. Die Zustimmung lässt sich daher zunächst als Willenserklärung qualifizieren. Im Gegensatz zu § 1671 Abs. 3 Satz 1 BGB a.F., der für eine Entscheidung auf Grundlage eines elterlichen Konsenses noch einen „übereinstimmenden Vorschlag" forderte und deshalb zu Zweifeln über die Rechtsqualität und Bindungswirkung einer elterlichen Einigung Anlass gab[761], macht die Neufassung des § 1671 Abs. 2 Nr. 1 BGB deutlich, dass es einer wechselbezüglichen Einigung der Eltern nicht bedarf[762]. Die Zustimmung muss ausweislich des Wortlauts der Norm lediglich auf den zu bescheidenden Elternantrag – also einen konkreten Antrag – bezogen

---

[758] So aber *Staudinger/Coester*, § 1671 Rz. 72.
[759] BT-Drucks. 13/4899, S. 29.
[760] *Palandt/Heinrichs*, Vor § 182 Rz. 1 und 3.
[761] Zum früheren Streitstand vgl. *MünchKomm/Hinz*, § 1671 Rz. 53 ff. m.N.
[762] *Johannsen/Henrich/Jaeger*, § 1671 Rz. 23.

sein, sodass sich hieraus der Charakter der Zustimmung als *einseitige* Willenserklärung ergibt. Aus der Konzeption des § 1671 BGB folgt weiterhin die Notwendigkeit der familiengerichtlichen Empfangsbedürftigkeit. Erklärungsempfänger ist damit nicht der Antragsteller, sondern das Familiengericht. Die Zustimmung stellt daher eine familiengerichtsempfangsbedürftige Willenserklärung dar[763].

Fraglich ist, ob es sich bei der Zustimmung um eine höchstpersönliche Willenserklärung handelt[764]. Aus dem Wortlaut des § 1671 Abs. 2 Nr. 1 BGB allein ergibt sich dies nicht zwingend. Zwar verlangt er die Zustimmung *des anderen Elternteils*, doch entsprechende Formulierungen finden sich auch an anderen Stellen, an denen aber darüber hinaus noch zusätzlich das Erfordernis der persönlichen Abgabe einer Erklärung betont wird, z.B. bei der Begründung gemeinsamer elterlicher Sorge gemäß § 1626 a Abs. 1 Nr. 1 und 2 BGB. Nicht miteinander verheiratete Eltern gelangen nur durch die Abgabe von Sorgeerklärungen oder Heirat zur Sorgegemeinsamkeit, und obgleich schon der Wortlaut des § 1626 a Abs. 1 BGB deutlich macht, dass es sich bei den Personen, die Sorgeerklärungen abgeben oder einander heiraten müssen, um die Eltern handelt, wird sowohl hinsichtlich der Sorgeerklärungen als auch hinsichtlich der Eheschließungserklärungen die Höchstpersönlichkeit der Abgabe angeordnet (vgl. §§ 1626 c Abs. 1, 1310 Abs. 1 Satz 1, 1311 Satz 1 BGB). Obwohl es in Ansehung der Zustimmung eines Elternteils zu einem Regelungsantrag des anderen an einer ausdrücklichen Anordnung der Höchstpersönlichkeit mangelt, wird man sie jedoch trotzdem annehmen müssen. Hierfür spricht zum einen, dass eine Sorgerechtsregelung auf der Grundlage elterlicher Einigkeit die Person des Antragsgegners persönlich betrifft (Verlust der elterlichen Sorge der Substanz nach), zum anderen die Gefahr von Interessenkollisionen bei Zulassung einer Stellvertretung[765]. Eine andere Auffassung würde weder der erheblichen Bedeutung der Zustimmung für die verfahrensrechtliche Gestaltung (Reduzierung der gerichtlichen Kontrolldichte) noch der damit verbundenen erleichterten Statusänderung gerecht. Schließlich würde es auch der Sache nach

---

[763] *Staudinger/Coester*, § 1671 Rz. 75.

[764] Dafür: *Motzer* in: Schwab, HdB, III, Rz. 98; *Staudinger/Coester*, § 1671 Rz. 78.

[765] Zur Beachtlichkeit dieser Kriterien vor allem im Familien- und Erbrecht s. *Soergel/Leptien*, Vor § 164 Rz. 93.

nicht einleuchten, für die Begründung elterlicher Sorgegemeinsamkeit höchstpersönliche Erklärungen zu fordern, dagegen nicht für die einvernehmliche Loslösung von der elterlichen Sorgegemeinsamkeit, zumal der Gesetzgeber die gemeinsame Sorge weitest möglich fördern will.

Von besonderer Bedeutung ist die Frage, ob und inwieweit der Zustimmung eine prozessuale Wirkung zukommt. Anlass der Frage ist die Regelung des § 630 Abs. 1 ZPO, die besondere Anforderungen an einen auf die §§ 1565, 1566 Abs. 1 BGB gestützten Ehescheidungsantrag stellt[766]. Obgleich der Vorschrift nur ein eingeschränkter Anwendungsbereich zukommt, weil sie nach h.M. lediglich auf die sog. offene Konventionalscheidung[767] Anwendung findet[768], nicht aber auf die sog. verdeckte Konventionalscheidung[769], und zudem wegen des formalisierten Verfahrens praktisch bedeutungslos ist, weil eine Ehe auch ohne die Erfüllung der Voraussetzungen des § 630 ZPO ohne Beweisaufnahme geschieden werden kann, wenn beide Ehegatten übereinstimmend das Scheitern erklären[770], ist die Vorschrift Ausgangspunkt zahlreicher kontrovers geführter Diskussionen. Sie betreffen zum einen die Ansicht, § 630 Abs. 1 ZPO habe eine bloß materiell-rechtliche Bedeutung für den Scheidungstatbestand des § 1566 Abs. 1 BGB[771] und die dementsprechende Kritik, die Stellung des § 630 ZPO im Prozessrecht sei systematisch verfehlt[772], zum anderen die Behandlung

---

766 § 630 Abs. 1 ZPO verlangt u.a. die Mitteilung, dass der andere Ehegatte in gleicher Weise die Scheidung beantragen oder dem Scheidungsantrag des Antragstellers zustimmen wird (§ 630 Abs. 1 Nr. 1 ZPO), und übereinstimmende Erklärungen der Ehegatten, dass Anträge zur Übertragung der elterlichen Sorge oder eines Teils der elterlichen Sorge für die Kinder auf einen Elternteil ... nicht gestellt werden, weil sich die Ehegatten über das Fortbestehen der Sorge ... einig sind, oder, soweit eine gerichtliche Regelung erfolgen soll, die entsprechenden Anträge und jeweils die Zustimmung des anderen Ehegatten hierzu (§ 630 Abs. 1 Nr. 2 ZPO). Nach wohl überwiegender Auffassung sollen die Erklärungen nach Nr. 2 in einer von beiden Ehegatten unterzeichneten Urkunde der Antragsschrift gesondert beigefügt werden; vgl. *Musielak/Borth*, § 630 Rz. 6 m.N.

767 Diese zeichnet sich durch den Antrag des einen und die Zustimmung des anderen Ehegatten zur Ehescheidung aus.

768 *Göppinger/Börger*, Rz. 50 m.N.

769 Bei dieser tritt der Antragsgegner dem Scheidungsantrag des Antragstellers entweder überhaupt nicht oder aber durch einen eigenen Antrag entgegen. Entscheidend ist also das Fehlen einer Zustimmung zum Scheidungsantrag des Antragstellers.

770 *Greßmann*, Rz. 466; *Büttner*, FamRZ 1998, 585 (591) m.N.

771 *Schlosser*, FamRZ 1978, 319 (323).

772 *Stein/Jonas/Schlosser*, § 630 Rz. 1; a.A. *Johannsen/Henrich/Jaeger*, § 1566 Rz. 18.

eines Scheidungsantrags, bei dem die Voraussetzungen des § 630 Abs. 1 ZPO nicht vorliegen[773], insbesondere aber auch die Qualifizierung der Zustimmung zur Ehescheidung als Prozesshandlung[774].

Die Bedeutung der zuletzt angesprochenen Frage ist für die Praxis zwar ohne Belang, doch kann die Lage anders zu beurteilen sein, wenn die zu einem Antrag nach § 1671 Abs. 1 BGB erteilte Zustimmung mit einer (nach h.M. als Prozesshandlung angesehenen) Zustimmung zur Ehescheidung vergleichbar ist und genauso zu qualifizieren ist wie jene[775]. Beides ergibt sich aus folgender Überlegung: Parteiprozesshandlungen können nur wirksam vorgenommen werden, wenn die sie vornehmende Partei die persönlichen Prozesshandlungsvoraussetzungen erfüllt, also partei-, prozess- und insbesondere postulationsfähig ist[776]. Letzteres bezeichnet die Fähigkeit, vor einem bestimmten Gericht auftreten und Prozesshandlungen wirksam vornehmen zu können[777]. An der Postulationsfähigkeit fehlt es einer Partei in einem Verfahren mit Anwaltszwang, und gerade um ein solches handelt es sich in Ehe- und Scheidungsfolgesachen (§ 78 Abs. 2 Satz 1 Nr. 1 ZPO), also vor allem auch bei einverständlichen Scheidungen i.S. des § 630 ZPO. Der Ehegatte, der einen eigenen Antrag auf Eheschei-

---

[773] Einigkeit besteht zwar insoweit, dass die Scheidungswilligen den Weg des § 1565 BGB wählen können, um ihr Scheidungsbegehren durchsetzen zu können, weil § 630 ZPO nicht dem Ziel dient, eine Ehescheidung schlechthin zu verhindern, sondern vielmehr lediglich den Zweck verfolgt, die in § 1566 Abs. 1 BGB geregelte einfache Form der Ehescheidung durch die Notwendigkeit der Regelung der wichtigsten Scheidungsfolgen zu erschweren (*Musielak/Borth*, § 630 Rz. 3), um übereilten und später bereuten Scheidungen vorzubeugen (*Baumbach/Lauterbach/Albers*, § 630 Rz. 1). Doch wie ein ausschließlich auf die §§ 1565, 1566 Abs. 1 BGB gestützter Scheidungsantrag zu behandeln ist, wenn die Voraussetzungen des § 630 Abs. 1 Nr. 2 und 3 nicht vollständig vorliegen, ist heftig umstritten. Zum Streitstand *Johannsen/Henrich/Jaeger*, § 1566 Rz. 18 f. m.N.

[774] Für die Qualifizierung der Zustimmung zum Scheidungsantrag als Prozesshandlung BGH v. 6.6.1990 – IV ZR 88/89, BGHZ 111, 329 (331); BGH v. 30.11.1994 – IV ZR 290/93, BGHZ 128, 125 (127); OLG Saarbrücken v. 18.7.1991 – 5 W 16/91, FamRZ 1992, 109 (110); s. auch *Zöller/Philippi*, § 630 Rz. 8 mit dem Hinweis darauf, dass ihre Voraussetzungen und Wirkungen durch die ZPO geregelt werden; *Johannsen/Henrich/Jaeger*, § 1566 Rz. 13 m.N.; für die Zustimmung als lediglich materiell-rechtliches Rechtsgeschäft *Stein/Jonas/Schlosser*, § 630 Rz. 4; *Gernhuber/Coester-Waltjen*, § 27 III 6, S. 322; wieder anders *Damrau*, NJW 1977, 1169 (1170), der die Mitteilung über die Zustimmung zum Ehescheidungsantrag als Prozesshandlung qualifiziert.

[775] Dafür: *Erman/Michalski*, § 1671 Rz. 29.

[776] *Musielak/Musielak*, Einl. Rz. 62.

[777] *Jauernig*, § 21 III 3, S. 62.

dung stellen will, muss sich hierzu also eines Rechtsanwalts bedienen. Da die h.M. selbst die Zustimmung zur Ehescheidung als Prozesshandlung ansieht, würde auch diese die Hinzuziehung eines Rechtsanwalts erforderlich machen, doch findet auf diese Zustimmung die Sonderregelung des § 78 Abs. 3 ZPO Anwendung. Nach dieser Vorschrift unterliegen Prozesshandlungen, die – wie die Zustimmung zur Ehescheidung (§§ 630 Abs. 2 Satz 2, 129 a ZPO) – vor dem Urkundsbeamten der Geschäftsstelle vorgenommen werden können, nicht dem Anwaltszwang. Aus diesem Grund wirkt sich die Einordnung der Zustimmung zur Ehescheidung als Prozesshandlung in der Praxis nicht wesentlich aus[778].

Anders könnte es sich demgegenüber mit der Zustimmung zu einem Antrag nach § 1671 Abs. 1 BGB verhalten, da es diesbezüglich an einer dem § 630 Abs. 2 ZPO entsprechenden Regelung fehlt[779]. Selbst wenn man aus § 630 Abs. 1 Nr. 2 ZPO die Möglichkeit einer nicht dem Anwaltszwang unterliegenden Zustimmung zu einem Sorgerechtsregelungsantrag herleiten wollte[780], ergä-

---

778 In Ansehung der Möglichkeit des Widerrufs einer zu einem Scheidungsantrag erteilten Zustimmung bis zum Schluss der mündlichen Verhandlung (§ 630 Abs. 2 Satz 1 ZPO) hat auch der Umstand, dass die Zustimmung als Prozesshandlung anderen Regeln als denen für materiell-rechtliche Willenserklärungen geltenden folgt (*Jauernig*, § 30 IV, S. 111), keine Bedeutung.

779 Die Annahme von *Johannsen/Henrich/Sedemund-Treiber*, § 630 Rz. 8, es sei davon auszugehen, dass jedenfalls die bloße Zustimmung des Antragsgegners zu einem Sorgerechtsregelungsantrag des die Scheidung betreibenden Ehegatten nicht dem Anwaltszwang unterliege, weil dies bereits nach der alten Fassung des § 630 Abs. 1 Nr. 2 ZPO nicht der Fall gewesen sei, vermag nicht zu überzeugen. Sofern die Zustimmung (anders als ein übereinstimmender Elternvorschlag nach § 630 Abs. 1 Nr. 2 ZPO a.F.) nunmehr den Charakter einer Prozesshandlung aufweisen sollte, kann eine Ausnahme vom Anwaltszwang nicht mit dem alten Recht begründet werden. Es könnte allenfalls erwogen werden, die Regelung des § 630 Abs. 2 ZPO analog anzuwenden.

780 Dafür – und gegen die Qualifizierung der Zustimmung als Prozesshandlung – ließe sich anführen, dass eine Prozesshandlung in Form einer Zustimmung erst nach Rechtshängigkeit vorgenommen werden kann (vgl. BGH v. 6.6.1990 – IV ZR 88/89, FamRZ 1990, 1109). Dieses Argument ist indes nicht zwingend, denn anders als bei der Zustimmung zur Ehescheidung fehlt es nicht an einem hinreichend präzisierten Zustimmungsgegenstand, wenn die Zustimmung mit einem Antrag nach § 1671 Abs. 1 BGB in Ansehung der Regelung des § 630 Abs. 1 Nr. 2 ZPO in einer Urkunde enthalten sein muss.

be sich das weitere Problem, ob diese überhaupt nicht oder jedenfalls nur durch einen Rechtsanwalt widerrufen werden kann[781].

Im Folgenden ist daher der Frage nachzugehen, ob es sich bei der Zustimmung zu einem Antrag nach § 1671 Abs. 1 BGB um eine Prozesshandlung handelt. Eine einheitliche Definition des Begriffs der Parteiprozesshandlung existiert nicht. Da die Begriffsbestimmung in erster Linie dem Ziel dient, eine Prozesshandlung von den Rechtsgeschäften des bürgerlichen Rechts abzugrenzen, die anderen Regeln unterliegen als Prozesshandlungen[782], ist der Begriff nach überwiegender Ansicht aus einer funktionellen Betrachtungsweise heraus zu definieren[783]. Prozesshandlung ist hiernach ein äußeres, auf einem Handlungswillen beruhendes Verhalten, das darauf gerichtet ist, einen Erfolg herbeizuführen, dessen Wirkungen im Wesentlichen auf prozessualem Gebiet liegen[784]. Wird ein Parteiakt nach Voraussetzungen und Wirkungen allein vom Prozessrecht geregelt, so lässt er sich eindeutig als Prozesshandlung qualifizieren[785]. Richten sich die Wirkungen einer Handlung aber sowohl nach Prozessrecht als auch nach bürgerlichem Recht, kommt es für die Zuordnung eines Parteiaktes zum Prozess- oder bürgerlichen Recht maßgeblich darauf an, welche seiner Wirkungen die primäre, nicht wegzudenkende ist[786]. Die Voraussetzungen der Zustimmung i.S. des § 1671 Abs. 2 Nr. 1 BGB sind weder im bürgerlichen Recht noch im Prozessrecht geregelt, die Wirkungsweise der Zustimmung dagegen ausschließlich im materiellen Recht: So richten sich die unmit-

---

781 Zwar ist anerkannt, dass mit dem Widerruf der Zustimmung zur Ehescheidung grundsätzlich auch die Scheidungsfolgenvereinbarungen automatisch hinfällig werden (AG Berlin Charlottenburg v. 23.3.1981 – 146 F 904/80, FamRZ 1981, 787 (788)), sofern sie nicht ausdrücklich auch für den Fall der streitigen Scheidung vereinbart sind (*Stein/Jonas/Schlosser*, § 630 Rz. 10 m.N.), doch ob und wie Scheidungsfolgenvereinbarungen auch isoliert beseitigt werden können, ist fraglich. Während dies im Hinblick auf die Vereinbarungen nach § 630 Abs. 1 Nr. 3 ZPO auf prozessualer Ebene streitig diskutiert wird (*Johannsen/Henrich/Sedemund-Treiber*, § 630 ZPO m.N.), erfährt die Regelung des § 630 Abs. 1 Nr. 2 ZPO hier keine besondere Beachtung. Die Diskussion ist insoweit verkürzt, weil lediglich auf materiell-rechtlicher Ebene nach der Möglichkeit der Beseitigung der Zustimmung zu einem Antrag nach § 1671 Abs. 1 BGB (Bindungswirkung) gefragt wird.

782 *Jauernig*, § 30 IV, S. 111.

783 *Musielak/Musielak*, Einl. Rz. 59.

784 *Musielak/Musielak*, Einl. Rz. 59.

785 *Rosenberg* u.a., § 63 II, S. 341.

786 *Jauernig*, § 30 IV, S. 111 f.

telbaren Wirkungen einer Zustimmung für das Sorgerechtsverfahren stets nach § 1671 Abs. 2 Nr. 1 BGB (Reduzierung der gerichtlichen Kontrolldichte). In Ansehung des Scheidungsverfahrens entfaltet die Zustimmung isoliert keine Wirkungen; jedoch greift bei Vorliegen sämtlicher Voraussetzungen des § 630 Abs. 1 ZPO die Vermutung des § 1566 Abs. 1 BGB ein.

Obgleich die Wirkungen der Zustimmung damit ausschließlich dem materiellem Recht zu entnehmen sind, was – ebenso wie der Umstand, dass ihre Voraussetzungen nicht im Prozessrecht geregelt sind – gegen die Qualifizierung der Zustimmung als Prozesshandlung spricht, lässt sich jedoch nicht leugnen, dass die Zustimmung immerhin den Umfang der gerichtlichen Untersuchung bestimmt und damit – wie eine Prozesshandlung – Einfluss auf die Verfahrensgestaltung hat. Einen Ausweg aus diesem Dilemma bietet die vorgenannte Definition einer Prozesshandlung („... Verhalten, das darauf gerichtet ist, einen Erfolg herbeizuführen, dessen Wirkungen im Wesentlichen auf prozessualem Gebiet liegen"). Betrachtet man die typischen Prozesshandlungen (Klage (§§ 253, 261 ZPO), Klagezurücknahme (§ 269 ZPO), Verzicht (§ 306 ZPO), Anerkenntnis (§ 307 ZPO), Behaupteten und Bestreiten (§ 281 Abs. 1 ZPO), Gestehen und Nichtbestreiten (§§ 288, 138 Abs. 3 ZPO), Beweisantritt (§ 282 Abs. 1 ZPO)), lässt sich feststellen, dass sämtliche Handlungen typischerweise einen prozessualen Zweck verfolgen[787], nämlich ein Verfahren in Gang zu bringen, zu beenden oder zu gestalten. Die Zustimmung zu einem Antrag nach § 1671 Abs. 1 BGB wird aber typischerweise nicht vorgenommen, um eine Reduzierung der gerichtlichen Kontrolldichte zu erreichen, sondern um mit Hilfe des Gerichts eine Rechtsfolge (die Übertragung der elterlichen Sorge auf den Antragsteller allein) herbeizuführen, die als solche gewollt ist. Die Reduzierung der gerichtlichen Kontrolldichte stellt sich für den Erklärenden insoweit typischerweise lediglich als prozessuale Nebenwirkung dar. Nicht anders verhält es sich, wenn eine solche Zustimmung gemäß § 630 Abs. 1 Nr. 2 ZPO im Rahmen einer einverständlichen Ehescheidung erteilt wird, denn auch hier geht es dem Zustimmenden typischerweise darum, eine gewollte Situation zu realisieren. Wer demgegenüber der Ansicht ist, die Zustimmung sei hier primär darauf gerichtet, das Eingreifen der Vermutung des § 1566 Abs. 1 BGB auszulösen, müsste konse-

[787] Streiten könnte man insofern allenfalls in Ansehung des Nichtbestreitens, denn hier liegt die Vermutung nahe, dass dies häufig aus Unachtsamkeit unterbleibt.

quenterweise auch die nach § 630 Abs. 1 Nr. 3 ZPO erforderliche Einigung der Ehegatten über die Regelung der Unterhaltspflicht gegenüber einem Kinde, die durch die Ehe begründete gesetzliche Unterhaltspflicht sowie die Rechtsverhältnisse an der Ehewohnung und am Hausrat als Prozesshandlung ansehen. Darüber hinaus träfe er eine grundsätzliche Wertung zum Verhalten der Beteiligten in einem Scheidungsverfahren, nämlich diejenige, dass Ehegatten so sehr daran gelegen ist, eine Ausforschung der Tatsachen zu vermeiden, die zum Scheitern ihrer Ehe geführt haben, dass ihnen jedes Mittel recht ist, um in den Genuss der Vermutung des § 1566 Abs. 1 BGB zu kommen. Wer die Sachlage so einschätzt, verneint im Ergebnis sogar die Erreichbarkeit des vom Gesetzgeber verfolgten Ziels, durch die Regelung des § 630 ZPO die offene Konventionalscheidung zu erschweren.

Aus den eben genannten Gründen ist die Zustimmung i.S. des § 1671 Abs. 2 Nr. 1 BGB nicht als Prozesshandlung zu qualifizieren. Gegenteiliges lässt sich aus der Regelung des § 630 ZPO nicht herleiten[788]. Soweit *Michalski* aus § 630 Abs. 1 Nr. 2 ZPO auf eine Gleichstufigkeit von Antrag (Verfahrenshandlung) und Zustimmung und damit auf ihre Einordnung als Prozesshandlungen schließen will, verkennt er einen wesentlichen Unterschied: Ohne Antrag wird kein Verfahren eingeleitet; wird der Antrag zurückgenommen, ist das Verfahren beendet. Das Vorliegen einer etwaigen Zustimmung für sich allein ist hingegen wertlos. Von einer Gleichstufigkeit im Sinne einer Gleichwertigkeit kann daher keine Rede sein. Entgegen der Ansicht von *Michalski* ist es auch nicht möglich, von § 630 Abs. 1 Nr. 2 ZPO auf das Nichtbestehen einer Trennung zwischen materiell-rechtlicher Elterneinigung einerseits und dem Antrag als Verfahrensvoraussetzung andererseits zu schließen, und diese Schlussfolgerung mit dem Charakter der Zustimmung i.S. des § 1672 Abs. 1 Satz 1 BGB zu untermauern[789]. Richtig ist zwar, dass die Zustimmung i.S. des § 1672 Abs. 1 Satz 1 BGB ausnahmsweise eine Verfahrensvoraussetzung darstellt, doch erlaubt dies allein keinen Rückschluss auf den Charakter der Zustimmung i.S. des § 1671 Abs. 2 Nr. 1 BGB als Verfahrenshandlung. Wie bereits aufgezeigt[790], hatte der Gesetzgeber bei § 1672 Abs. 1 Satz 1 BGB eine Sondersituation vor

---

[788] A.A. *Erman/Michalski*, § 1671 Rz. 29.
[789] *Erman/Michalski*, § 1671 Rz. 29.
[790] Vgl. die Ausführungen auf S. 152 f.

Augen. Ein Sorgerechtsverfahren auf Antrag des nicht sorgeberechtigten Vaters soll von vornherein nur bei vorheriger Zustimmung der gemäß § 1626 a Abs. 2 BGB allein sorgeberechtigten Mutter eingeleitet werden können, um die Mutter-Kind-Beziehung nicht durch ungerechtfertigte (und ohne Zustimmung der Mutter ohnehin aussichtslose) Verfahren mit dem Ziel einer Sorgerechtsübertragung zu belasten. Die Sondervorschrift des § 1672 Abs. 1 Satz 1 BGB verbietet daher einen Rückschluss auf die Rechtsqualität der Zustimmung i.S. des § 1671 Abs. 2 Nr. 1 BGB. Es ist nicht einmal möglich, mit § 1672 Abs. 1 Satz 1 BGB ein zu § 630 Abs. 1 ZPO gefundenes Ergebnis bestätigen zu wollen. Die Vorschriften haben keine Berührungspunkte, da im Zusammenhang mit einer Ehescheidung allenfalls ein Sorgerechtsverfahren nach § 1671 BGB relevant sein kann (arg. e § 1626 a BGB).

(2) Inhalt und Wirksamkeit der Zustimmung

Ausweislich des Wortlauts des § 1671 Abs. 2 Nr. 1 BGB, nach dem *„dem"* Elternantrag nur stattzugeben ist, soweit der andere Elternteil zustimmt, muss die Zustimmung inhaltlich auf den konkreten Regelungsantrag bezogen sein[791]. In Verbindung mit der Gerichtsempfangsbedürftigkeit folgt daraus zugleich, dass die zu irgendeinem Zeitpunkt einmal getätigte Äußerung des Antragsgegners, mit einer Alleinsorge des anderen Elternteils einverstanden zu sein, nicht ausreicht[792]. Über die Art und Weise der Zustimmungserteilung enthält das Gesetz keine Formvorschriften, sodass die Zustimmung schriftlich oder mündlich im Rahmen der Anhörung (§ 50 a Abs. 1 Satz 1 FGG) erteilt werden kann. Da die Zustimmung – wie aufgezeigt – keine Verfahrenshandlung darstellt, unterliegt sie selbst im Verbundverfahren nach § 623 ZPO nicht dem Anwaltszwang[793]. Entgegen einer teilweise vertretenen Auffassung bedarf es einer ausdrücklichen Erklärung nicht zwingend[794]. Erforderlich und ausreichend ist allein, dass sich die Erklärung des Antragsgegners gemäß §§ 133, 157 BGB zweifelsfrei als inhaltliche Billigung des Regelungsantrags feststellen lässt, was auch ein schlüs-

---

791 *Schwab*, FamRZ 1998, 457 (461); *Staudinger/Coester*, § 1671 Rz. 76; *Palandt/ Diederichsen*, § 1671 Rz. 14.

792 *Schwab*, FamRZ 1998, 457 (461); *Staudinger/Coester*, § 1671 Rz. 76; *Palandt/ Diederichsen*, § 1671 Rz. 14.

793 Im Ergebnis ebenso *Motzer* in: Schwab, HdB, III, Rz. 99; *Staudinger/Coester*, § 1671 Rz. 77.

794 So aber *Motzer* in: Schwab, HdB, III, Rz. 99.

siges Verhalten hinreichend sicher gewährleisten kann[795]. Die Notwendigkeit der Auslegung dürfte jedoch kaum jemals praktisch relevant werden, da sich das Gericht im Rahmen der Amtsermittlung (§ 12 FGG) von der Kenntniserlangung des Antragsgegners über den Elternantrag zu überzeugen[796] und ihn zur Sorge anzuhören hat (§ 50 a Abs. 1 Satz 1 FGG), in Angelegenheiten der Personensorge in der Regel sogar höchstpersönlich (§ 50 a Abs. 1 Satz 2 BGB)[797]. Für Auslegungsfragen dürften daher nur die seltensten Fälle Anlass geben. Denkbar sind sie vornehmlich in den Fällen, in denen sich das Verhalten des Antragsgegners in Untätigkeit, bloßem Schweigen oder (scheinbarem) Desinteresse erschöpft. In einem solchen Verhalten kann keinesfalls eine Zustimmung gesehen werden[798]. Darüber hinaus verbietet sich die Auslegung solcher Verhaltensweisen als Zustimmung auch aus Sachgesichtspunkten. Nur eine einverständliche Regelung rechtfertigt die Vermutung, dass die Eltern ihre nach der Trennung fortwirkende Verantwortung wahrgenommen haben[799] und damit eine Reduzierung der gerichtlichen Kontrollfunktion[800]. Daher muss in dem Verhalten des Antragsgegners zumindest eine positive Billigung des Regelungsantrags zum Ausdruck kommen, um von einer Zustimmung sprechen zu können.

Schon der Wortlaut des § 1671 Abs. 2 Nr. 1 BGB macht deutlich, dass in Ansehung der Zustimmung das „Alles-oder-Nichts-Prinzip" nicht gilt („soweit"). Dem Antragsgegner ist es daher unbenommen, einem Antrag nach § 1671 Abs. 1 BGB nur teilweise zuzustimmen. In einem solchen Fall hat das Gericht zweckmäßigerweise zunächst zu ermitteln, ob der Antragsteller seinen weitergehenden Antrag aufrechterhalten will und ob er zur Übernahme des un-

---

795 *Staudinger/Coester*, § 1671 Rz. 77.

796 *Schwab*, FamRZ 1998, 457 (461).

797 Die persönliche Anhörung in Angelegenheiten der Personensorge ist grundsätzlich zwingend (OLG Hamm v. 14.10.1983 – 15 W 306/83, OLGZ 1984, 20 (21); BayObLG v. 1.7.1983 – BReg. 1 Z 37/83, FamRZ 1984, 205 (207)). Erklärungen zu Protokoll des Urkundsbeamten der Geschäftsstelle ersetzen die persönliche Anhörung ebenso wenig wie die Übertragung der Anhörung auf den Rechtspfleger (OLG München v. 21.2.1980 – 26 UF 1321/79, OLGZ 80, 191). Möglich ist jedoch eine persönliche Anhörung durch den ersuchten oder beauftragten Richter, sofern nicht der persönliche Eindruck entscheidend ist (BGH v. 11.7.1984 – IVb ZB 73/83, NJW 1985, 1702 (1705)).

798 *Staudinger/Coester*, § 1671 Rz. 76; *Motzer* in: Schwab, HdB, III, Rz. 99.

799 BVerfG v. 3.11.1982 – 1 BvL 28/80, 1 BvL 38/80, 1 Bvl 40/80, 1 BvL 12/81, BVerfGE 61, 358 (374).

800 *Staudinger/Coester*, § 1671 Rz. 76.

streitigen Teilbereichs der elterlichen Sorge selbst dann bereit wäre, wenn es in Ansehung des streitigen Teilbereichs bei der gemeinsamen Sorge verbleiben müsste, weil insoweit die Voraussetzungen des § 1671 Abs. 2 Nr. 2 BGB nicht vorliegen. Bejahendenfalls tritt das Gericht – vorbehaltlich eines nicht vorliegenden Kindeswiderspruchs – allein in Ansehung des streitigen Teilbereichs in eine Sachprüfung ein.

Im Hinblick darauf, dass es sich bei der Zustimmung um eine höchstpersönliche Willenserklärung handelt, ist eine Stellvertretung im Willen ebenso ausgeschlossen wie eine Gestattung der Ausübung durch Dritte[801]. Ob der Antragsgegner seine Erklärung durch einen Erklärungsboten übermitteln kann, wird von niemandem diskutiert. Dafür spricht die grundsätzliche Zulässigkeit einer Botenschaft bei formfreien Erklärungen[802], doch angesichts der zwingenden persönlichen Elternanhörung in Angelegenheiten der Personensorge (§ 50 a Abs. 1 Satz 2 FGG) dürfte insoweit kein Bedürfnis für die Übermittlung der Zustimmung durch Boten bestehen.

Fraglich ist, ob für einen vom Antragsgegner eventuell hinzugezogenen Rechtsanwalt Besonderes gilt. Entgegen früher Rechtsprechung wird zwar grundsätzlich eine „Vertretung in der Erklärung" als selbstständige Rechtsfigur zwischen der Stellvertretung einerseits und der Botenschaft anderseits nach nahezu einhelliger Meinung abgelehnt[803], doch soll die Stellvertretung in der Erklärung durch den Verfahrensbevollmächtigten des Antragsgegners ausnahmsweise zulässig sein[804]. Ein Bedürfnis hierfür besteht jedoch allenfalls dort, wo eine von den Beteiligten selbst abgegebene Erklärung – anders als die hier in Rede stehende Zustimmung – wegen eines etwa bestehenden Anwaltszwangs keine Berücksichtigung finden könnte[805], und nicht einmal dort bedürfte es ei-

---

801 *Motzer* in: Schwab, HdB, III, Rz. 98; *Staudinger/Coester*, § 1671 Rz. 78; für das Vorschlagsrecht nach § 1671 Abs. 3 Satz 1 BGB a.F. *Gernhuber/Coester-Waltjen*, § 65 IV 1, S. 1044; *MünchKomm/Hinz*, § 1671 Rz. 51.

802 *Soergel/Leptien*, Vor § 164 Rz. 56.

803 Eingehend zur Figur des Vertreters in der Erklärung und dem Meinungsstand *Staudinger/Schilken*, Vorbem. zu §§ 164 ff. Rz. 82 ff.; *Soergel/Leptien*, Vor § 164 Rz 53 ff.

804 *Staudinger/Coester*, § 1671 Rz. 78; für den einvernehmlichen Elternvorschlag unter der Geltung des § 1671 Abs. 2 (1957) KG v. 1.3.1965 – 1 W 2699/64, FamRZ 1966, 153 (154) m.N.; BayObLG v. 9.8.1968 – BReg. 1b Z 45/68, FamRZ 1968, 657.

805 KG v. 7.7.1939 – 1b Wx 90/39, JFG 20, 198 ff.

nes Rückgriffs auf die Figur des Vertreters in der Erklärung, weil die gerichtliche Geltendmachung höchstpersönlicher Erklärungen in Verfahren mit Anwaltszwang vom Verbot der Stellvertretung nicht erfasst wird[806]. Hiervon zu trennen ist freilich die Frage, ob die Zustimmung (ungeachtet der Notwendigkeit einer späteren Wiederholung durch den Antragsgegner im Rahmen der persönlichen Anhörung) zunächst durch einen Anwalt in das Verfahren eingebracht werden kann. Dass dies ohne weiteres möglich ist[807], folgt schon aus dem Umstand, dass auch der Antrag des anderen Elternteils durch einen Bevollmächtigten gestellt werden kann, ja in Verbundverfahren nach § 623 ZPO sogar zwingend durch den Bevollmächtigten gestellt werden muss (§ 78 Abs. 2 Nr. 1 ZPO). Weshalb es dem Antragsgegner verwehrt sein sollte, seine Zustimmung durch einen Rechtsanwalt in das Verfahren einzubringen, ist nicht ersichtlich. Gegenteiliges lässt sich auch nicht aus dem Erfordernis persönlicher Anhörung in Angelegenheiten der Personensorge herleiten, da dieses auch für den anwaltlich vertretenen Antragsteller nicht entfällt.

Wie bereits dargelegt, ist bei der Zustimmung eine Stellvertretung im Willen ausgeschlossen. Ein geschäftsunfähiger Elternteil (§ 104 Nr. 2 BGB), dessen Willenserklärungen gemäß § 105 Abs. 1 BGB nichtig sind, kann daher keine wirksame Zustimmung zu einem Antrag nach § 1671 Abs. 1 BGB erteilen. Wegen der Höchstpersönlichkeit der Zustimmung kommt auch eine Erteilung durch den gesetzlichen Vertreter nicht in Betracht[808]. Dagegen kann ein in der Geschäftsfähigkeit lediglich beschränkter Elternteil (§ 106 BGB) die Zustimmung selbst ohne die gemäß § 107 BGB grundsätzlich erforderliche Einwilligung seines gesetzlichen Vertreters erteilen. Das Gesetz enthält hierüber zwar keine ausdrückliche Bestimmung, doch lässt sich dies aus § 1750 Abs. 3 Satz 2 BGB herleiten[809]. Denn wenn nicht einmal die zur Annahme eines Kindes erforderliche Einwilligung eines in der Geschäftsfähigkeit beschränkten Elternteils der Zustimmung des gesetzlichen Vertreters bedarf, obgleich durch die

---

806 *Soergel/Leptien*, Vor § 164 Rz. 57; für die Charakterisierung der anwaltlichen Tätigkeit als Botenschaft *Staudinger/Schilken*, Vorbem. zu §§ 164 Rz. 84; *MünchKomm/Schramm*, Vor § 164 Rz. 57, jew. m.N.

807 *Gernhuber/Coester-Waltjen*, § 65 IV 1, S. 1044, Fn. 8 für die Einbringung des Elternvorschlags nach § 1671 Abs. 3 Satz 1 BGB a.F.

808 *Johannsen/Henrich/Jaeger*, § 1671 Rz. 23.

809 *Johannsen/Henrich/Jaeger*, § 1671 Rz. 23, und *Staudinger/Coester*, § 1671 Rz. 79, begründen dies darüber hinaus mit der Regelung des § 607 Abs. 1 ZPO.

Annahme – anders als bei einer bloßen Übertragung der elterlichen Sorge auf den anderen Elternteil allein – sogar die verwandtschaftlichen Beziehungen erlöschen (§ 1755 Abs. 1 BGB), kann für die Zustimmung i.S. des § 1671 Abs. 2 Nr. 1 BGB erst recht keine Zustimmung des gesetzlichen Vertreters erforderlich sein. Dasselbe gilt folglich auch für einen unter Betreuung stehenden Elternteil, der zur Wirksamkeit einer den Aufgabenkreis des Betreuers betreffenden Willenserklärung der Einwilligung des Betreuers bedarf (§ 1903 Abs. 2 BGB)[810].

(3) Widerruflichkeit der Zustimmung

Unter der Geltung des § 1671 Abs. 3 Satz 1 BGB a.F. war lebhaft umstritten, ob Eltern an ihren übereinstimmenden Sorgerechtsvorschlag gebunden waren[811]. Im Hinblick auf den Wortlaut des § 1671 Abs. 2 Nr. 1 BGB, der nicht mehr auf einen übereinstimmenden Elternvorschlag abstellt, sondern auf den Antrag des einen und die Zustimmung des anderen Elternteils, spaltet sich die Fragestellung nun deutlicher als bisher in zwei Fragen auf: Die erste Frage betrifft die Bindungswirkung einer außerhalb eines Verfahrens erzielten Einigung der Eltern über die zukünftige Sorgerechtsgestaltung. Dass eine solche Abrede nach der hier vertretenen Auffassung widerruflich ist, ist bereits begründet worden[812].

Die zweite Frage betrifft die Bindung an eine innerhalb des Verfahrens nach § 1671 BGB erteilte und dem Gericht bereits zugegangene Zustimmung. Obgleich die hierzu vertretenen Ansichten in der Argumentation erheblich voneinander abweichen, ist die Zustimmung nach einhelliger Ansicht bis zur Entscheidung in der letzten Tatsacheninstanz frei widerruflich[813]. Wer die Zustimmung – entgegen der hier vertretenen Auffassung – als Prozesshandlung qualifiziert, begründet die Widerruflichkeit in erster Linie mit der analogen Anwendung des § 630 Abs. 2 ZPO[814]. Wer zu der Frage der Qualifizierung der Zu-

---

810 *Staudinger/Coester*, § 1671 Rz. 79.

811 Vgl. hierzu bereits die Ausführungen auf S. 158 ff.

812 S. hierzu bereits die Ausführungen auf S. 161 f.

813 *Rauscher*, § 33 IV Rz. 999; *Schwab*, FamRZ 1998, 457 (461); *Palandt/Diederichsen*, § 1671 Rz. 14; *Johannsen/Henrich/Jaeger*, § 1671 Rz. 25; *Staudinger/Coester*, § 1671 Rz. 82; *Erman/Michalski*, § 1671 Rz. 29; für das alte Recht vgl. *MünchKomm/Hinz*, § 1671 Rz. 54 m.N. Ein Widerruf kommt nicht mehr in Betracht, wenn das Verfahren in der weiteren Beschwerde anhängig ist; vgl. BGH v. 24.5.2000 – XII ZB 72/97, DAVorm 2000, 704 (708) m.N. auch zum Recht vor der Kindschaftsrechtsreform.

814 *Erman/Michalski*, § 1671 Rz. 29.

stimmung als Prozesshandlung keine Stellung bezieht, stützt die Widerruflichkeit der Willenserklärung zu Recht auf dogmatische, systematische und rechtspolitische Gründe. Zum einen kann die Bindung an eine Zustimmung nicht weiterreichen als diejenige an den Antrag[815], der ja ohne weiteres bis zum Schluss der mündlichen Verhandlung zurückgenommen werden kann. Zum anderen würde die Legitimationsbasis einer Reduzierung der gerichtlichen Kontrolldichte im Hinblick auf die dieser u.a. zugrunde liegenden Grundgedanken (Vermutung für optimale Wahrung des Kindeswohls, Befriedungswirkung einer auf elterlichen Konsens gegründeten Entscheidung[816]) erschüttert[817]. Vor allem die Ausgestaltung der elterlichen Sorge als Pflichtrecht spricht entscheidend gegen die Bindung eines Elternteils und für die Widerruflichkeit einer erklärten Zustimmung[818]. Aus den für den freien Widerruf der Zustimmung angeführten Gründen folgt, dass auf das Recht zum Widerruf nicht wirksam verzichtet werden kann[819]. Anderenfalls könnte der zustimmende Elternteil von vornherein an einer gemäß § 130 Abs. 1 Satz 1 BGB wirksam gewordenen Zustimmung festgehalten werden, wodurch die gerichtliche Entscheidung nach § 1671 Abs. 2 Nr. 1 BGB ihrer konstitutiven Funktion beraubt wäre.

Einer Begründung des Widerrufs bedarf es nicht[820]. Fraglich ist jedoch, ob etwaige, vom Antragsgegner vorgetragene Gründe im Rahmen der nun notwendigen Entscheidung nach § 1671 Abs. 2 Nr. 2 BGB berücksichtigt werden dürfen. Dagegen könnte sprechen, dass der Grund für elterliche Einigkeit im Rahmen des § 1671 Abs. 2 Nr. 1 BGB keine Rolle spielt, was zu der Annahme verleiten könnte, dass auch der Grund für elterliche Uneinigkeit nicht von Bedeutung ist. Eine solche Annahme ließe sich jedoch nicht mit dem Amtsermittlungsgrundsatz (§ 12 FGG) in Einklang bringen. Im Hinblick darauf, dass der Widerruf nicht begründet werden muss, ginge es zwar nicht an, dem Antrags-

---

815 *Motzer* in: Schwab, HdB, III, Rz. 101; *Staudinger/Coester*, § 1671 Rz. 83.

816 Vgl. *Johannsen/Henrich/Jaeger*, § 1671 Rz. 24.

817 *Staudinger/Coester*, § 1671 Rz. 83.

818 *Johannsen/Henrich/Jaeger*, § 1671 Rz. 25.

819 Für das alte Recht *MünchKomm/Hinz*, § 1671 Rz. 61.

820 In Ansehung der Widerruflichkeit des Elternvorschlags ausdrücklich *Gernhuber/Coester-Waltjen*, § 65 IV 1, S. 1046; LG München v. 12.4.1991 – 26 UF 1464/89, FamRZ 1991, 1343 (1344); a.A. OLG Hamm v. 28.10.1988 – 5 UF 46/88, FamRZ 1989, 654 (656); *Dörr*, NJW 1989, 690 (691).

gegner eine besondere Begründungslast aufzuerlegen[821], weil dies zu einer mittelbaren Bindung an eine einmal erteilte Zustimmung führen würde; freiwillig vorgebrachte Gründe können jedoch verwertet werden und damit im Rahmen des § 1671 Abs. 2 Nr. 2 Bedeutung erlangen[822].

(4) Anfechtbarkeit der Zustimmung

Da die Zustimmung bis zum Schluss der letzten Tatsachenverhandlung frei widerrufen werden kann, ist die Frage ihrer Anfechtbarkeit (§ 142 Abs. 1 BGB) bis zu diesem Zeitpunkt nur theoretischer Natur, weil eine erklärte „Anfechtung" der Sache nach als Widerruf auszulegen wäre (§§ 133, 157 BGB). Bedeutsam wird die Frage der Anfechtbarkeit der Zustimmung erst, wenn die gerichtliche Sorgerechtsregelung formell rechtskräftig geworden ist. Wer die Zustimmung als Prozesshandlung betrachtet, lässt die Möglichkeit einer Anfechtung außer Betracht[823], da Willensmängel bei Prozesshandlungen grundsätzlich unbeachtlich sind[824]. Als materiell-rechtliche Willenserklärung wäre die Zustimmung dagegen ohne weiteres anfechtbar[825], allerdings ist zu beachten, dass eine „Anfechtung" keinen unmittelbaren Einfluss auf den Bestand einer familiengerichtlichen Sorgerechtsregelung und daher keine ex-tunc Wirkung haben kann.

Die Situation ist vergleichbar mit derjenigen der aufhebbaren Ehe (§§ 1313 ff. BGB): Einer Eheschließung kommt – wie einer gerichtlichen Sorgerechtsregelung nach § 1671 BGB – eine Statuswirkung zu. Daher kann sie nur durch Gerichtsakt beseitigt werden (vgl. § 1313 Satz 1 BGB). Da Willensmängel so erheblich sind, dass sie zur Aufhebbarkeit der Ehe führen (§ 1314 Abs. 2 Nr. 1 – 4 BGB), kann ihnen auch in Ansehung der Zustimmung eine Bedeutung nicht abgesprochen werden. Als Beleg für die Richtigkeit dieser Auf-

---

821 A.A. *Staudinger/Coester*, § 1671 Rz. 86; wohl auch *Zimmermann*, DNotZ 1998, 404 (423).

822 *Motzer* in: Schwab, HdB, III, Rz. 102; *Staudinger/Coester*, § 1671 Rz. 86; *Johannsen/Henrich/Jaeger*, § 1671 Rz. 26; für das alte Recht *MünchKomm/Hinz*, § 1671 Rz. 55; *Börger* in: Göppinger/Börger, § 2 Rz. 10; *Kropholler*, NJW 1984, 271 (273).

823 *Erman/Michalski*, § 1671 Rz. 29.

824 *Baumbach/Lauterbach/Hartmann*, Grdz § 128 Rz. 56; *Musielak/Musielak*, Einl. Rz. 64.

825 Zum Elternvorschlag nach § 74 Abs. 2 EheG (1946) BGH v. 23.2.1951 – IV ZB 9/51, BGHZ 1, 214 (217); zum Elternvorschlag nach § 1671 Abs. 3 Satz 1 BGB (1958) BayObLG v. 4.12.1962 – 1 Z 183/61, NJW 1963, 589 (590); OLG Köln v. 18.8.1972 – 16 Wx 70/72, FamRZ 1972, 574 (575).

fassung lässt sich die Regelung des § 1760 Abs. 2 BGB anführen, nach der Willensmängel bei einem Antrag auf oder einer Einwilligung in die Annahme als Kind zur Unwirksamkeit der Erklärung und damit zur Aufhebung eines bereits begründeten Annahmeverhältnisses mit Wirkung für die Zukunft führen können (§§ 1760 Abs. 1, 1764 Satz 1 BGB). Eine mit Willensmängeln behaftete Zustimmung ist daher in dem Sinne anfechtbar, dass ihre Anfechtung im Rahmen eines Änderungsverfahrens nach § 1696 Abs. 1 BGB zur Aufhebbarkeit einer gerichtlichen Sorgerechtsregelung führen kann.

Ob die auf § 1671 Abs. 2 Nr. 1 BGB beruhende Sorgerechtsregelung in diesem Verfahren zu Gunsten des vormals einem Willensmangel unterliegenden Elternteils abzuändern ist, richtet sich dann grundsätzlich nicht nach dem strengen Maßstab des § 1696 Abs. 1 BGB, sondern danach, ob die familiengerichtliche Ausgangsentscheidung von § 1671 Abs. 2 Nr. 2 BGB gedeckt gewesen wäre. Nur für neue Tatsachen gilt der strenge Maßstab des § 1696 Abs. 1 BGB. Dies ergibt sich aus dem der Regelung des § 1761 Abs. 1 BGB zugrunde liegenden Rechtsgedanken, weil das Vorliegen der „Voraussetzungen für die Ersetzung der Einwilligung beim Ausspruch der Annahme" mit der Möglichkeit vergleichbar ist, die Ausgangsentscheidung auf § 1671 Abs. 2 Nr. 2 BGB zu stützen.

ee) Kein Kindeswiderspruch

Nach dem Wortlaut des § 1671 Abs. 2 Nr. 1 BGB ist eine Sorgerechtsübertragung nach dieser Norm nicht erlaubt, wenn das mindestens 14-jährige Kind der (von dem Antragsteller begehrten und von dem Antragsgegner gebilligten) Übertragung widerspricht. In der Literatur besteht darüber Einigkeit, dass ein solcher Widerspruch die Überführung der gemeinsamen elterlichen Sorge in die Alleinsorge nicht generell unzulässig macht[826], da der Gesetzgeber dem Kind kein Vetorecht einräumen wollte[827]. Dies kommt auch darin zum Ausdruck, dass im Fall des Nichtvorliegens der Voraussetzungen des § 1671 Abs. 2 Nr. 1 BGB eine Sorgerechtsübertragung nach § 1671 Abs. 2 Nr. 2 BGB ergehen kann.

---

[826] *Greßmann*, Rz. 220; *Lipp/Wagenitz*, § 1671 Rz. 4; *Schwab*, FamRZ 1998, 457 (461); *Wiesner*, ZfJ 1998, 269 (273); *Johannsen/Henrich/Jaeger*, § 1671 Rz. 27; *Erman/Michalski*, § 1671 Rz. 32; *Palandt/Diederichsen*, § 1671 Rz. 15.

[827] BT-Drucks. 13/4899, S. 99.

Streitig ist allerdings, ob jeder Widerspruch eines mindestens 14-jährigen Kindes die Bindung des Gerichts an den konsentierten Elternantrag entfallen lässt. Nach *Coester* soll die Bindungswirkung im Hinblick auf den Normzweck und die Elternautonomie gemäß Art. 6 Abs. 2 Satz 1 GG nur entfallen, wenn sich die vom Kind mit seinem Widerspruch verfolgten Ziele im Rahmen des „beantragten Sorgerechtsverfahrens" halten[828]. In die gleiche Richtung geht die Ansicht von *Schwab*, der zwar dafür eintritt, dass jeder Widerspruch die Bindungswirkung zunächst aufhebt, die Beachtlichkeit des elterlichen Konsenses aber wiederhergestellt wissen will, wenn nach dem Maßstab des § 1697 a BGB die stärkeren Gründe für ihn sprechen[829].

Derartige Einschränkungen sind dem Gesetzeswortlaut nicht zu entnehmen und sachlich nicht zu rechtfertigen. Ausweislich der Materialien wollte der Gesetzgeber dem Kind das Recht zugestehen, durch seinen Widerspruch eine Sachprüfung nach § 1671 Abs. 2 Nr. 2 BGB zu erreichen[830]. Die zentrale Betroffenheit des Kindes gebietet ein solches Recht ebenso wie sein grundgesetzlich geschütztes Persönlichkeitsrecht. Ein Widerspruch muss daher stets zu der sorgfältigen Prüfung Anlass geben, ob in Ansehung des Antrags die Voraussetzungen des § 1671 Abs. 2 Nr. 2 BGB erfüllt sind[831]. Eine isolierte Würdigung der vorgebrachten Gründe im Rahmen des § 1671 Abs. 2 Nr. 1 BGB darf nicht erfolgen[832]. Eine solche Würdigung wäre der Sache nach eine Verkürzung der nach § 1671 Abs. 2 Nr. 2 BGB erforderlichen Sachprüfung unter dem Aspekt des Rechtsmissbrauchs, für die ein Rechtfertigungsgrund nicht erkennbar ist. Denn nach einhelliger und zutreffender Ansicht muss das Kind seinen Wider-

---

828 *Staudinger/Coester*, § 1671 Rz. 94.

829 *Schwab*, FamRZ 1998, 457 (461). Zu Recht wenden sich *Lipp/Wagenitz*, § 1671 Rz. 4, gegen diese Ansicht mit dem Hinweis darauf, dass § 1697 a BGB lediglich den Entscheidungsmaßstab für die Fälle vorgibt, in denen eine originäre familiengerichtliche Entscheidungskompetenz besteht. Eine solche ist im Rahmen des § 1671 Abs. 2 Nr. 1 BGB nicht anzuerkennen und lässt sich auch nicht aus § 1697 a BGB herleiten, da die Vorschrift keine Eingriffskompetenz verleiht.

830 BT-Drucks. 13/4899, S. 99.

831 Diese Notwendigkeit wird durch die teilweise vorzufindende Formulierung (*Erman/Michalski*, § 1671 Rz. 32; *FamRefK/Rogner*, § 1671 Rz. 20) verschleiert, dass das Familiengericht „den elterlichen Vorschlag" gewissenhaft zu überprüfen habe.

832 Für den unbedingten Wegfall der gerichtlichen Bindung an den elterlichen Konsens bei Kindeswiderspruch auch *Palandt/Diederichsen*, § 1671 Rz. 15.

spruch nicht begründen[833]. Erforderlich und ausreichend ist vielmehr, dass das Kind eindeutig zum Ausdruck bringt, dass es mit der von den Eltern übereinstimmend gewollten Übertragung[834] nicht einverstanden ist.

Fraglich ist, ob und inwieweit dem Widerspruch eines Kindes eine Wirkung beizumessen ist, das das vierzehnte Lebensjahr noch nicht vollendet hat. Im Gesetzgebungsverfahren zu § 1671 Abs. 2 Nr. 1 BGB ist diese Frage nicht erörtert worden, doch legt der Wortlaut der Vorschrift die Vermutung nahe, dass der Widerspruch eines Kindes unter 14 Jahren die gerichtliche Bindung an den elterlichen Konsens nicht aufzuheben vermag. Ähnlich verhielt es sich bereits unter der Geltung des § 1671 Abs. 3 BGB (1980), durch den der Kindeswille in Ansehung des Elternvorschlags erstmals einen eigenen gesetzlichen Stellenwert erhielt[835]. Während in dem Entwurf der Bundesregierung zu § 1671 Abs. 3 BGB (1980)[836] noch die Berücksichtigung des Vorschlags eines jüngeren Kindes vorgesehen war[837], sprach sich die Mehrheit des Rechtsausschusses dafür aus, nur dem Willen des mindestens vierzehnjährigen Kindes eine formelle Bedeutung zukommen zu lassen[838]. Begründet wurde dies zum einen mit der erheblichen Gefahr einer einseitigen Beeinflussung eines jüngeren Kindes, zum anderen mit der Frage nach seiner Urteilsfähigkeit, die Anlass für weitere ge-

---

833 *Motzer* in: Schwab, HdB, III, Rz. 95; *Johannsen/Henrich/Jaeger*, § 1671 Rz. 28; *Staudinger/Coester*, § 1671 Rz. 92.

834 Missverständlich ist die Formulierung, der Kindeswiderspruch müsse auf den konkreten Antrag bezogen sein (so zu lesen bei *Schwab*, FamRZ 1998, 457 (461); ähnlich *Johannsen/Henrich/Jaeger*, § 1671 Rz. 28). Präziser ließe sich sagen, dass nur ein aktueller Widerspruch gegen die von den Eltern übereinstimmend gewollte Übertragung bedeutsam ist. Der Widerspruch gegen einen den elterlichen Konsens überschreitenden Antrag ist in der Sache bedeutungslos, da das Gericht insoweit ohnehin nach § 1671 Abs. 2 Nr. 2 BGB vorzugehen hat.

835 Krit. zu der bereits durch § 1671 Abs. 3 Satz 2 BGB a.F. eingeführten „magischen (Alters-) Grenze" *Diederichsen*, FamRZ 1978, 461 (465 f.).

836 BT-Drucks. 7/2060, S. 7.

837 Der Entwurf des § 1671 Abs. 3 BGB lautete: „Unterbreiten die Eltern einen übereinstimmenden Vorschlag oder begehrt ein Kind, welches das vierzehnte Lebensjahr vollendet hat oder das nach seinem Entwicklungsstand zu einer selbständigen Beurteilung fähig ist, die Übertragung der elterlichen Sorge auf einen Elternteil, so soll das Familiengericht eine davon abweichende Entscheidung nach Absatz 1 und 2 nur treffen, wenn dies dem Wohle des Kindes dient. Stimmen Elternvorschlag und Kindeswille nicht überein, so entscheidet das Familiengericht nach Absatz 1 und 2."

838 BT-Drucks. 8/2788, S. 62.

richtliche Auseinandersetzungen darstellen könne[839]. Da der Entwurf zu § 1671 Abs. 3 BGB (1980) in diesem Sinne abgeändert worden war[840], und der Gesetzgeber des Kindschaftsrechtsreformgesetzes keine anderweitige Regelung getroffen hat, ist davon auszugehen, dass er an der Einschätzung des damaligen Gesetzgebers festhalten und jüngeren Kindern nicht das Recht zugestehen wollte, die gerichtliche Bindung an eine von den Eltern einvernehmlich gewünschte Übertragung der elterlichen Sorge auf den Antragsteller aufzuheben[841].

Fraglich ist, ob ein Kindeswiderspruch auf einen abgrenzbaren Teilbereich der von den Eltern einvernehmlich gewünschten Übertragung gerichtet sein kann. Das Gesetz verhält sich nicht ausdrücklich zu der Frage eines Teilwiderspruchs. Der Wortlaut des § 1671 Abs. 2 Nr. 1 BGB scheint eher gegen die Möglichkeit eines Teilwiderspruchs als für sie zu sprechen: Ist auch das Wort „soweit“ der Nr. 1 vorangestellt, bezieht es sich im Rahmen der Nr. 1 auf Grund der unmittelbaren Anknüpfung an die Zustimmung des anderen Elternteils allein auf diese, nicht aber auf den Kindeswiderspruch, dessen Berücksichtigung mit den Worten „es sei denn“ in einem zweiten Halbsatz neu eingeleitet wird. Hierfür spricht auch der zweite Halbsatz selbst, in dem von einem Widerspruch gegen die Übertragung die Rede ist. Gleichwohl ist im Hinblick auf den Normzweck nicht ersichtlich, weshalb ein eindeutig begrenzter Kindeswiderspruch die gerichtliche Bindung an den elterlichen Konsens insgesamt aufheben und dem Gericht den Eintritt in eine vollumfängliche Sachprüfung nach § 1671 Abs. 2 Nr. 2 BGB erlauben sollte. Dass eine Teilprüfung generell möglich und nicht in jedem Fall eine vollständige Sachprüfung erforderlich ist, zeigt der Wortlaut des § 1671 Abs. 2 Nr. 2 BGB deutlich auf („soweit“). Wie bei einer Teilzustimmung ist es bei einem Teilwiderspruch somit grundsätzlich möglich, in Ansehung des streitigen Teilbereichs in eine Sachprüfung einzusteigen. Erforderlich ist freilich die Feststellung, dass sich der Kindeswiderspruch auf ei-

---

839 BT-Drucks. 8/2788, S. 62.

840 Die Gesetz gewordene Fassung des § 1671 Abs. 3 BGB (1980) lautete: „ Von einem übereinstimmenden Vorschlag der Eltern soll das Gericht nur abweichen, wenn dies zum Wohle des Kindes erforderlich ist. Macht ein Kind, welches das vierzehnte Lebensjahr vollendet hat, einen abweichenden Vorschlag, so entscheidet das Gericht nach Absatz 2.“

841 Im Ergebnis ebenso *Staudinger/Coester*, § 1671 Rz. 89; a.A. *Palandt/Diederichsen*, § 1671 Rz. 15, der den Widerspruch eines jüngeren Kindes regelmäßig zum Anlass für die Bestellung eines Verfahrenspflegers nehmen und gegebenenfalls ein Verfahren nach § 1666 BGB einleiten will.

nen eindeutig abgrenzbaren Teilbereich der elterlichen Sorge bezieht. Bestehen Zweifel über die Teilbarkeit, wird man einen Teilwiderspruch zu Gunsten des Kindes als Widerspruch gegen die Übertragung insgesamt anzusehen haben. Bevor das Gericht den unwidersprochenen Teilbereich ohne Sachprüfung nach § 1671 Abs. 2 Nr. 1 BGB behandelt und in Ansehung des widersprochenen Teilbereiches eine Kindeswohlprüfung anstellt (§ 1671 Abs. 2 Nr. 2 BGB), erforscht es zweckmäßigerweise zunächst die grundsätzliche Bereitschaft des Antragstellers, die elterliche Alleinsorge gegebenenfalls nur in dem unwidersprochenen Umfang zu übernehmen[842]. Passt der Antragsteller seinen Antrag dem Teilwiderspruch an, indem er ihn in dem widersprochenen Umfang zurücknimmt, kommt eine Sachprüfung nach Absatz 2 Nr. 2 von vornherein nicht mehr in Betracht. Wird der weitergehende Antrag aufrechterhalten und erklärt der Antragsteller sich bereit, die elterliche Alleinsorge zumindest auch in dem unwidersprochenen Teilbereich zu übernehmen, tritt das Gericht im Umfang des widersprochenen Teilbereichs in eine Sachprüfung ein.

Nach einhelliger und zutreffender Ansicht kann das Kind seinen Widerspruch bis zur Entscheidung in der letzten Tatsacheninstanz jederzeit abgeben, sei es im Rahmen seiner persönlichen Anhörung (§ 50 b FGG) oder auch erstmals mit der ihm möglichen Beschwerde (§ 59 FGG)[843]. Bis zu diesem Zeitpunkt kann es den Widerspruch – wie der Antragsgegner eine erteilte Zustimmung zu einem Antrag nach § 1671 Abs. 1 BGB – ohne weiteres zurücknehmen und auf das Recht zur Rücknahme des Widerspruchs ebenso wenig verzichten wie auf das Recht zum Widerspruch selbst[844].

b) Antrag auf Alleinsorge ohne Zustimmung des anderen Elternteils oder bei Kindeswiderspruch (§ 1671 Abs. 2 Nr. 2 BGB)

Soweit die Voraussetzungen des § 1671 Abs. 2 Nr. 1 BGB nicht gegeben sind – sei es, weil der Antragsgegner mit der Übertragung der elterlichen Sorge auf den Antragsteller nicht einverstanden ist oder das mindestens 14-jährige Kind der Übertragung widersprochen hat – lässt § 1671 Abs. 2 Nr. 2 BGB die Übertragung der elterlichen Sorge auf den Antragsteller zu, „soweit zu erwarten ist,

---

842 *Johannsen/Henrich/Jaeger*, § 1671 Rz. 28.

843 *Motzer* in: Schwab, HdB, III, Rz. 94; *Staudinger/Coester*, § 1671 Rz. 91; *Johannsen/Henrich/Jaeger*, § 1671 Rz. 27.

844 *Staudinger/Coester*, § 1671 Rz. 91; *Johannsen/Henrich/Jaeger*, § 1671 Rz. 27.

dass die Aufhebung der gemeinsamen Sorge und die Übertragung auf den Antragsteller dem Wohl des Kindes am besten entspricht". Der Gesetzeswortlaut macht dreierlei deutlich: Eine Entscheidung nach § 1671 Abs. 2 Nr. 2 BGB muss erstens am Kindeswohl ausgerichtet sein und darf nur zu Gunsten des Antragstellers ausfallen, soweit das Gericht prognostizieren kann („soweit zu erwarten ist"), dass zweitens die Aufhebung der gemeinsamen Sorge und drittens die Übertragung der elterlichen Sorge auf ihn die beste Sorgerechtsgestaltung ist („am besten entspricht").

aa) Begriff und Inhalt des Kindeswohls

Das Wohl des Kindes wird in zahlreichen Vorschriften des Kindschaftsrechts angesprochen[845], ohne dass das Gesetz den Begriff des Kindeswohls[846] definieren oder auch nur näher umschreiben würde. Rechtsdogmatisch handelt es sich um einen unbestimmten, schwer objektivierbaren und generalklauselartigen Rechtsbegriff, der einer konkretisierenden Auslegung bedarf. Das Gesetz selbst konkretisiert den Begriff zumindest durch die Umschreibung verschiedener Formen der Kindeswohlgefährdung in § 1666 Abs. 1 BGB (Missbrauch der elterlichen Sorge, Kindesvernachlässigung und elterliches Versagen) und macht damit deutlich, was dem Kindeswohl abträglich ist. Zu der Frage, was dem Kindeswohl dienlich ist, enthält das Gesetz nur eine Aussage bezüglich des Umgangs (§ 1626 Abs. 3 BGB).

Damit unterliegt die Klärung der Frage, welche Sorgerechtsgestaltung dem Kindeswohl am besten entspricht, der gerichtlichen Beurteilung im Einzelfall. Dies beinhaltet auf der einen Seite die Chance, die konkretisierende Auslegung anhand der in der Gesellschaft überwiegend vorherrschenden Auffassung vorzunehmen, ohne dass gewandelte Anschauungen positivrechtlich festgeschrieben werden müssten, bringt aber andererseits die Gefahr der Rechtsunsicherheit und Willkür mit sich. Im Verlauf der Rechtsentwicklung sind zur Eindämmung der aus der Konkretisierungsbedürftigkeit erwachsenden Gefahren

---

845 S. z.B. §§ 1626 Abs. 3, 1671 Abs. 2 Nr. 2, 1672 Abs. 1 Satz 2, Abs. 2 Satz 1, 1678 Abs. 2, 1680 Abs. 2, 1681 Abs. 2, 1682 Satz 1, § 1684 Abs. 4 Satz 1, 1685 Abs. 1, 1686 Satz 1, 1688 Abs. 3, 1696 Abs. 1, 1697 a BGB.

846 Umfassend zum Begriff des Kindeswohls *Coester*, S. 135 ff.; *Simitis* in: Goldstein/ Freud/Solnit, S. 95 ff.; instruktiv auch *Braun*, S. 79 ff.; krit. *Mnookin*, FamRZ 1975, 1 ff.

diverse Kriterien entwickelt worden, die dem Gericht im Einzelfall[847] eine sachgerechte Beurteilung ermöglichen sollen[848]. Anerkannt sind vier grundsätzliche Kriterien[849]: (1.) das Förderungsprinzip, (2.) das Kontinuitätsprinzip, (3.) die Bindungen des Kindes und (4.) der Kindeswille.

Hinter dem Begriff des Förderungsprinzips verbirgt sich die Frage danach, von welchem Elternteil das Kind vermutlich am meisten gefördert wird, also die meiste Unterstützung für die Entwicklung seiner Persönlichkeit erwarten kann[850]. Maßgeblich hierfür ist die Eignung des jeweiligen Elternteils im weitesten Sinn: seine Lebensverhältnisse, seine erzieherischen Fähigkeiten, seine Einstellung zum Kind sowie seine Bereitschaft, den Kontakt zum jeweils anderen Elternteil zu ermöglichen (sog. Bindungstoleranz[851])[852]. Der Grundgedanke des Förderungsprinzips spiegelt sich bereits in § 1626 Abs. 2 und 3 Satz 1 BGB wieder; er ist auch in § 1 Abs. 1 SGB VIII angesprochen.

Das Kontinuitätsprinzip bezeichnet den Grundsatz einheitlicher und gleichmäßiger Erziehungsverhältnisse[853], die – worauf schon die Regelung des § 1696 Abs. 1 BGB hinweist – möglichst zu wahren und nicht zu stören sind. Da im Rahmen des Kontinuitätsprinzips diverse Aspekte Berücksichtigung finden, die sich mit den anderen Prinzipien überschneiden, lässt sich der genaue Inhalt des Begriffs ebenso wenig klären wie die Frage, inwieweit dem Prinzip überhaupt noch eine eigenständige Bedeutung zukommt[854]. Maßgeblich hierfür ist der Standort der Erörterung der zu berücksichtigen Einzelaspekte, etwa der Stabilität der Erziehungsbedingungen und die Erhaltung der inneren Bindungen des Kindes. Je nachdem, ob der zuerst genannte Umstand bereits unter dem

---

847 Auf Grund der außerordentlich großen Vielfalt kindlicher Lebensbedingungen versteht es sich von selbst, dass eine Kindeswohlprüfung nicht in pauschalierter Weise vorgenommen werden kann, sondern jeder allgemein anerkannte Kindeswohlaspekt auf seine konkrete Bedeutung für das betroffene Kind überprüft und berücksichtigt werden muss. Zum Individualisierungsgebot s. *Staudinger/Coester*, § 1671 Rz. 173 m.N.

848 In der inzwischen sehr nuancenreichen Rechtsprechung sieht *Weychardt*, ZfJ 1999, 268, eine Erschwernis für die Praxis; er selber ist um eine „Reduzierung von Komplexität" bemüht.

849 Einen schnellen Einblick bietet *Weychardt*, ZfJ 1999, 268 (275 ff.) m.N.

850 BVerfG v. 5.11.1980 – 1 BvR 349/80, FamRZ 1981, 124 (126).

851 Zum Begriff der Bindungstoleranz *Motzer* in: Schwab, HdB, III, Rz. 148 m.N.

852 Ausführlich *Staudinger/Coester*, § 1671 Rz. 178 ff. m.N.

853 BVerfG v. 3.11.1982 – 1 BvL 28/80, 1 BvL 38/80, 1 BvL 40/80, 1 BvL 12/81, BVerfGE 61, 358 (377); BGH v. 11.7.1984 – IVb ZB 73/83, FamRZ 1985, 169.

854 *Staudinger/Coester*, § 1671 Rz. 246.

Förderungsprinzip Berücksichtigung findet und die inneren Bindungen des Kindes unter dem Kontinuitätsaspekt separat behandelt werden, ändern sich Inhalt und Bedeutung des Kontinuitätsprinzips. Wird es um die genannten Bereiche durch ihre Zuordnung zu den anderen Kriterien geschmälert, hat es im Wesentlichen nur noch Bedeutung für die sachliche Überlegung, dass jeder Betreuungs- und Umgebungswechsel zur Vermeidung von Belastungen für das Kind vermieden werden soll, wenn nicht die Überlegenheit der Änderung gegenüber dem Status quo feststeht[855], und entspricht damit einer aus § 1696 Abs. 1 BGB herzuleitenden grundsätzlichen Wertentscheidung im Interesse des Kindeswohls[856].

Während das Erfordernis der Berücksichtigung kindlicher Bindungen bei Sorgerechtsentscheidungen in § 1671 Abs. 2, 2. Halbs. BGB (1980) seine ausdrückliche Erwähnung fand, hat der Gesetzgeber des Kindschaftsrechtsreformgesetzes im Hinblick darauf, dass es sich bei ihm „nur um eines von mehreren" bei der gerichtlichen Entscheidung zu berücksichtigenden Kriterien handelt[857], auf die Beibehaltung der ausdrücklichen Benennung dieses Kriteriums verzichtet. Dem auf Grund der besonderen Betonung der Eltern und Geschwister des Kindes in § 1671 Abs. 2, 2. Halbs. BGB (1980) entfachten Streit, ob unter Bindungen lediglich die emotionalen Bindungen des Kindes zu Hauptbezugspersonen zu verstehen sind oder die Beziehungen des Kindes zu seinem sozialen Umfeld insgesamt[858], dürfte im Hinblick auf die vorgenannte Äußerung des Gesetzgebers, dass die Bindungen nur eines von mehreren Entscheidungskriterien darstellen, jedenfalls die praktische Relevanz entzogen sein. Beide Aspekte stellen nämlich eine Verbindung zu anderen Kriterien her: Die Betonung der Kindesbindungen zur Hauptperson weist Berührungspunkte mit dem Förderprinzip auf, während das Gesamtsystem der personalen Kindesbeziehungen auch im Rahmen des Kontinuitätsprinzips Berücksichtigung finden kann[859].

---

855 *Staudinger/Coester*, § 1671 Rz. 248; *Johannsen/Henrich/Jaeger*, § 1671 Rz. 67.

856 Für die ausschlaggebende Bedeutung des Kontinuitätsprinzips bei gleicher Erziehungseignung OLG Brandenburg v. 1.3.2001 – 9 WF 177/00, FamRZ 2001, 1021 ff. Beachte aber auch OLG Zweibrücken v. 17.8.2000 – 5 UF 66/99, FamRZ 2001, 184 f. zu den Grenzen des Kontinuitätsgrundsatzes.

857 BT-Drucks. 13/4899, S. 99.

858 Zum Bindungsstreit *Braun*, S. 87 ff., *Lempp*, FamRZ 1984, 741 ff.; *Fthenakis*, FamRZ 1985, 662 (663 f.), jew. m.N.

859 *Motzer* in: Schwab, HdB, III, Rz. 169.

Schon vor dem SorgeRG, durch das die Bedeutung des Kindeswillens gesetzlich anerkannt worden ist, war dem Kindeswillen von Rechtsprechung und Literatur eine maßgebliche Bedeutung bei der Konkretisierung des Kindeswohls beigemessen worden[860]. Dass der Wille eines Kindes nach Vollendung seines 14. Lebensjahres in besonderer Weise zu berücksichtigen ist, steht außer Zweifel, da der Widerspruch eines mindestens 14-jährigen Kindes die gerichtliche Bindung an eine von den Eltern einvernehmlich gewünschte Überführung der gemeinsamen Sorge in die Alleinsorge des Antragstellers aufzuheben vermag (§ 1671 Abs. 2 Nr. 1 BGB). Wenngleich dem Widerspruch eines jüngeren Kindes diese Wirkung verschlossen bleibt, spielt auch sein Wille im Rahmen der Prüfung des Kindeswohls eine Rolle[861]. In welchem Maß dem Kindeswillen Bedeutung zukommt, hängt nicht allein vom Alter des Kindes ab, sondern richtet sich vielmehr nach dem Entwicklungsstand des Kindes und den Gesamtumständen, unter denen sein Wille gebildet und geäußert worden ist[862].

Trotz der Unbestimmtheit des Kindeswohlbegriffs als Hauptkriterium einer Sorgerechtsgestaltung nach § 1671 Abs. 2 Nr. 2 BGB erweist sich der Begriff des Kindeswohls vor dem Hintergrund der zur Konkretisierung entwickelten Kriterien keineswegs als untauglich. Es ist im Gegenteil sogar zu begrüßen, dass der Gesetzgeber von einer detaillierten gesetzlichen Regelung abgesehen hat[863], weil jede Pauschalisierung die Gefahr in sich birgt, dass sie der individuellen Situation des Kindes nicht hinreichend Rechnung trägt. Dass aber gerade die individuelle Situation des Kindes unter Berücksichtigung aller konkreten Einzelfallumstände im Mittelpunkt der möglichen gerichtlichen Sorgerechtsentscheidung zu stehen hat, zeigt der nunmehrige Wortlaut des § 1671 Abs. 2 Nr. 2 BGB deutlich auf, indem er zum einen nicht auf das Wohl eines, sondern des

---

860 BayObLG v. 19.3.1975 – BReg. 1 Z 114/74, FamRZ 1976, 38 (41); OLG Hamburg v. 30.10.1958 – 2 W 88/58, FamRZ 1959, 255; OLG Karlsruhe v. 18.12.1967 – 5 W 98/67, FamRZ 1968, 170; *Lempp*, NJW 1963, 1659 (1660 f.); *ders.*, NJW 1964, 440 f.

861 BGH v. 11.7.1984 – IV b ZB 73/83, FamRZ 1985, 169; BGH v. 6.12.1989 – IV b ZR 66/88, FamRZ 1990, 392 (393); vgl. auch OLG Nürnberg v. 10.10.2000 – 10 UF 2366/00, EzFamR aktuell 2001, 59 ff. Das OLG Zweibrücken v. 29.6.2000 – FamRZ 2001, 186 f. betont die Doppelfunktion des Kindeswillens im Rahmen der Kindeswohlprüfung als Ausdruck der am stärksten empfundenen Bindung einerseits und dem mit zunehmenden Alter immer wichtiger werdenden Akt der Selbstbestimmung andererseits.

862 *Motzer* in: Schwab, HdB, III, Rz. 162; OLG Brandenburg v. 1.3.2001 – 9 WF 177/00, FamRZ 2001, 1021 (1023).

863 Krit. *Kropholler*, JZ 1984, 164 (165).

von der Entscheidung konkret betroffenen Kindes abstellt („Individualisierungsgebot“)[864] und zum anderen eine auf einer Gesamtabwägung beruhende Prognose verlangt, deren Tragfähigkeit mit der Bewertung sämtlicher Kriterien im Einzelfall[865] steht und fällt.

bb) Die Sachprüfung nach § 1671 Abs. 2 Nr. 2 BGB

(1) Problemaufriss

Nach dem Wortlaut des § 1671 Abs. 2 Nr. 2 BGB darf das Gericht einem Elternantrag nur stattgeben, „soweit zu erwarten ist, dass die Aufhebung der gemeinsamen Sorge und die Übertragung auf den Antragsteller dem Wohl des Kindes am besten entspricht“. Diese Formulierung erscheint aus zwei Gründen seltsam: Zum Ersten gibt sie Anlass zu der Frage, ob dem Merkmal „Aufhebung der gemeinsamen Sorge“ eine eigenständige Bedeutung zukommt, da mit der Übertragung der elterlichen Sorge auf den Antragsteller naturgemäß die Aufhebung der gemeinsamen Sorge verbunden ist. Merkwürdig ist zum Zweiten die Verwendung des Superlativs „am besten“ bei nur zwei Bezugspunkten, nämlich der gemeinsamen Sorge und der Alleinsorge des Antragstellers. Damit erhebt sich die Frage, an welchen Sorgerechtsalternativen das Familiengericht die Kindeswohlprüfung auszurichten hat.

(2) Die Bedeutung des Merkmals „Aufhebung der gemeinsamen Sorge“

(a) Die gesetzgeberische Vorstellung vom zweistufigen Prüfungsaufbau

Ausweislich der Amtlichen Begründung des Regierungsentwurfs[866] hatte der Gesetzgeber bei § 1671 Abs. 2 Nr. 2 BGB einen zweistufigen Prüfungsaufbau vor Augen: Das Familiengericht habe zunächst darüber zu befinden, ob die Aufhebung der gemeinsamen Sorge für das Kind „das Beste“ sei. Erst (und nur) dann, wenn das der Fall sei, müsse es feststellen, ob „die Übertragung der Alleinsorge auf den Antragsteller“ dem Kindeswohl am besten entspreche. Wenngleich sich die gesetzgeberische Vorstellung einer zweistufigen Prüfungsfolge

---

864 *Staudinger/Coester*, § 1671 Rz. 173.

865 Zur Bedeutung und den Grundsätzen der erforderlichen integrierenden Gesamtschau *Staudinger/Coester*, § 1671 Rz. 174 ff.

866 BT-Drucks. 13/4899, S. 99.

dem Wortlaut nicht unmittelbar entnehmen lässt[867], wäre sie immerhin noch mit ihm vereinbar, da sich der Tatbestand in zwei Komponenten aufspalten lässt, und zwar in dem Sinne, dass man das Merkmal „am besten entspricht" (wegen der Zweistufigkeit der Prüfungsfolge isoliert) einerseits auf die „Aufhebung der gemeinsamen Sorge" und andererseits auch auf die „Übertragung auf den Antragsteller" bezieht[868]. Ungeachtet der Kritik, dass bei einer solchen Betrachtungsweise wohl die Pluralform „entsprechen" vorzugswürdig gewesen wäre[869], erhebt sich jedoch die Frage, was das Gericht im Rahmen einer ersten Prüfungsstufe denn prüfen sollte.

(aa) Der der ersten Prüfungsstufe zugedachte Prüfungsinhalt

Anders als es die Formulierung, auf der ersten Stufe müsse festgestellt werden, dass die Aufhebung der gemeinsamen Sorge dem Wohl des Kindes „am besten" entspricht, nahe legt, sollten nach der Vorstellung des Gesetzgebers im Rahmen eines ersten Prüfungsschrittes nicht die konkreten Vor- und Nachteile der gemeinsamen Sorge herausgearbeitet oder gar mit denjenigen der Alleinsorge abgewogen werden[870]. Erforderlich sollte allein die Feststellung der Erwartung sein, dass die Aufhebung der gemeinsamen Sorge dem Wohl des Kindes entspricht[871]. In der Sache begnügt sich der Gesetzgeber mit der Aufdeckung gegenwärtiger oder gar vergangenheitsbezogener Konflikte, die generell geeignet sind, zukünftig fortzuwirken und dadurch nachteiligen Einfluss auf das Kindeswohl nehmen können. Das ergibt sich daraus, dass der Gesetzgeber das Treffen der Feststellung bereits auf Grund der in der Vergangenheit aufgetretenen Schwierigkeiten als möglich ansieht und die Aufhebung der gemeinsamen Sorge schon dann für angezeigt hält, wenn „notwendige Entscheidungen nicht getroffen werden können und das Kind dauernder Zankapfel zwischen den Eltern ist"[872]. Zwar sollte eine gerichtliche Entscheidung keinesfalls bis zu einer *kon-*

---

[867] A.A. wohl *Rauscher*, § 33 IV Rz. 1000.

[868] *Schwab*, FamRZ 1998, 457 (462); *FamRefK/Rogner*, § 1671 Rz. 17; *Niepmann*, MDR 1998, 165 (566).

[869] *Staudinger/Coester*, § 1671 Rz. 105.

[870] A.A. OLG Köln v. 12.1.2001 – 25 UF 82/00, EzFamR aktuell 2001, 196 ff.; *Haase/Kloster-Harz*, FamRZ 2000, 1003 (1005); *Rauscher*, § 33 IV Rz. 1004.

[871] BT-Drucks. 13/4899, S. 99.

[872] BT-Drucks. 13/4899 S. 99: „Eine solche Feststellung wird sich oft schon anhand der bisherigen Konflikte treffen lassen. ...– War das Verhältnis der Eltern bereits vor der

(Fortsetzung s. nächste Seite)

kreten Kindeswohlgefährdung herausgezögert[873], doch offenbar zumindest ein Grund benannt werden, der aus Aspekten des Kindeswohls für die Aufhebung der gemeinsamen elterlichen Sorge und damit gegen ihre Beibehaltung spricht. Dies zeigt sich auch in dem vom Gesetzgeber angeführten Beispiel, nach dem eine von Seiten eines Elternteils vor der Trennung ausgeübte Gewaltanwendung gegenüber dem anderen Elternteil gegen die Aufrechterhaltung der gemeinsamen Sorge spreche, weil mit einer Fortsetzung der Konflikte zu rechnen und von weiteren Belastungen auszugehen sei, „die nachteilige Auswirkungen auf das Kindeswohl erwarten lassen“ [874].

(bb) Würdigung

Nach dem bisher Gesagten könnte der wahre Sinn des Merkmals „Aufhebung der gemeinsamen Sorge“ darin liegen, die Aufhebung der gemeinsamen Sorge gegen den Willen eines Elternteils von vornherein zu verhindern, wenn kein Grund vorhanden ist, der im konkreten Einzelfall geeignet ist, sich nachteilig auf das Kindeswohl auszuwirken, und deshalb gegen die Aufrechterhaltung der gemeinsamen Sorge spricht[875]. Nur unter dieser Voraussetzung hätte der vom Gesetzgeber anvisierte zweistufige Prüfungsaufbau überhaupt einen Sinn. Der Sache nach würde es nämlich keinen Unterschied machen, ob das Nichtfunktionieren der gemeinsamen Sorge in einem eigenen (ersten) Prüfungsschritt festgestellt wird oder innerhalb einer einheitlichen Prüfung der Frage, welche Sorgerechtsgestaltung die dem Kindeswohl am besten entsprechende ist. In dem zuletzt genannten Fall aber würde der Anwender nicht ohne weiteres auf die Idee kommen, dass es etwas geben muss, was gegen die gemeinsame Sorge spricht. Aller Voraussicht nach würde er sich darauf beschränken, die Vor- und Nachteile der Sorgerechtsgestaltungen gegeneinander abzuwägen und einem Antrag nach § 1671 Abs. 1 BGB selbst dann stattgeben, wenn die Aufrechterhaltung

---

Trennung durch Gewaltanwendung des einen Elternteils gegenüber dem anderen Elternteil belastet, so wird – vor allem, wenn dies gerade der Anlaß für die Trennung war – die Fortsetzung der gemeinsamen Sorge nicht dem Wohl des Kindes entsprechen.“

873 BT-Drucks. 13/4899, S. 99.

874 BT-Drucks. 13/4899, S. 99.

875 Hierzu soll jedenfalls das Fehlen elterlicher Kooperationsfähigkeit in Angelegenheiten von erheblicher Bedeutung zählen; vgl. *Born*, FamRZ 2000, 396 (399) m.N. Ähnlich *Motzer*, FamRZ 1999, 1101 (1104), der zur Aufrechterhaltung der gemeinsamen Sorge in Ansehung des § 1687 Abs. 1 Satz 1 BGB nur noch einen Grundkonsens fordert.

der gemeinsamen Sorge nicht im Entferntesten irgendwelche Nachteile für das Wohl des Kindes mit sich bringen würde, solange nur die Alleinsorge des Antragstellers für das Kind die beste Sorgerechtsgestaltung ist. Nur wenn ein solches Resultat durch den zweistufigen Prüfungsaufbau verhindert werden sollte, hätte dieser überhaupt eine eigene Bedeutung. Im Ergebnis würde das Merkmal „Aufhebung der gemeinsamen Sorge" damit die Notwendigkeit andeuten, die Aufhebung der gemeinsamen elterlichen Sorge zu rechtfertigen[876].

Als Zwischenergebnis lässt sich somit Folgendes festhalten: Die gesetzgeberische Vorstellung vom zweistufigen Prüfungsaufbau macht nur einen Sinn, wenn dem Merkmal „Aufhebung der gemeinsamen Sorge" die Funktion zukommen sollte, die Notwendigkeit einer Rechtfertigung für die Aufhebung der gemeinsamen elterlichen Sorge anzudeuten.

(b) Das Merkmal als Hinweis auf die Notwendigkeit eines „Rechtfertigungsgrundes" für die Aufhebung der gemeinsamen elterlichen Sorge?

Fraglich ist, ob das Merkmal „Aufhebung der gemeinsamen Sorge" dahingehend auszulegen ist, dass die Aufhebung der gemeinsamen elterlichen Sorge (gegen den Willen eines Elternteils) einer Rechtfertigung bedarf. Ein sicherer Hinweis für die Notwendigkeit einer Rechtfertigung wäre die Anerkennung der gemeinsamen elterlichen Sorge nach der Trennung als „Regelfall"[877]. In der gesetzestechnischen Ausgestaltung jedenfalls stellt die gemeinsame Sorgerechtszuständigkeit nach der Trennung den Regelfall dar[878], weil die gemeinsame elterliche Sorge auch nach einer Trennung grundsätzlich fortbesteht und eine gerichtliche Entscheidung über die Zuordnung der elterlichen Sorge nicht mehr von Amts wegen, sondern nur noch auf Elternantrag vorgesehen ist.

Ob die Einführung des Antragsmodells aber den Schluss zulässt, dass die gemeinsame elterliche Sorge gegenüber der Alleinsorge generell den Vorrang

---

876 Dieser Ansatz findet sich auch bei *Motzer*, FamRZ 1999, 1101 (1103). Im Ergebnis ebenso *Rummel*, DAVorm 1998, 754 (761), der jedoch auf die Legitimation für den Eingriff in das Sorgerecht des Antragsgegners abstellt.

877 Krit. zum Regelfallmodell *Salgo*, FamRZ 1996, 449 (451 f.).

878 OLG Stuttgart v. 25.8.1998 –2 UF 73/98, FamRZ 1999, 38 (39); OLG Hamm v. 2.3.1999 – 7 UF 536/98, FamRZ 1999, 1597; *Schwab*, FS Gaul, 717 (719); *ders.*, FamRZ 1998, 457 (462); *Motzer*, FamRZ 1999, 1103; *Haase/Harz*, FamRZ 2000, 1003 (1004); *Rauscher*, § 33 IV Rz. 995.

genießt[879], ist zweifelhaft, zumal der Gesetzgeber ausdrücklich hervorgehoben hat, dass das Kindschaftsrechtsreformgesetz die gemeinsame Sorge nicht als Regelfall und die Alleinsorge nicht als Ausnahme festlegen soll[880]. Elterliche Sorgegemeinsamkeit lässt sich in der Realität nicht verordnen[881], wenngleich nicht nur vorübergehend getrennt lebenden Elternteilen ohnehin schon weniger abverlangt wird als Eltern in einer bestehenden Lebensgemeinschaft (vgl. § 1687 Abs. 1 BGB) und zudem gesichert ist, dass die gemeinsame elterlicher Sorge nach einer Trennung zahlreiche Vorteile gegenüber der elterlichen Alleinsorge mit sich bringt[882]. Auf Grund der formalen Ausgestaltung der gemeinsamen elterlichen Sorge als Regelfall in der Weise auf einen Vorrang der Sorgegemeinsamkeit zu schließen, dass ihre Aufhebung erst bei deutlichem Überwiegen der Vorteile bei Alleinsorge in Betracht käme, wäre jedoch keinesfalls sachgerecht[883]. Unabhängig von der Frage, ob die Eltern durch eine nach der Trennung auferlegte Pflicht zur Kooperation[884] überfordert werden könnten,

---

879 Bejahend: OLG Nürnberg v. 23.2.1999 – 11 UF 4062/98, FamRZ 1999, 1160; OLG Köln v. 14.9.1999 – 25 UF 149/99, FamRZ 2000, 1041; *FamRefK/Rogner*, vor § 1671 Rz. 15; verneinend: BGH v. 29.9.1999 – XII ZB 3/99, FamRZ 1999, 1646 (1647); OLG Brandenburg v. 1.3.2001 – 9 WF 177/00, FamRZ 2001, 1021; OLG Hamm v. 17.8.2000 – 1 UF 20/00, FamRZ 2001, 183 f.; OLG Hamm v. 9.8.2000 – 8 UF 597/99, FamRZ 2001, 183; OLG Köln v. 12.1.2001 – 25 UF 82/00, EzFamR aktuell 2001, 196 ff.; *Born*, FamRZ 2000, 396 (399); *Haase/Kloster-Harz*, FamRZ 2000, 1003 (1105); *Sittig/Störr*, FuR 199 (200).

880 BT-Drucks. 13/4899, S. 61.

881 *Salgo*, FamRZ 1996, 449 (451); BT-Drucks. 13/4899.

882 *Proksch*, 1. ZB, S. 153: „Die Befragungsergebnisse deuten darauf hin, daß die geS, unabhängig von ihrer tatsächlichen Ausgestaltung, geeigneter als die aeS ist, – die Kommunikation und Kooperation der Eltern miteinander positiv zu beeinflussen, – den Kontakt der Kinder zu beiden Eltern und zu den Kindern besonders nahestehenden Personen aufrechtzuerhalten und zu unterstützen und insoweit auch das Kindeswohl zu fördern, – das Konfliktniveau zwischen den Eltern zu reduzieren und gerichtliche Auseinandersetzungen zu vermeiden/vermindern, – Beeinträchtigungen bei den Kindern durch die Trennung und Scheidung zu mindern, – die Motivation der Eltern zur eigenständigen Regelung zu verbessern, – finanziell zufriedenstellende Regelungen zu treffen und einzuhalten.“ – Die insoweit gefundenen Ergebnisse sind durch die zweite Befragung bestätigt worden; vgl. *Proksch*, 2. ZB, S. 220.

883 Im Ergebnis ebenso *Rauscher*, § 33 IV Rz. 995.

884 *Bode*, FamRZ 1999, 1400 (1401 f.); OLG Hamm v. 15.4.1999 – 1 UF 175/98, FamRZ 1999, 1159; OLG Hamm v. 19.4.1999 – 6 UF 205/98, FamRZ 2000, 26 (27); OLG Köln v. 22.3.1999 – 27 WF 36/99, FamRZ 2000, 499; OLG Naumburg v. 23.7.2001 – 14 UF 36/01 (bislang unveröffentlicht); OLG Nürnberg v. 10.10.2000 – 10 UF 2366/00,

(Fortsetzung s. nächste Seite)

würden sie hierdurch jedenfalls zu weiteren Kooperationsversuchen genötigt und im Ergebnis möglicherweise solange zum Zuwarten gezwungen, bis (endlich?) eine konkrete Gefahr für das Wohl des Kindes gegeben ist[885]. Daher darf eine etwaige Anerkennung der gemeinsamen elterlichen Sorge als Regelfall nicht entscheidend sein für die Frage, welche Sorgerechtsform im Einzelfall die Richtige ist.

Obwohl beide Sorgerechtsformen nach dem bisher Gesagten als gleichwertige Alternativen anzusehen sind, ist die Notwendigkeit eines Rechtfertigungsgrundes für die Aufhebung der gemeinsamen elterlichen Sorge verfassungsrechtlich geboten (Art. 6 Abs. 2 GG)[886]. Der Sache nach geht es nämlich um die „Verdrängung“ eines Elternteils aus seiner Position als Inhaber der elterlichen Sorge zu Gunsten der Alleinsorge des anderen Elternteils. Ohne die Zustimmung des Antragsgegners[887] kommt seine Verdrängung lediglich aus Gründen des Kindeswohls in Betracht, denn anders als die miteinander konkurrierenden Elternrechte, von denen angesichts ihrer Gleichwertigkeit keinem der Vorzug zu geben ist, hat das Kindeswohl bei einer etwaigen Konkurrenz mit den Elternrechten stets den Vorrang[888]. Dies kommt auch in der besonderen Stellung des § 1671 BGB im System des Rechts der elterlichen Sorge zum Ausdruck. Wie bereits aufgezeigt, ist der Verlust der elterlichen Sorge in der Person eines Elternteils grundsätzlich willensunabhängig (Tod, Sorgerechtsentzug). Während einer mehr oder minder gut funktionierenden Lebensgemeinschaft hat kein Elternteil die Möglichkeit, den anderen Elternteil aus seiner Position als Rechtsinhaber zu verdrängen, weil beiden Eltern die Pflicht und das Recht zukommt, für das minderjährige Kind zu sorgen (§ 1626 Abs. 1 BGB) und das Kind dement-

---

EzFamR aktuell 2001, 59 ff.; OLG Zweibrücken v. 1.10.1998 –5 UF 24/98, FamRZ 1999, 40.

885 A.A. *Rexilius*, KindPrax 2001, 112 (114), der anprangert, dass den „angeblichen elterlichen Überforderungen“ nur „gelegentlich“ die Überforderung und das Leiden der Kinder gegenübergestellt würden.

886 Dieser Ansatz findet sich auch bei *Rauscher*, § 33 IV Rz. 996.

887 Bei einer einvernehmlich angestrebten Überführung der gemeinsamen elterlichen Sorge in die Alleinsorge liegt die Rechtfertigung in der Zustimmung des Antragsgegners zum Antrag des anderen (§ 1671 Abs. 2 Nr. 1 BGB) und im darin zum Ausdruck kommenden elterlichen Konsens.

888 BVerfG v. 30.11.1988 – 1 BvR 37/85, BVerfGE 79, 203 (210 f.); BVerfG v. 17.10.1984 – 1 BvR 284/84, BVerfGE 68, 176 (188); BVerfG v. 24.3.1981 – 1 BvR 1516/78, 1 BvR 964/80, 1 BvR 1337/80, BVerfGE 56, 363 (383).

sprechend auch beides für sich beanspruchen kann. Die Verdrängung eines Elternteils aus seiner Position als Rechtsinhaber kommt während dieser Zeit nur von Amts wegen und nur dann in Betracht, wenn eine *konkrete* Gefahr für das Kindeswohl besteht (§ 1666 BGB). Sobald aber eine auf Dauer angelegte Trennung vollzogen ist, ist einem (jeden) Elternteil die Möglichkeit eröffnet, durch einen Antrag nach § 1671 Abs. 1 BGB ein Sorgerechtsverfahren in Gang zu setzen, um eine Neuordnung der Sorgerechtsverhältnisse zu erreichen. Begibt sich der Antragsgegner aber nicht kraft seiner eigenen Zustimmung freiwillig seiner Position, bedarf seine Verdrängung einer Rechtfertigung. Würde man eine solche nicht verlangen, führte dies zu einem unerträglichen Wertungswiderspruch mit § 1666 BGB. Nicht einmal eine konkrete Kindeswohlgefährdung würde es erlauben, einen Elternteil dauerhaft aus seiner Position zu verdrängen, da eine Maßnahme nach den §§ 1666 bis 1667 BGB bereits aufzuheben ist, sobald die Gefahr für das Kindeswohl nicht mehr besteht (§ 1696 Abs. 2 BGB). Da die Trennung für sich allein keinen Grund für eine Neuordnung der elterlichen Sorge darstellt[889], wäre nicht einzusehen, weshalb nach der Trennung ohne einen rechtfertigenden Grund sogar die dauerhafte Verdrängung eines Elternteils möglich sein sollte[890].

(c) Ergebnis

Dem Merkmal „Aufhebung der gemeinsamen Sorge" kommt im Rahmen des § 1671 Abs. 2 Nr. 2 BGB eine eigenständige Bedeutung zu. Das Merkmal zeigt auf, dass die Aufhebung der gemeinsamen Sorge nur dann in Betracht kommen kann, wenn es einen Grund gibt, der gegen die Aufrechterhaltung der gemeinsamen Sorge spricht[891], weil diese geeignet ist, sich nachteilig auf das Wohl des Kindes auszuwirken.

(3) „Rechtfertigungsgründe" für die Aufhebung der gemeinsamen Sorge

Fraglich ist nunmehr, unter welchen Voraussetzungen die Aufhebung der gemeinsamen Sorge gerechtfertigt ist. Nach dem gesetzgeberischen Willen ist dies jedenfalls dann der Fall, wenn in der Vergangenheit Konflikte aufgetreten sind,

---

889 *Weisbrodt*, KindPrax 2001, 8 (10).

890 Im Ergebnis ebenso OLG Frankfurt v. 25.1.2001 – 6 UF 152/00, EzFamR aktuell 2001, 178 f.

891 Nach *Weisbrodt*, KindPrax 2001, 8 (10), bedarf es eines tragenden Grundes.

die geeignet sind, auch zukünftig fortzuwirken, und die sich zum Nachteil des Kindeswohls auswirken können. Angesichts der unendlich großen Vielfalt der möglichen Konflikte wäre jeder Versuch, eine abschließende Aufzählung der Gründe zu erarbeiten, von vornherein zum Scheitern verurteilt. Da eine solche Aufzählung auch die Gefahr heraufbeschwören würde, dass die Frage nach der Rechtfertigung einer Aufhebung der gemeinsamen Sorge pauschal beurteilt wird, obgleich das Gesetz sie im konkreten Einzelfall und im Hinblick auf das Wohl des konkret betroffenen Kindes beantwortet wissen will, kann die Aufgabe nur darin liegen, allgemeine Grundsätze aufzuzeigen.

Nach dem bisher Gesagten ist jedenfalls sicher, dass eine konkrete Gefahr für das Wohl des Kindes nicht vorliegen muss[892]. Teilweise wird vertreten, die Aufrechterhaltung der gemeinsamen Sorge komme bereits dann nicht mehr in Betracht, wenn nicht sämtliche Voraussetzungen vorlägen, die das Bundesverfassungsgericht[893] unter der Geltung des § 1671 BGB (1980) als Mindestvoraussetzungen für die Beibehaltung der gemeinsamen Sorge anlässlich einer Ehescheidung angesehen und zur Begründung der Verfassungswidrigkeit des § 1671 Abs. 4 Satz 1 BGB (1980) herangezogen hat[894]. Ob und inwieweit im geltenden Recht auf diese Kriterien zurückgegriffen werden darf, ist jedoch zweifelhaft. Zum einen ist zu bedenken, dass der Gesetzgeber über die Forderungen des Bundesverfassungsgerichts weit hinausgegangen ist: Im Gegensatz zur damaligen Rechtslage ist nicht mehr die Ehescheidung materiell-rechtliches Merkmal einer Sorgerechtsentscheidung, sondern eine auf Dauer angelegte Elterntrennung. Wird eine solche vollzogen, kommt es – anders als bei einer Scheidung nach damaligem Recht – zu keiner Entscheidung von Amts wegen,

---

892 Vgl. BT-Drucks. 13/4899, S. 99.

893 BVerfG v. 3.11.1982 – 1 BvL 28/80, 1 BvL 38/80, 1 BvL 40/80, 1 BvL 12/81, BVerfGE 61, 358 ff.

894 *Oelkers*, § 1 Rz. 200; OLG Brandenburg v. 1.3.2001 – 9 WF 177/00, FamRZ 2001, 1021. Nach Ansicht des Bundesverfassungsgerichts bedurfte es dann keiner Zuordnung der elterlichen Sorge an einen Elternteil allein, wenn beide Eltern (1.) voll erziehungsfähig und (2.) gewillt waren, die gemeinsame Verantwortung für ihr Kind auch nach der Scheidung zu tragen und (3.) keine Gründe vorlagen, die im Interesse des Kindeswohls die Übertragung des Sorgerechts auf einen Elternteil angezeigt erscheinen ließen; vgl. BVerfG v. 3.11.1982 – 1 BvL 28/80, 1 BvL 38/80, 1 BvL 40/80, 1 BvL 12/81, BVerfGE 61, 358 (374).

sondern nur auf Antrag eines Elternteils. Bleibt dieser aus, so besteht die gemeinsame Sorge von Gesetzes wegen fort. Wird er hingegen gestellt, so hält das Gesetz in § 1671 Abs. 2 und 3 BGB spezielle Voraussetzungen bereit, unter denen einem Antrag stattzugeben oder ein solcher abzulehnen ist. Zum anderen hat sich die Fragestellung durch das KindRG umgedreht: Während das Bundesverfassungsgericht ausgeführt hat, unter welchen Voraussetzungen die von § 1671 Abs. 4 Satz 1 BGB vorgesehene zwingende Zuweisung der elterlichen Sorge an einen Elternteil allein nicht gerechtfertigt ist und damit einen „Rechtfertigungsgrund" für das Fortbestehen der gemeinsamen elterlichen Sorge nach der Scheidung formuliert hat, bedarf es im geltenden Recht umgekehrt eines Rechtfertigungsgrundes dafür, dass die Überführung der gemeinsamen Sorge in die Alleinsorge auf Grund der Trennung in Betracht gezogen wird. Im Hinblick auf den normativen Anknüpfungspunkt in § 1671 BGB kommt die isolierte Betrachtung der vom Bundesverfassungsgericht entwickelten Kriterien aus den genannten Gründen jedenfalls nicht in Frage, sodass sie allenfalls für die Auslegung des Merkmals „Aufhebung der gemeinsamen Sorge" Bedeutung haben können.

Indes lässt sich aus zwei der drei bundesverfassungsgerichtlichen Kriterien für die Auslegung keine Aussage herleiten, die nicht schon ohne Rückgriff auf die Kriterien möglich wäre: Das Nichtvorliegen eines Grundes, der im Interesse des Kindeswohls die Übertragung des Sorgerechts auf einen Elternteil angezeigt erscheinen lässt, ist als Kriterium für die Beibehaltung der gemeinsamen elterlichen Sorge nicht weniger allgemein und unpräzise als die unmittelbar aus § 1671 Abs. 2 Nr. 2 BGB entwickelte Aussage, die Aufhebung der gemeinsamen Sorge sei jedenfalls dann gerechtfertigt, wenn ihre Aufrechterhaltung geeignet sei, sich nachteilig auf das Wohl des Kindes auszuwirken. Auch dem Kriterium der mangelnden Erziehungsfähigkeit kann zur Begründung dafür, dass die Überführung der gemeinsamen Sorge in die Alleinsorge in Betracht gezogen wird, keine eigenständige Bedeutung zukommen[895]. Bei diesem Element handelt es sich in Wahrheit nicht um mehr als um eine griffige Umschreibung eines festgestellten (auf die mangelnde Erziehungsfähigkeit hindeutenden), das

---

[895] *Niepmann*, MDR 1998, 565 (566).

Wohl des Kindes gefährdendenden Einzelumstands in der Person eines Elternteils, der ebenso gut beim Namen genannt werden kann[896].

Das einzige vom Bundesverfassungsgericht zur Rechtfertigung der Aufrechterhaltung der gemeinsamen Sorge entwickelte Kriterium, das für die Auslegung des Merkmals „Aufhebung der gemeinsamen Sorge" in § 1671 Abs. 2 Nr. 2 BGB eine eigenständige Bedeutung haben könnte, ist das der elterlichen Bereitschaft, die gemeinsame Verantwortung für das Kind auch nach der Trennung weiter zu tragen. *Oelkers* hält dieses Kriterium uneingeschränkt auch im Rahmen des § 1671 Abs. 2 Nr. 2 BGB für relevant. Die Kernpunkte seiner Argumentation lauten wie folgt: Das Bundesverfassungsgericht habe deutlich gemacht, dass es sich bei der beiderseitigen Bereitschaft zur Kooperation um eine Grundvoraussetzung dafür handele, dass die gemeinsame Sorge aufrechterhalten bleiben kann[897]. Schon allein durch seinen Antrag nach § 1671 Abs. 1 BGB bringe ein Elternteil seine ablehnende Haltung zum Ausdruck, die elterliche Sorge weiterhin mit dem anderen Elternteil zu teilen[898], was Indiz dafür sei, dass die Aufhebung der gemeinsamen Sorge dem Kindeswohl am besten entspreche.

Eine Unstimmigkeit in dieser Argumentation liegt zunächst darin, dass *Oelkers* ausdrücklich für die vom Gesetzgeber anvisierte zweistufige Prüfungsfolge eintritt[899], die Notwendigkeit eines zweistufigen Prüfungsaufbaus aber nicht einleuchtet, wenn schon die Voraussetzung der ersten Stufe allein auf Grund eines Elternantrags erfüllt sein soll. Die „Hürde" der ersten Prüfungsstufe wäre damit bei jedem Elternantrag erfolgreich genommen. Darüber hinaus stellt sich – unabhängig davon, ob aus der Stellung eines Antrags nach § 1671 Abs. 1 BGB überhaupt auf eine fehlende Kooperationsbereitschaft geschlossen

---

896 Beispiele aus der Rechtsprechung für und gegen die mangelnde Erziehungseignung eines Elternteils: Gewaltanwendung (ja: OLG Brandenburg v. 29.3.2001 – 9 UF 8/01, EzFamR aktuell 2001, 306 f.); hohes Konfliktpotential und Streit über den gewöhnlichen Aufenthalt (ja: OLG Nürnberg v. 25.10.2000 – 10 UF 348/00, EzFamR aktuell 2001, 62); grundlose Verhinderung des Umgangs mit dem anderen Elternteil (ja: OLG Hamm v. 9.8.2000 – 8 UF 597/99, FamRZ 2001, 183); unterbleibende religiöse Erziehung des Kindes eines islamischen Vaters durch die Kindesmutter (nein: OLG Nürnberg v. 30.3.2001 – 7 UF 2844/00, FamRZ 2001, 1639); mangelnde Bindungstoleranzen als starkes Indiz für die Erziehungsgeeignetheit (OLG Brandenburg v. 1.3.2001 – 9 WF 177/00, FamRZ 2001, 1021 (1022).

897 *Oelkers*, § 1 Rz. 200.

898 *Oelkers*, § 1 Rz. 213.

899 *Oelkers*, § 1 Rz. 199.

werden kann – die Frage, ob die Aufhebung der gemeinsamen Sorge wegen einer ausschließlich von Seiten des Antragstellers aufgekündigten Kooperationsbereitschaft in Betracht kommen kann[900]. Dafür spricht, dass selbst eine grundlos aufgekündigte Kooperationsbereitschaft (auf Grund der damit verbunden Blockaden und Streitigkeiten) zumindest theoretisch geeignet sein kann, sich nachteilig auf das Wohl des Kindes auszuwirken. Solange aber keine Gründe ersichtlich sind, die den Antragsteller dazu veranlassen, sich kooperationsunwillig zu zeigen[901], würde man damit eine auf Dauer angelegte (!) Maßnahme gegen den Antragsgegner ermöglichen, obgleich nur in der Theorie von einer Beeinträchtigung des Kindeswohls ausgegangen werden kann. Zudem würde man die Voraussetzungen für die Aufhebung der gemeinsamen Sorge vom Gutdünken des Antragstellers abhängig machen[902]. Hat der Antragsgegner für eine gegen ihn gerichtete Maßnahme jedoch keinen Anlass gegeben[903], verbietet sich ein Eingriff in seine elterliche Sorge von Verfassungs wegen[904].

Um die ablehnende Haltung des Antragstellers nicht noch zu belohnen[905], gibt es nur zwei Möglichkeiten. Entweder lässt man eine nur in der Person des Antragstellers fehlende Kooperationsbereitschaft schon nicht als Rechtfertigungsgrund für die Aufhebung der gemeinsamen elterlichen Sorge ausreichen

---

900 Kritisch zur Anerkennung der Kooperationsbereitschaft als notwendige Voraussetzung der Aufrechterhaltung der gemeinsamen Sorge *Bode*, FamRZ 1999, 1400 (1401 f.); *ders.* FamRZ 2000, 478.

901 In diesem Sinne sind wohl auch die Ausführungen des BGH v. 29.9.1999 – XII ZB 3/99, FamRZ 1999, 1646, zu verstehen, nach denen elterlicher Uneinigkeit keine Bedeutung zukommen soll, wenn sie „auf einer nicht verständlichen Verweigerungshaltung" beruhe. Auch nach OLG Hamm v. 9.8.2000 – 8 UF 597/99, FamRZ 2001, 183, soll ein allein zum Zweck der Erlangung elterlicher Alleinsorge provozierter Streit unbeachtlich sein.

902 In Ansehung des zuletzt genannten Aspektes auch OLG Nürnberg v. 10.10.2000 – 10 UF 2366/00, EzFamR aktuell 2001, 59 ff.

903 Das OLG Bremen v. 9.6.2000 – 5 UF 50/00, Streit 2000, 168, erkennt zu Recht einen berechtigten Anlass in mangelndem Engagement an, das darin zum Ausdruck kommt, dass der Elternteil den von ihm geschuldeten Kindesunterhalt nicht leistet und zudem nicht einmal sein Aufenthalsort bekannt ist.

904 *Hinz*, S. 39 f.; *Erichsen*, S. 55; a.A. *Schwab*, FamRZ 1998, 457 (463), der die Aufhebung der gemeinsamen Sorge schon bei ernsthaften Zweifeln des Gerichts am Willen eines Elternteils zur Zusammenarbeit mit dem anderen für möglich hält.

905 *Haase/Kloster-Harz*, FamRZ 2000, 1003 (1005). In diesem Zusammenhang ist auch an die Privilegien zu denken, die das Gesetz in vielen Fällen an die Pflege und Erziehung eines Kindes knüpft (z.B. § 1606 Abs. 3 Satz 2 BGB); vgl. *Weychardt*, ZFJ 1999, 268 (270).

oder berücksichtigt sie erst im Rahmen der Abwägung. Eine hierdurch gegebenenfalls erforderliche Korrektur würde durch Ersteres vermieden, sodass der ersten Möglichkeit wegen ihrer Klarheit der Vorzug zu geben ist. Eine mangelnde Kooperationsbereitschaft in der Person des Antragstellers scheidet damit als Rechtfertigungsgrund für die Aufhebung der gemeinsamen elterlichen Sorge aus[906]. Hieraus ergibt sich, dass ein Elternantrag keinen Erfolg haben kann, wenn er allein dem Wunsch entspringt, zu dem anderen Elternteil auch in Kindesangelegenheiten keinen Kontakt mehr zu haben, sei es, weil der Antragsteller dies als unbequem oder störend empfindet, sei es, dass es ihm sogar darum geht, den anderen Elternteil gezielt aus dem Leben des Kindes zu verdrängen. Bei einer solchen Motivationslage des Antragstellers wird die vordringliche Aufgabe des Gerichts darin bestehen, sich zunächst zu vergewissern, ob dem Antragsteller die Inhalte des § 1687 BGB überhaupt bekannt sind[907]. Es wird ihn weiterhin darüber aufzuklären haben, dass mit einer Alleinsorge keinesfalls das Recht verbunden wäre, jeglichen Kontakt des Kindes zu dem anderen Elternteil zu unterbinden (§ 1684 Abs. 1 BGB) und dass ihm die Pflicht zukommt, alles zu unterlassen, was das Verhältnis des Kindes zum anderen Elternteil beeinträchtigt (§ 1684 Abs. 2 Satz 1 BGB). Hält der Antragsteller seinen Antrag gleichwohl weiterhin aufrecht, ohne dass neue Tatsachen zutage getreten sind, die auf das Nichtfunktionieren der gemeinsamen Sorge schließen lassen, kommen – abhängig vom Grad der zu Tage getretenen Uneinsichtigkeit des Antragstellers – zwei Möglichkeiten in Betracht. Besteht nach der Überzeugung des Gerichts Aussicht darauf, dass der Antragsteller im Interesse des Kindes

---

906 OLG Karlsruhe v. 29.10.1999 –2 UF 32/99, FamRZ 2000, 1041 (1042); OLG Köln v. 22.3.1999 – 27 WF 36/99, FamRZ 2000, 499; OLG Zweibrücken v. 1.10.1998 – 5 UF 24/98, FamRZ 1999, 40 f.; *Rauscher*, § 33 IV Rz. 1002; *Haase/Kloster-Harz*, FamRZ 2000, 1003 (1005); *Motzer*, FamRZ 1999, 1101 (1103). *Rummel* , DAVorm 1998, 754 (764 f.), will offenbar noch weiter gehen: Er hält den Antragsteller in Ansehung des Erforderlichkeitsgrundsatzes (als Stufe des Verhältnismäßigkeitsprinzips) für verpflichtet, das Problem, das ihn zur Stellung des Antrags „auf Eingriff in die Rechte des anderen Elternteils“ veranlasste, bei Vorhandensein weniger einschneidender Möglichkeiten auf andere Weise zu lösen.

907 Die Ergebnisse des Forschungsberichts von *Proksch*, 1. ZB, geben hierzu allen Anlass, denn während 89 % der Befragten zwar die Vorschrift des § 1671 BGB bekannt war, gaben lediglich 69 % an, die Regelung des § 1687 BGB zu kennen; vgl. S. 73 und 153. Angesichts der Informationsdefizite werden sogar weitreichende Untersuchungen über die Möglichkeiten ihrer Beseitigung angeregt; vgl. *Proksch*, 2. ZB, S. 221.

seine mangelnde Kooperationsbereitschaft noch einmal überdenken und sich – unter dem Eindruck des Gerichtsverfahrens – zukünftig auch weiterhin um ein Einvernehmen mit dem anderen Elternteil bemühen wird, wird es das Verfahren aussetzen und dem Antragsteller nahe legen, eine außergerichtliche Beratung in Anspruch zu nehmen (§ 52 Abs. 2 Nr. 2 FGG)[908]. Besteht eine solche Aussicht dagegen nicht, wird das Gericht den Antrag ohne weitere Prüfung ablehnen[909].

Sofern beide Eltern die Alleinsorge begehren, ist die Frage nach der fehlenden Kooperationsbereitschaft dagegen für die erste Prüfungsstufe jedenfalls von vornherein irrelevant. Durch beiderseitige Elternanträge bringen die Eltern regelmäßig zum Ausdruck, dass sie immerhin in ihrer Einschätzung übereinstimmen, dass die gemeinsame elterliche Sorge nicht funktionieren wird. Streiten sie um das Kind, so würde dies die Aufhebung der gemeinsamen Sorge durchaus rechtfertigen[910]. Lässt sich eine solche Feststellung nicht treffen, so ist die Frage danach, ob die Aufhebung der gemeinsamen elterlichen Sorge gerechtfertigt ist, anhand der konkreten Einzelfallumstände im Hinblick auf die individuelle Situation des betroffenen Kindes zu beantworten[911]. Bloße Behauptungen sind unzureichend; es bedarf in jedem Fall eines konkreten Tatsachenvortrags[912].

Von besonderer Bedeutung ist die Frage, ob ein Grund gegen die Aufrechterhaltung der gemeinsamen Sorge auch dann noch festgestellt werden

---

908 Der einvernehmlichen Konfliktlösung kommt gegenüber einer gerichtlichen Entscheidung stets der Vorrang zu; vgl. OLG Zweibrücken v. 23.11.1999 – 5 UF 88/99, KindPrax 2000, 96 ff.

909 Im Ergebnis ebenso *Rauscher*, § 33 IV Rz. 1000, 996.

910 OLG Düsseldorf v. 3.12.1998 – 6 UF 19/98, FamRZ 99, 1157.

911 „Rechtfertigungsgrund"-Beispiele aus der Rechtsprechung: Zerstrittensein in bloßen Nebenpunkten (nein: OLG Oldenburg v. 10.7.1998 – 14 UF 35/98, FamRZ 1998, 1464; OLG Bamberg v. 9.2.1999 – 2 UF 183/98, FamRZ 1999, 803; OLG Naumburg v. 23.7.2001 – 14 UF 36/01 (bisher unveröffentlicht)); wiederholtes Nichtgelingen einer Einigung in Angelegenheiten von erheblicher Bedeutung (ja: OLG Karlsruhe v. 9.8.1999 – 2 UF 63/99, FamRZ 2000, 1041); mangelnde Übereinstimmung in grundsätzlichen Erziehungsfragen (ja: OLG Düsseldorf v. 22.4.1999 – 6 UF 244/98, FamRZ 1999, 1157; nein: OLG Stuttgart v. 1.12.1998 – 18 UF 389/98, FamRZ 1999, 1596 mit der Begründung, entscheidend seien allein die Auswirkungen der mangelnden Einigungsfähigkeit auf das Kind); zu befürchtende Streitigkeiten über Mitentscheidungsbefugnisse (ja: OLG Nürnberg v. 20.7.2001 – 7 UF 684/01, NJW-RR 2001, 1519; räumliche Entfernungen (nein: OLG Naumburg v. 23.7.2001 – 14 UF 36/01 (bisher unveröffentlicht)).

912 OLG München v. 15.3.1999 – 26 UF 1502 – 1659/98, FamRZ 1999, 1006 (1007).

muss, wenn sich die Eltern in der Sorgerechtsgestaltung einig sind, eine Entscheidung nach § 1671 Abs. 2 Nr. 1 BGB aber an dem Vorliegen eines Kindeswiderspruchs scheitert. Die Frage ist zu verneinen, da die Eltern durch ihr Einvernehmen deutlich machen, dass sie beide von der Notwendigkeit einer Neuordnung der Sorgerechtsverhältnisse überzeugt sind. Ihr Einvernehmen ist Ausdruck ausgeübter Elternverantwortung, und es gilt die Vermutung, dass ihnen das Wohl ihrer Kinder in der Regel mehr am Herzen liegt als irgendeiner anderen Person oder Institution[913]. Widerspricht das Kind, so kommt seinem Willen bei der Beantwortung der Frage eine Bedeutung zu, ob die beantragte Sorgerechtsgestaltung seinem Wohl am besten entspricht.

(4) Die Entscheidungsprognose

Eine stattgebende Entscheidung nach § 1671 Abs. 2 Nr. 2 BGB kann nur ergehen, „soweit zu erwarten ist", dass die Übertragung der elterlichen Sorge auf den Antragsteller dem Wohl des Kindes am besten entspricht. Voraussetzung für eine vollständige oder partielle Übertragung der elterlichen Sorge auf den Antragsteller ist damit die Prognose, dass sich das Kind bei seiner alleinigen Sorgeinhaberschaft am besten entwickeln wird. Im Hinblick auf den Wortlaut „am besten" versteht es sich von selbst, dass eine solche Prognose nur auf Grund einer Abwägung verschiedener Sorgerechtsgestaltungen erfolgen kann, für die somit jeweils – anhand der Kindeswohlkriterien und unter Berücksichtigung aller Umstände des Einzelfalles – die Vor- und Nachteile herauszuarbeiten und zu gewichten sind. Angesichts der Schwierigkeit positiver Entwicklungsprognosen erfolgt der Vergleich zweckmäßigerweise unter dem Aspekt der „am wenigsten schädlichen Alternative"[914].

(a) Bezugspunkte des Vergleichs

Fraglich ist, an welchen Sorgerechtsgestaltungen das Gericht seine Prognose auszurichten hat. Theoretisch sind drei Vergleichsmöglichkeiten denkbar: (1.) die hypothetische Kindessituation bei Alleinsorge des Antragstellers gegenüber der bei fortgeführter gemeinsamen Sorge, (2.) die hypothetische Kindessituation bei der Alleinsorge des Antragstellers gegenüber der bei Alleinsorge des An-

---

913 BVerfG v. 3.11.1982 – 1 BvL 28/80, 1 BvL 38/80, 1 BvL 40/80, 1 BvL 12/81, BVerfGE 61, 358 (371).

914 Ansatz von *Goldstein/Freud/Solnit*, S. 49 ff.

tragsgegners und (3.) die hypothetische Kindessituation bei gemeinsamer Sorge, bei Alleinsorge des Antragstellers und bei Alleinsorge des Antragsgegners.

Für die Notwendigkeit des Vergleichs aller drei Sorgerechtsgestaltungen lässt sich anführen, dass der Wortlaut des § 1671 Abs. 2 Nr. 2 BGB einen Superlativ („am besten“) enthält. Bei nur zwei Bezugspunkten (also bei einem Vergleich der elterlichen Alleinsorgen oder der gemeinsamen Sorge einerseits und Alleinsorge des Antragstellers andererseits) erhielte der Superlativ die Bedeutung eines Komparativs, weil das Ergebnis der Abwägung immer nur sein könnte, dass eine der beiden Möglichkeiten die bessere, nicht aber die beste ist. Die Einbeziehung der Möglichkeit einer fortgeführten gemeinsamen Sorge ist – trotz der bereits erfolgten Feststellung, dass sie eine abstrakte Gefahr für das Kindeswohl mit sich bringt – zwingend notwendig, weil es dem Wohl des Kindes noch abträglicher sein kann, wenn selbst Angelegenheiten von erheblicher Bedeutung nur noch durch einen Elternteil geregelt werden. Es ist nämlich möglich, dass sich die bei einem Vergleich der hypothetischen Alleinsorgen ergebenden negativen Folgen durch die Pflicht zur Herstellung gegenseitigen Einvernehmens aufheben würden, soweit die realistische Chance besteht, dass es zwischen den gemeinsam sorgeberechtigten Eltern zu einem Ausgleich der widerstreitenden Vorstellungen darüber kommt, was für das Kind das Beste ist. Da dies von der Möglichkeit Nr. 2 nicht berücksichtigt wird und sie zudem nicht mit dem Wortlaut des § 1671 Abs. 2 Nr. 2 BGB im Einklang steht, reicht es keinesfalls aus, wenn sich das Gericht auf einen Vergleich der hypothetischen Kindessituation im Fall der Alleinsorge eines jeden Elternteils beschränkt.

Fraglich ist nur, ob die Möglichkeit der Alleinsorge des Antragsgegners überhaupt in die Abwägung mit einfließen soll. Teilweise wird vertreten, dass dies nur dann möglich sei, wenn auch der Antragsgegner einen eigenen Antrag nach § 1671 Abs. 1 BGB stelle, weil das Gericht anderenfalls eine nur theoretische Möglichkeit prüfe, die praktisch gar nicht zur Verfügung stehe[915]. Im Ergebnis könne dies nicht hinnehmbare Konsequenzen zur Folge haben, die vor allem in den Konstellationen deutlich würden, in denen die gemeinsame Sorge die schlechteste Sorgerechtsgestaltung sei. Wäre die Alleinsorge des An-

[915] *Staudinger/Coester*, § 1671 Rz. 107; a.A. *Haase/Kloster-Harz*, FamRZ 2000, 1003 (1006).

tragstellers besser, die Alleinsorge des Antragsgegners dagegen die beste Lösung, müsse die Übertragung der elterlichen Sorge auf den Antragsteller zwangsläufig scheitern und die gemeinsame Sorge – obgleich sie die schlechteste Alternative sei – fortgeführt werden, da es für die Übertragung der elterlichen Sorge auf den Antragsgegner an einem eigenen Antrag fehle[916]. Ein solches Ergebnis wäre in der Tat absurd, gleichwohl besteht keine Notwendigkeit, eine nur theoretische Möglichkeit der Alleinsorge des Antragsgegners von vornherein unberücksichtigt zu lassen. Dies erkennen selbst die Vertreter der vorerwähnten Ansicht an, indem sie die Alleinsorge des Antragsgegners zumindest in die Ermittlungen – nicht aber in die Abwägung – einbeziehen wollen[917]. Der Unterschied zwischen den Vorgehensweisen ist jedoch nur formaler Natur. In der Sache spielt es keine Rolle, ob man die mögliche Alleinsorge des Antragsgegners nur deswegen isoliert betrachtet, um die Gefahr zu vermeiden, dass man mit dem Wortlaut des § 1671 Abs. 2 Nr. 2 BGB in Konflikt gerät.

Für ein solches Ausweichmanöver besteht auch kein Bedürfnis: Geht die gerichtliche Prognose dahin, dass die Alleinsorge des Antragstellers zwar besser ist als die gemeinsame Sorge, aber schlechter als die Alleinsorge des Antragsgegners, hat das Familiengericht diesen Umstand mit den Eltern zu besprechen. Dabei hat es ihnen vor Augen zu führen, dass sie die gemeinsame Sorge bei einer Zurückweisung des Sorgerechtsantrags fortzuführen hätten. Im Rahmen seiner Verpflichtung, auf ein Einvernehmen hinzuwirken (§ 52 Abs. 1 Satz 1 FGG), muss das Gericht versuchen, die Eltern zu einer einvernehmlichen Antragstellung zu Gunsten des bisherigen Antragsgegners nach § 1671 Abs. 2 Nr. 1 BGB zu bewegen[918]. Sofern eine solche unterbleibt, hat das Gericht im Interesse des Kindes zumindest dem Antragsgegner einen eigenen Antrag nach § 1671 Abs. 1 BGB nahe zu legen (arg. e § 1697 a BGB)[919]. Kann sich der Antragsgegner hierzu nicht entschließen, besteht Anlass zu der Prüfung, ob er sich hierdurch nicht doch als der weniger geeignete Elternteil erweist[920]. Beruht sei-

---

916 *Staudinger/Coester*, § 1671 Rz. 107; a.A. *FamRefK/Rogner*, § 1671 Rz. 28, der die elterliche Sorge dem Antragsgegner – entgegen dem Wortlaut des § 1671 Abs. 1 und Abs. 2 Nr. 2 BGB – auch ohne entsprechenden Antrag übertragen will, wenn seine Alleinsorge dem Wohl des Kindes am besten entspricht.

917 *Staudinger/Coester*, § 1671 Rz. 110.

918 *Palandt/Diederichsen*, § 1671 Rz. 16; *Staudinger/Coester*, § 1671 Rz. 148.

919 *Johannsen/Henrich/Jaeger*, § 1671 Rz. 43.

920 *Johannsen/Henrich/Jaeger*, § 1671 Rz. 43.

ne Haltung eindeutig auf Desinteresse oder gar Ablehnung gegenüber dem Kind, wird das Gericht zu prüfen haben, ob die beantragte Übertragung der elterlichen Sorge auf den Antragsteller nicht doch die am wenigsten schädliche Alternative ist[921]. Will der Antragsgegner – etwa als begeisterter Anhänger der gemeinsamen Sorge – an dieser Sorgerechtsform festhalten und deshalb keinen eigenen Antrag stellen, ist dementsprechend zu ermitteln, ob der Wunsch des Antragsgegners nach fortgeführter Sorgegemeinsamkeit auf einem gestörten Verhältnis zur Realität oder gar auf egoistischen Motiven beruht. Ist dies der Fall, kann die gerichtliche Entscheidung für ihn nicht besser ausfallen als bei Desinteresse. Sprechen dagegen begründete Anhaltspunkte dafür, dass sich der Einfluss des Antragsgegners auf das Wohl des Kindes eher positiv als negativ auswirken wird, ist zu erwägen, ob sich hierdurch nicht das Rangverhältnis ändert und die Einordnung der gemeinsamen Sorge als schlechteste Lösung widerlegt ist. Der Verwendung des Superlativs entsprechend hat das Gericht somit alle Sorgerechtsgestaltungen bei der Abwägung zu berücksichtigen.

(b) Sonderproblem: Aufteilung der elterlichen Sorge

Nach dem Wortlaut des § 1671 Abs. 2 Nr. 2 BGB ist die Aufhebung der gemeinsamen Sorge und die Übertragung der elterlichen Sorge auf den Antragsteller nur möglich, „soweit" dies dem Wohl des Kindes am besten entspricht. Diese Formulierung deutet an, dass das Familiengericht die Herstellung der Alleinsorge eines Elternteils dem Umfang nach stets auf die Bereiche zu begrenzen hat, in denen die Voraussetzungen von § 1671 Abs. 2 Nr. 2 BGB vorliegen. Gleichwohl will ein Teil der Literatur jedenfalls eine Übertragung von Teilen der Personensorge nur bei einem diesbezüglichen übereinstimmenden Elternwillen zulassen, weil *regelmäßig* die vollständige Übertragung der elterlichen Sorge auf einen Elternteil allein angezeigt sei[922].

Worauf eine solche Regelvermutung gegründet sein soll, bleibt jedoch im Dunkeln. Selbst in den Fällen, in denen die Eltern durch widerstreitende Elternanträge zum Ausdruck bringen, dass sie in ihrer Einschätzung des Nichtfunkti-

921 *Johannsen/Henrich/Jaeger*, § 1671 Rz. 43.

922 *Niepmann*, MDR 1998, 565 (567); ähnlich *Schwab*, FamRZ 1998, 457 (465), der sich zwar nicht ausdrücklich für eine Regelvermutung ausspricht, aber „ein künstliches Zerschneiden der kindlichen Lebenswelt soweit immer möglich" vermeiden will.

onierens gemeinsamer Sorge übereinstimmen, ist für eine Regelvermutung zu Gunsten einer vollständigen Übertragung der elterlichen Sorge auf einen Elternteil allein kein Raum. Eine andere Auffassung widerspräche dem Wortlaut des § 1671 Abs. 2 Nr. 2 BGB („soweit")[923] und ließe sich mit dem Verhältnismäßigkeitsprinzip bzw. Übermaßverbot nicht in Einklang bringen. Die Anerkennung einer Regelvermutung begründete in jedem Fall einen Verstoß gegen das Gebot, einen Eingriff auf seine Erforderlichkeit zu überprüfen. Erforderlich ist ein Eingriff nur, wenn er das mildeste aller zur Zweckerreichung möglichen Mittel darstellt. Kann der Zweck durch einen weniger schwerwiegenden Eingriff genauso gut wie durch eine intensiver wirkende Maßnahme erreicht werden, so hat Letztere zu unterbleiben[924]. Dem Familiengericht ist es daher nicht erlaubt, die gemeinsame Sorge in vollem Umfang in die Alleinsorge zu überführen, obwohl dies nicht erforderlich ist[925]. Eine „Radikallösung" kann keinesfalls damit gerechtfertigt werden, dass man zu ihren Gunsten eine Regelvermutung anerkennt oder eine Zergliederung der elterlichen Sorge weitgehend vermeiden will. Ob und inwieweit die Einrichtung der Alleinsorge angezeigt ist, richtet sich vielmehr ausschließlich nach den konkreten Umständen des Einzelfalles. Dabei wird eine nur partielle Sorgerechtsregelung umso näher liegen, je mehr die Schwierigkeiten der gemeinsam sorgeberechtigten Eltern auf einen nur abgrenzbaren Teilbereich der elterlichen Sorge beschränkt sind.

(c) Sonderproblem: Gleichwertigkeit von gemeinsamer Sorge und Alleinsorge des Antragstellers

Gemäß § 1671 Abs. 2 Nr. 2 BGB kann eine Entscheidung zu Gunsten des Antragstellers nur ergehen, soweit die Aufhebung der gemeinsamen Sorge und die Übertragung der elterlichen Sorge auf den Antragsteller dem Wohl des Kindes am besten entspricht. Selbst wenn man dem Superlativ nur die Bedeutung eines Komparativs beimessen und den Vergleich der Sorgerechtsgestaltungen auf die gemeinsame Sorge einerseits und die Alleinsorge des Antragstellers andererseits beschränken würde, wäre eine Überführung der gemeinsamen Sorge in die Alleinsorge des Antragstellers nur zulässig, soweit das Gericht prognostizieren

---

923 *Motzer* in: Schwab, HdB, III, Rz. 105, 111.

924 BVerfG v. 16.3.1971 – 1 BvR 52/66, 1 BvR 665/66, 1 BvR 667/66, 1 BvR 754/66, BVerfGE 30, 292 (316).

925 OLG Hamm, v. 17.11.1998 – 2 WF 415/98, FamRZ 1999, 393 (394).

kann, dass die Alleinsorge des Antragstellers für das Wohl des Kindes besser ist als die Aufrechterhaltung der gemeinsamen Sorge. Nach dem Wortlaut des § 1671 Abs. 2 Nr. 2 BGB müsste die gemeinsame Sorge beibehalten werden, wenn eine solche Prognose nicht getroffen werden kann, vor allem also auch in den Fällen, in denen Chancen und Risiken beider Sorgerechtsalternativen dasselbe Gewicht zukommt und damit beide Möglichkeiten als gleichwertig anzusehen sind.

Nach *Coester* soll eine solche Vorgehensweise zwei Gefahren mit sich bringen, nämlich zum einen die Gefahr, dass die gemeinsame Sorge letztlich doch als Regelfall angesehen wird, zum anderen die Gefahr einer Verkürzung der Ermittlungen und einer Verschiebung der Fragestellung. Da die gemeinsame Sorge bei einer Gleichwertigkeit mit der Alleinsorge nicht als überlegen einzustufen sei, bestünden immerhin Bedenken gegen sie. In „non liquet" – Fällen müsse daher erwogen werden, ob nicht die elterliche Alleinsorge stets „als weniger riskante und damit als die am wenigsten schädliche Alternative anzusehen" sei[926].

Diesem Vorschlag ist schon deshalb entgegenzutreten, weil er im Ergebnis zu einer Regelvermutung zu Gunsten elterlicher Alleinsorge führen würde, für die eine Rechtfertigung nicht erkennbar ist. Stehen im Einzelfall beide Sorgerechtsalternativen auf derselben Stufe, hat die Einrichtung der Alleinsorge zu unterbleiben[927]. Eine andere Auffassung würde das Recht des Kindes auf Erziehung durch beide Elternteile (§ 1626 Abs. 1 Satz 1 BGB) ohne Grund vereiteln. Darüber hinaus wäre die Übertragung der elterlichen Sorge auf den Antragsteller gegenüber dem anderen Elternteil stets unverhältnismäßig, da er dauerhaft aus seiner Position verdrängt würde, ohne dass die Überlegenheit der Alleinsorge des Antragstellers und damit ein Gewinn für das Wohl des Kindes prognostiziert werden könnte.

Im Übrigen können die Bedenken *Coesters* nicht geteilt werden. Wer dem Merkmal „Aufhebung der gemeinsamen Sorge" die Bedeutung beimisst, die ihm nach der Vorstellung des Gesetzgebers zuteil werden sollte, wird die gemeinsame Sorge niemals als Regelfall, sondern als ein der Alleinsorge *gleich-*

---

926 *Staudinger/Coester*, § 1671 Rz. 120.
927 *Schwab*, FamRZ 1998, 457 (462); *Pieper*, FuR 1998, 1 (4).

wertiges Sorgerechtsmodell anerkennen. Welcher Form der Vorzug zu geben ist, richtet sich nach der gerichtlichen Prognose, die anhand der Kindeswohlkriterien unter Berücksichtigung aller Umstände des Einzelfalles in Bezug auf die konkrete Kindessituation zu treffen ist. Da eine solche Prognose erst nach einem Vergleich der Kindessituationen bei den jeweiligen Sorgerechtsgestaltungen möglich ist und das Gericht sämtliche sorgerechtsrelevanten Umstände von Amts wegen zu ermitteln hat (§ 12 FGG), lässt sich nicht nachvollziehen, inwieweit der Satz, dass die gemeinsame Sorge bei einem „non liquet" aufrechtzuerhalten ist, zu einer tendenziellen Verkürzung der Ermittlungen und einer Verschiebung der Fragestellung führen soll. Die Gefahr einer faktischen „Darlegungs- und Beweislast" des Antragstellers besteht daher nicht[928].

c) Regelungen auf Grund anderer Vorschriften (§ 1671 Abs. 3 BGB)

Gemäß § 1671 Abs. 3 BGB ist dem Antrag nach § 1671 Abs. 1 BGB nicht stattzugeben, soweit die elterliche Sorge auf Grund anderer Vorschriften abweichend geregelt werden muss. Wortlaut und Systematik machen deutlich, dass die Norm lediglich die Fälle betrifft, in denen die Entscheidungssituation des § 1671 Abs. 2 BGB gegeben, gleichzeitig aber auch ein Tatbestand einer anderen Vorschrift erfüllt ist, der gegenüber § 1671 BGB der Vorrang zukommt. Nach allgemeiner und zutreffender Ansicht nimmt § 1671 Abs. 3 BGB mit seinem Verweis auf die anderen Vorschriften jedenfalls Bezug auf die §§ 1666 bis 1667 BGB[929]. Da diese Vorschriften unabhängig von einem Regelungsantrag nach § 1671 Abs. 1 BGB Eingriffe in das Sorgerecht ermöglichen, hat § 1671 Abs. 3 BGB insoweit eine nur klarstellende Funktion[930].

Fraglich ist, ob es sich auch bei § 1697 a BGB um eine „andere Vorschrift" i.S. des § 1671 Abs. 3 BGB handelt. Obgleich dies von niemandem ausdrücklich vertreten wird, lassen einige Formulierungen auf entsprechende Überlegungen schließen. So hält es etwa *Schwab* für „selbstverständlich", dass einem Antrag trotz Zustimmung des anderen Elternteils nicht stattgegeben wer-

---

928 A.A. *Staudinger/Coester*, § 1671 Rz. 120.

929 OLG Rostock v. 20.4.1999 – 8 UF 57/99, FamRZ 1999, 1599; *Johannsen/Henrich/Jaeger*, § 1671 Rz. 85; *FamRefK/Rogner*, § 1671 Rz. 21; *Oelkers*, § 1 Rz. 186; *Erman/Michalski*, § 1671 Rz. 30; *Lipp/Wagenitz*, § 1671 Rz. 8; vgl. auch BT-Drucks. 13/4899, S. 98 und 100.

930 *Staudinger/Coester*, § 1671 Rz. 263.

den dürfe, soweit eine andere Sorgerechtsgestaltung zum Wohl des Kindes *erforderlich* sei, und schlägt dementsprechend vor, zur Begründung dieser Ansicht § 1697 a BGB heranzuziehen[931]. Offen bleibt jedoch, ob diese Vorschrift bereits in den Tatbestand des § 1671 Abs. 2 Nr. 1 BGB hineingelesen oder erst im Rahmen des § 1671 Abs. 3 BGB Berücksichtigung finden soll, was beides durchgreifenden Bedenken begegnen würde. In der Sache zielt der Vorschlag *Schwabs* offensichtlich darauf ab, die vom KindRG gestrichene Vorschrift des § 1671 Abs. 3 Satz 1 BGB a.F. beizubehalten, nach der das Gericht von einem übereinstimmenden Vorschlag der Eltern nur abweichen durfte, wenn dies das Kindeswohl erforderte. Zur Streichung dieser Vorschrift hat sich der Gesetzgeber jedoch ebenso bewusst entschieden wie zu der Aufwertung des elterlichen Konsenses im Rahmen des § 1671 Abs. 2 Nr. 1 BGB[932]. Zudem hat der Gesetzgeber § 1666 BGB i.V.m. § 1671 Abs. 3 BGB insbesondere auch im Fall des § 1671 Abs. 2 Nr. 1 BGB als ausreichende Rechtsgrundlage für einen Eingriff in die elterliche Sorge erachtet[933], ohne die Gefährdungsschwelle des § 1666 BGB auf ein niedrigeres Niveau herabzusetzen[934]. Hieraus wird deutlich, dass die Berücksichtigung des § 1697 a BGB im Rahmen des § 1671 Abs. 2 Nr. 1 BGB im krassen Widerspruch zu den Reformzielen stünde. Auch dogmatische Gesichtspunkte sprechen gegen eine derartige Vorgehensweise. Unter den Voraussetzungen des § 1671 Abs. 2 Nr. 1 BGB soll gerade – anders als bei deren Nichtvorliegen – keine Kindeswohlprüfung stattfinden, was sich sowohl aus seiner systematischen Stellung vor § 1671 Abs. 2 Nr. 2 BGB als auch aus den Gesetzesmaterialien[935] ergibt. Eine etwaige Berücksichtigung der allgemeinen Vorschrift des § 1697 a BGB würde das für den Fall elterlicher Einigkeit speziell Angeordnete auf den Kopf stellen, da das Gericht die von den Eltern gewünschte Regelung stets kontrollieren müsste. Ungeachtet dieser Bedenken bedürfte es darüber hinaus zumindest einer Erklärung, weshalb der von § 1697 a BGB vorgesehene Maßstab („... am besten entspricht“) im Rahmen des § 1671 Abs. 2 Nr. 1 BGB zu modifizieren sein sollte („erforderlich“).

---

[931] *Schwab*, FamRZ 1998, 457 (461).
[932] BT-Drucks. 13/4899, S. 99.
[933] BT-Drucks. 13/4899, S. 99.
[934] BT-Drucks. 13/4899, S. 64: „Das geltende Recht soll inhaltlich nicht angetastet werden ...“.
[935] BT-Drucks. 13/4899, S. 99.

Nach dem bisher Gesagten ist es nicht zulässig, § 1697 a BGB in den Tatbestand des § 1671 Abs. 2 Nr. 1 BGB hineinzulesen. Damit ist jedoch noch nicht geklärt, ob es sich bei § 1697 a BGB um eine „andere Vorschrift" i.S. des § 1671 Abs. 3 BGB handelt. Diese Frage ist zu verneinen. Das ergibt sich bereits aus dem Wortlaut des § 1697 a BGB, der deutlich aufzeigt, dass die Vorschrift nur anwendbar ist, wenn das Gericht in einem im zweiten Abschnitt geregelten Verfahren eine Entscheidung zu treffen hat und die Kriterien für diese Entscheidung nicht angeordnet sind („Soweit nicht anderes bestimmt ist, trifft das Gericht ... diejenige Entscheidung, die ... dem Wohl des Kindes am besten entspricht"). Letzteres trifft auf ein Verfahren nach § 1671 BGB nicht zu, da dessen Absatz 2 genau bestimmt, unter welchen Voraussetzungen einem Elternantrag stattzugeben ist: Ohne einen beachtlichen Kindeswiderspruch ist allein der übereinstimmende Elternwille maßgeblich (§ 1671 Abs. 2 Nr. 1 BGB); in allen anderen Fällen ist einem Antrag nur stattzugeben, soweit zu erwarten ist, dass die Aufhebung der gemeinsamen Sorge und die Übertragung auf den Antragsteller dem Wohl des Kindes am besten entspricht (§ 1671 Abs. 2 Nr. 2 BGB). Des Weiteren besteht der Zweck des § 1671 Abs. 3 BGB darin, den Vorrang von Sorgeregelungen auf Grund anderer Vorschriften zu regeln[936]. Auf Grund anderer Vorschriften können Sorgeregelungen nur getroffen werden müssen, wenn sie dem Gericht die Kompetenz zuweisen, bei Vorliegen bestimmter Voraussetzungen in die elterliche Sorge einzugreifen. Anderenfalls wäre es nicht möglich, dass die elterliche Sorge i.S. des § 1671 Abs. 3 BGB „abweichend geregelt werden muß". § 1697 a BGB begründet jedoch keine eigenständige Eingriffskompetenz des Gerichts, sondern ordnet lediglich den Entscheidungsmaßstab bei einer bestehenden Regelungsbefugnis an[937]. Hierfür spricht nicht nur der Wortlaut des § 1697 a BGB, sondern auch die Amtliche Begründung. In dieser heißt es zwar, die Vorschrift enthalte neben einem allgemeinen Entscheidungsmaßstab auch „allgemeine Eingriffsvoraussetzungen für gerichtliche Entscheidungen auf dem Gebiet der elterlichen Sorge"[938]. Aus dieser Formulierung lässt sich jedoch nicht schließen, dass § 1697 a BGB selbst

---

[936] BT-Drucks. 13/4899, S. 99.
[937] *Staudinger/Coester*, § 1671 Rz. 264.
[938] BT-Drucks. 13/4899, S. 110.

eine eigenständige Eingriffsbefugnis begründet[939], denn der Gesetzgeber hat ausdrücklich klargestellt, dass § 1697 a BGB die Vorschriften ergänzen soll, unter deren Voraussetzungen das Gericht zwar in das Sorge- und Umgangsrecht eingreifen kann[940], die aber – wie etwa § 1628 BGB oder § 1632 Abs. 3 BGB[941] – nicht festlegen, nach welchen Kriterien das Gericht zu entscheiden hat. Nach alledem ist somit festzuhalten, dass es sich bei § 1697 a BGB nicht um eine „andere Vorschrift" i.S. des § 1671 Abs. 3 BGB handelt[942].

Fraglich ist, ob als „andere Vorschrift" i.S. des § 1671 Abs. 3 BGB die Regelung des § 1628 BGB in Betracht kommt. Nach *Coester* soll dies bei Elternanträgen der Fall sein, die auf die Übertragung eines Teils der elterlichen Sorge gerichtet sind[943]. In der Sache soll dem Familiengericht dadurch die Möglichkeit eingeräumt werden, eine Entscheidung außerhalb des durch den Antrag vorgezeichneten Rahmen zu treffen, etwa die Übertragung des Sorgerechtsteils auf den Antragsgegner oder die Anordnung von Beschränkungen oder Auflagen[944].

Diese Ansicht ist abzulehnen. Das Verfahren nach § 1628 BGB ist ein Antragsverfahren, und wo ausdrücklich ein Antrag nach § 1671 Abs. 1 BGB – und nicht nach § 1628 Satz 1 BGB – gestellt ist, wäre jede gerichtliche Entscheidung nach § 1628 BGB eine unerlaubte Einmischung in elterliche Belange. Eine andere Auffassung ließe sich allenfalls mit der (unzutreffenden) Annahme begründen, dass in jedem Antrag nach § 1671 Abs. 1 BGB zugleich – als Minus – ein Antrag nach § 1628 Satz 1 BGB enthalten sei. Hierfür ließe sich zwar anführen, dass das Begehren des Antragstellers bei § 1671 Abs. 1 BGB auf die Einrichtung der Alleinsorge und damit auf die Änderung der elterlichen Sorge auf der Ebene der Inhaberschaft gerichtet ist, wohingegen eine Entscheidung nach § 1628 BGB lediglich die Ausübungsebene zu regeln vermag. Hierbei würde aber verkannt, dass der ausdrücklich einen Antrag nach § 1671 Abs. 1 BGB stellende Elternteil in diesem Verfahren allenfalls eine Abweisung

939 Nicht eindeutig *Diederichsen*, NJW 1998, 1977 (1986) mit dem Hinweis darauf, dass § 1697 a BGB als „allgemeine Eingriffsvoraussetzung" verstanden wird.
940 BT-Drucks. 13/4899, S. 110.
941 BT-Drucks. 13/4899, S. 111.
942 Im Ergebnis ebenso *Staudinger/Coester*, § 1671 Rz. 264.
943 *Staudinger/Coester*, § 1671 Rz. 262, 58.
944 *Staudinger/Coester*, § 1671 Rz. 262.

seines Antrags – und damit die Aufrechterhaltung der gemeinsamen Sorge – in Kauf nimmt, jedoch nicht im Geringsten damit rechnet, unterhalb der Gefährdungsschwelle des § 1666 BGB etwas von seiner Position zu verlieren, und sei es auch nur das Recht, die elterliche Sorge auszuüben. Es dürfte auf der Hand liegen, dass dem Antragsteller ein solches Interesse nicht unterstellt werden kann[945].

Gegenteiliges lässt sich auch nicht damit begründen, dass bei einer Sorgerechtsregelung nach § 1672 BGB a.F. im Beschwerdeverfahren die Möglichkeit einer reformatio in peius anerkannt war[946] und man nun – der Auffassung des Oberlandesgerichts Nürnberg folgend – das Verfahren nach § 1671 BGB trotz seiner Ausgestaltung als Antragsverfahren wie ein solches nach § 1672 BGB a.F. als Amtsverfahren deklariert[947]. Unabhängig davon, dass die – nicht begründete – Auffassung des Oberlandesgerichts Nürnberg schon deshalb bedenklich stimmt, weil es sich bei einem Antrag nach § 1671 Abs. 1 BGB – im Gegensatz zu einem Antrag nach § 1672 BGB a.F. – nicht nur um eine Verfahrensvoraussetzung, sondern um einen echten Sachantrag handelt[948], lässt sich jedenfalls aus der Begründung der zu § 1672 BGB a.F. entwickelten Ansicht keine Rechtfertigung für eine Entscheidung nach § 1628 BGB herleiten. Denn eine Entscheidung zu Ungunsten des Beschwerdeführers wurde u.a. damit gerechtfertigt, dass die in der Ausgangsinstanz getroffene Sorgerechtsentscheidung unter den Voraussetzungen des § 1696 BGB auch ohne Vorliegen eines entsprechenden Antrags abzuändern wäre[949]. Hier geht es aber um die Rechtfertigung einer Entscheidung, die *ausschließlich* auf einen entsprechenden Elternantrag hin getroffen werden kann.

Selbst wenn man – entgegen der hier vertretenen Auffassung – annehmen wollte, dass in jedem Antrag nach § 1671 Abs. 1 BGB ein Antrag nach § 1628 Satz 1 BGB enthalten sei, wäre nicht nachvollziehbar, weshalb es nur bei Teil-

---

945 Anderenfalls würde auch nicht einleuchten, weshalb – im Hinblick auf den Wortlaut des § 1671 Abs. 2 BGB – stets besonders hervorgehoben wird, dass nur die Übertragung der elterlichen Sorge auf den Antragsteller möglich ist.

946 Zur Zulässigkeit einer reformatio in peius in Sorgerechtsverfahren nach § 1672 BGB a.F. OLG Frankfurt a.M. v. 18.12.1978 – 1 WF 157/78, FamRZ 1979, 743 (744); OLG Frankfurt a.M. 29.12.1978 – 1 UF 139/78, FamRZ 1979, 177 (178).

947 OLG Nürnberg v. 28.12.1998 – 10 UF 3913/98, FamRZ 1999, 740.

948 Vgl. die Ausführungen auf S. 147 f.

949 OLG Frankfurt a.M. v. 29.12.1978 – 1 UF 139/78, FamRZ 1979, 177 (178).

anträgen zulässig sein soll, den vom Antragsteller durch seinen Antrag vorgegebenen Entscheidungsrahmen zu sprengen. Müsste dieser bei Teilanträgen damit rechnen, dass auf Grund eines von ihm eingeleiteten Verfahrens zu seinen Ungunsten eine für ihn unvorhersehbare Rechtsfolge herbeigeführt wird, könnte ihm bei seinem Wunsch nach einer Neuordnung der elterlichen Sorge nur angeraten werden, Teilanträge zu vermeiden und einen Antrag auf vollständige Übertragung der elterlichen Sorge gemäß § 1671 Abs. 1 BGB vorzuziehen. Oder sollte das Gericht etwa in einem solchen Fall – in dem möglicherweise ersichtlich nur eine Teilregelung gerechtfertigt und der Über-Antrag ohnehin abzuweisen wäre – im Hinblick auf den zu regelnden Teilbereich auch nach § 1628 BGB vorgehen dürfen? Die Antwort kann schon angesichts des bisher Gesagten nur negativ ausfallen.

Darüber hinaus besteht auch nicht das geringste Bedürfnis, § 1628 BGB als „andere Vorschrift" i.S. des § 1671 Abs. 3 BGB anzuerkennen. Unter den Voraussetzungen des § 1671 Abs. 2 Nr. 1 BGB besteht schon kein Elternstreit, sodass jedenfalls in diesem Fall der Anwendungsbereich des § 1628 BGB nicht eröffnet wäre. Fehlt es aber an der Zustimmung des Antragsgegners zu einem Regelungsantrag nach § 1671 Abs. 1 BGB, so richten sich die Erfolgsaussichten eines solchen Antrags nach § 1671 Abs. 2 Nr. 2 BGB. Hier hat das Gericht zu prüfen, inwieweit zu erwarten ist, dass die Aufhebung der gemeinsamen Sorge und die Übertragung auf den Antragsteller dem Wohl des Kindes am besten entspricht. Eine für den Antragsteller günstige Prognose könnte in einem etwaigen Verfahren nach § 1628 BGB nicht anders ausfallen (arg. e § 1697 a BGB). Eine (vollständige oder auch nur teilweise) ungünstige Prognose führt schon nach § 1671 Abs. 2 Nr. 2 BGB zur (vollständigen oder teilweisen) Antragsablehnung (§ 1671 Abs. 2 Nr. 2 BGB: „soweit"). Daraus folgt, dass die Anerkennung des § 1628 BGB als „andere Vorschrift" *lediglich* dem Ziel dienen würde, dem Gericht eine Überschreitung des durch den Antrag nach § 1671 Abs. 1 BGB vorgegebenen Entscheidungsrahmens zu ermöglichen. Da hierdurch das Antragsverfahren nach § 1628 BGB im Ergebnis zu einem Amtsverfahren umgestaltet würde, kann diese Vorschrift nicht als „andere Vorschrift" i.S. des § 1671 Abs. 3 BGB angesehen werden[950].

---

950 Im Ergebnis ebenso *Schwab*, FamRZ 1998, 457 (467).

Abschließend ist somit festzuhalten, dass eine „andere Vorschrift" i.S. des § 1671 Abs. 3 BGB nur eine solche sein kann, die dem Gericht die Kompetenz zuweist, von Amts wegen in die elterliche Sorge einzugreifen.

d) Inhalt der gerichtlichen Sachentscheidung

Ist ein Antrag nach § 1671 Abs. 1 BGB zulässig, so hat das Familiengericht im Verfahren nach § 1671 BGB ausschließlich über diesen Antrag eine Sachentscheidung zu treffen. Maßnahmen nach § 1666 BGB müssen in jedem Fall außerhalb des Antragsverfahrens ergehen[951]. Das ergibt sich nicht nur daraus, dass das Verfahren nach § 1671 BGB als reines Antragsverfahren ausgestaltet ist[952], sondern folgt auch unmittelbar aus dem Wortlaut des § 1671 Abs. 3 BGB („Dem Antrag ist nicht stattzugeben ..."). Das Gericht kann den Antrag also entweder abweisen oder ihm stattgeben oder ihn teilweise ablehnen und ihm teilweise stattgeben[953]. Soweit der Antrag abgewiesen wird, bleibt es bei der gemeinsamen Sorge. Anderes kann sich nur ergeben, wenn das Gericht gleichzeitig über einen etwa vorhandenen Antrag des Antragsgegners positiv befindet, der dann – in dem stattgebenden Umfang – die Alleinsorge erhält. Sofern beide Elternanträge teilweise erfolgreich sind, kann dies also dazu führen, dass die gesamte elterliche Sorge – ohne einen Restbestand an Sorgegemeinsamkeit – zwischen beiden Eltern aufgeteilt wird oder dass es in einem Teilbereich bei der gemeinsamen Sorge verbleibt.

Da in jeder Abweisung inzident die Aufrechterhaltung der gemeinsamen Sorge liegt, stellt sich die Frage, ob das Gericht diese im Tenor des Beschlusses feststellen darf. Obgleich eine solche Feststellung von § 1671 BGB nicht vorgesehen ist, empfiehlt sie sich zu Klarstellungszwecken[954]. Im Übrigen ließe sich die Feststellung mit einer entsprechenden Anwendung des § 256 ZPO rechtfertigen[955].

---

951 *Erman/Michalski*, § 1671 Rz. 30; a.A. *FamRefK/Rogner*, § 1671 Rz. 28.
952 A.A. wohl OLG Nürnberg v. 28.12.1998 – 10 UF 3913/98, FamRZ 1999, 740.
953 *Schwab*, FamRZ 1998, 457 (465).
954 *FamRefK/Rogner*, § 1671 Rz. 26.
955 *Palandt/Diederichsen*, § 1671 Rz. 7.

IV. Das Spannungsverhältnis zwischen § 1671 BGB und 1628 BGB

Die Anwendungsbereiche von § 1628 BGB einerseits und § 1671 BGB andererseits scheinen sich auf den ersten Blick erheblich voneinander zu unterscheiden: Bei § 1628 BGB geht es um die Übertragung der Entscheidungsbefugnis und damit um eine lediglich auf der Ausübungsebene wirkende Entscheidung, die auf den Bestand der gemeinsamen Sorge keinen Einfluss hat. § 1671 BGB behandelt dagegen die Überführung der gemeinsamen Sorge in die Alleinsorge und betrifft damit die elterliche Sorge in ihrer Substanz.

Gleichwohl gibt es zwischen den beiden Vorschriften Überschneidungsbereiche, da auf der einen Seite die Entscheidungsbefugnis nicht nur für eine einzelne Angelegenheit, sondern auch für eine bestimmte Art von Angelegenheiten, auf der anderen Seite die elterliche Sorge nicht nur vollständig, sondern auch partiell übertragen werden kann. Schon allein die unterschiedliche Wirkungsweise der gerichtlichen Entscheidungen nach § 1628 BGB einerseits und § 1671 Abs. 2 BGB andererseits macht eine Abgrenzung der beiden Vorschriften erforderlich. Hinzu kommt, dass zwischen den Verfahren ein Unterschied besteht, nämlich insofern, als das Jugendamt in einem Verfahren nach § 1671 BGB zwingend, in einem Verfahren nach § 1628 BGB demgegenüber nicht zu hören ist (vgl. § 49 a FGG)[956]. Auch die Entscheidungsmöglichkeiten weichen voneinander ab. Zwar hat das Gericht seine Entscheidung in beiden Verfahren am Kindeswohl auszurichten (§ 1671 Abs. 2 Nr. 2 BGB, §§ 1628, 1697 a BGB), doch bei § 1671 BGB kann die Entscheidung in der Sache nur für oder gegen den Antragsteller ausfallen, bei § 1628 BGB auch zu Gunsten des anderen Elternteils und darüber hinaus auch noch mit Beschränkungen und Auflagen versehen werden (§ 1628 Satz 2 BGB).

In zwei Fällen kann es niemals zu einer Überschneidung der Anwendungsbereiche des § 1671 BGB einerseits und des § 1628 BGB andererseits kommen. Dies ist zum einen der Fall, wenn die Eltern nicht „nicht nur vorübergehend getrennt leben". Unter dieser Voraussetzung kann jeder Elternstreit allenfalls über § 1628 BGB geregelt werden, da ein Antrag nach § 1671 Abs. 1 BGB bereits unzulässig wäre. Zum anderen kann allein § 1628 BGB zur An-

---

[956] Die Eltern und das Kind sind dagegen in beiden Verfahren nach §§ 50 a, 50 b FGG zu hören; vgl. *Staudinger/Coester*, § 1671 Rz. 55.

wendung kommen, wenn es lediglich um die Regelung einer Meinungs verschiedenheit in einer punktuell-sachbezogenen Frage geht, die mit der Entscheidung eines Elternteils „verbraucht" ist (z.B. Erlaubnis zur Teilnahme an einer Ferienfreizeit, Schulwahl, Operation)[957].

Sobald die Tatbestände beider Vorschriften erfüllt sind, erweist sich die Abgrenzung als schwierig. Besonders deutlich zeigt sich dies beim Aufenthaltsbestimmungsrecht, das sowohl nach § 1628 BGB[958] als auch nach § 1671 BGB[959] regelbar ist[960]. Die Regelbarkeit nach § 1628 BGB lässt sich aus § 1687 Abs. 1 Satz 2 BGB herleiten (gewöhnlicher Aufenthalt auf Grund einer gerichtlichen Entscheidung), diejenige nach § 1671 BGB folgt daraus, dass es sich bei dem Aufenthaltsbestimmungsrecht um einen Teil der elterlichen Personensorge handelt und eine Aufteilung der Personensorge, wie oben gezeigt (S. 229 f.), nach richtiger Ansicht nicht ausgeschlossen ist. Vor diesem Hintergrund stellt sich die Frage, ob ein Elternteil im Hinblick auf das Übermaßverbot gehalten ist, sein Begehren an der nur die Ausübungsebene betreffenden und damit weniger intensiv wirkenden Vorschrift des § 1628 BGB auszurichten.

Das ist zu verneinen. Dagegen spricht zunächst, dass das Übermaßverbot nur für den Staat gilt, nicht aber unter Privaten. Dem könnte freilich entgegengehalten werden, dass es immerhin das Gericht ist, das die vom Antragsteller begehrte Rechtsfolge herbeiführt. Hierbei würde jedoch verkannt, dass das Gesetz eine Entscheidung nach beiden Vorschriften eröffnet und für die intensivere Wirkung einer Entscheidung nach § 1671 BGB selbst einen Ausgleich vorsieht, nämlich die erheblich höheren Hürden im Tatbestand des § 1671 Abs. 2 Nr. 2 BGB („am besten")[961]. Im Übrigen ist auch ein Bedürfnis für ein Vorgehen nach § 1671 BGB anzuerkennen. Mit einer stattgebenden Entscheidung nach § 1671 BGB erlangt der Antragsteller die Gewissheit, dass der andere Elternteil – bei seinem eigenen Ausfall – die elterliche Sorge in dem ihm übertragenen Umfang nur unter der Voraussetzung zurückerhält, dass dies dem Kindeswohl

---

957 *Staudinger/Coester*, § 1671 Rz. 58.

958 Für das alte Recht *Gernhuber/Coester-Waltjen*, § 58 II 4, S. 918 m.N.

959 OLG Frankfurt v. 4.11.1999 – 1 UF 107/99, NJWE-FER 2000, 253 (254); OLG Brandenburg v. 1.3.2001 – 9 WF 177/00, FamRZ 2001, 1021.

960 Zu beachten ist, dass eine Regelung des Aufenthaltsbestimmungsrechts keinen Einfluss auf das Umgangsrecht hat; vgl. OLG Zweibrücken v. 2.3.2000 – 5 UF 134/99, KindPrax 2000, 94 f.

961 *Schwab*, FamRZ 1998, 457 (468).

nicht widerspricht. In einer solchen Sicherheit kann sich der Antragsteller nicht wiegen, wenn ihm lediglich die Entscheidungsbefugnis übertragen ist, weil die Entscheidung bei seinem Ausfall automatisch gegenstandslos wird und die elterliche Sorge von diesem Zeitpunkt an automatisch von dem anderen Elternteil auszuüben ist, ohne dass dies auf seine Vereinbarkeit mit dem Kindeswohl überprüft würde.

Für die Praxis bleibt damit festzuhalten, dass sich die Abgrenzung zwischen § 1628 BGB und § 1671 BGB in erster Linie nach dem Elternantrag richtet. Begehrt der Antragsteller ausdrücklich eine Entscheidung nach § 1671 BGB oder ist sein Ziel erkennbar auf die intensivere Wirkung dieser Vorschrift gerichtet, ist die Entscheidungsgrundlage ausschließlich § 1671 BGB[962]. Sofern diese Voraussetzungen nicht erfüllt sind, die konkret zu treffende Entscheidung aber sowohl nach der einen als auch nach der anderen Vorschrift möglich wäre, hat das Gericht die Entscheidung im Hinblick auf das Übermaßverbot nach § 1628 BGB zu treffen[963].

[962] Für Ersteres ebenso *Staudinger/Coester*, § 1671 Rz. 58.
[963] *Staudinger/Coester*, § 1671 Rz. 58.

E. SCHLUSSBETRACHTUNG

Es würde zu weit gehen, das Recht der elterlichen Sorge deshalb als „unterentwickeltes Gebiet“[964] der Rechtsordnung zu bezeichnen, weil es zahlreiche ausfüllungsbedürftige Rechtsbegriffe und offene Tatbestände enthält. Ein Rechtsgebiet, das das Verhältnis zwischen Kindern, Eltern und Staat auszugestalten hat, kann nicht allein am Maßstab formaler Rationalität gemessen und nach seinem Abstraktionsniveau beurteilt werden. Das Gesamturteil über die Qualität dieses Rechtsgebiets hängt vielmehr maßgeblich davon ab, ob das generalisierend Geregelte dem konkreten Einzelschicksal gerecht wird.

Dass immer wieder moderne Vorstellungen in das traditionsreiche Recht der elterlichen Sorge Einzug halten, die sich – anders als noch die Ursprungsfassung des BGB – nicht mehr darauf beschränken, für bestimmte Lebenssituationen Rechtsfolgen anzuordnen, sondern auch Leitlinien und Maximen vorgeben wollen, ist unverkennbar. Die Ursache für ein derart vorsichtiges Vorgehen findet sich letztlich in der Verfassung, weil in dieser vom Recht des Kindes – im Gegensatz zum Elternrecht – nicht eigens die Rede ist. Das Grundproblem des Rechts der elterlichen Sorge wird daher immer das Verhältnis der Rechte von Eltern und Kindern bleiben, sodass auch die rechtspolitische Diskussion darüber nicht abreißen kann und wird, ob und inwieweit dem Kind etwa das Recht zuzugestehen ist, Maßnahmen seiner Eltern in Ausübung der elterlichen Sorge gerichtlich überprüfen zu lassen, ob und inwieweit sein Wille bei der Frage nach der Gestaltung der Sorgerechtsverhältnisse Berücksichtigung zu finden hat und ob ihm nicht zumindest im Rahmen des § 1671 BGB ein Antragsrecht zugebilligt werden sollte.

Die rechtspolitische Diskussion ist zu begrüßen, weil sie für die Richtung der weiteren Rechtsentwicklung fruchtbar werden kann. Es lässt sich jedoch die bedenkliche Tendenz feststellen, dass in zahlreichen Einzelfragen zu § 1671 BGB ausschließlich rechtspolitisch argumentiert wird. Eine dogmatische Auseinandersetzung findet nur vereinzelt statt; verfolgt man sie, muss man ernüchtert feststellen, dass nicht einmal Grundbegriffe einheitlich verwendet werden, geschweige denn in hinreichendem Maße geklärt sind.

---

[964] So *Bosch*, FamRZ 1966, 57 (62), in Bezug auf das gesamte Familienrecht.

So ist etwa die Tatsache, dass das BGB bei der elterlichen Sorge zwischen der Ebene der Rechtsinhaberschaft und der Ausübungsebene differenziert, kaum jemandem bewusst. Deshalb kann es nicht verwundern, dass konkrete Vorstellungen über die Wirkungsweise einer Veränderung (etwa der Übertragung der elterlichen Sorge gemäß § 1671 BGB) selten anzutreffen sind. Unter diesen Umständen ist es wiederum nicht möglich, mit einem systematischen Argument z.B. die Frage zu beantworten, welcher Maßstab der Kindeswohlprüfung zugrunde zu legen ist, wenn es um die Rückgängigmachung der Veränderung geht. Voraussetzung hierfür wäre nämlich die hinreichende Klärung der Frage, welche Ebene von der Veränderung betroffen war, weil hiervon abhängt, ob eine solche Rückgängigmachung überhaupt der Einschaltung des Gerichts bedarf und – bejahendenfalls – ob ihre Durchführung das positive Ergebnis einer Kindeswohlprüfung erfordert.

Meines Erachtens verlangt das Rechtsgebiet der elterlichen Sorge deshalb nach einer neuen dogmatischen Fundierung, weil sich ohne „Grund“ auf Dauer keine Rechtssicherheit gewährleisten lassen wird. Besinnt man sich nicht auf Prinzipien, so wird das Recht der elterlichen Sorge zu einem Instrument der Rechtspolitik mutieren und sich tatsächlich zu einem „unterentwickelten Rechtsgebiet“ entwickeln. Die vorliegende Arbeit sollte dazu beitragen, einer solchen Entwicklung entgegenzuwirken. Die sich um § 1671 BGB rankenden materiell-rechtlichen Fragen wurden daher mit möglichst wenig rechtspolitischen Erwägungen, sondern mit der dogmatischen Struktur des Gesetzes zu beantworten versucht.

F. GESETZESANHANG

I. Elterliche Gewalt nach der Ursprungsfassung des Bürgerlichen Gesetzbuchs

II. Elterliche Gewalt.

§ 1626

Das Kind steht, solange es minderjährig ist, unter elterlicher Gewalt.

1. Elterliche Gewalt des Vaters

§ 1627

Der Vater hat kraft der elterlichen Gewalt das Recht und die Pflicht, für die Person und das Vermögen des Kindes zu sorgen.

§ 1628

Das Recht und die Pflicht, für die Person und das Vermögen des Kindes zu sorgen, erstreckt sich nicht auf Angelegenheiten des Kindes, für die ein Pfleger bestellt ist.

§ 1629

Steht die Sorge für die Person oder die Sorge für das Vermögen des Kindes einem Pfleger zu, so entscheidet bei einer Meinungsverschiedenheit zwischen dem Vater und dem Pfleger über die Vornahme einer sowohl die Person als das Vermögen des Kindes betreffenden Handlung das Vormundschaftsgericht.

§ 1630

Die Sorge für die Person und das Vermögen umfasst die Vertretung des Kindes.

Die Vertretung steht dem Vater insoweit nicht zu, als nach § 1795 ein Vormund von der Vertretung des Mündels ausgeschlossen ist. Das Vormundschaftsgericht kann dem Vater nach § 1796 die Vertretung entziehen.

§ 1631

Die Sorge für die Person des Kindes umfasst das Recht und die Pflicht, das Kind zu erziehen, zu beaufsichtigen und seinen Aufenthalt zu bestimmen.

Der Vater kann kraft des Erziehungsrechts angemessene Zuchtmittel gegen das Kind anwenden. Auf seinen Antrag hat das Vormundschaftsgericht ihn durch Anwendung geeigneter Zuchtmittel zu unterstützen.

§ 1632

Die Sorge für die Person des Kindes umfasst das Recht, die Herausgabe des Kindes von Jedem zu verlangen, der es dem Vater widerrechtlich vorenthält.

§ 1633

Ist eine Tochter verheirathet, so beschränkt sich die Sorge für ihre Person auf die Vertretung in den die Person betreffenden Angelegenheiten.

§ 1634

Neben dem Vater hat während der Dauer der Ehe die Mutter das Recht und die Pflicht, für die Person des Kindes zu sorgen; zur Vertretung des Kindes ist sie nicht berechtigt, unbeschadet der Vorschrift des § 1685 Abs. 1. Bei einer Meinungsverschiedenheit zwischen den Eltern geht die Meinung des Vaters vor.

§ 1635

Ist die Ehe aus einem der in den §§ 1565 bis 1568 bestimmten Grunde geschieden, so steht, solange die geschiedenen Ehegatten leben, die Sorge für die Person des Kindes, wenn ein Ehegatte allein für schuldig erklärt ist, dem anderen Ehegatten zu; sind beide Ehegatten für schuldig erklärt, so steht die Sorge für einen Sohn unter sechs Jahren oder für eine Tochter der Mutter, für einen Sohn, der über sechs Jahre alt ist, dem Vater zu. Das Vormundschaftsgericht kann eine abweichende Anordnung treffen, wenn eine solche aus besonderen Gründen im Interesse des Kindes geboten ist; es kann die Anordnung aufheben, wenn sie nicht mehr erforderlicht ist.

Das Recht des Vaters zur Vertretung des Kindes bleibt unberührt.

§ 1636

Der Ehegatte, dem nach § 1635 die Sorge für die Person des Kindes zusteht, behält die Befugniß, mit dem Kinde persönlich zu verkehren. Das Vormundschaftsgericht kann den Verkehr näher regeln.

§ 1637

Ist die Ehe nach § 1348 Abs. 2 aufgelöst, so gilt in Ansehung der Sorge für die Person des Kindes das Gleiche, wie wenn die Ehe geschieden ist und beide Ehegatten für schuldig erklärt sind.

§ 1638

Das Recht und die Pflicht, für das Vermögen des Kindes zu sorgen (Vermögensverwaltung), erstreckt sich nicht auf das Vermögen, welches das Kind von Todeswegen erwirbt oder welches ihm unter Lebenden von einem Dritten unentgeltlich zugewendet wird, wenn der Erblasser durch letztwillige Verfügung, der Dritte bei der Zuwendung bestimmt hat, dass der Erwerb der Verwaltung des Vaters entzogen sein soll.

Was das Kind auf Grund eines zu einem solchen Vermögen gehörenden Rechtes oder als Ersatz für die Zerstörung, Beschädigung oder Entziehung eines zu dem Vermögen gehörenden Gegenstandes oder durch ein Rechtsgeschäft erwirbt, das sich auf das Vermögen bezieht, ist gleichfalls der Verwaltung des Vaters entzogen.

§ 1639

Was das Kind von Todeswegen erwirbt oder was ihm unter Lebenden von einem Dritten unentgeltlich zugewendet wird, hat der Vater nach den Anordnungen des Erblassers oder des Dritten zu verwalten, wenn die Anordnungen von dem Erblasser durch letztwillige Verfügung, von dem Dritten bei der Zuwendung getroffen worden sind. Kommt der Vater den Anordnungen nicht nach, so hat das Vormundschaftsgericht die zu ihrer Durchführung erforderlichen Maßregeln zu treffen.

Der Vater darf von den Anordnungen insoweit abweichen, als es nach § 1803 Abs. 2, 3 einem Vormunde gestattet ist.

§ 1640

Der Vater hat das seiner Verwaltung unterliegende Vermögen des Kindes, welches bei dem Tode der Mutter vorhanden ist oder dem Kinde später zufällt, zu verzeichnen und das Verzeichniß, nachdem er es mit der Versicherung der Richtigkeit und Vollständigkeit versehen hat, dem Vormundschaftsgericht einzureichen. Bei Haushaltsgegenständen genügt die Angabe des Gesammtwerths.

Ist das eingereichte Verzeichniß ungenügend, so kann das Vormundschaftsgericht anordnen, daß das Verzeichniß durch eine zuständige Behörde oder durch einen zuständigen Beamten oder Notar aufgenommen wird. Die Anordnung ist für das in Folge des Todes der Mutter dem Kinde zufallende Vermögen unzulässig, wenn die Mutter sie durch letztwillige Verfügung ausgeschlossen hat.

§ 1641

Der Vater kann nicht in Vertretung des Kindes Schenkungen machen. Ausgenommen sind Schenkungen, durch die einer sittlichen Pflicht oder einer auf den Anstand zu nehmenden Rücksicht entsprochen wird.

§ 1642

Der Vater hat das seiner Verwaltung unterliegende Geld des Kindes unbeschadet der Vorschrift des § 1653, nach den für die Anlegung von Mündelgeld geltenden Vorschriften der §§ 1807, 1808 verzinslich anzulegen, soweit es nicht zur Bestreitung von Ausgaben bereit zu halten ist.

Das Vormundschaftsgericht kann dem Vater aus besonderen Gründen eine andere Anlegung gestatten.

§ 1643

Zu Rechtsgeschäften für das Kind bedarf der Vater der Genehmigung des Vormundschaftsgerichts in den Fällen, in denen nach § 1821 Abs. 1 Nr. 1 bis 3, Abs. 2 und nach § 1822 Nr. 1, 3, 5, 8 bis 11 ein Vormund der Genehmigung bedarf.

Das Gleiche gilt für die Ausschlagung einer Erbschaft oder eines Vermächtnisses sowie für den Verzicht auf einen Pflichttheil. Tritt der Anfall an das Kind erst in Folge der Ausschlagung des Vaters ein, so ist die Genehmigung nur erforderlich, wenn der Vater neben dem Kinde berufen war.

Die Vorschriften der §§ 1825, 1828 bis 1831 finden entsprechende Anwendung.

§ 1644

Der Vater kann Gegenstände, zu deren Veräußerung die Genehmigung des Vormundschaftsgerichts erforderlich ist, dem Kinde nicht ohne diese Genehmigung zur Erfüllung eines von dem Kinde geschlossenen Vertrags oder zu freier Verfügung überlassen.

§ 1645

Der Vater soll nicht ohne Genehmigung des Vormundschaftsgericht ein neues Erwerbsgeschäft im Namen des Kindes beginnen.

§ 1646

Erwirbt der Vater mit Mitteln des Kindes bewegliche Sachen, so geht mit dem Erwerbe das Eigenthum auf das Kind über, es sei denn, dass der Vater nicht für Rechnung des Kindes erwerben will. Dies gilt insbesondere auch von Inhaberpapieren und von Orderpapieren, die mit Blankoindossament versehen sind.

Die Vorschriften des Abs. 1 finden entsprechende Anwendung, wenn der Vater mit Mitteln des Kindes ein Recht an Sachen der bezeichneten Art oder ein anderes Recht erwirbt, zu dessen Uebertragung der Abtretungsvertrag genügt.

§ 1647

Die Vermögensverwaltung des Vaters endigt mit der Rechtskraft des Beschlusses, durch den der Konkurs über das Vermögen des Vaters eröffnet wird.

Nach der Aufhebung des Konkurses kann das Vormundschaftsgericht die Verwaltung dem Vater wiederübertragen.

§ 1648

Macht der Vater bei der Sorge für die Person oder das Vermögen des Kindes Aufwendungen, die er den Umständen nach für erforderlich halten darf, so kann er von dem Kinde Ersatz verlangen, sofern nicht die Aufwendungen ihm selbst zur Last fallen.

§ 1649

Dem Vater steht kraft der elterlichen Gewalt die Nutznießung an dem Vermögen des Kindes zu.

§ 1650

Von der Nutznießung ausgeschlossen (freies Vermögen) sind die ausschließlich zum persönlichen Gebrauche des Kindes bestimmten Sachen, insbesondere Kleider, Schmucksachen und Arbeitsgeräthe.

§ 1651

Freies Vermögen ist:

1. was das Kind durch seine Arbeit oder durch den ihm nach § 112 gestatteten selbständigen Betrieb eines Erwerbsgeschäfts erwirbt;

2. was das Kind von Todeswegen erwirbt oder was ihm unter Lebenden von einem Dritten unentgeltlich zugewendet wird, wenn der Erblasser durch letztwillige Verfügung, der Dritte bei der Zuwendung bestimmt hat, daß das Vermögen der Nutznießung entzogen sein soll.

Die Vorschriften des § 1638 Abs. 2 finden entsprechende Anwendung.

§ 1652

Der Vater erwirbt die Nutzungen des seiner Nutznießung unterliegenden Vermögens in derselben Weise und in demselben Umfange wie ein Nießbraucher.

§ 1653

Der Vater darf verbrauchbare Sachen, die zu dem seiner Nutznießung unterliegenden Vermögen gehören, für sich veräußern oder verbrauchen, Geld jedoch nur mit Genehmigung des Vormundschaftsgerichts. Macht der Vater von dieser Befugniß Gebrauch, so hat er den Werth der Sachen nach der Beendigung der Nutznießung zu ersetzen; der Ersatz ist schon vorher zu leisten, wenn die ordnungsmäßige Verwaltung des Vermögens es erfordert.

§ 1654

Der Vater hat die Lasten des seiner Nutznießung unterliegenden Vermögens zu tragen. Seine Haftung bestimmt sich nach den für den Güterstand der Verwaltung und Nutznießung geltenden Vorschriften der §§ 1384 bis 1386, 1388. Zu den Lasten gehören auch die Kosten eines Rechtsstreits, der für das Kind geführt wird, sofern sie nicht dem freien Vermögen zur Last fallen, sowie die Kosten der Vertheidigung des Kindes in einem gegen das Kind gerichteten Strafverfahren, vorbehaltlich der Ersatzpflicht des Kindes im Falle seiner Verurtheilung.

§ 1655

Gehört zu dem der Nutznießung unterliegenden Vermögen ein Erwerbsgeschäft, das von dem Vater im Namen des Kindes betrieben wird, so gebührt dem Vater nur der sich aus dem Betrieb ergebende jährliche Reingewinn. Ergiebt sich in einem Jahre ein Verlust, so verbleibt der Gewinn späterer Jahre bis zur Ausgleichung des Verlustes dem Kinde.

§ 1656

Steht dem Vater die Verwaltung des seiner Nutznießung unterliegenden Vermögens nicht zu, so kann er auch die Nutznießung nicht ausüben; er kann jedoch die Herausgabe der Nutzungen verlangen, soweit nicht ihre Verwendung zur ordnungsmäßigen Verwaltung des Vermögens und zur Bestreitung der Lasten der Nutznießung erforderlich ist.

Ruht die elterliche Gewalt des Vaters oder ist dem Vater die Sorge für die Person und das Vermögen des Kindes durch das Vormundschaftsgericht entzogen, so können die Kosten des Unterhalts des Kindes aus den Nutzungen insoweit vorweg entnommen werden, als sie dem Vater zur Last fallen.

§ 1657

Ist der Vater von der Ausübung der Nutznießung ausgeschlossen, so hat er eine ihm dem Kinde gegenüber obliegende Verbindlichkeit, die in Folge der Nutznießung erst nach deren Beendigung zu erfüllen sein würde, sofort zu erfüllen. Diese Vorschrift findet keine Anwendung, wenn die elterliche Gewalt ruht.

§ 1658

Das Recht, das dem Vater kraft seiner Nutznießung an dem Vermögen des Kindes zusteht, ist nicht übertragbar.

Das Gleiche gilt von den nach den §§ 1655, 1656 dem Vater zustehenden Ansprüchen, solange sie nicht fällig sind.

§ 1659

Die Gläubiger des Kindes können ohne Rücksicht auf die elterliche Nutznießung Befriedigung aus dem Vermögen des Kindes verlangen.

Hat der Vater verbrauchbare Sachen nach § 1653 veräußert oder verbraucht, so ist er den Gläubigern gegenüber zum sofortigen Ersatze verpflichtet.

§ 1660

Im Verhältnisse des Vaters und des Kindes zu einander finden in Ansehung der Verbindlichkeiten des Kindes die für den Güterstand der Verwaltung und Nutznießung geltenden Vorschriften des § 1415, des § 1416 Abs. 1 und des § 1417 entsprechende Anwendung.

§ 1661

Die Nutznießung endigt, wenn sich das Kind verheirathet. Die Nutznießung verbleibt jedoch dem Vater, wenn die Ehe ohne die erforderliche elterliche Einwilligung geschlossen wird.

§ 1662

Der Vater kann auf die Nutznießung verzichten. Der Verzicht erfolgt durch Erklärung gegenüber dem Vormundschaftsgerichte; die Erklärung ist in öffentlich beglaubigter Form abzugeben.

§ 1663

Hat der Vater kraft seiner Nutznießung ein zu dem Vermögen des Kindes gehörendes Grundstück vermiethet oder verpachtet, so finden, wenn das Mieth- oder Pachtverhältniß bei der Beendigung der Nutznießung noch besteht, die Vorschriften des § 1056 entsprechende Anwendung.

Gehört zu dem der Nutznießung unterliegenden Vermögen ein landwirthschaftliches Grundstück, so findet die Vorschrift des § 592, gehört zu dem

Vermögen ein Landgut, so finden die Vorschriften der §§ 592, 593 entsprechende Anwendung.

§ 1664

Der Vater hat bei der Ausübung der elterlichen Gewalt dem Kinde gegenüber nur für diejenige Sorgfalt einzustehen, welche er in eigenen Angelegenheiten anzuwenden pflegt.

§ 1665

Ist der Vater verhindert, die elterliche Gewalt auszuüben, so hat das Vormundschaftsgericht, sofern nicht die elterliche Gewalt nach § 1685 von der Mutter ausgeübt wird, die im Interesse des Kindes erforderlichen Maßregeln zu treffen.

§ 1666

Wird das geistige oder leibliche Wohl des Kindes dadurch gefährdet, daß der Vater das Recht der Sorge für die Person des Kindes mißbraucht, das Kind vernachlässigt oder sich eines ehrlosen oder unsittlichen Verhaltens schuldig macht, so hat das Vormundschaftsgericht die zur Abwendung der Gefahr erforderlichen Maßregeln zu treffen. Das Vormundschaftsgericht kann insbesondere anordnen, daß das Kind zum Zwecke der Erziehung in einer geeigneten Familie oder in einer Erziehungsanstalt oder einer Besserungsanstalt untergebracht wird.

Hat der Vater das Recht des Kindes auf Gewährung des Unterhalts verletzt und ist für die Zukunft eine erhebliche Gefährdung des Unterhalts zu besorgen, so kann dem Vater auch die Vermögensverwaltung sowie die Nutznießung entzogen werden.

§ 1667

Wird das Vermögen des Kindes dadurch gefährdet, dass der Vater die mit der Vermögensverwaltung oder die mit der Nutznießung verbundenen Pflichten verletzt oder daß er in Vermögensverfall geräth, so hat das Vormundschaftsgericht die zur Abwendung der Gefahr erforderlichen Maßregeln zu treffen.

Das Vormundschaftsgericht kann insbesondere anordnen, dass der Vater ein Verzeichniß des Vermögens einreicht und über seine Verwaltung Rechnung legt. Der Vater hat das Verzeichniß mit der Versicherung der Richtigkeit und Vollständigkeit zu versehen. Ist das eingereichte Verzeichniß ungenügend, so findet die Vorschrift des § 1640 Abs. 2 Satz 1 Anwendung. Das Vormundschaftsgericht kann auch, wenn Werthpapiere, Kostbarkeiten oder Buchforderungen gegen das Reich oder einen Bundesstaat zu dem Vermögen des Kindes gehören, dem Vater die gleichen Verpflichtungen auferlegen, welche nach den

§§ 1814 bis 1816, 1818 einem Vormund obliegen; die Vorschriften der §§ 1819, 1820 finden entsprechende Anwendung.

Die Kosten der angeordneten Maßregeln fallen dem Vater zur Last.

§ 1668

Sind die nach § 1667 Abs. 2 zulässigen Maßregeln nicht ausreichend, so kann das Vormundschaftsgericht dem Vater Sicherheitsleistung für das seiner Verwaltung unterliegende Vermögen auferlegen. Die Art und den Umfang der Sicherheitsleistung bestimmt das Vormundschaftsgericht nach seinem Ermessen.

§ 1669

Will der Vater eine neue Ehe eingehen, so hat er seine Absicht dem Vormundschaftsgericht anzuzeigen, auf seine Kosten ein Verzeichniß des seiner Verwaltung unterliegenden Vermögens einzureichen und, soweit in Ansehung dieses Vermögens eine Gemeinschaft zwischen ihm und dem Kinde besteht, die Auseinandersetzung herbeizuführen. Das Vormundschaftsgericht kann gestatten, dass die Auseinandersetzung erst nach der Eheschließung erfolgt.

§ 1670

Kommt der Vater den nach den §§ 1667, 1668 getroffenen Anordnungen nicht nach oder erfüllt er die ihm nach den §§ 1640, 1669 obliegenden Verpflichtungen nicht, so kann ihm das Vormundschaftsgericht die Vermögensverwaltung entziehen. Zur Erzwingung der Sicherheitsleistung sind andere Maßregeln nicht zulässig.

§ 1671

Das Vormundschaftsgericht kann während der Dauer der elterlichen Gewalt die von ihm getroffenen Anordnungen jederzeit ändern, insbesondere die Erhöhung, Minderung oder Aufhebung der geleisteten Sicherheit anordnen.

§ 1672

Bei der Bestellung und Aufhebung der Sicherheit wird die Mitwirkung des Kindes durch die Anordnung des Vormundschaftsgerichts ersetzt.

Die Kosten der Bestellung und Aufhebung der Sicherheit fallen dem Vater zur Last.

§ 1673

Das Vormundschaftsgericht soll vor einer Entscheidung, durch welche die Sorge für die Person oder das Vermögen des Kindes oder die Nutznießung dem Vater entzogen oder beschränkt wird, den Vater hören, es sei denn, dass die Anhörung unthunlich ist.

Vor der Entscheidung sollen auch Verwandte, insbesondere die Mutter, oder Verschwägerte des Kindes gehört werden, wenn es ohne erhebliche Verzögerung und ohne unverhältnißmäßige Kosten geschehen kann. Für den Ersatz der Auslagen gilt die Vorschrift des § 1847 Abs. 2.

§ 1674

Verletzt der Vormundschaftsrichter vorsätzlich oder fahrlässig die ihm obliegenden Pflichten, so ist er dem Kinde nach § 839 Abs. 1, 3 verantwortlich.

§ 1675

Der Gemeindewaisenrath hat dem Vormundschaftsgericht Anzeige zu machen, wenn ein Fall zu seiner Kenntniß gelangt, in welchem das Vormundschaftsgericht zum Einschreiten berufen ist.

§ 1676

Die elterliche Gewalt des Vaters ruht, wenn er geschäftsunfähig ist.

Das Gleiche gilt, wenn der Vater in der Geschäftsfähigkeit beschränkt ist oder wenn er nach § 1910 Abs. 1 einen Pfleger für seine Person und sein Vermögen erhalten hat. Die Sorge für die Person des Kindes steht ihm neben dem gesetzlichen Vertreter des Kindes zu; zur Vertretung des Kindes ist er nicht berechtigt. Bei einer Meinungsverschiedenheit zwischen dem Vater und dem gesetzlichen Vertreter geht die Meinung des gesetzlichen Vertreters vor.

§ 1677

Die elterliche Gewalt des Vaters ruht, wenn von dem Vormundschaftsgerichte festgestellt wird, daß der Vater auf längere Zeit an der Ausübung der elterlichen Gewalt thatsächlich verhindert ist.

Das Ruhen endigt, wenn von dem Vormundschaftsgerichte festgestellt wird, daß der Grund nicht mehr besteht.

§ 1678

Solange die elterliche Gewalt des Vaters ruht, ist der Vater nicht berechtigt sie auszuüben; es verbleibt ihm jedoch die Nutznießung an dem Vermögen des Kindes, unbeschadet der Vorschrift des § 1685 Abs. 2.

§ 1679

Die elterliche Gewalt des Vaters endigt, wenn er für todt erklärt wird, mit dem Zeitpunkte, der als Zeitpunkt des Todes gilt.

Lebt der Vater noch, so erlangt er die elterliche Gewalt dadurch wieder, dass er dem Vormundschaftsgerichte gegenüber seinen hierauf gerichteten Willen erklärt.

§ 1680

Der Vater verwirkt die elterliche Gewalt, wenn er wegen eines an dem Kinde verübten Verbrechens oder vorsätzlich verübten Vergehens zu Zuchthausstrafe oder zu einer Gefängnißstrafe von mindestens sechs Monaten verurtheilt wird. Wird wegen des Zusammentreffens mit einer anderen strafbaren Handlung auf eine Gesammtstrafe erkannt, so entscheidet die Einzelstrafe, welche für das an dem Kinde verübte Verbrechen oder Vergehen verwirkt ist.

Die Verwirkung der elterlichen Gewalt tritt mit der Rechtskraft des Urtheils ein.

§ 1681

Endigt oder ruht die elterliche Gewalt des Vaters oder hört aus einem anderen Grunde seine Vermögensverwaltung auf, so hat er dem Kinde das Vermögen herauszugeben und über die Verwaltung Rechenschaft abzulegen.

§ 1682

Der Vater ist auch nach der Beendigung seiner elterlichen Gewalt zur Fortführung der mit der Sorge für die Person und das Vermögen des Kindes verbundenen Geschäfte berechtigt, bis er von der Beendigung Kenntniß erlangt oder sie kennen muß. Ein Dritter kann sich auf diese Berechtigung nicht berufen, wenn er bei der Vornahme eines Rechtsgeschäfts die Beendigung der elterlichen Gewalt kennt oder kennen muß.

Diese Vorschriften finden entsprechende Anwendung, wenn die elterliche Gewalt des Vaters ruht oder aus einem anderen Grunde seine Vermögensverwaltung aufhört.

§ 1683

Endigt die elterliche Gewalt in Folge des Todes des Kindes, so hat der Vater diejenigen Geschäfte, mit deren Aufschube Gefahr verbunden ist, zu besorgen, bis der Erbe anderweit Fürsorge treffen kann.

2. Elterliche Gewalt der Mutter

§ 1684

Der Mutter steht die elterliche Gewalt zu:

1. wenn der Vater gestorben oder für todt erklärt ist;

2. wenn der Vater die elterliche Gewalt verwirkt hat und die Ehe aufgelöst ist.

Im Falle der Todeserklärung beginnt die elterliche Gewalt der Mutter mit dem Zeitpunkte, der als Zeitpunkt des Todes des Vaters gilt.

§ 1685

Ist der Vater an der Ausübung der elterlichen Gewalt thatsächlich verhindert oder ruht seine elterliche Gewalt, so übt während der Dauer der Ehe die Mutter die elterliche Gewalt mit Ausnahme der Nutznießung aus.

Ist die Ehe aufgelöst, so hat das Vormundschaftsgericht der Mutter auf ihren Antrag die Ausübung zu übertragen, wenn die elterliche Gewalt des Vaters ruht und keine Aussicht besteht, dass der Grund des Ruhens wegfallen werde. Die Mutter erlangt in diesem Falle auch die Nutznießung an dem Vermögen des Kindes.

§ 1686

Auf die elterliche Gewalt der Mutter finden die für die elterliche Gewalt des Vaters geltenden Vorschriften Anwendung, soweit sich nicht aus den §§ 1687 bis 1697 ein Anderes ergiebt.

§ 1687

Das Vormundschaftsgericht hat der Mutter einen Beistand zu bestellen:

1. wenn der Vater die Bestellung nach Maßgabe des § 1777 angeordnet hat;

2. wenn die Mutter die Bestellung beantragt;

3. wenn das Vormundschaftsgericht aus besonderen Gründen, insbesondere wegen des Umfanges oder der Schwierigkeit der Vermögensverwaltung, oder in den Fällen der §§ 1666, 1667 die Bestellung im Interesse des Kindes für nöthig erachtet.

§ 1688

Der Beistand kann für alle Angelegenheiten, für gewisse Arten von Angelegenheiten oder für einzelne Angelegenheiten bestellt werden.

Ueber den Umfang seines Wirkungskreises entscheidet die Bestellung. Ist der Umfang nicht bestimmt, so fallen alle Angelegenheiten in seinen Wirkungskreis.

Hat der Vater die Bestellung angeordnet, so hat das Vormundschaftsgericht Bestimmungen, die er nach Maßgabe des § 1777 über den Umfang des Wirkungskreises getroffen hat, bei der Bestellung zu befolgen.

§ 1689

Der Beistand hat innerhalb seines Wirkungskreises die Mutter bei der Ausübung der elterlichen Gewalt zu unterstützen und zu überwachen; er hat dem Vormundschaftsgerichte jeden Fall, in welchem es zum Einschreiten berufen ist, unverzüglich anzuzeigen.

§ 1690

Die Genehmigung des Beistandes ist innerhalb seines Wirkungskreises zu jedem Rechtsgeschäft erforderlich, zu dem ein Vormund der Genehmigung des Vormundschaftsgerichts oder des Gegenvormundes bedarf. Ausgenommen sind Rechtsgeschäfte, welche die Mutter nicht ohne die Genehmigung des Vormundschaftsgerichts vornehmen kann. Die Vorschriften der §§ 1828 bis 1831 finden entsprechende Anwendung.

Die Genehmigung des Beistandes wird durch die Genehmigung des Vormundschaftsgerichts ersetzt.

Das Vormundschaftsgericht soll vor der Entscheidung über die Genehmigung in allen Fällen, in denen das Rechtsgeschäft zu dem Wirkungskreise des Beistandes gehört, den Beistand hören, sofern ein solcher vorhanden und die Anhörung thunlich ist.

§ 1691

Soweit die Anlegung des zu dem Vermögen des Kindes gehörenden Geldes in den Wirkungskreis des Beistandes fällt, finden die für die Anlegung von Mündelgeld geltenden Vorschriften der §§ 1809, 1810 entsprechende Anwendung.

§ 1692

Hat die Mutter ein Vermögensverzeichniß einzureichen, so ist bei der Aufnahme des Verzeichnisses der Beistand zuzuziehen; das Verzeichniß ist auch von dem Beistande mit der Versicherung der Richtigkeit und Vollständigkeit zu versehen. Ist das Verzeichniß ungenügend, so finden, sofern nicht die Voraussetzungen des § 1667 vorliegen, die Vorschriften des § 1640 Abs. 2 entsprechende Anwendung.

§ 1693

Das Vormundschaftsgericht kann auf Antrag der Mutter dem Beistande die Vermögensverwaltung ganz oder theilweise übertragen; soweit dies geschieht, hat der Beistand die Rechte und Pflichten eines Pflegers.

§ 1694

Für die Berufung, Bestellung und Beaufsichtigung des Beistandes, für seine Haftung und seine Ansprüche, für die ihm zu bewilligende Vergütung und für die Beendigung seines Amtes gelten die gleichen Vorschriften wie bei dem Gegenvormunde.

Das Amt des Beistandes endigt auch dann, wenn die elterliche Gewalt der Mutter ruht.

§ 1695

Das Vormundschaftsgericht kann in den Fällen des § 1687 Nr. 2, 3 die Bestellung des Beistandes und im Falle des § 1693 die Uebertragung der Vermögensverwaltung auf den Beistand jederzeit aufheben.

Ist die Bestellung des Beistandes nach § 1687 Nr. 2 erfolgt, so soll sie nur mit Zustimmung der Mutter aufgehoben werden. Das Gleiche gilt für die Uebertragung der Vermögensverwaltung auf den Beistand.

§ 1696

Ruht die elterliche Gewalt der Mutter wegen Minderjährigkeit, so hat die Mutter das Recht und die Pflicht, für die Person des Kindes zu sorgen; zur Vertretung des Kindes ist sie nicht berechtigt. Der Vormund des Kindes hat, soweit der Mutter die Sorge zusteht, die rechtliche Stellung eines Beistandes.

§ 1697

Die Mutter verliert die elterliche Gewalt, wenn sie eine neue Ehe eingeht. Sie behält jedoch unter den im § 1696 bestimmten Beschränkungen das Recht und die Pflicht, für die Person des Kindes zu sorgen.

§ 1698

Wird für das Kind ein Vormund bestellt, weil die elterliche Gewalt des Vaters ruht oder verwirkt ist oder weil die Vertretung des Kindes dem Vater entzogen ist, oder wird für die Erziehung des Kindes an Stelle des Vaters ein Pfleger bestellt, so steht der Mutter die Sorge für die Person des Kindes neben dem Vormund oder dem Pfleger in gleicher Weise zu wie nach § 1634 neben dem Vater.

II. Die Entwicklung der Sorgerechtsregelungen bei Ehescheidung und Getrenntleben

1. § 81 EheG (1938)

(1) Ist die Ehe geschieden, so bestimmt das Vormundschaftsgericht, welchem Ehegatten die Sorge für die Person eines gemeinschaftlichen Kindes zustehen soll. Maßgebend ist, was nach Lage aller Verhältnisse dem Wohl des Kindes am besten entspricht.

(2) Sind mehrere gemeinschaftliche Kinder vorhanden, so soll die Sorge für die Person aller Kinder dem gleichen Elternteil übertragen werden, sofern nicht eine abweichende Regelung aus besonderen Gründen geboten und mit dem Wohl des Kindes vereinbar ist.

(3) Einem Ehegatten, der allein oder überwiegend für schuldig erklärt ist, soll die Sorge nur übertragen werden, wenn dies aus besonderen Gründen dem Wohl des Kindes dient.

(4) Das Vormundschaftsgericht kann die Sorge einem Pfleger übertragen, wenn dies aus besonderen Gründen zum Wohl des Kindes erforderlich ist.

(5) Das Vormundschaftsgericht kann die Anordnung jederzeit ändern, wenn das Wohl des Kindes es erfordert.

(6) Vor der Entscheidung sind die geschiedenen Ehegatten zu hören. Die Anhörung kann unterbleiben, wenn sie untunlich ist.

2. § 74 EheG (1946)

(1) Ist die Ehe geschieden, so bestimmt das Vormundschaftsgericht, falls eine Einigung der Ehegatten nicht zustande gekommen ist, welchem von ihnen die Sorge für die Person des oder der gemeinschaftlichen Kinder zustehen soll. Die Einigung der Ehegatten ist in einem schriftlichen Vorschlag binnen einer Frist von zwei Wochen nach Rechtskraft des Scheidungsurteils dem Vormundschaftsgericht zur Genehmigung vorzulegen.

(2) Ist der Vorschlag innerhalb der in Absatz 1 bestimmten Frist nicht vorgelegt worden oder findet er nicht die Billigung des Vormundschaftsgerichts, so hat dasselbe diejenige Regelung zu treffen, die dem wohlverstandenen Interesse des oder der Kinder unter Berücksichtigung der gesamten Verhältnisse am besten entspricht. Es kann dabei auch mit den Kindern persönlich Fühlung nehmen.

(3) Vor der Entscheidung sind die geschiedenen Ehegatten persönlich zu hören. Von der Anhörung kann abgesehen werden, wenn sie unmöglich ist.

(4) Einem Ehegatten, der allein oder überwiegend für schuldig erklärt ist, soll die Sorge nur übertragen werden, wenn dies aus besonderen Gründen dem Wohl des Kindes oder der Kinder dient.

(5) Das Vormundschaftsgericht kann die Sorge einem Pfleger übertragen, wenn dies aus besonderen Gründen zum Wohl des Kindes oder der Kinder erforderlich ist.

(6) Das Vormundschaftsgericht kann die Regelung jederzeit ändern, wenn es dies im Interesse des Wohls des oder der Kinder für angezeigt hält.

3. Das Gleichberechtigungsgesetz vom 18.6.1957 (1958)

a) § 1671 BGB (1958)

(1) Ist die Ehe der Eltern geschieden, so bestimmt das Vormundschaftsgericht, welchem Elternteil die elterliche Gewalt über ein gemeinschaftliches Kind zustehen soll.

(2) Von einem gemeinsamen Vorschlag der Eltern soll das Vormundschaftsgericht nur abweichen, wenn dies zum Wohle des Kindes erforderlich ist.

(3) Haben die Eltern innerhalb von zwei Monaten nach Rechtskraft des Scheidungsurteils keinen Vorschlag gemacht oder billigt das Vormundschaftsgericht ihren Vorschlag nicht, so trifft es die Regelung, die unter Berücksichtigung der gesamten Verhältnisse dem Wohle des Kindes am besten entspricht. Ist ein Elternteil allein für schuldig erklärt und sprechen keine schwerwiegenden Gründe dafür, ihm die elterliche Gewalt zu übertragen, so soll das Vormundschaftsgericht sie dem schuldlosen Teil übertragen.

(4) Die elterliche Gewalt soll in der Regel einem Elternteil allein übertragen werden. Erfordert es das Wohl des Kindes, so kann einem Elternteil die Sorge für die Person, dem anderen die Sorge für das Vermögen des Kindes übertragen werden.

(5) Das Vormundschaftsgericht kann die Sorge für die Person und das Vermögen des Kindes einem Vormund oder Pfleger übertragen, wenn dies erforderlich ist, um eine Gefahr für das geistige oder leibliche Wohl oder für das Vermögen des Kindes abzuwenden.

(6) Die vorstehenden Vorschriften gelten auch, wenn die Ehe der Eltern für nichtig erklärt worden ist. Der Schuldigerklärung steht es gleich, wenn einem der Ehegatten die Nichtigkeit der Ehe bei der Eheschließung bekannt war.

b) § 1672 BGB (1958)

Leben die Eltern nicht nur vorübergehend getrennt, so gelten die Vorschriften des § 1671 Abs. 1 bis 4 entsprechend. Das Vormundschaftsgericht entscheidet nur auf Antrag eines Elternteils.

4. Das 1. EheRG v. 14.6.1976 (1977)

a) § 1671 BGB (1977)

(1) Wird die Ehe der Eltern geschieden, so bestimmt das Familiengericht, welchem Elternteil die elterliche Gewalt über ein gemeinschaftliches Kind zustehen soll.

(2) Von einem gemeinsamen Vorschlag der Eltern soll das Familiengericht nur abweichen, wenn dies zum Wohle des Kindes erforderlich ist.

(3) Haben die Eltern keinen Vorschlag gemacht oder billigt das Familiengericht ihren Vorschlag nicht, so trifft es die Regelung, die unter Berücksichtigung der gesamten Verhältnisse dem Wohle des Kindes am besten entspricht.

(4) Die elterliche Gewalt soll in der Regel einem Elternteil allein übertragen werden. Erfordert es das Wohl des Kindes, so kann einem Elternteil die Sorge für die Person, dem anderen die Sorge für das Vermögen des Kindes übertragen werden.

(5) Das Familiengericht kann die Sorge für die Person und das Vermögen des Kindes einem Vormund oder Pfleger übertragen, wenn dies erforderlich ist, um eine Gefahr für das geistige oder leibliche Wohl oder für das Vermögen des Kindes abzuwenden.

(6) Die vorstehenden Vorschriften gelten entsprechend, wenn die Ehe der Eltern für nichtig erklärt oder aufgehoben worden ist. Haben die Eltern innerhalb von zwei Monaten nach Rechtskraft des Urteils, durch das die Ehe für nichtig erklärt oder aufgehoben worden ist, keinen Vorschlag gemacht, so trifft das Familiengericht die Regelung, die unter Berücksichtigung der gesamten Verhältnisse dem Wohle des Kindes am besten entspricht.

b) § 1672 BGB (1977)

Leben die Eltern nicht nur vorübergehend getrennt, so bestimmt das Familiengericht, welchem Elternteil die elterliche Gewalt über ein gemeinschaftliches Kind zustehen soll. Das Gericht entscheidet nur auf Antrag eines Elternteils.

5. Das Gesetz zur Neuregelung der elterlichen Sorge vom 18.7.1979 (1980)

a) § 1671 BGB (1980)

(1) Wird die Ehe der Eltern geschieden, so bestimmt das Familiengericht, welchem Elternteil die elterliche Sorge über ein gemeinschaftliches Kind zustehen soll.

(2) Das Gericht trifft die Regelung, die dem Wohle des Kindes am besten entspricht; hierbei sind die Bindungen des Kindes, insbesondere an seine Eltern und Geschwister zu berücksichtigen.

(3) Von einem übereinstimmenden Vorschlag der Eltern soll das Gericht nur abweichen, wenn dies zum Wohle des Kindes erforderlich ist. Macht ein Kind, welches das vierzehnte Lebensjahr vollendet hat, einen abweichenden Vorschlag, so entscheidet das Gericht nach Absatz 2.

(4) Die elterliche Sorge ist einem Elternteil allein zu übertragen. Erfordern es die Vermögensinteressen des Kindes, so kann die Vermögenssorge ganz oder teilweise dem anderen Elternteil übertragen werden.

(5) Das Gericht kann die Personensorge und die Vermögenssorge einem Vormund oder Pfleger übertragen, wenn dies erforderlich ist, um eine Gefahr für das Wohl des Kindes abzuwenden. Es soll dem Kind für die Geltdendmachung von Unterhaltsansprüchen einen Pfleger bestellen, wenn dies zum Wohle des Kindes erforderlich ist.

(6) Die vorstehenden Vorschriften gelten entsprechend, wenn die Ehe der Eltern für nichtig erklärt worden ist.

b) § 1672 BGB (1980)

Leben die Eltern nicht nur vorübergehend getrennt, so gilt § 1671 Abs. 1 bis 5 entsprechend. Das Gericht entscheidet auf Antrag eines Elternteils; es entscheidet von Amts wegen, wenn andernfalls das Wohl des Kindes gefährdet wäre und die Eltern nicht gewillt oder nicht in der Lage sind, die Gefahr abzuwenden.

6. Das Kindschaftsrechtsreformgesetz vom 16.12.1997 (1998)

a) § 1671

(1) Leben Eltern, denen die elterliche Sorge gemeinsam zusteht, nicht nur vorübergehend getrennt, so kann jeder Elternteil beantragen, daß ihm das Famili-

engericht die elterliche Sorge oder einen Teil der elterlichen Sorge allein überträgt.

(2) Dem Antrag ist stattzugeben, soweit

der andere Elternteil zustimmt, es sei denn, daß das Kind das vierzehnte Lebensjahr vollendet hat und der Übertragung widerspricht, oder

zu erwarten ist, daß die Aufhebung der gemeinsamen Sorge und die Übertragung auf den Antragsteller dem Wohl des Kindes am besten entspricht.

(3) Dem Antrag ist nicht stattzugeben, soweit die elterliche Sorge auf Grund anderer Vorschriften abweichend geregelt werden muß.

b) § 1672

(1) Leben Eltern nicht nur vorübergehend getrennt und steht die elterliche Sorge nach § 1626 a Abs. 2 der Mutter zu, so kann der Vater mit Zustimmung der Mutter beantragen, daß ihm das Familiengericht die elterliche Sorge oder einen Teil der elterlichen Sorge allein überträgt. Dem Antrag ist stattzugeben, wenn die Übertragung dem Wohl des Kindes dient.

(2) Soweit eine Übertragung nach Absatz 1 stattgefunden hat, kann das Familiengericht auf Antrag eines Elternteils mit Zustimmung des anderen Elternteils entscheiden, daß die elterliche Sorge den Eltern gemeinsam zusteht, wenn dies dem Wohl des Kindes nicht widerspricht. Das gilt auch, soweit die Übertragung nach Absatz 1 wieder aufgehoben wurde.

G. LITERATURVERZEICHNIS

Alternativkommentar
Kommentar zum Grundgesetz für die Bundesrepublik Deutschland,
3. Aufl., Neuwied 2001,
(zit.: Bearbeiter in: AK-GG).

Arnold, Hans-Henning
Art und Umfang der elterlichen Rechte in der Deutschen Demokratischen Republik,
zugleich ein Beitrag zur Reform des Rechts der elterlichen Sorge und der Adoption in der Bundesrepublik Deutschland,
Diss. Berlin 1973,
(zit.: Arnold).

Baer, Ingrid
Die neuen Regelungen der Reform des Rechts der elterlichen Sorge für das „Dauerpflegekind",
in FamRZ 1982, 221 – 234,
(zit.: Baer, FamRZ 1982).

dies.
Stellungnahme zum Referentenentwurf zur Reform des Kindschaftsrechts (KindRG) vom Juli 1995,
in ZfJ 1996, 123 – 126,
(zit.: Baer, ZfJ 1996).

Bartsch, Robert
Die Rechtsstellung der Frau als Gattin und Mutter,
Leipzig 1903,
(zit.: Bartsch).

Baumbach, Adolf / Lauterbach, Wolfgang / Albers, Jan / Hartmann, Peter
Zivilprozeßordnung,
59. Aufl., München 2000,
(zit.: Baumbach/Lauterbach/Bearbeiter).

Bassenge, Peter / Herbst, Gerhard
Gesetz über die Angelegenheiten der freiwilligen Gerichtsbarkeit – Rechtspflegergesetz,
Kommentar,
8. Aufl., Heidelberg 1999,
(zit.: Bassenge/Herbst).

Beitzke, G.
Betrachtungen zum neuen Kindschaftsrecht,
in FamRZ 1958, 7 – 12,
(zit.: Beitzke, FamRZ 1958).

Belchaus, Günter
Elterliches Sorgerecht,
Kommentar zum Gesetz zur Neuregelung des Rechts der elterlichen Sorge,
Köln 1980,
(zit.: Belchaus).

Bergmann, Margarethe / Gutdeutsch, Werner
Der Anspruch des Kindes auf Beteiligung am Scheidungsverfahren – Anmerkungen zur geplanten Auflösung des Zwangsverbundes zwischen Scheidung und Regelung der elterlichen Sorge,
in FamRZ 1996, 1187 –1190,
(zit.: Bergmann/Gutdeutsch, FamRZ 1996).

dies. Zur Anordnung der Kindesanhörung in Scheidungsverfahren ohne Sorgerechtsantrag, in FamRZ 1999, 422 – 426, (zit.: Bergmann/Gutdeutsch, FamRZ 1999).

Bernhardt, Wolfgang Das Recht des unehelichen Kindes und dessen Neuregelung in beiden Teilen Deutschlands, Eine kritische und vergleichende Darstellung mit Hinweisen zur Reform in der Bundesrepublik, Bielefeld 1962, zugl. Diss. Freiburg, (zit.: Bernhardt).

Bettermann, Karl August / Nipperdey, Hans Carl / Scheuner, Ulrich (Hrsg.) Die Grundrechte, Handbuch der Theorie und Praxis der Grundrechte, Band 4, 1. Halbbd., Berlin 1960, (zit.: Bearbeiter in: Bettermann, Nipperdey, Scheuner).

Bluntschli Deutsches Privatrecht, Band 2, München 1854 (Nachdruck Frankfurt am Main 1983), (zit.: Bluntschli).

Bode, Lutz Anm. zu BGH v. 29.9.1999 – XII ZB 3/99, in FamRZ 2000, 478, (zit.: Bode, FamRZ 2000).

ders. Die Fähigkeit zur Kooperation – und bist Du nicht willig ..., in FamRZ 1999, 1400 – 1403, (zit.: Bode, FamRZ 1999).

Böckenförde, Ernst-Wolfgang Elternrecht – Recht des Kindes – Recht des Staates, Zur Theorie des verfassungsrechtlichen Elternrechts und seiner Auswirkung auf Erziehung und Schule, in Essener Gespräche zum Thema Staat und Kirche, herausgegeben von Joseph Krautscheidt und Heiner Marré, Band 14, Münster 1980, S. 54 – 98, (zit.: Böckenförde).

Born, Winfried Gemeinsames Sorgerecht: Ende der „modernen Zeiten“? Besprechung von BGH, Urteil v. 29.9.1999 – XII ZB 3/99 –, Fam RZ 1999, 1646, in FamRZ 2000, 396–399, (zit.: Born, FamRZ 2000).

Bosch, F. W. Anmerkung zu AG Achern v. 13.5.1959 – FR VII 264,49, in FamRZ 1959, 379 – 380, (zit.: Bosch, FamRZ 1959).

ders. Gleichberechtigung im Bereich der elterlichen Gewalt, in SJZ 1950, 625 – 646, (zit.: Bosch, SJZ 1950).

Braun, Oliver Die elterliche Sorge nach Auflösung der ehelichen Lebensgemeinschaft gemäß §§ 1671, 1672 des Bürgerlichen Gesetzbuches, Neurwied 1999, zugl. Diss. Potsdam, (zit.: Braun).

Brüggemann, Dieter Elterliche Vermögenssorge – Alte und neue Fragen,
in ZfJ 1980, 53 – 69,
(zit.: Brüggemann, ZfJ 1980).

Büdenbender, Ulrich Elterliche Entscheidungsautonomie für die elterliche Sorge nach geltendem Recht und nach dem Entwurf eines Kindschaftsrechtsreformgesetzes,
in AcP 197 (1997), 197 – 225,
(zit.: Büdenbender, AcP 197 (1997)).

Büttner, Helmut Änderungen im Familienverfahrensrecht durch das Kindschaftsrechtsreformgesetz,
in FamRZ 1998, 585 – 594,
(zit: Büttner, FamRZ 1998).

Bugla, Martin Das Sorge- und Umgangsrecht bei nicht bzw. nicht mehr miteinander verheirateten Eltern und dessen Neuregelung durch die Kindschaftsrechtsreform,
Diss. Würzburg 1998,
(zit.: Bugla).

Burguière, Andre u.a. (Hrsg.) Geschichte der Familie,
Band 2 (Mittelalter), Frankfurt am Main 1997,
(zit.: Bearbeiter in: Burguière u.a.).

Coester, Michael Das Kindeswohl als Rechtsbegriff,
Die richterliche Entscheidung über die elterliche Sorge beim Zerfall der Familiengemeinschaft,
Frankfurt am Main 1982,
(zit.: Coester).

Conrad, Hermann Deutsche Rechtsgeschichte,
Band 1 (Frühzeit und Mittelalter),
2. Aufl., Karlsruhe 1962,
(zit.: Conrad).

Das Familienrecht der DDR Kommentar zum Familiengesetzbuch der Deutschen Demokratischen Republik vom 20. Dezember 1965 und zum Einführungsgesetz zum Familiengesetzbuch der Deutschen Demokratischen Republik vom 20. Dezember 1965,
herausgegeben vom Ministerium der Justiz,
4. Aufl., Berlin 1973,
(zit.: Das Familienrecht der DDR).

Deutscher Familiengerichtstag e.V. Stellungnahme des Deutschen Familiengerichtstages e.V. zu dem Entwurf eines Gesetzes zur Reform des Kindschaftsrechts (Kindschaftsrechtsreformgesetz – KindRG),
in FamRZ 1997, 337 – 343,
(zit.: DFGT, FamRZ 1997).

Dieckmann, Albrecht Betrachtungen zum Recht der elterlichen Sorge – vornehmlich für Kinder aus gescheiterter Ehe –,
in AcP 187 (1987), 298 – 329,
(zit.: Dieckmann, AcP 187 (1987)).

Diederichsen, Uwe Der Weg der gemeinsamen elterlichen Sorge in die Eindimensionalität,
in Festschrift für Walter Rolland zum 70. Geburtstag, Köln 1999, S. 87 – 102,
(zit.: Diederichsen, FS Rolland).

ders. Die Reform des Kindschafts- und Beistandschaftsrechts,
in NJW 1998, 1977 – 1991,
(zit.: Diederichsen, NJW 1998).

ders. Zur Reform des Eltern-Kind-Verhältnisses,
in FamRZ 1978, 461 – 474,
(zit.: Diederichsen, FamRZ 1978).

Deutsches Institut für Jugendhilfe und Familienrecht DIJuF-Rechtsgutachten v. 13.3.2001 – F 2.143 An
JAmt 2001, 233
(zit.: DIJuF, JAmt 2001).

dass. DIJuF-Rechtsgutachten v. 13.7.2001 – N 2.270 Dl,
JAmt 2001, 477 – 479,
(zit.: DIJuF, JAmt 2001).

Deutsches Institut für Vormundschaftswesen DIV-GutA v. 22.7.1998
DAVorm 1999, 63 – 65
(DIV, DAVorm 1999).

Dölle Familienrecht
Band II, Karlsruhe 1965,
(zit.: Dölle II).

Dörr, Claus Elterliche Sorge, Umgangsbefugnis und Kindesherausgabe in der Entwicklung seit dem 1. EheRG,
in NJW 1989, 690 – 696,
(zit.: Dörr, NJW 1989).

Dreier, Horst (Hrsg.) Grundgesetz,
Kommentar,
Band 1, Art. 1 – 19, Tübingen 1996,
(zit.: Bearbeiter in: H. Dreier).

Erichsen, Hans-Uwe Elternrecht – Kindeswohl – Staatsgewalt,
Zur Verfassungsmäßigkeit staatlicher Einwirkungsmöglichkeiten auf die Kindeserziehung durch und aufgrund von Normen des elterlichen Sorgerechts und des Jungendhilferechts,
Berlin 1985,
(zit.: Erichsen).

Erler, Adalbert / Kaufmann, Ekkehard (Hrsg.) Handwörterbuch zur deutschen Rechtsgeschichte,
Band 1, Berlin 1971,
Band 2, Berlin 1978,
Band 3, Berlin 1984,
(zit.: Erler/Kaufmann, HRG Band).

Erman Bürgerliches Gesetzbuch,
10. Aufl., Köln 2000,
(zit.: Erman/Bearbeiter).

Ewers, Franz-Georg Nachdenken über § 1696 BGB, neu?,
in FamRZ 1999, 477 – 480,
(zit.: Ewers, FamRZ 1999)

Familienrechtsreform-kommentar Bielefeld 1998,
(zit.: FamRefK/Bearbeiter).

Fehnemann, Ursula Bemerkungen zum Elternrecht in der Schule,
in DÖV 1978, 489 – 495,
(zit.: Fehnemann, DÖV 1978).

dies. Zur näheren Bestimmung des grundgesetzlichen Elternrechts,
in DÖV 1982, 353 – 358,
(zit.: Fehnemann, DÖV 1982).

Finger, Peter §§ 1626a ff., 1672 BGB – verfassungswidrig?,
in FamRZ 2000, 1204 – 1207,
(zit.: Finger, FamRZ 2000).

Finke, Fritz / Garbe, Roland (Hrsg.) Familienrecht in der anwaltlichen Praxis,
3. Aufl., Bonn 1999,
(zit.: Bearbeiter in: Finke/Garbe).

Fthenakis, Wassilios E. Zum Stellenwert der Bindungen des Kindes als sorgerechtsrelevantes Kriterium gemäß § 1671 BGB – Eine Replik auf einen Beitrag von Lempp in FamRZ 1984, 741–744,
in FamRZ 1985, 662 – 672,
(zit.: Fthenakis, FamRZ 1985).

Gaul, Hans Friedhelm Ausgewählte Probleme des materiellen Rechts und des Verfahrensrechts im neuen Abstammungsrecht,
in FamRZ 2000, 1461 – 1476,
(zit.: Gaul, FamRZ 2000).

Gehring, Paul Elterliche Personengewalt und Vertrag nach BGB,
Berlin 1920,
(zit.: Gehring).

Gernhuber, Joachim Elterliche Gewalt heute,
in FamRZ 1962, 89 – 96,
(zit.: Gernhuber, FamRZ 1962).

Gernhuber, Joachim / Coester-Waltjen, Dagmar Lehrbuch des Familienrechts,
4. Aufl., München 1994,
(zit.: Gernhuber/Coester-Waltjen).

Giesen, Dieter Familienrecht,
2. Aufl., Tübingen 1997,
(zit.: Giesen).

Gleißl, Renate / Suttner, Bernhard Zur Rechtsstellung der Pflegeeltern nach neuem Recht,
in FamRZ 1982, 122 – 127,
(zit.: Gleißl/Suttner, FamRZ 1982).

Göppinger, Horst	Ein BGB-Kommentar und die neuesten Wandlungen des Bürgerlichen Rechts (insbesondere im Familienrecht), in FamRZ 1960, 344 – 349, (zit.: Göppinger, FamRZ 1960).
ders.	Irrungen und Wirrungen im Unehelichenrecht, Einige Bemerkungen zu §§ 1707 II, 1709, 1727, 1738, 1747 III BGB sowie zu den Beschlüssen des 44. Deutschen Juristentages (FamRZ 1962, 401), in FamRZ 1962, 449 – 451, (zit.: Göppinger, FamRZ 1962).
ders. (Begr.)	Vereinbarungen anläßlich der Ehescheidung, 7. Aufl., München 1998, (zit.: Göppinger/Bearbeiter).
Goldschmidt, James	Der Prozess als Rechtslage, Eine Kritik des prozessualen Denkens, Aalen 1962 (Neudruck der Ausgabe Berlin 1925), (zit.: Goldschmidt).
Goldstein, Joseph / Freud, Anna / Solnit, Albert J.	Jenseits des Kindeswohls, mit einem Nachwort (zur Ausgabe 1991): Weitere Bemerkungen zur Anwendung des Standards der am wenigsten schädlichen Alternative, Mit einem Beitrag von Spiros Simitis. Frankfurt am Main 1991, (zit.: Goldstein/Freud/Solnit).
Grasnick, Maria	Der Verkehr des Vaters mit seinem unehelichen Kinde, Zu der Regelung im Referentenentwurf für ein Unehelichengesetz, in NJW 1966, 1298 –1301, (zit.: Grasnick, NJW 1966).
Greßmann, Michael	Neues Kindschaftsrecht, Bielefeld 1998, (zit.: Greßmann).
Gross, Werner	Das Ende des Besatzungsregimes und die Gleichberechtigung der Geschlechter, in FamRZ 1955, 226, (zit.: Gross, FamRZ 1955).
Haase, Wolfgang / Kloster-Harz, Doris	Gemeinsame elterliche Sorge – Ein Schritt vorwärts und zwei Schritte zurück? in FamRZ 2000, 1003 – 1006, (zit.: Haase/Kloster-Harz, FamRZ 2000).
Häberle, Peter	Die Wesensgehaltgarantie des Art. 19 Abs. 2 Grundgesetz, 3. Aufl., Heidelberg 1983, (zit.: Häberle).

Hagelstein, Klaus Weitergeltung von Entscheidungen nach § 1672 (a.F.) für die Zeit nach einer Scheidung, in FuR 1998, 404, (zit.: Hagelstein, FuR 1998).

Heger, Matthias / Schomburg, Gerhard Das Gesetz zur Ächtung der Gewalt in der Erziehung und zur Änderung des Kindesunterhaltsrechts, in KindPrax 2000, 171 – 175, (zit.: Heger/Schomburg, KindPrax 2000).

Helfer, Angela / Bünder, Peter Zur Situtation der Kinder bei Trennung oder Scheidung: Sicherheit und Entlastung durch Vereinbarung der Eltern, in KindPrax 2001, 151 – 155, (zit.: Helfer/Bünder, KindPrax 2001).

Hepting, Reinhard Ehevereinbarungen, Die autonome Ausgestaltung der ehelichen Lebensgemeinschaft im Verhältnis zu Eherecht, Rechtsgeschäftslehre und Schuldrecht, München 1984, (zit.: Hepting).

Herdegen, Matthias Die Aufnahme besonderer Rechte des Kindes in die Verfassung, in FamRZ 1993, 374 – 384, (zit.: Herdegen, FamRZ 1993).

Hinz, Manfred Kindesschutz als Rechtsschutz und elterliches Sorgerecht, Materiellrechtliche und verfahrensrechtliche Strukturen des vormundschaftsgerichtlichen Rechtsschutzes Minderjähriger nach geltendem und künftigen Recht, Paderborn 1976, (zit.: Hinz).

Holzhauer, Heinz Verwandtschaftliche Elternstellung, verfassungsmäßiges Elternrecht und elterliche Sorge, in FamRZ 1982, 109 – 118, (zit.: Holzhauer, FamRZ 1982).

Huber, Peter Die elterliche Sorge zwischen Veränderung und Kontinuität, in FamRZ 1999, 1625 – 1631, (zit.: Huber, FamRZ 1999).

Huber, Peter / Scherer, Holger Die Neuregelung zur Ächtung der Gewalt in der Erziehung, in FamRZ 2001, 797 – 801, (zit.: Huber/Scherer, FamRZ 2001).

Isensee, Josef / Kirchhof, Paul (Hrsg.) Handbuch des Staatsrechts der Bundesrepublik Deutschland, Band 4, Freiheitsrechte, Heidelberg 1989, (zit.: Bearbeiter in: Isensee/Kirchhof).

Jauernig, Othmar Zivilprozeßrecht, 25. Aufl, München 1998, (zit.: Jauernig).

Jhering, Rudolf von	Geist des römischen Rechts auf den verschiedenen Stufen seiner Entwicklung, Teil 2, Abt. 1, 5. Aufl., Leipzig 1894 (Nachdruck 10. Aufl., Aalen 1993), (zit.: Jhering).
Johannsen, Kurt / Henrich, Dieter	Eherecht – Scheidung, Trennung, Folgen, 3. Aufl., München 1998, (zit.: Johannsen/Henrich/Bearbeiter).
Kaser, Max	Das Römische Privatrecht, Teil 3, Band 3, 1. Abschn., 2. Aufl., München 1971, (zit.: Kaser).
Keller, Tanja	Das gemeinsame Sorgerecht nach der Kindschaftsrechtsreform, Köln 1999, (zit.: Keller).
Keidel, Theodor / Kuntze, Joachim / Winkler, Karl u.a.	Freiwillige Gerichtsbarkeit, Kommentar zum Gesetz über die Angelegenheiten der freiwilligen Gerichtsbarkeit, Teil A, 13. Aufl., München 1992, (zit.: Bearbeiter in: Keidel/Kuntze/Winkler).
Kingreen, Thorsten	Das Grundrecht von Ehe und Familie (Art. 6 I GG), in Jura 1997, 401 – 408, (zit.: Kingreen, Jura 1997).
Klippel, Diethelm	Elterliche Gewalt und Kindesrechte im deutschen Naturrecht des 18. und 19. Jahrhunderts, in Festschrift für Dieter Henrich zum 70. Geburtstag, S. 371 – 384, Bielefeld 2000, (zit.: Klippel).
Knöpfel, Gottfried	Zum gemeinsamen Sorgerecht der Eltern nach Scheidung, in NJW 1983, 905 – 909, (zit.: Knöpfel, NJW 1983).
Kraut, Wilhelm Theodor	Die Vormundschaft nach den Grundsätzen des Deutschen Rechts, 2. Band, Göttingen 1847, (zit.: Kraut).
Kringe, Otto	Kindschaftsrecht in beiden deutschen Staaten, in Das Familienrecht in beiden deutschen Staaten, Rechtsentwicklung, Rechtsvergleich, Kollisionsprobleme, Symposium, 9./10. Oktober 1980, Köln 1983, S. 129 – 146, (zit.: Kringe, Das Familienrecht in beiden deutschen Staaten).
Kropholler, Jan	Das Kindeswohl als Rechtsbegriff, in JZ 1984, 164 – 167, (zit.: Kropholler, JZ 1984).
ders.	Kritische Bestandsaufnahme im Nichtehelichenrecht: Familienrecht im Wandel, in AcP 185 (1985), 244 – 307, (zit.: Kropholler, AcP 185 (1985)).

ders. Übereinstimmender Elternvorschlag und Sorgerecht, in NJW 1984, 271 – 276, (zit.: Kropholler, NJW 1984).

Krüger, Hildegard Die verfassungsrechtliche Bedeutung des Art. 117 GG, in NJW 1953, 964 – 967, (zit.: Krüger, NJW 1953).

Lange, Hermann Die Lücke im Kindschaftsrecht, in NJW 1961, 1889 – 1896, (zit.: Lange, NJW 1961).

Larenz, Karl Allgemeiner Teil des deutschen Bürgerlichen Rechts, 7. Aufl., München 1988, (zit.: Larenz).

Lecheler, Helmut Der Schutz der Familie, Fehlentwicklungen bei der Konkretisierung eines Grundrechts, in FamRZ 1979, 1 – 8, (zit.: Lecheler, FamRZ 1979).

Lempp, Reinhart Das Wohl des Kindes in §§ 1666 und 1671 BGB, in NJW 1963, 1659 – 1662, (zit.: Lempp, NJW 1963).

ders. Die Bindungen des Kindes und ihre Bedeutung für das Wohl des Kindes gemäß § 1671 BGB, in FamRZ 1984, 741 – 744, (zit.: Lempp, FamRZ 1984).

ders. Noch einmal: Kindeswohl und Kindeswille, in NJW 1964, 440 – 414, (Lempp, NJW 1964).

Limbach, Jutta Gemeinsame Sorge geschiedener Eltern, Heidelberg 1988, (zit.: Limbach).

Lipp, Martin Das elterliche Sorgerecht für das nichteheliche Kind nach dem Kindschaftsrechtsreformgesetz (KindRG), in FamRZ 1998, 65 – 76, (zit.: Lipp, FamRZ 1998).

Lipp, Martin / Wagenitz, Thomas Das neue Kindschaftsrecht, Stuttgart 1999, (zit.: Lipp/Wagenitz).

Locke, John Two Treatises of Government., London 1821, (zit.: Locke).

Lohrentz, Ute Jugendhilfe bei Trennung und Scheidung, Neuwied 1999, zugl. Diss. Münster, (zit.: Lohrentz).

Lüderitz, Alexander / Lenzen, Gerhard Übertragung der elterlichen Gewalt an beide Elternteile nach Scheidung?, FamRZ 1971, 625 – 628, (zit.: Lüderitz/Lenzen, FamRZ 1971).

Lüderitz, Alexander	Elterliche Sorge als privates Recht, in AcP 189 (1989), 263 – 297, (zit.: Lüderitz, AcP 189 (1989)).
ders.	Familienrecht, 27. Aufl., München 1999, (zit.: Lüderitz).
Luthin, Horst	Anmerkung zu AG Groß-Gerau v. 29.7.1998 – 71 F 312/98 in FamRZ 1998, 1465, (zit.: Luthin, FamRZ 1998).
ders.	Anmerkung zu OLG Hamm v. 29.3.1985 – 10 UF 2/85, in FamRZ 1985, 638 – 639, (zit.: Luthin, FamRZ 1985).
ders.	Gemeinsames Sorgerecht nach der Scheidung, Bielefeld 1987, (zit.: Luthin).
von Mangoldt, Hermann	Grundrechte und Grundsatzfragen des Bonner Grundgesetzes, in AöR 75 (1949), 273 – 290, (zit.: von Mangoldt, AöR 75 (1949)).
von Mangoldt, Hermann / Klein, Friedrich / Starck, Christian	Das Bonner Grundgesetz, Kommentar, 4. Aufl., München 1999, (zit.: Bearbeiter in: von Mangoldt/Klein/Starck).
Maunz, Theodor / Dürig, Günter	Grundgesetz Kommentar, Band 1, Art. 1 – 27, München 1989, (zit.: Bearbeiter in: Maunz/Dürig).
Mnookin, Robert H.	Was stimmt nicht mit der Formel „Kindeswohl"?, in FamRZ 1975, 1 – 6, (zit.: Mnookin, FamRZ 1975).
Motive	Motive zu dem Entwurfe eines Bürgerlichen Gesetzbuches für das Deutsche Reich. Band IV. Familienrecht. Berlin und Leipzig 1888. (zit.: Motive).
Motzer, Stefan	Die gerichtliche Praxis der Sorgerechtsentscheidung seit der Neufassung von § 1671 BGB, in FamRZ 1999, 1101 – 1106, (zit.: Motzer, FamRZ 1999).
Mühlens, Elisabeth u.a. (Hrsg.)	Kindschaftsrecht, Kommentierende Darstellung der Familienrechtsreform, 2. Aufl., Köln 1999, (zit.: Bearbeiter in: Mühlens/Kirchmeier).
von Münch, Ingo / Kunig, Philip (Hrsg.)	Grundgesetz-Kommentar, Band 1 (Präambel bis Art. 19), 5. Aufl., München 2000, (zit.: Bearbeiter in: von Münch/Kunig).

Münchener Kommentar	Münchener Kommentar zum Bürgerlichen Gesetzbuch, Band 8, Familienrecht II, §§ 1589 – 1921, KJHG, 3. Aufl., München 1992, (zit.: MünchKomm/Bearbeiter).
Muscheler, Karlheinz / Beisenherz, Thorn	Das neue Abstammungsrecht, in JR 1999, 356 – 361 (Teil 1), 407 – 412 (Teil 2), (zit.: Muscheler/Beisenherz, JR 1999).
Muscheler, Karlheinz	Das Recht der Eingetragenen Lebenspartnerschaft, Berlin 2001, (zit.: Muscheler).
ders.	Entstehungsgeschichte und Auslegung von Gesetzen in der Rechtsprechung des Bundesgerichtshofs, in Verfassung – Philosophie – Kirche, Festschrift für Alexander Hollerbach zum 70. Geburtstag, Berlin 2001, S. 99 – 129, (zit.: Muscheler, FS Hollerbach).
Musielak, Hans-Joachim (Hrsg.)	Kommentar zur Zivilprozeßordnung mit Gerichtsverfassungsgesetz, München 1999, (zit.: Musielak/Bearbeiter).
Niepmann, Birgit	Die Reform des Kindschaftsrechts – Die wichtigsten Neuerungen für die Praxis –, in MDR 1998, 565 – 570, (zit.: Niepmann, MDR 1998).
Oelkers, Harald	Sorge- und Umgangsrecht in der Praxis,Bonn 2000, (zit.: Oelkers).
Opet, O. / von Blume, W. u.a. (Hrsg.)	Kommentar zum Bürgerlichen Gesetzbuche und seinen Nebengesetzen, Band 4, Das Familienrecht des Bürgerlichen Gesetzbuchs, Berlin 1906, (zit.: Bearbeiter in: Opet/von Blume).
Ossenbühl, Fritz	Das elterliche Erziehungsrecht im Sinne des Grundgesetzes, Berlin 1981, (zit.: Ossenbühl).
Palandt	Bürgerliches Gesetzbuch, – 59. Aufl., München 2000, (zit.: Palandt/Bearbeiter, 59. Aufl.). – 60. Aufl., München 2001, (zit.: Palandt/Bearbeiter).
Planck, Gottlieb	Familienrecht Teil 2, Beendigung der Ehe, Recht der Abkömmlinge, Vormundschaftsrecht, in Die Vorlage der Redaktoren für die erste Kommission zur Ausarbeitung des Entwurfs eines Bürgerlichen Gesetzbuches, herausgegeben von Werner Schubert, Berlin 1983, (zit.: Planck).

Planitz, Hans / Eckhardt, Karl August — Deutsche Rechtsgeschichte, 3. Aufl., Graz 1971, (zit.: Planitz/Eckhardt).

Paulick, Heinz — Das Eltern-Kind-Verhältnis gemäß den Bestimmungen des Gleichberechtigungsgesetzes vom 18. Juni 1957, in FamRZ 1958, 1 – 7, (zit.: Paulick, FamRZ 1958).

Pieper, Klaus — Die wichtigsten Änderungen durch das neue Kindschaftsrecht, in FuR 1998, 1 – 5, (zit.: Pieper, FuR 1998).

Portmann, Heinrich — Das unauflösliche Band, Münster 1950, (zit.: Portmann).

Prinz von Sachsen Gessaphe, Karl August — Kindschaftsrecht in Europa, in FamRZ 1999, 1107–1115, (zit.: Prinz von Sachsen Gessaphe, FamRZ 1999).

Proksch, Roland — Begleitforschung zur Umsetzung der Neuregelungen zur Reform des Kindschaftsrechts, im Auftrag des Bundesministeriums der Justiz, http://www.bmj.bund.de/frames/ger/themen/familienrecht/10000283/index.html?sid=d6df2f7d16adb14f24648e11a0608ea7 (Stand: November 2001),
– 1. Zwischenbericht, Teil 2, Mai 2000, (zit.: Proksch, 1. ZB).
– 2. Zwischenbericht, Teil 2, Juli 2001, (zit.: Proksch, 2. ZB).

Protokolle — Protokolle der Kommission für die zweite Lesung des Entwurfs des Bürgerlichen Gesetzbuchs. Band 4, Familienrecht, Berlin 1897 (Nachdruck 1983) (zit.: Protokolle).

Rauscher, Thomas — Das Umgangsrecht im Kindschaftsrechtsreformgesetz, in FamRZ 1998, 329 – 341, (zit.: Rauscher, FamRZ 1998).

ders. — Familienrecht, Heidelberg 2001, (zit.: Rauscher).

Regler, Michaela — Das Rechtsverhältnis der nicht verheirateten Eltern bei gemeinsamem Sorgerecht für nichteheliche Kinder, Diss. Regensburg 1999, (zit.: Regler).

Rehberg, Jürgen — Kindeswohl und Kindschaftsrechtsreformgesetz, in FuR 1998, 65 – 69, (zit.: Rehberg, FuR 1998).

RGRK Das Bürgerliche Gesetzbuch mit besonderer Berücksichtigung der Rechtsprechung des Reichsgerichts und des Bundesgerichtshofes,
Kommentar herausgegeben von Mitgliedern des Bundesgerichtshofes,
Band 4, 3. Teil, §§ 1589 – 1740 g, 12. Aufl., Berlin 1999,
(zit.: RGRK/Bearbeiter).

Reuter, Dieter Elterliche Sorge und Verfassungsrecht,
in AcP 192 (1992), 108 – 152,
(zit.: Reuter, AcP 192 (1992)).

Rexilius, Günter Alles o.k. mit dem Kindeswohl?
Ein Plädoyer für eine Reform der Reform des Kindschaftsrechts,
in KindPrax 2001, 112 – 117,
(zit.: Rexilius, KindPrax 2001).

Rosenberg, Leo / Schwab, Karl Heinz / Gottwald, Peter Zivilprozessrecht,
15. Aufl., München 1993,
(zit.: Rosenberg u.a.).

Rummel, Carsten Das Kindeswohl in der Neufassung des § 1671 II 2 BGB
– Vom Entscheidungsmaßstab zur Eingriffslegitimation –,
in DAVorm 1998, 753 – 769,
(zit.: Rummel, DAVorm 1998).

Runge, Annegret Rechtliche Folgen für den die gemeinsame elterliche Sorge boykottierenden Elternteil,
in FPR 1999, 142 – 145,
(zit.: Runge, FPR 1999).

Sachs, Michael (Hrsg.) Grundgesetz,
Kommentar,
2. Aufl., München 1999,
(zit.: Bearbeiter in: Sachs).

Salgo, Ludwig Pflegekindschaft und Staatsintervention,
Darmstadt 1987, zugl. Diss. Freiburg 1987,
(zit.: Salgo).

ders. Zur gemeinsamen elterlichen Sorge nach Scheidung als Regelfall – ein Zwischenruf,
in FamRZ 1996, 449 – 454,
(zit.: Salgo, FamRZ 1996).

Scheffler, Erna Ehe und Familie,
in Bettermann/Nipperdey/Scheuner,
Die Grundrechte,
Handbuch der Theorie und Praxis der Grundrechte,
Band 4, 1. Halbbd., Berlin 1960,
S. 245 – 323,
(zit.: Scheffler in: Bettermann/Nipperdey/Scheuner).

Schlosser, Peter Die einverständliche Scheidung im Spannungsfeld der Streitgegenstandsdogmatik,
in FamRZ 1978, 319 – 323,
(zit: Schlosser, FamRZ 1978).

Schlüter, Wilfried BGB-Familienrecht,
9. Aufl., Heidelberg 2001,
(zit.: Schlüter).

Schmidt, Gerd Handbuch der Freiwilligen Gerichtsbarkeit,
2. Aufl., München 1996,
(zit.: Schmidt).

Schmidt-Bleibtreu, Bruno / Klein, Franz Kommentar zum Grundgesetz,
9. Aufl., Neuwied 1999,
(zit.: Schmidt-Bleibtreu/Klein).

Schmitt-Kammler, Arnulf Elternrecht und schulisches Erziehungsrecht nach dem Grundgesetz,
Berlin 1983,
(zit.: Schmitt-Kammler).

Schüller, Heribert Zum Anwaltszwang für den Antrag auf Übertragung der alleinigen elterlichen Sorge,
Ein unvermutetes Problem des neuen Kindschaftsverfahrensrechts,
in FamRZ 1998, 1287 – 1289,
(zit.: Schüller, FamRZ 1998).

Schumacher, Silvia Das Rechtsverhältnis zwischen Eltern und Kindern in der Privatrechtsgeschichte,
Frankfurt am Main 1999, zugl. Diss. Bielefeld
(zit.: Schumacher).

Schumann, Eva Erfüllt das neue Kindschaftsrecht die verfassungsrechtlichen Anforderungen an die Ausgestaltung des nichtehelichen Vater-Kind-Verhältnisses?,
FamRZ 2000, 389 – 396,
(zit.: Schumann, FamRZ 2000).

Schwab, Dieter Elterliche Sorge bei Trennung und Scheidung der Eltern,
in FamRZ 1998, 457 – 472,
(zit.: Schwab, FamRZ 1998).

ders. Familienrecht,
11. Aufl., München 2001,
(zit.: Schwab, Familienrecht).

ders. Kindschaftsrechtsreform und notarielle Vertragsgestaltung,
in DNotZ 1998, 437 – 456,
(zit.: Schwab, DNotZ 1998).

ders. „Parallel laufende Erklärungen"
Zugleich ein Beitrag zur Gesetzestechnik der Kindschaftsrechtsreform,
in Festschrift für Dieter Medicus zum 70. Geburtstag,
Köln 1999, S. 587 – 603
(zit.: Schwab, FS Medicus).

ders. Wandlungen der „gemeinsamen elterlichen Sorge",
in Festschrift für Hans Friedhelm Gaul zum 70. Geburtstag,
Bielefeld 1997, S. 717 – 728,
(zit.: Schwab, FS Gaul).

ders. (Hrsg.) Handbuch des Scheidungsrechts,
4. Aufl., München 2000,
(zit.: Bearbeiter in: Schwab, HdB).

Schwenzer, Ingeborg Vom Status zur Realbeziehung,
Baden-Baden 1987,
(zit.: Schwenzer).

Schwoerer, J. Anm. zu LG Tübingen v. 15.1.1960 – 3 Gr 16/59,
in FamRZ 1960, 122 – 123,
(zit.: Schwoerer, FamRZ 1960).

ders. Der Einfluss von Störungen in der elterlichen Gewalt des einen Elternteils auf die elterliche Gewalt des anderen Elternteils nach altem Recht, Zwischenrecht und neuem Recht,
in FamRZ 1958, 41 – 43, 88 – 93,
(zit.: Schwoerer, FamRZ 1958).

ders. Die elterliche Gewalt nach Scheidung der Ehe und bei Getrenntleben der Eltern (§§ 1671, 1672 BGB n.F.),
in FamRZ 1958, 433 – 444,
(zit.: Schwoerer, FamRZ 1958).

Siebert, Wolfgang Elterliche Gewalt und Gleichberechtigung,
in NJW 1955, 1 – 6,
(zit.: Siebert, NJW 1955).

Simitis, Spiros Das „Kindeswohl" – neu betrachtet,
in Jenseits des Kindeswohls,
mit einem Nachwort (zur Ausgabe 1991):
Weitere Bemerkungen zur Anwendung des Standards der am wenigsten schädlichen Alternative,
Frankfurt am Main 1991,
(zit.: Simitis in: Goldstein/Freud/Solnit).

Sittig, Christine / Störr, Andre Das Ende einer Reform?
Anm. zum Beschluß BGH vom 29.9.1999 – XII ZB 3/99 (FuR 2000, 88 = FamRZ 1999, 1646),
in FuR 2000, 199 – 201,
(zit.: Sittig/Störr, FuR 2000).

Soergel, Hans Theodor / Siebert, Wolfgang	Bürgerliches Gesetzbuch mit Einführungsgesetz und Nebengesetzen, Band 5, Familienrecht, §§ 1297 – 1921, 10. Aufl., Stuttgart 1971, (zit.: Soergel/Bearbeiter, 10. Aufl.).
Soergel, Hans Theodor	Bürgerliches Gesetzbuch mit Einführungsgesetz und Nebengesetzen, Band 8, Familienrecht II, §§ 1589 – 1921, EheG, HausratsVO, 12. Aufl., Stuttgart 1987, (zit.: Soergel/Bearbeiter).
von Staudinger, Julius	Kommentar zum Bürgerlichen Gesetzbuch, – Band 4, Familienrecht, 1. Teil, §§ 1297 – 1588, 9. Aufl., Berlin 1926, 2. Teil, §§ 1589 – 1921, 9. Aufl.; Berlin 1926, (zit.: Staudinger/Bearbeiter, 9. Aufl.). – Band 4, Familienrecht, Teil 3 a, §§ 1589– 1698 b; 10./11. Aufl., Berlin 1966 (zit.: Staudinger/Bearbeiter, 10./11. Aufl.) – Buch 4, Familienrecht, §§ 1638 – 1683, 13. Bearb., Berlin 2000, – Buch 4, Familienrecht, §§ 1684 – 1717, Anhang zu § 1717: Artikel 232 EGBGB, 13. Bearb., Berlin 2000, (zit.: Staudinger/Bearbeiter).
Stein/Jonas	Kommentar zur Zivilprozeßordnung, – Band 3, §§ 253 – 299 a, 21. Aufl., Tübingen 1997 – Band 5, Teilband 2, §§ 592 – 703 d, 21. Aufl., Tübingen 1993, (zit.: Stein/Jonas/Bearbeiter).
Stobbe, Otto	Handbuch des Deutschen Privatrechts, Band 4, 1. und 2. Aufl., Berlin 1884, (zit.: Stobbe).
Thielmann, Georg	Die Entwicklung des Familienrechts im Bundesgebiet mit Berlin (West) seit 1949, in Das Familienrecht in beiden deutschen Staaten, Rechtsentwicklung, Rechtsvergleich, Kollisionsprobleme, Symposium, 9./10. Oktober 1980, Köln 1983, S. 13 – 39, (zit.: Thielmann, Das Familienrecht in beiden deutschen Staaten).
von Tuhr, Andreas	Der Allgemeine Teil des Deutschen Bürgerlichen Rechts., Band 1, Leipzig 1910, (zit.: von Tuhr).

Treitz, Georg Die Verteilung der elterlichen Gewalt bei Auflösung der Elternehe und bei dauerndem Getrenntleben der Eltern,
Berlin 1973, zugl. Diss. Saarland,
(zit.: Treitz).

Wartenberg, Erich Der Beistand der Mutter,
Berlin 1919, zugl. Diss. Marburg,
(zit.: Wartenberg).

Waskowiak, Klaus Die Einigung der Eltern bei der Ausübung der elterlichen Personensorge,
Marburg 1967, zugl. Diss. Marburg,
(zit.: Waskowiak).

Weisbrodt, Franz Familiengericht und Jugendamt in gemeinsamer Sorge um die elterliche Sorge,
in KindPrax 2000, 35 – 44,
(zit.: Weisbrodt, KindPrax 2000).

ders. Gemeinsame elterliche Sorge in der Rechtsprechung der Obergerichte,
in KindPrax 2001, 8 – 16,
(zit.: Weisbrodt, KindPrax 2001).

Wend, Tilo Gemeinsames Sorgerecht ohne elterliche Kooperation?,
in FPR 1999, 137 – 142,
(zit.: Wend, FPR 1999).

Weychardt, Dieter Wilhelm Die familiengerichtliche Regelung der elterlichen Verantwortung,
Eine Handreichung für den Praktiker,
in ZfJ 1999, 268 – 277 (Teil 1), 326 – 335 (Teil 2),
(zit.: Weychardt, ZfJ 1999).

Wieser, Eberhard Zur Feststellung der nichtehelichen Vaterschaft nach neuem Recht,
in NJW 1998, 2023 – 2025,
(zit.: Wieser, NJW 1998).

Wiesner, Reinhard Die Reform des Kindschaftsrechts – Auswirkungen für die Praxis der Kinder- und Jugendhilfe,
ZfJ 1998, 269 – 285,
(zit.: Wiesner, ZfJ 1998).

Will, Annegret Der Anwalt des Kindes im Sorgerechtsverfahren – Garant des Kindeswohls?,
in ZfJ 1998, 1 – 6,
(zit.: Will, ZfJ 1998, 1).

dies. Die Stärkung der Rechtsstellung des nichtehelichen Vaters,
in ZfJ 1998, 308 – 313,
(zit.: Will, ZfJ 1998).

Willutzki, Siegfried Die Novellierung des deutschen Kindschaftsrechts,
in Rpfleger 1997, 336 –340,
(zit.: Willutzki, Rpfleger 1997).

Windel, Peter A. Zur elterlichen Sorge bei Familienpflege, in FamRZ 1997, 711 – 724, (zit.: Windel, FamRZ 1997).

Windscheid, Bernhard / Kipp, Theodor Lehrbuch des Pandektenrechts unter vergleichender Darstellung des Deutschen Bürgerlichen Rechts, Band 3, 9. Aufl., Frankfurt am Main 1906 (2. Nachdruck der 9. Aufl., Aalen 1984), (zit.: Windscheid/Kipp).

Wolf Der Begriff Familienrecht, in FamRZ 1968, 493 – 498, (zit.: Wolf, FamRZ 1968).

Zeiss, Walter Zivilprozeßrecht, 9. Aufl., Tübingen 1997, (zit.: Zeiss).

Zieger, Gottfried Die Entwicklung des Familienrechts in der DDR mit Berlin (Ost), in Das Familienrecht in beiden deutschen Staaten, Rechtsentwicklung, Rechtsvergleich, Kollisionsprobleme, Symposium, 9./10. Oktober 1980, Köln 1983, S. 41 – 67, (zit.: Zieger, Das Familienrecht in beiden deutschen Staaten).

Zimmermann, Stefan Das neue Kindschaftsrecht, DNotZ 1998, 404 – 437, (zit.: Zimmermann, DNotZ 1998).

Zoepfl, Heinrich Deutsche Rechtsgeschichte, Band 3, 4. Aufl., Braunschweig 1872 (Nachdruck Frankfurt am Main 1975), (zit.: Zoepfl).

Zöller Zivilprozeßordnung, 21. Aufl., Köln 1999, (zit.: Zöller/Bearbeiter).

FSC
www.fsc.org
MIX
Papier | Fördert gute Waldnutzung
FSC® C083411

Kolibri 360 GmbH
Ferdinand-Jühlke-Straße 7
99095 Erfurt, Deutschland
produktsicherheit@kolibri360.de

Druck:
CPI Druckdienstleistungen GmbH
im Auftrag der
Kolibri 360 GmbH
Ferdinand-Jühlke-Str. 7
99095 Erfurt